KB068607

行政判例研究 XXI-2

社團法人 韓國行政判例研究會 編

2016

博英社

Studies on Public Administration Cases

Korea Public Administration Case Study Association

Vol. XXI-2

2016

Parkyoung Publishing & Company

간 행 사

어느덧 다사다난한 2016년 병신년 한 해가 저물어 가고 있습니다. 특히 금년 한 해는 대외적으로는 미국의 공화당 정권의 성립과 대내적으로는 최순실 게이트로 인하여 정치적·경제적·사회적으로 매우 어려운 상황이 계속되고 있습니다. 2017년 정유년 새해는 국가적인 안정을 회복하여 모든 국민이 행복하고 즐거운 일상생활을 누릴 수 있기를 기원합니다.

우리 행정판례연구회에서는 이번 12월에 “행정판례와 사법정책”이라는 주제로 사법정책연구원과 매우 유익하고 성공적인 학술세미나를 개최하였습니다. 이 자리를 빌려 학술세미나를 공동으로 개최하여 주신 호문혁 사법정책연구원장님께 깊은 감사를 드립니다. 우리 연구회에서는 내년에도 국내 유명 학술단체 및 연구소와 공동학술대회를 개최할 뿐 아니라, 재정적 여건이 허용되는 경우에는 국제학술대회도 추진할 계획에 있습니다.

이번에 발간되는 「행정판례연구」 제21집 제2호는 월례발표회와 개별적으로 투고된 논문들 중 엄격한 심사를 통하여 선정된 논문 6편과 12월 송년회 행사에서 발표된 외국판례 및 법제에 관한 논문 4편을 포함하여 총 10편의 논문으로 구성되었습니다. 이들 논문 모두는 국내 및 외국의 행정판례들을 세심하게 분석하고 고찰한 저작물들로서 우리 행정법이론과 행정실무에 크게 기여하는 훌륭한 연구논문들

입니다.

이번 제21집 제2호의 출간을 위하여 귀중한 옥고를 보내주신 여러 교수님들 및 실무자 선생님들께 고마움을 전합니다. 아울러 학술지가 계획에 따라 순조롭게 출간될 수 있도록 헌신적으로 노력하여 주신 출판이사 정남철 교수, 출판간사 계인국 박사, 이혜진 박사께 깊은 위로와 감사를 드립니다. 또한 「행정판례연구」가 전문학술지로서 높은 질적 수준을 유지하기 위하여 노고를 아끼지 않은 편집위원 및 심사위원 여러분들께 고마운 마음을 드립니다.

2016년 12월

사단법인 한국행정판례연구회 회장

정하중

차 례

Table of Contents

行政行爲의 概念과 種類

獨立有功者 敍勳取消의 法的 爭點 (金容燮)

獨立有功者 敍勳取消의 法的 爭點*

金容燮**

대상판결: 대법원 2015. 4. 23. 선고 2012두26920 판결

[사실관계와 판결의 요지]

I. 사안의 개요와 소송의 경과

1. 사안의 개요

원고는 독립유공자 서훈을 받았다가 친일행적이 드러나 서훈이 취소된 이항발(이명, 이시우, 이하 '망인'이라 한다)의 손자이다.

원고의 조부인 망인은 일제 때인 1919－1931년 독일운동자금 모집과 신간회 중앙집행위원으로 항일운동을 하다가 통산 5년 6개월의 징역

* 이 논문은 전북대학교 2016년도 하반기 인문·사회계열 교수 연구기반조성비의 지원을 받아 수행된 것임.

** 전북대 법학전문대학원 교수

형을 받고 옥고를 치른 공적이 있다. 피고 국가보훈처장은 1990년 독립유공자 서훈공적심사위원회의 심사를 거쳐 총무처장관에게 위 공적에 기초하여 망인에 대한 독립유공자 추천을 하였다. 총무처장관이 구 상훈법 제7조에 따라 국무회의에 위 서훈추천을 의안으로 제출하자, 대통령은 국무회의 심의를 거친 뒤 망인을 서훈대상자로 최종결정하였다.

당시 상훈에 관한 사무를 관장하던 총무처장관은 피고 국가보훈처장에게 위 서훈결정사실을 통보할 것을 위임하여, 피고 국가보훈처장이 1990. 12. 26. 원고에게 망인이 국무회의의 심의를 거쳐 독립유공자로 서훈결정(건국훈장 애국장)되었다는 사실을 통보하였다.

망인은 16명의 인사와 함께 1936. 2. 11. 일왕에 충성하고 일제의 식민정책에 적극 협력하는 단체인 백악회의 창립총회에 참여하였다. 또한 백악회를 확대·개편한 대동민우회의 발기인의 한 사람으로 정책준비위원을 맡아 대동민우회의 출범을 정책적으로 뒷받침하는 핵심적 역할을 하였다. 대동민우회의 조직은 민우회로 변경하였는 바, 망인은 민우회의 이사장 다음의 직책인 검사장으로 활동하면서 민우회 주최 타협위원회의 사회를 맡아 일제에의 충성에 대한 의견차이로 분열될 위기에 처한 친일협력단체를 단합시키는 데 공을 세우는 등 친일 단체에 자발적이고 주도적으로 가담함으로써 일제의 식민정책과 조선인 황민화 정책에 적극 부응하는 등 친일 행적의 사실이 뒤늦게 확인되었다.

피고 국가보훈처장은 독립유공자 서훈취소 제1, 제2심사위원회를 구성하여 심사를 거친 뒤 2010. 11. 19. 망인의 친일행적이 확인되었음을 이유로 그 서훈취소에 관한 의안 제출을 행정안전부장관에게 요청하였다. 그러자 행정안전부장관는 2010. 12. 21. 국무회의에 망인에 대한 서훈취소를 안건으로 상정하였으나, 신중한 검토가 필요하다는 국무총리의 의견에 따라 의결이 보류되었고, 다시 3개월간 국무총리실의 검토를 거친 뒤 이 사건 서훈취소 안건은 2011. 4. 5. 국무회의에서 의결되었다. 피고 대통령은 2011. 4. 6. 망인에 대한 서훈취소 안건의 전자문서에 결재함으로써 서훈취소를 결정하였고, 국무총리 및 행정안전부장관이 부서하였다.

이에 상훈사무를 관장하는 행정안전부장관은 "독립유공자 서훈취소요청 건이 국무회의 의결 및 대통령 재가로 서훈취소 대상자가 붙임과 같이 확정되었음을 알려드리오니, 상훈법 제8조 제1항에 따라 훈장과 이와 관련하여 수여한 물건을 모두 환수조치하여 주시기 바랍니다."라는 취지의 서훈취소결정 통보를 피고 국가보훈처장에게 하였다. 이에 따라 피고 국가보훈처장은 2011. 4. 19. 원고에게 "2011년 4월 5일 국무회의의 서훈취소 의결을 거쳐 4월 6일 이항발 선생의 독립유공자 서훈이 취소결정되었음을 알려드립니다. 아울러 기존에 전수된 건국훈장 애국장 및 훈장증의 반환을 요청하오며, 우리 처 직원이 귀 댁을 방문할 예정이오니 방문 가능한 일시를 알려주시면 감사하겠습니다"라는 등의 내용을 통보하였다.

2. 소송의 경과

원고가 망인에 대한 독립유공자 서훈취소처분에 불복하여 주위적 피고 국가보훈처장, 예비적 피고 대통령으로 하여 서훈취소처분의 취소를 구하는 소를 서울행정법원에 제기하였다. 제1심 서울행정법원[1]은 원고가 피고 국가보훈처장을 상대로 한 서훈취소처분 취소청구의 소 부분에서 원고 청구를 인용하고, 피고 대통령을 상대로 한 소 부분에서는 부적법한 소라고 하여 원고의 청구를 배척하여, 원고 일부승소판결을 선고하였다.

피고 국가보훈처장이 항소하자, 원심법원인 서울고등법원에서 원고의 소가 모두 부적법하다고 보아 각하 판결을 내렸다. 이에 대해 원고만

1) 서울행정법원 2012. 4. 5. 선고 2011구합 22518 판결 [국가유공자 서훈취소 처분의 취소]

이 상고하자 대법원은 원심판결이유에 문제가 있으나 불이익금지의 원칙상 원고에게 더 불리한 청구기각의 판결을 선고할 수 없다고 보아 상고기각의 판결을 내렸다.

Ⅱ. 원심법원의 판단

원심법원인 서울고등법원[2)]은 서울행정법원의 판결이유와는 달리 원고의 주위적 피고 국가보훈처장에 대한 소와 예비적 피고 대통령에 대한 소를 다음과 같은 이유로 모두 각하한다고 판단하였다.

먼저, 2011. 4. 19. 자 이 사건 서훈취소통보는 원고의 법률상 지위에 직접적인 법률적 변동을 일으키지 아니하는 행위로 항고소송의 대상이 될 수 없는 사실상의 통지로 보아야 할 것이다.

다음으로, 피고 국가보훈처장이 서훈취소대상자를 스스로 결정할 수 있는 권한을 위임받은 것이 아니라 이해관계인에게 통보하고 실무적인 후속조치를 할 수 있는 권한만을 행정안전부장관으로부터 위임받은 것이므로 피고 국가보훈처장이 원고에 대하여 한 통보는 항고소송의 대상이 되는 처분의 통보가 아니라 항고소송의 대상이 될 수 없는 사실상의 통지에 해당한다.

나아가, 이 사건 서훈취소통보는 피고 국가보훈처장의 권한내의 행위로서 피고 국가보훈처장의 명의로 원고에게 통보되었으므로 피고 대통령이 처분 등을 행한 행정청이라고 할 수 없어, 피고 대통령에 대한 이 사건 소는 피고적격이 없는 자를 상대로 한 것이어서 부적법하다.

끝으로, 피고 대통령의 2011. 4. 6. 자 이 사건 서훈취소결정은 서훈의 수여와 마찬가지로 국가에 공로가 있는 자에 해당하는지 여부를

2) 서울고등법원 2012. 11. 6. 선고 2012누12503 판결 [독립유공자 서훈취소 처분의 취소]

판단하여 서훈대상자에 해당하는지 여부를 결정하는 것으로 대통령의 국가원수로서 행하는 통치행위에 해당하고, 법원의 사법심사의 대상에서 제외하여야 할 영역이다.

Ⅲ. 대법원의 판결요지

1. 구 상훈법(2011. 8. 4. 법률 제10985호로 개정되기 전의 것) 제8조는 서훈취소의 요건을 구체적으로 명시하고 있고 절차에 관하여 상세하게 규정하고 있다. 그리고 서훈취소는 서훈수여의 경우와는 달리 이미 발생된 서훈대상자 등의 권리 등에 영향을 미치는 행위로서 관련 당사자에게 미치는 불이익의 내용과 정도 등을 고려하면 사법심사의 필요성이 크다. 따라서 기본권의 보장 및 법치주의의 이념에 비추어 보면, 비록 서훈취소가 대통령이 국가원수로서 행하는 행위라고 하더라도 법원이 사법심사를 자제하여야 할 고도의 정치성을 띤 행위라고 볼 수는 없다.

2. 대한민국 훈장 및 포장은 서훈의 원칙을 정한 구 상훈법(2011. 8. 4. 법률 제10985호로 개정되기 전의 것, 이하 같다) 제2조에 따라 대한민국 국민이나 우방국 국민으로서 대한민국에 뚜렷한 공적을 세운 사람에게 수여하는 것으로서, 서훈은 단순히 서훈대상자 본인에 대한 수혜적 행위로서의 성격만을 가지는 것이 아니라 국가에 뚜렷한 공적을 세운 사람에게 명예를 부여함으로써 국민 일반에 대하여 국가와 민족에 대한 자긍심을 높이고 국가적 가치를 통합·제시하는 행위의 성격도 가지고 있다. 그리고 서훈의 수여 사유인 '대한민국에 대한 뚜렷한 공적'에 관한 판단은 서훈추천권자가 제출한 공적조서에 기재된 개개의 사실뿐만 아니라 일정한 공적기간 동안 서훈대상자의 행적을 전체적으로 평가하여 이루어진다. 한편 구 상훈법 제8조 제1항 제1호는 '서훈공적이 거짓임이

판명된 경우'에는 그 서훈을 취소하도록 정하고 있는데, 이러한 서훈취소 제도는 수여된 서훈을 그대로 유지한다면 서훈의 영예성을 수호할 수 없는 사유가 발생한 경우에 서훈제도의 본질과 기능을 보호하기 위하여 마련된 것으로 보인다.

이와 같은 서훈의 원칙 및 취소에 관한 규정들과 아울러 그 취지와 입법 목적 등을 종합하여 보면, 구 상훈법 제8조 제1항 제1호에서 정한 서훈취소사유인 '서훈공적이 거짓임이 판명된 경우'에는 서훈 수여 당시 조사된 공적사실 자체가 진실에 반하는 경우뿐만 아니라, 서훈 수여 당시 드러나지 않은 사실이 새로 밝혀졌고 만일 그 사실이 서훈 심사 당시 밝혀졌더라면 당초 조사된 공적사실과 새로 밝혀진 사실을 전체적으로 평가하였을 때 서훈대상자의 행적을 서훈에 관한 공적으로 인정할 수 없음이 객관적으로 뚜렷한 경우도 포함된다.

[판례연구]

I. 머리말

1. 헌법과 서훈제도

헌법은 독립유공자 인정에 관하여 명문의 규정을 두고 있지 않다. 그러나 헌법 전문(前文)에서 "3. 1운동으로 건립된 대한민국임시정부의 법통을 계승한다"고 선언하고 있다. 이는 대한민국이 일제에 항거한 독립운동가의 공헌과 희생을 바탕으로 이룩된 것임을 선언한 것이고, 그렇다면 국가는 일제로부터 조국의 자주독립을 위하여 공헌한 독립유공자와 그 유족에 대하여는 응분의 예우를 하여야 할 헌법적인 의무를 지닌다고 보아야 할 것이다. 다만, 그러한 의무는 국가가 독립유공자의 인정절차를 합리적으로 마련하고 독립유공자에 대한 기본적 예우를 해주어야 한다는 것을 뜻할 뿐이며, 당사자가 주장하는 특정인을 반드시 독립유공자로 인정하여야 하는 것을 뜻할 수는 없다.[3)]

훈장수여에 관하여 헌법 제80조는 "대통령은 법률이 정하는 바에 의하여 훈장 기타의 영전을 수여한다"고 규정하고 있다. 이에 따라 상훈법 및 그 시행령은 훈장 및 포장의 종류와 서훈의 기준, 절차 등에 관하여 규정하고 있다. 위 규정에 의하면 서훈은 대통령의 권한으로서, 서훈여부는 대통령이 그 재량에 의하여 독자적으로 결정하는 것이므로, 훈장을 수여하여 줄 것은 요구할 수 있는 법규상 또는 조리상 권리는 없다.[4)] 이처럼 수훈자가 권리를 주장하거나 청구할 수 있는 권한을 부여할 수 없지만 사회보장적 측면에서 국가가 능동적으로 혜택을 부여하는 것은 가능하다.[5)]

우리 헌법 제11조에 규정된 평등권에 대해 살펴보면, 모든 인간을 모든 경우에 모든 점에서 무차별적으로 균등하게 다루어야한다는 「절대적·형식적 평등」의 개념이 아니라, 모든 인간을 평등하게 처우하되 정당한 이유가 있거나 합리적 근거가 있는 차별은 허용한다는 「상대적·실질적 평등」의 개념으로 파악하는 것이 일반적이다.[6)] 우리 헌법상의 평등의 개념을 실질적으로 이해한다면, 차별의 합리적 기준이 있음에도 불구하고 일률적으로 평등하게 다룬다는 것은 오히려 사회정의나 법의 정신에 위배될 여지가 있다고 할 것이다.

헌법 제11조 제3항에서는 "훈장 등의 영전은 이를 받은 자에게만 효력이 있고, 어떠한 특권도 이에 따르지 아니한다."고 규정하고 있다. 이와 같은 규정은 영전일대(榮典一代)의 원칙을 천명한 것으로서 영전의

3) 헌재 2005. 6. 30. 선고 2004헌마859 결정
4) 헌재 2006. 4. 11. 선고 2006헌마 367 결정
5) 김중양, 김명식, 주해국가공무원법, 1996, 301면.
6) 헌재 1989.5.24. 선고 89헌가37 결정

세습을 금지함으로써 특수계급의 발생을 원천적으로 차단한 것으로 볼 수 있다. 이처럼 대통령의 영전수여권의 행사에는 '영전일대의 원칙'과 '특권불인정의 원칙'을 존중하도록 되어 있다.[7] 이러한 원칙은 당대의 영전으로 인하여 후대가 특진이나 조세의 감면등 특권을 향유하는 것을 부인하는 것이며, 유족에게 연금지급이나 보훈까지 부인하는 것이 아님은 분명하다 할 것이다.

따라서 차등 있는 보상금의 지급자체는 그 차등자체가 합리적 이유에 근거한 차등이냐의 문제지 영전일대의 원칙이나 영전 및 특전의 세습과는 그 차원을 달리한다. 따라서 영전을 받은 자의 자손에게 고급공무원채용에 있어서 우대를 하거나 처벌을 면제하거나 조세를 경감하는 것은 위헌이지만, 훈장에 수반되는 연금이나 국가유공자의 자손, 군경유가족에 대한 구호 등은 합헌이라고 할 것이다.[8]

2. 상훈제도의 역사

각국을 막론하고 위국충절의 정신을 고양하고 선양하는 것은 국가의 권위와 존립에 매우 중요한 것으로 인식되어 왔다. 대한민국에 공로가 뚜렷한 사람 즉, 대한민국에 뚜렷한 공적을 세운 사람에게 수여하는 서훈은 훈장과 포장을 의미한다.[9] 근대적 서훈제도는 영국에서 시작되

---

7) 대통령의 영전수여권의 행사에 있어서도 헌법 제82조에서 "대통령의 국법상 행위는 문서로서 하며, 이 문서에는 국무총리와 관계국무위원이 부서한다. 군사에 관한 것도 또한 같다."고 규정하고 있어 국무총리와 관계국무위원의 부서가 필요하다.

8) 김철수, 헌법학신론, 제18 전정판, 박영사, 2008, 422-423면. 헌재 1997. 6. 26. 선고 94헌마52 결정

9) 상훈법 제9조에 따라 현재 훈장은 무궁화대훈장, 건국훈장, 국민훈장, 무공훈장, 근정훈장, 보국훈장, 수교훈장, 산업훈장, 새마을훈장, 문화훈장, 체육훈장, 과학기술훈장 등 12종으로 되어 있고, 무궁화 대훈장을 제외하고 각각 5등급으로 되어있다, 한편 포장은 상훈법 제19조에서 규율하고 있는 바, 훈장 다음가는 훈격으로 건국포장, 국민포장, 무공포장, 근정포장, 보국포장, 예비군포장, 수교포장, 산업포장, 새마을포장, 문화포장, 체육포장, 과학기술포장 등 12종으로 되어 있다.

었다. 우리나라의 조선시대에도 개국이나 정변 또는 반란, 역모, 전란 등을 진압한 공이 있는 사람들에게 공신(功臣)으로 책봉하였다.10) 이는 오늘날 상훈제도의 역사적 뿌리에 속한다.

우리의 서훈제도의 효시는 1890년 4월 17일 칙령 제13호로 훈장조례를 제정 공포한데서부터 비롯된다. 해방후 1949년 4월 건국공로훈장령이 제정되면서 본격적으로 상훈제도가 시작되었으며, 1963년 12월 14일에 상훈법을 제정하여 각종 훈장령을 통합하여 단일 법률체계를 유지하여 왔는 바, 현재는 헌법과 상훈법 및 상훈법시행령 등에 근거하여 서훈제도를 시행하고 있다.11) 훈장이라는 영어단어인 Order는 라틴어 "Ordor"에서 유래하고 있다. 영국의 가터 훈장(The Most Noble Oder of the Garter)12)과 프랑스의 레지옹 도뇌르 훈장(LEGION D'HONNEUR) 은 최고의 권위가 있는 서훈에 속한다.13) 이러한 전통과 권위를 상징하는 훈장을 국가로부터 수여받는다는 것은 국가사회를 위한 공적에 대한 칭송의 표시이며, 국민으로부터 칭송과 존경을 아울러 받게 되는 영광스러운 것이 될 것이다.14) 이와 같이 상훈제도는 인간의 영예심과 허영심에 호소하는 것으로 국가의 권위확보의 수단이자 당근과 채찍으로 대변되는 신상필벌의 요소를 갖는 오래 지속되어온 정치적 수단의 하나라고

---

10) 조선 500여년간 28회 공신이 책봉되었으며, 공신이 되면 그 자체로서 특권이면서 노비, 토지의 수여, 감형의 특권 나아가 자손에게 까지 세습권이 부여되었다. 조선의 공신중에 종묘배향 공신과 문묘배향공신이 특히 가장 영향력이 높은 공신이라고 할 것이다. 이에 관하여는 송종복, "조선의 공신 28회나 책봉했다니, 경남매일 2016. 6. 6. 자를 참고할 것

11) 정재환, "우리나라 서훈제도의 현황과 개선방안", 입법조사처 이슈와 논점, 2016. 4. 11 자. 자료

12) 가터 훈장은 영국에서 민간인과 군인에게 수여하는 최고훈장으로 1348년 에드워드 3세가 창설하였으며, 훈장을 받으면 기사작위와 경(Sir)이라는 칭호를 사용할 수 있는 권리가 주어진다.

13) 붉은 수를 달고 전차를 타면 황급히 좌석을 양보하여 주는 등 그 훈장의 권위가 절대적이어서 세계 최고의 명예를 상징하고 있다.

14) 정무설, "정부상훈제도의 개선방안에 관한 연구" 연세대 행정대학원 석사학위 논문, 1997, 1-2면.

할 것이다.

3. 상훈제도의 의미와 한계

만약에 상훈제도가 국민의 신뢰에 어긋날 정도로 남발되거나 공훈이 없는 무자격자에게도 상훈이 수여되거나 상훈제도의 운영에 있어 이념적 잣대에 따라 좌지우지되거나 공정성에 문제가 있게 된다면 상훈의 영예성은 땅에 떨어지고, 훈장을 받는 것 그 자체가 자부심과 경외심을 잃게 된다. 종종 상훈 그 자체를 거부하거나 이미 수여한 훈장을 반납하는 사태는 크게 놀랄 일이 아니다.[15] 따라서 상훈제도는 공정성과 신뢰성을 확보하는 것이 중요하며, 부적격자가 서훈을 받게 되어 상훈의 영예성을 훼손하게 되는 결과가 초래되지 않도록 사전과 사후관리를 철저히 하는 것이 중요하다.

친일인사에 대한 서훈취소는 역사의 시시비비를 올바로 가려서 민족정기를 바로잡고 후세에 경종을 울리는 엄숙한 작업이라고 할 수 있다.[16] 독립유공자에 대한 국가적 예우의 고양의 문제는 친일잔재의 청산의 문제와 밀접한 상관관계가 있다. 민족정기를 바로 세우기 위해서는 친일행위자 등 일제부역자에 대한 응징을 강하게 하는 방법과 일제에 희생된 독립유공자에 대한 예우를 보다 강하게 하는 방법이 있다.[17]

---

15) 상훈의 거부사례는 국내외적으로 종종 기사화 되고 있다. 국내적으로는 김영삼 정부시절 원로작가 황순원씨가 정부가 주는 은관문화훈장을 거부한 바 있고, 영화배우 소피 마르소가 프랑스 최고훈장인 레지옹 도네르 수상을 거부하였고, 훈장반납 사례로는 국내적으로는 화성씨랜드 사건으로 아들을 잃은 김순덕씨가 필드하키 국가대표선수로 활약하면서 받은 체육훈장 맹호장과 국민훈장 목련장 등 훈장을 반납하고 외국으로 이민을 떠났고, 비틀즈의 존레논이 1965년 영국정부로부터 MBE훈장을 받았으나, 1969년 훈장반납을 한 사례가 있다.

16) 이철호, "친일인사 서훈취소소송에 관한 관견", 국가법학연구 제9권 제2호, 2013, 145면 이하.

17) 이호용, "독립유공자 예우에 관한 법정책적 문제점과 개선방안- 독립유공자 보훈체계의 개선을 중심으로-", 한양법학 제21권, 2007, 721면.

서훈과 서훈취소를 둘러싼 우리 사회의 논쟁이 선악이분법적 사고에서 크게 벗어나지 못하고 있으며, 서훈취소를 둘러싼 법적인 문제는 우리 사회에서 지속적인 논쟁적 테마에 속한다.[18)]

그러한 관점에서 상훈법에서는 헌법의 규정을 구체화하여 서훈제도와 서훈취소제도를 보다 명확히 할 필요가 있다. 무엇보다 서훈취소는 서훈을 하고 난 후의 사후관리제도로서 권익을 침해하는 피탈제도라는 특성이 있다. 독립유공자 서훈을 하고 난 후, 친일행적이 발견되었다는 이유로 서훈취소를 손쉽게 하고 있는 상훈제도 운영의 현실은 다소 문제이다. 서훈자체의 수여에도 신중을 기해야 하지만 이미 수여받은 서훈의 취소여부는 수익적 행정행위의 취소이므로 신뢰보호의 원칙에 비추어 보다 신중을 기할 필요가 있기 때문이다. 서훈을 받을 당시에 인정된 공적 내용과 나중에 밝혀진 친일의 정도를 종합적인 관점에서 비교형량하여 판단할 필요가 있고, 정치적 또는 이념적인 관점에 흔들리지 않고 전문적이고 독립적인 위원회에서 위원들이 객관적으로 판단하여야 할 것이다. 특히 뒤늦게 일부 친일행적이 나타난 경우라 할지라도 친일의 정도가 공적을 압도할 정도인지 전체적인 관점에서 판단하여야 하며, 일부 친일행적이 드러났다고 하여 서훈 수여자의 모든 공적이 거짓이 되는 것이 아니라 종전의 공적에 비하여 새로 나타난 사실을 어떻게 평가할 것인지 문제가 남게 된다. 독립유공자 서훈취소의 문제를 우리사회의 이념적 대립과 진영논리에 입각하여 좁은 테두리에서 접근할 것은 아니다.

---

18) 조선일보 2012. 12. 7. A 10면 ("친일행위만으로 서훈박탈 안돼, 독립운동 공과 따져야" 첫판결) 위 보도기사에 의하면 서울고등법원 행정11부(재판장 김의환 부장판사)는 독립유공자 박성행 선생의 유족이 낸 독립유공자 서훈취소처분 취소소송에서 "서훈을 받은 독립유공자의 친일행적이 뒤늦게 발견됐더라도 이를 상훈법상 서훈공적이 거짓으로 판명된 경우로 보고 서훈을 취소할 수는 없다"고 판시하면서 "박성행 선생의 경우 과오보다 공적이 더 많은 것으로 보이는데, 친일행적을 이유로 서훈을 박탈한다면 후손에게 불명예와 불이익을 주게 된다"고 밝혔다.

4. 쟁점의 소재

2010년 이명박 정부시절 친일행적이 확인된 장지연 황성신문 주필과 윤치영 초대 내무부장관 등 친일인명사전에 등재된 19명의 독립유공자에 대한 서훈취소가 결정되어 훈장이 환수되자 그 중 7명의 후손들이 2011년 서울 행정법원에 항고소송을 제기하기에 이르렀고, 서훈취소의 법리를 둘러싸고 하급심은 물론 대법원 판례에서 서훈취소를 둘러싼 행정법적 쟁점이 제대로 부각되지 않은 채 논의가 매우 복잡하게 전개되어 온 것도 사실이다.

본고에서는 먼저 서훈취소가 통치행위에 해당하는지 여부(Ⅱ)가 핵심적 쟁점이다. 대통령의 서훈취소를 사법심사가 배제되는 통치행위로 볼 것인지에 대하여 검토하기에 앞서 통치행위의 개념과 유형, 사법심사 가능성에 관한 학설과 판례를 개괄적으로 고찰하기로 한다.[19] 나아가 헌법상 대통령의 국가원수로서의 지위에서 인정되는 서훈수여와 그 취소를 대통령의 통치행위로 볼 것인지 서훈과 서훈취소를 분리하여 고찰하는 것이 바람직한지에 대하여도 검토하기로 한다.

다음으로 대통령의 서훈취소의 법적 성질(Ⅲ)을 살펴보기로 한다. 헌법과 상훈법에 따라 독립유공자에 대한 서훈과 서훈취소의 권한이 대통령에게 부여되고 있으나, 서훈이 부여된 후에 친일행적이 밝혀지는 등 서훈공적이 거짓으로 판명된 경우에 하는 서훈취소의 처분성을 검토하고, 서훈취소의 효력발생요건으로서의 통지에 대하여 살펴보기로 한다. 아울러 이와 같은 서훈취소가 강학상 직권취소인지 철회에 해당하는지와 판단여지에 해당하는지에 대하여도 검토하기로 한다.

끝으로, 결론(Ⅳ)에서는 이 사건 판결에 대한 종합검토를 하면서

---

19) 이와 관련하여 김용섭, "통치행위의 재검토", 고황법학 제3권, 2001; 김용섭, "통치행위", 행정소송(1), 한국사법행정학회, 2008. 등 필자의 선행연구를 부분적으로 활용하였음을 밝혀 둔다.

논의를 마무리 하기로 한다.

II. 서훈취소의 통치행위 해당 여부

1. 문제의 제기

서훈취소는 서훈을 전제로 하며, 대통령이 서훈의 권한과 더불어 서훈취소 권한을 갖고 있다고 보는 견해가 일반적이다. 이와 같은 대통령의 서훈취소권의 행사는 사법심사가 배제되는 고도의 정치지도적 작용에 해당하는지 여부가 문제된다. 원심법원이나 일부 하급심 판결 중에 서훈과 서훈취소를 사법심사가 배제되는 통치행위로 보기도 하였으나, 평석대상판결에서는 서훈취소를 통치행위로 보지 않고 항고소송의 대상이 되는 대통령의 처분으로 보고 있다.

전통적 통치행위론에 의하면 통치행위는 사법심사의 대상에서 배제된다는 전제하에 통치행위의 한계를 다루면서 전적으로 면책이 된다거나 무제한의 자유를 의미하지 않으며 헌법 원칙상의 한계를 준수하여야 한다고 설명한다.

그러나 통치행위의 개념이해와 관련하여 일반적인 범위를 정하여 사범심사가 배제돠는 선험적 개념으로 이해할 것이 아니라 개별 구체적으로 국민의 기본권보장우선, 국가적 혼란 내지 파급효과 등을 비교형량하여 판단되어야 할 사후적 개념으로 볼 필요가 있다. 이와 관련하여 유력한 견해[20]에 의하면 사법심사의 대상여부는 통치행위로 이해하고, 판결의 대상여부인 사후적 개념은 이와는 달리 정치문제로 파악하는 것이 타당하다는 관점이 제시된 바 있다.

---

20) 이광윤, “통치행위와 정치문제”, 고시연구 제31권 제3호, 2004, 4, 50면.

여기서는 서훈취소가 통치행위에 해당하는지 여부에 대하여 검토하기에 앞서 통치행위에 관한 개념 및 유형과 이론적 근거를 살펴보고, 이 사건 서훈취소가 통치행위에 해당하는지에 대하여 검토하기로 한다.

2. 통치행위의 개념과 유형

가. 통치행위의 개념과 용어

(1) 개념

일반적으로 통치행위라 함은 단순한 법집행 작용이 아니라 국정의 기본방향을 설정하거나 국가적 이해를 직접 그 대상으로 하는 고도의 정치성을 띤 집행부의 행위로서 사법적 심사의 대상이 되기에 부적합한 성질의 것이고, 비록 그것에 관한 사법부의 재판이 있는 경우에도 그 집행이 곤란한 성질의 것이라고 설명한다.[21)]

그러나 이와 같은 사법심사의 배제를 전제로 하는 통치행위의 개념 설정은 절차적 개념접근이라고 할 것이다. 국가권력을 입법·사법·행정으로 구분하는 삼권분립의 원칙상 통치행위의 체계적 지위가 문제될 수 있는데, 통치행위의 개념은 사법심사의 배제를 전제로 하지 않고 실체적으로 이해하여 통치행위는 최고통치권자인 대통령의 국가 지도작용으로 일반 행정작용, 입법, 사법과 구별되는 제4의 국가작용이라고 정의할 수 있다. 즉, 일반 행정작용과는 구별되는 통치행위라는 카테고리를 설정하되, 이와 같은 통치행위가 논리 필연적으로 사법심사가 배제되는 것은 아니라는 관점에서 논의를 전개하기로 한다

(2) 용어의 문제

'통치행위'라는 용어와 관련하여 '통치' 라는 개념은 종래 절대 군주에 의해 행하여지는 모든 국가작용을 포괄하는 것으로 사용되었고 이

21) 권영성, "통치행위의 본질과 그 한계", 사법행정(1989, 5), 14면.

는 민주주의·법치주의에 따른 모든 통제로부터 자유로운 군주의 절대적 권위의 상징이었다. 궁극적으로는 오늘날의 민주적 법치국가체제하에서 시대착오적인 '통치행위'라는 용어를 사용하는 것은 전혀 적절치 않다고 생각되므로, 고도의 정치성 때문에 엄격한 법의 해석 적용이라는 사법적 판단에 친하지 않은 메타법적 영역이라는 점에서 '정치문제'라고 하는 표현을 사용하는 것이 바람직하다는 견해[22]가 제시된 바 있다.

그러나 먼저 통치행위를 사법심사가 배제되는 사전적 개념, 정치문제를 본안에서 판단해야 하는 사후적 개념으로 바라보면 사후적 개념으로 파악한다는 점에서 일리가 있으나, 통치행위가 정치문제와 법률문제가 혼용된 영역에서 사법심사가 배제되는 것이기 때문에 이를 '정치문제'라는 용어를 변경하여 사용하는 것은 적절하다고 보기 어렵다.[23]

나. 통치행위의 유형[24]

(1) 대통령의 행위와 의회의 행위

통치행위에 관하여 주체를 기준으로 대통령에 의한 행위와 의회에 의한 행위로 분류하기도 한다. 그러나 의회에 의한 통치행위는 의회의 자율권 행사차원의 문제로 환원할 수 있기 때문에 통치행위로 보아 사법심사를 배제하기 보다는 이라크 파병사건의 경우처럼 이를 통치행위로 접근하기 보다 사법적 판단에 의하여 해결할 수 없는 정치문제로 이해하는 것이 적절하다고 본다.

통치행위가 입헌군주정 시대의 유물이라는 점과 민주주와 법치주의에 따라 통치행위의 범위를 축소하려는 시대적 추세를 감안할 때, 통치행위의 인정영역을 국가원수인 대통령의 고도의 정치적인 국가지도

---

22) 김선택 , "통치행위의 법리와 사법적 구제가능성", 고시연구 2005. 1, 223면.
23) 오히려 통치행위나 정치문제라는 용어 대신에 '국가지도행위' 또는 '정부행위(Regierungsakt)' 라는 용어가 적절하다고 사료된다.
24) 김용섭, "통치행위", 행정소송(I), 한국사법행정학회, 2008, 535-540면

행위에 한정하는 것이 바람직하다.

(2) 절대적 통치행위와 상대적 통치행위

통치행위를 절대적 통치행위와 상대적 통치행위로 구분하여, 절대적 통치행위는 대통령이 국가안위에 관한 중요정책을 국민투표에 붙이는 행위, 법률안에 대한 재의의 요구, 대통령의 일반외교에 관한 행위등과 같이 헌법이나 법률에서 그 내용이나 효력을 규제하는 규정이 없을 뿐만 아니라 기본권보장과도 직접 관련되지 않으므로, 대통령이 재량에 따라 자유롭게 할 수 있고, 그 결과에 대하여는 사법적 통제가 허용되지 아니하는 행위를 말한다.

한편 상대적 통치행위는 선전포고와 강화조약의 체결, 국무총리의 임명, 사면·감형·복권, 긴급명령과 긴급경제처분·명령, 계엄의 선포 등 고도의 정치성을 띤 집행부의 행위일지라도 헌법이 국회의 승인 또는 동의를 얻도록 하고 있거나 헌법 또는 법률에 그 내용과 절차 등 요건이 구체적으로 규정되어 있거나 국민의 기본권 보장에 중대한 영향이 미치는 행위를 말한다.[25] 이러한 구별유형은 상대적 통치행위를 인정함으로써 법원이나 헌법재판소의 통제의 여지를 남겨두려고 하는 점에서 통치행위의 범위를 좁히는데 나름대로 의의가 있다.

(3) 실체적 통치행위와 절차적 통치행위

실체적 통치행위라 함은 국가의 기본적인 정책결정, 국가 지도작용이나 국가와 민족의 전체적 운명과 관련되는 중요한 사항에 관하여 그것이 사법심사의 대상이 되는지 여부를 묻지 아니하고 파악한 유형이라면, 절차적 통치행위는 그 행위가 법적 측면을 가지며 그에 대한 법적 판단이 가능함에도 불구하고 그 행위가 가지는 고도의 정치성에 착안하여 법원에 의한 사법심사가 배제되는 사전적인 일련의 국가행위를 말한다.[26]

25) 권영성, 헌법학원론 (개정판), 법문사(2008), 844-845면.

다. 검토

통치행위란 실체적 개념으로 이해하여 국가원수의 행위로서 고도의 정치결단적 국정행위라고 할 수 있다. 절차적 개념을 취하게 되면 통치행위임에도 법원과 헌법재판소의 사법적 심사를 받게 되는 것을 설명할 수 없게 되는 논리적 모순에 빠지게 된다. 통치행위에 대한 사법심사 내지 사법적 통제가능성의 문제는 통치행위에 관한 이론적 근거와 밀접한 관계를 갖고 있다. 즉 통치행위의 개념과 관련하여 사법심사의 대상에서 배제되는 통치행위의 개념을 부정하는 통치행위부정론에 의하면, 국가의 고도의 정치적 지도작용도 법률문제를 내포하고 있다면 사법적 통제를 할 수 있게 된다. 그러나 사법심사의 대상에서 배제되는 절차적 통치행위의 개념을 긍정하는 통치행위긍정설에 의할 때 어떤 국가적 행위가 통치행위에 해당된다고 보면 사법적 심사가 원천적으로 배제되는 문제가 있다.[27]

3. 통치행위에 대한 사법심사가능성

가. 학설

(1) 통치행위 부정설: 통치행위에 대한 사법심사 적극설

사법심사의 대상에서 배제되는 통치행위의 개념을 부정하는 통치행위 부정설에 의하면, 통치행위에 해당하는 국가작용에 대한 사법적 통제에 대하여 적극적인 입장을 취하게 된다. 그 논거를 우리 헌법이 법

---

26) 가령 서원우, 현대행정법(상), 박영사(1979), 9면.

27) 그러나 일정한 통치행위에 대하여 명문으로 사법심사가 배제된다는 규정이 없는 한, 통치행위라고 할지라도 사법심사를 배제하기 위해서는 이를 정당화할 근거가 제시되어야 한다. 왜냐하면 위법한 공권력의 발동에 대하여는 법률에 의한 재판을 통하여 통제한다는 법치주의원칙에 대한 예외를 인정하는 것은 최소한도로 하여야 하기 때문이다.

치주의와 권력분립주의를 표방하여 권력남용의 억제와 기본권보장을 헌법재판소와 법원에 맡긴 이상 비록 고도의 정치성을 띤 국가행위 또는 국가적 이해를 대상으로 하는 국가행위라 하더라도 그것의 합헌성·합법성에 관한 문제인 한 헌법재판소와 법원에 의한 사법심사의 대상이 되어야 한다는 것이 헌법의 취지에 부합하고[28] 또한 모든 국민에게는 헌법상의 기본권으로서 재판을 받을 권리가 보장되어 있으며 행정소송에 있어서 개괄주의를 취하고 있으므로 문제된 사안이 법적 문제인 한에 있어서는 어떠한 국가작용도 사법심사의 대상에서 제외될 수 없다는 데서 찾는다. 나아가 통치행위가 사법적 통제를 받지 않게 된다면 헌법이 인정하고 있는 명령·처분에 관한 법원의 위헌·위법심사권을 부인하게 되고, 정치의 무법상태를 허용하게 된다는 견해[29]도 통치행위 부정설의 입장이다.

(2) 통치행위 긍정설: 통치행위에 대한 사법심사 소극설

사법심사가 배제되는 통치행위의 개념을 긍정하는 입장에서는 사법심사에 대하여 소극적인 태도를 나타낼 것이다. 사법심사를 배제하는 정당화 논거와 관련하여, 법정책적인 입장에서 출발하는 사법자제설과, 법이론적인 입장에 기초하고 있는 내재적 한계설, 권력분립설, 재량행위설, 통치행위독자성설로 구분된다. [30]

사법자제설은 법정책적 입장에 기초한 견해로서, 통치행위도 행정부의 작용으로서 그것이 법률적인 문제인 한에 있어서는 법원에 의한 사법통제를 받을 수밖에 없지만 사법부가 단지 정치문제에 개입함으로써 정치기관화하는 것을 막기 위해서 스스로 자제한다는 견해이다. 이러한 사법부의 자제는 단순한 자의적인 권한의 포기가 아니라 법의 근본정신

28) 고문현, "통치행위에 관한 소고", 헌법학연구 제10권 제3호 2004. 9, 372면.
29) 김철용, 행정법 I, 박영사, 2001, 7면.
30) 자세한 학설의 소개와 비판은 김용섭, "통치행위", 행정소송(1), 한국사법행정학회, 2008, 543면 이하.

및 정치적 합목적성에 입각하여 사법주의 한계성을 인정하려는 태도라고 한다. 이 견해는 막대한 해악을 방지하기 위하여 사소한 위법은 감수할 수밖에 없고, 사법권의 독립을 유지하기 위해서는 법원이 소위 정치문제인 통치행위에는 간섭하지 않는 것이 좋다는 것을 논거로 한다.[31]

다음으로 내재적 한계설은 사법권에는 그에 내재하는 일정한 한계가 있다고 보아 사법심사를 부정하는 견해이다. 이 견해는 정치문제는 정치적으로 책임을 지지 않는 법원이 심사할 것이 아니라 그에 대한 최종적인 판단을 행정부나 국회 또는 국민의 여론에 맡기는 것이 적절하므로 정치문제에 대한 불개입이 바로 법원의 내재적 한계라고 한다.

한편, 권력분립설 통치행위가 사법심사에서 배제되는 것은 그것이 권력분립상 행정부의 전속적 권한에 속하는 사항이므로 사법기관의 관여가 허용되지 않는 행위라고 보는 견해이다. 나아가 재량행위설에 의하면 통치행위는 국가기관의 정치적 자유재량행위이므로 위법성의 문제는 발생하지 않으므로 합법성 통제장치인 법원에 의한 사법심사가 배제된다는 견해이다. 끝으로, 통치행위 독자성설에 의하면 통치행위가 고도의 정치성을 가지기 때문에 그 본질상 소송절차에 의한 사법권의 판단이 배제되는 것이라고 보는 견해이다.

(3) 소결

통치행위는 이론적 일관성을 갖춘 개념이라기보다는 역사적 발전과정이나 시대 상황에 따라 경험적으로 인정되는 개념이라고 할 것이다. 따라서 통치행위의 범위는 국가와 시대에 따라 다양할 뿐만 아니라 학자에 따라서도 그 설명이 다르다. 통치행위는 사법절차에 의한 개인의 권리구제를 부정할 뿐만 아니라 법원의 행정사건에 대한 심사를 부정하는 것이므로 극히 제한적으로 파악하여야 한다.[32]

사법권은 법을 적용하여 분쟁을 해결하는 것을 그 사명으로 하므로

---

31) 고문현, 앞의 논문, 374.

32) 김용섭, “통치행위의 재검토”, 고황법학 제3권, 2001, 102−103면.

비록 다툼의 대상이 되는 것이 법률문제가 아닌 순수한 정치적, 경제적 문제의 당·부당은 사법심사의 대상이 될 수 없음은 물론이다. 그러나 정치적인 문제와 법적문제가 결부된 통치행위를 사법심사의 대상에서 배제하는 것이 바람직 한 것인가는 일률적으로 답할 수 없다. 또한 법률문제인 한 정치적 성격을 띤다고 해서 법률문제의 성격이 변질되는 것은 아니다. 이러한 관점에서 통치행위에 대한 사법심사 적극설의 입장을 지지한다. 통치행위에 대한 사법심사가 배제되는 논거중에 사법부 자제설의 입장은 법논리적인 설명이 아니라, 사법부가 정책적인 판단으로 인정한다는 점에서 바람직한 기준이라고 할 수 없다.[33] 오히려 권력분립의 원리와 이로부터 파생하는 국가지도기관의 정치적 형성의 자유영역(Gestaltungsfreiraum)에서 통치행위의 이론적 근거를 찾는 것이 타당하다고 할 것이다.

나. 판례

(1) 대법원의 주요 판례

① 남북정상회담 및 대북송금사건

먼저, 남북정상회담과 관련하여, 대한민국 정부의 주도하에 현대상선이 남북경협 사업비 명목으로 북한에 거금을 송금한 사건의 판결[34]에서는 "입헌적 법치주의 국가의 기본원칙은 어떠한 국가의 행위나 국가작용도 헌법과 법률에 근거하여 그 테두리 안에서 합헌적·합법적으로 행하여질 것을 요구하며, 이러한 합헌성과 합법성의 판단은 본질적으로 사법의 권능에 속하는 것이고, 다만 국가행위중에는 고도의 정치성을 띤 것이 있고, 그러한 고도의 정치행위에 대하여 정치적 책임을 지지 않는 법원이 정치의 합목적성이나 정당성을 도외시한 채 합법성의 심사를 감행함으로써 정책결정이 좌우되는 일은 결코 바람직한 일이 아

---

33) 김철용, 행정법, 고시계사, 2016, 429면.
34) 대법원 2004. 3. 26. 선고 2003도 7878

니며, 법원이 정치문제에 개입되어 그 중에 대하여는 이른바 통치행위라 하여 법원 스스로 사법심사권의 행사를 억제하여 그 심사대상에서 제외하는 영역이 있으나, 이와 같이 통치행위의 개념을 인정한다 하더라도 과도한 사법심사의 자제가 기본권을 보장하고 법치주의 이념을 구현하여야 할 법원의 책무를 태만히 하거나 포기하는 것이 되지 않도록 그 인정을 지극히 신중하게 하여야 하며, 그 판단은 오로지 사법부만에 의하여 이루어져야 한다"고 하여 통치행위의 적용에 한계를 설정하고 있다.

이 판결에서 대법원은 "남북정상회담의 개최는 고도의 정치적 성격을 지니고 있는 행위라 할 것이므로 특별한 사정이 없는 한 그 당·부를 심판하는 것은 사법권의 내재적、본질적 한계를 넘어서는 것이 되어 적절하지 못하지만, 남북정상회담의 개최과정에서 재정경제부장관에게 신고하지 아니하거나 통일부장관의 협력사업 승인을 얻지 아니한 채 북한측에 사업권의 대가 명목으로 송금한 행위 자체는 헌법상 법치국가의 원리와 법 앞의 평등원칙 등에 비추어 볼 때 사법심사의 대상이 된다"고 판시하여 과거의 판례보다 더욱 상세하게 통치행위의 개념과 한계에 대하여 밝히고 있다. 여기서 대법원은 통치행위를 인정하면서 인정근거로서 모든 국가기관의 행위는 헌법내의 행위임을 명백히 하고, 그 범위내에서 고도의 정치적 판단에 대해서는 통치행위가 인정된다고 하며, 통치행위의 인정근거로서 고도의 정치적 판단에 대한 사법권의 기능적 한계와 사법권독립수호의 필요 등을 들고 있다. 통치행위의 한계로서 과도한 사법자제가 오히려 사법기능의 태만이나 포기가 되지 않도록 신중할 것을 제시하고 있다.[35] 이 판결은 남북정상회담과 대북송금을 구분하여 가분적으로 통치행위를 접근하였다는 점에 의의가 있다.

---

35) 김선화, "통치행위의 인정여부와 판단기준 소고", 공법연구 제33집 제1호, 2004, 254면.

② 대통령 긴급조치위반자에 대한 재심사건

다음으로, 대통령의 긴급조치 위반자에 대한 재심사건과 관련하여, 대법원은 사법심사가 배제되는 통치행위의 인정에 있어 신중론적 입장을 취하고 있다. 즉, 대법원 판례[36]에 의하면, "입헌적 법치주의국가의 기본원칙은 어떠한 국가행위나 국가작용도 헌법과 법률에 근거하여 그 테두리 안에서 합헌적·합법적으로 행하여질 것을 요구하고, 이러한 합헌성과 합법성의 판단은 본질적으로 사법의 권능에 속한다. 다만 고도의 정치성을 띤 국가행위에 대하여는 이른바 통치행위라 하여 법원 스스로 사법심사권의 행사를 억제하여 그 심사대상에서 제외하는 영역이 있을 수 있으나, 이와 같이 통치행위의 개념을 인정하더라도 과도한 사법심사의 자제가 기본권을 보장하고 법치주의 이념을 구현하여야 할 법원의 책무를 태만히 하거나 포기하는 것이 되지 않도록 그 인정을 지극히 신중하게 하여야 한다."고 판시한 바 있다.

③ 서훈취소사건

평석 대상 판결인 대법원 2015. 4. 23. 선고 2012두26920판결에서 "구 상훈법(2011. 8. 4. 법률 제10985호로 개정되기 전의 것) 제8조는 서훈취소의 요건을 구체적으로 명시하고 있고 절차에 관하여 상세하게 규정하고 있다. 그리고 서훈취소는 서훈수여의 경우와는 달리 이미 발생된 서훈대상자 등의 권리 등에 영향을 미치는 행위로서 관련 당사자에게 미치는 불이익의 내용과 정도 등을 고려하면 사법심사의 필요성이 크다. 따라서 기본권의 보장 및 법치주의의 이념에 비추어 보면, 비록 서훈취소가 대통령이 국가원수로서 행하는 행위라고 하더라도 법원이 사법심사를 자제하여야 할 고도의 정치성을 띤 행위라고 볼 수는 없다."고 판시하고 있다. 기본적으로 이 판결의 입장은 서훈수여와 서훈취소를 암묵적으로 구분하고 있으며, 사법심사의 배제의 논거를 사법자제설적인

---

36) 대법원 2010.12.16. 선고 2010도5986 전원합의체 판결 [대통령긴급조치위반·반공법위반]

입장에서 찾고 있다고 보여진다.

(2) 헌법재판소의 주요 판례

① 금융실명제 관련 헌법소원사건

헌법재판소는 금융실명제 관련 헌법소원사건에서 통치행위이론에 새로운 획을 긋는 결정을 내린바 있다. 즉, 헌법재판소[37]는 "이 사건 긴급명령이 통치행위로서 헌법재판소의 심판대상에서 제외되는지에 관하여 살피건대, 고도의 정치적 결단에 의한 행위로서 그 결단을 존중하여야 할 필요성이 있는 행위라는 의미에서 이른바 통치행위의 개념을 인정할 수 있고 <중략> 그러나 통치행위를 포함하여 모든 국가작용은 국민의 기본권적 가치를 실현하기 위한 수단이라는 한계를 반드시 지켜야 하는 것이고, 헌법재판소는 헌법의 수호와 국민의 기본권 보장을 사명으로 하는 국가기관이므로 비록 고도의 정치적 결단에 의하여 행해지는 국가작용이라고 할지라도 그것이 국민의 기본권 침해와 직접 관련되는 경우에 당연히 헌법재판소의 심판대상이 될 수 있는 것일 뿐만 아니라, 긴급재정경제명령은 법률의 효력을 갖는 것이므로 마땅히 헌법에 기속되어야 한다"고 판시하여 대통령 긴급재정경제명령이 고도의 정치적 결단에 의한 행위로서 개념상 통치행위임을 인정하면서 헌법소원의 심판대상이 되어 헌법재판소의 통제하에 놓일 수 있다는 것을 분명히 하였다.

이 판례는 헌법재판소가 통치행위의 개념을 인정하고서도 사법심사의 배제를 직접 부인한 판례로서 상대적 통치행위의 개념 내지 실체법적 통치행위의 개념을 인정한 판례로서 의미를 지닌다.

② 일반사병 이라크파병 위헌확인사건

한편, 헌법재판소는 통치행위라는 용어를 사용하지 않고 있으면서 정치문제의 관점에서 결정을 내리고 있는 예로서 일반사병 이라크파병

---

37) 헌재 1996. 2. 29. 선고 93헌마 186 결정.

위헌확인소송을 들 수 있다. 헌법재판소는 2004년 4월, '일반사병 이라크파병 위헌확인소송'[38]에서 "외국에의 국군의 파견결정은 파견군인의 생명과 신체의 안전뿐만 아니라 국제사회에서의 우리나라의 지위와 역할, 동맹국과의 관계, 국가안보문제 등 궁극적으로 국민 내지 국익에 영향을 미치는 복잡하고도 중요한 문제로서 국내 및 국제정치관계 등 제반상황을 고려하여 미래를 예측하고 목표를 설정하는 등 고도의 정치적 결단이 요구되는 사안이다. 따라서 그와 같은 결정은 그 문제에 대해 정치적 책임을 질 수 있는 국민의 대의기관이 관계분야의 전문가들과 광범위하고 심도 있는 논의를 거쳐 신중히 결정하는 것이 바람직하며 우리 헌법도 그 권한을 국민으로부터 직접 선출되고 국민에게 직접 책임을 지는 대통령에게 부여하고 그 권한행사에 신중을 기하도록 하기 위해 국회로 하여금 파병에 대한 동의여부를 결정할 수 있도록 하고 있는바, 현행 헌법이 채택하고 있는 대의민주제 통치구조 하에서 대의기관인 대통령과 국회의 그와 같은 고도의 정치적 결단은 가급적 존중되어야 한다."고 판시하여 대의기관의 결정이 사범심사의 대상이 되지 않는다고 보면서 "이 사건 파병결정은 대통령이 파병의 정당성뿐만 아니라 북한 핵 사태의 원만한 해결을 위한 동맹국과의 관계, 우리나라의 안보문제, 국·내외 정치관계 등 국익과 관련한 여러 가지 사정을 고려하여 파병부대의 성격과 규모, 파병기간을 국가안전보장회의의 자문을 거쳐 결정한 것으로, 그 후 국무회의 심의·의결을 거쳐 국회의 동의를 얻음으로써 헌법과 법률에 따른 절차적 정당성을 확보했음을 알 수 있다. 그렇다면 이 사건 파견결정은 그 성격상 국방 및 외교에 관련된 고도의 정치적 결단을 요하는 문제로서, 헌법과 법률이 정한 절차를 지켜 이루어진 것임이 명백하므로, 대통령과 국회의 판단은 존중되어야 하고 헌법재판소가 사법적 기준만으로 이를 심판하는 것은 자제되어야 한다. 이

38) 헌재 2004. 4. 29. 선고 2003 헌마 814 전원재판부

에 대하여는 설혹 사법적 심사의 회피로 자의적 결정이 방치될 수도 있다는 우려가 있을 수 있으나 그러한 대통령과 국회의 판단은 궁극적으로는 선거를 통해 국민에 의한 평가와 심판을 받게 될 것이다."라고 판시함으로써 이라크 파병과 같은 사안은 정치문제로서 법률적 쟁송이 대상이 되지 않으므로 넓은 의미의 통치행위로 분류할 수 있더라도 - 비록 결정문에는 사법적 기준만으로 이를 심판하는 것이 자제되어야 한다고- 고 되어 있으나, 엄밀한 의미에서는 법률적 요소가 배제된 정치문제로서 헌법재판소를 비롯하여 사법부의 심사가 배제되는 경우에 해당한다고 보는 것이 적절할 것이다.

(3) 소결

통치행위를 법원에 의한 경우와 헌법재판소에 의한 경우를 구분하여 고찰할 필요가 있다. 정치문제의 경우에 법원의 경우에는 사법심사가 배제되지만 헌법재판소의 경우에는 정치적 사법기관이므로 본안까지 나아가 판단할 여지가 있다.

다만, 사법심사와의 관련을 배제한 실체법상의 통치행위의 개념을 인정하되, 통치행위라는 이유로 법률문제를 사법심사의 대상에서 배제하는 절차적 통치행위 개념을 받아들여 일단 통치행위에 해당하기만 하면 다른 소송요건의 구비여부를 불문하고 항고소송에서 소각하 판결을 하는 것은 적절하지 않다고 본다. 법원의 판례의 입장은 통치행위에 해당하면 사법심사가 배제되는 것으로 이해하는 한편, 헌법재판소는 통치행위라고 할지라도 사법심사가 되는 경우가 있다고 보고 있다.

그러나, 법원과 헌법재판소간에 통제의 정도를 달리하지만, 기본적으로 헌법재판소에서 파악하고 있는 입장이 진일보 하였다고 보여진다. 그 이유는 법원에서 설사 통치행위라고 할지라도 사법심사의 대상이 되지 않는다고 문밖에서 배척할 것이 아니라, 본안심리까지 진행한 다음에 판단하여도 늦지 않고, 다만 정치적 소용돌이에 휘말릴 경우라든가

공익적 요청이 있는 경우에는 사정판결을 활용하면 된다고 본다.39)

대통령 긴급조치위반자에 대한 재심사건에서 대법원40)이 제시하고 있는 사법심사가 배제되는 통치행위에 관하여, 원칙-예외 -한계의 한 공식이 적용된다. 즉, ① 원칙: 모든 국가작용에 대해 원칙적 사법심사 가능 ② 예외: 사법심사가 배제되는 고도의 정치성을 띤 국가행위에 대하여 예외적으로 통치행위 인정 ③ 한계: 법원의 심사권의 포기가 되지 않도록 통치행위의 인정에 신중할 것이라는 기준이 바록 그것이다.

헌법재판소는 통치행위의 개념을 인정하면서도 절차적 개념을 포기하고 사법심사가 원천적으로 배제되는 것은 아니라는 관점에 서 있다. 다시 말해 통치행위라는 이유만으로 사법심사의 대상에서 원천적으로 배제하는 통치행위의 절차적 개념은 명확히 실정법적인 근거를 찾기 어려우므로 통치행위의 개념을 실체적으로 이해할 필요가 있다. 또한 종래의 통치행위론이 입헌군주정 시대의 유물이면서 독재국가에서의 불법권력의 유지를 가능하게 하여주는 면책도구로 악용되어왔던 점을 감안할 때 오늘날 민주적 법치국가에 있어서 선험적으로 사법심사의 대상이 되지 아니하는 통치행위는 이론적으로 정당화하기 어렵다. 물론 법정책적인 논거로서 사법자제설이 주장되고 있으나 우리 헌정사를 되돌아 볼 때 법원이 용기 없음을 위장하는 것이고 결국은 초법적 권력의 등장을 정당화시켜준 측면도 간과할 수 없다.41)

4. 서훈과 서훈취소가 통치행위에 해당하는지 여부

(1) 문제의 제기

상훈법상의 대통령의 서훈과 서훈취소가 통치행위에 해당하는지

39) 김용섭," 통치행위", 행정소송 (1), 한국사법행정학회, 2008, 556면.
40) 대법원 2010. 12. 16. 선고 2010도5986 전원합의체 판결
41) 김용섭, 앞의 논문, 556면.

논란이 있다. 헌법상 대통령의 영전수여권이 통치행위로 다루어져 왔기 때문에, 서훈과 서훈취소를 같이 보아 통치행위에 모두 해당하는 것인지 아니면 모두 상훈법에 따른 단순한 공행정 작용으로 볼 것인지, 양자를 분리하여 서훈의 경우에만 통치행위로 보고, 서훈취소의 경우에는 일반적인 행정처분으로 볼 것인지 문제가 제기된다. 핵심적 쟁점은 상훈법에 따른 대통령의 서훈과 서훈취소는 국가의 고도의 정치적 작용에 해당하는지 순수한 공행정작용으로 보아 행정처분으로 볼 것인지 여부라고 할 것이며, 양자의 구별실익은 특히 행정절차법의 적용에 있다고 할 것이다.

(2) 판례의 입장

① 하급심의 판결의 혼선

하급심 판결은 서훈취소가 통치행위로서 사법심사가 배제되는지 여부와 관련하여 상반된 입장을 보여주고 있다.

먼저, 서훈취소의 통치행위성을 부정하면서, 사법심사에 적극적인 입장으로는 장지연 사건의 원심법원인 서울고법 2012. 12. 27. 선고 2012누5369판결을 들 수 있다. 동 판결에서 “서훈취소는 대한민국에 뚜렷한 공적을 세운 사람에게 수여하였던 서훈을 구 상훈법(2011. 8. 4. 법률 제10985호로 개정되기 전의 것) 제8조에 근거하여 일정한 경우에 취소하고 그에 따라 훈장 또는 금전을 회수하는 행위로서 그 취소의 요건이 법률에 규정되어 있을 뿐만 아니라 처분의 내용이 상대방의 법률상 지위를 불이익하게 하는 것이므로, 비록 서훈취소가 대통령이 행하는 행위라 하더라도 기본권을 보장하고 법치주의 이념을 구현하여야 할 법원의 책무를 포기하면서까지 사법심사를 자제하여야 할 고도의 정치성을 띤 행위라고 볼 수는 없다.”고 판시한 바 있다.

서훈취소의 통치행위성을 인정하면서 사법심사에 소극적인 입장으로는 평석대상 판결의 원심법원[42]을 들 수 있다. 동 판결에 의하면 “대통령의 서훈대상자를 결정하는 행위는 국가에 공로가 있는 자를 표창할 목적으로 일정한 상훈을 부여하는 행위로, 대통령의 국가원수로 행하는 국가적 차원의 정치적 결단과 정치적 형성을 그 내용으로 하는 통치행위라고 할 것이고, 같은 맥락에서 서훈의 취소 역시 서훈의 수여와 마찬가지로 국가에 공로가 있는 자에 해당하는지 여부를 판단하여 서훈대상자에 해당하는지 여부를 결정하는 것으로 대통령의 국가원수로서 행하는 통치행위에 해당하고, 헌법과 법률에 정한 고유의 절차와 형식에 따라 적법하게 이루어진 이상 대통령이 서훈취소대상자 여부를 결정하는 고도의 정치적 형성에 관한 부분은 법원이 사법심사의 대상에서 제외하여야 할 영역이라고 보아 피고 대통령에 대하여 통치행위인 이 사건 서훈취소결정을 다투는 소는 부적법하다"고 판시하였다. 이 판결에 의하면 서훈뿐만 아니라 서훈취소를 통치행위에 해당한다고 보았다.

② 대법원 판결- 하급심의 입장정리

이 사건 평석대상 판결은 위 하급심의 상반된 입장의 혼선을 정리하였는 바, 기본적으로 서훈취소에 대하여 통치행위성을 인정하지 않았다. 즉, "구 상훈법(2011. 8. 4. 법률 제10985호로 개정되기 전의 것) 제8조는 서훈취소의 요건을 구체적으로 명시하고 있고 절차에 관하여 상세하게 규정하고 있다. 그리고 서훈취소는 서훈수여의 경우와는 달리 이미 발생된 서훈대상자 등의 권리 등에 영향을 미치는 행위로서 관련 당사자에게 미치는 불이익의 내용과 정도 등을 고려하면 사법심사의 필요성이 크다. 따라서 기본권의 보장 및 법치주의의 이념에 비추어 보면, 비록 서훈취소가 대통령이 국가원수로서 행하는 행위라고 하더라도 법원이 사법심사를 자제하여야 할 고도의 정치성을 띤 행위라고 볼 수는 없다." 고 판시하고 있다. 본 판결의 의미는 그 이론적 근거는 사법자제설적인 입장에서 구하고 있다고 보여지며, 서훈과 서훈취소를 구분하여 서훈과

---

42) 서울고등법원 2012누12503 판결 [독립유공자 서훈취소 처분의 취소]

는 다르다는 관점에서 입론하고 있다.

(3) 서훈은 통치행위에 해당하는가?

서훈과 서훈취소를 구분하여 서훈의 경우에는 통치행위로 이론구성하고, 서훈취소의 경우에는 행정행위로 이론구성하는 방향도 생각해 볼 수 있으나, 기본적으로 서훈제도는 실질적으로는 상훈법에 따라 서훈과 서훈취소가 이루어지는 점에 비추어 보면 대통령이 행정청으로 처분을 한 것으로 볼 여지가 있어 양자를 모두 통치행위로 보는 것은 타당하지 않다. 서훈의 문제는 대통령의 영전수여권의 일종으로 파악하여야 하므로 좀 더 폭넓은 판단여지가 문제가 될 수 있는 관점에서 통치행위에 해당한다고 시사하고 있는 하급심 판결이 있다. 즉, 서울행정법원 2000. 8. 30. 선고 99구28223판결에서 "훈장 등의 서훈은 통치권적 차원에서 고도의 상징성을 지닌 자유재량행위로서 그 본질상 공적이 있다고 하여 반드시 국가가 포상을 하여야 할 법률적 의무가 없으며, 국가에 대하여 포상을 청구할 수 있는 법률적 권리도 없는 것이다"라고 판시한 바 있다.

그러나, 대통령의 서훈이 과연 이른바 통치행위의 영역에 속하는지 역시 논란이 있다. 일반적으로 통치행위란 단순한 법집행 작용이 아니라 국정의 기본방향을 제시하거나 국가적 중대한 이해를 직접 그 대상으로 하는 고도의 정치성을 띤 국가 최고기관의 행위로서 사법적 심사의 대상으로 하기에 부적합하고 비록 그것에 관한 판결이 있는 경우에도 그 집행이 곤란한 행위를 의미하나, 서훈 그 자체는 전문심사기관을 거쳐 사후적으로 취소도 허용하는 마당에 이를 고도의 국가지도작용이라고 하기도 어렵고, 판결이 있다고 하여 집행이 곤란한 행위로 보기도 어렵다고 할 것이다.

따라서 설사 서훈이 대통령의 영전수여권에서 비롯된다고 하여, 기본권을 보장하고 법치주의 이념을 구현하여야 할 법원의 책무를 포기하면서까지 사법심사를 자제하여야 할 고도의 정치성을 띤 행위라고 볼 수는 없어 서훈취소와 마찬가지로 사법심사의 대상이 되지 않는다고 볼 것은 아니다.

그렇다면 서훈의 경우에도 이를 사법심사의 대상에서 배제하기 보다는 대통령의 신상필벌에 기초한 정치적 영역의 문제이기는 하나 법적인 문제와 결부되어 있는 공행정의 작용으로 보아야 하므로 통치행위라는 이름하에 사전적으로 사법심사를 배제하는 것이 바람직하지 않다고 할 것이다.

Ⅲ. 서훈취소의 법적성질

1. 개설

독립유공자에 대한 서훈은 대한민국에 공로가 뚜렷한 사람에게 영예를 주는 중요한 행위로서 그 중요성을 고려하여 국무회의 심의를 거치는 등 엄격한 절차를 거쳐 대통령이 수여하도록 규정되어 있는 만큼 그 처분의 성격상 영예감을 본질적 요소로 하는 것이므로, 서훈은 그 대상자에게 일정한 권리 내지 법적 지위를 부여하는 설권행위로서 특허적 성질을 지닌다고 볼 것이다.

대통령의 서훈취소는 영예감의 박탈이라는 불명예가 본질적 요소로 되는 것이며, 서훈대상자 또는 그 유족들의 법률상 지위에 변동을 가져오는 행위로서 불이익한 행정처분에 해당한다. 다시말해 서훈취소는 이미 부여된 권리 내지 법적지위의 박탈을 가져오는 권리박탈행위에 해당한다.

이하에서 서훈취소의 법적성질과 관련하여 처분성을 먼저 검토하고 처분의 효력방생요건을 충족하고 있는지 살펴보며, 아울러 서훈취소가 직권취소에 해당하는지 철회에 해당하는지 나아가 불확정개념과 판단여지에 대하여도 검토하기로 한다.

2. 서훈취소의 처분성

가. 처분성에 관한 판례의 판단

항고소송의 대상이 되는 행정처분이라 함은 행정청의 공법상의 행위로서 특정사항에 대하여 법규에 의한 권리의 설정 또는 의무의 부담을 명하거나 기타 법률상 효과를 발생하게 하는 등 국민의 구체적인 권리의무에 직접적 변동을 초래하는 행위를 말하는 것이고, 행정권 내부에서의 행위나 알선, 권유, 사실상의 통지 등과 같이 상대방 또는 기타 관계자들의 법률상 지위에 직접적인 법률적 변동을 일으키지 아니하는 행위 등은 항고소송의 대상이 될 수 없다(대법원 1995. 11. 21. 선고 95누9099 판결 등 참조).

또한, 행정청의 어떤 행위가 항고소송의 대상이 될 수 있는지의 문제는 추상적·일반적으로 결정할 수 없고, 구체적인 경우에 행정처분은 행정청이 공권력의 주체로서 행하는 구체적 사실에 관한 법집행으로서 국민의 권리의무에 직접적으로 영향을 미치는 행위라는 점을 염두에 두고, 관련 법령의 내용과 취지, 그 행위의 주체 · 내용 · 형식 · 절차, 그 행위와 상대방 등 이해관계인이 입는 불이익과의 실질적 견련성, 그리고 법치행정의 원리와 당해 행위에 관련한 행정청 및 이해관계인의 태도 등을 참작하여 개별적으로 결정하여야 한다(대법원 1992. 1. 17. 선고 91누1714 판결, 대법원 2010. 11. 18. 선고 2008두167 전원합의체 판결 등 참조).

나. 서훈취소의 처분성

독립유공자에게 서훈이 수여되는 경우 서훈대상자에게 훈장과 일정한 금전이 수여되고, 일제의 국권침탈 전후로부터 1945년 8월 14일까지 국내외에서 일제의 국권침탈을 반대하거나 독립운동을 위하여 일제에 항거한 사실이 있는 자로서 그 공로로 건국훈장·건국포장 또는 대통령 표창을 받은 자는, 독립유공자법 제4조에 따른 순국선열과 애국지사에 해당하게 되어 그 자신과 유족 또는 가족이 독립유공자법에 따른 혜택을 받을 수 있을 뿐만 아니라 국립묘지법에 따라 국립서울현충원 등에 안장될 자격이 부여된다.

따라서 이러한 서훈이 취소되는 경우에는, 그 취소 대상자 또는 유족은 기존에 보관하던 훈장과 금전을 반환하여야 하고, 독립유공자법의 적용대상자에서 제외되며, 안장된 조상의 유골을 이장하여야 하는 의무가 발생할 수 있다. 따라서 서훈취소는 그로 인하여 서훈대상자 또는 그 유족들의 법률상 지위에 변동을 초래하는 행위로서 행정처분에 해당한다고 할 것이다.

다. 서훈취소는 상대방이 없는 행정행위인가?

서훈의 일신전속적 성질을 감안하면 유족에 대한 행정행위가 아니게 된다. 서훈은 생존자와 사망자를 대상으로 하게 되는데, 생존자의 경우라면 상대방이 있는 행정행위인데 반해 사망자라면 상대방이 없는 행정행위로 보아야 한다.

대법원 2014. 9. 26. 선고 2013두 2518 판결에서 "서훈취소는 일신전속적인 성질을 지니며 불이익한 처분으로서 반드시 유족을 상대방으로 하는 처분을 아니다"라고 판시하고 있다. 위 판례는 망인과 유족과의 관계에서만 파악하고 있으나, 서훈이 생존하고 있는 사람에게 수여되는 수가 있으므로 이러한 경우에도 상대방이 없는 행정행위로 보는 것은 적절하지 않다고 볼 것이다.

처분은 적어도 상대방 또는 이해관계인의 법적 지위에 영향을 미쳐야 하는 바, 상대방이 망인의 경우에는 그의 법적 지위는 문제가 안 되고, 이해관계인인 유족의 입장이 고려되어야 한다. 만약에 서훈의 상대방이 생존자의 경우라면 서훈취소의 상대방은 서훈을 받은 자일 것이다. 그러한 관점에서 서훈취소가 상대방이 없는 행정행위라는 것은 망인의 경우에만 해당하게 될 것이다.

비록 상대방이 없는 행정행위일지라도 제3자인 유족이 사망자에 대한 서훈취소에 대하여 법적 이익이 침해되었음을 이유로 취소소송을 제기할 법률상 이익이 있다.

장지연 사건에서 서울고등법원은 서훈취소만으로 유족의 법률상의 지위가 변동될 수 있으므로 서훈취소를 상대방이 없는 행정행위로 보기 어렵다고 보았다.

라. 대통령, 행정안전부장관 또는 국가보훈처장 중 누가 처분청인가 ?

(1) 논의의 출발점

행정처분의 중요한 징표중의 하나는 대외적 구속력이라고 할 수 있다. 행정행위가 행정의 내부영역에서 행정청과 기관 그리고 기관권력자 사이에 행정내부적 규율효력을 형성하고 자연인과 법인의 법적 주체에게 직접적으로 관계하는 것이 아닌 경우인 관청 내부의 조치와는 구별된다.[43]

처분성의 문제와 피고적격의 문제는 동전의 앞뒤 면처럼 밀접하게 연결되어 있다. 국가보훈처장이 서훈취소를 통보한 것은 대통령이 전자결재로 서훈취소결정을 한 것을 알리는 것에 불과하다고 볼 것인지, 아니면 문서상으로 명의가 되어 있으므로 처분청으로 보아 피고적격이 인정되는 것으로 보아야 할지 다소 논란이 있다.

43) Mann·Wahrendorf, Verwaltungsprozessrecht, 4 Aufl. 2015, S. 100－101.

(2) 견해의 대립

① 대통령을 처분청으로 보는 견해의 논거

첫째로, 헌법에 의해 서훈이 대통령의 권한이고, 서훈취소 역시 명문의 규정은 없지만 대통령의 권한으로 보는 것이 타당하다. 대통령은 서훈이나 서훈취소의 경우 국무회의를 거쳐 관계국무위원의 부서를 한 후 전자결재로 처분을 발할 수 있으며, 서훈취소에 관하여 별도로 다른 기관의 권한으로 하지 않는 한 이는 대통령의 권한에 속한다.

둘째로, 대통령도 행정조직법상 행정청에 해당한다. 한국방송공사 사장 해임사건에서 대통령을 처분청으로 보았다.

셋째로, 대통령은 처분의 상대방에 직접하여야 하는 것은 아니므로 전자결재로 충분하고 통지절차를 거치면 효력이 발생한다.

② 행정안전부(현 행정자치부)장관을 처분청으로 보는 견해의 논거

행정안전부장관이 상훈법을 관장하고 있어 서훈과 서훈취소의 주관부서가 된다. 상훈법 제5조 제2항에 따라 제1항의 규정에 의한 중앙행정기관의 장이 서훈의 추천을 하지 않는 경우 중앙행정기관의 서훈의 추천권자가 행정안전부장관으로 되어 있다. 상훈법 제8조 제3항에 따라 행정안전부장관이 서훈취소의안을 국무회의에 제출하고, 서훈취소가 되면 훈장 등을 반환하는 것도 행정안전부장관이며, 국가보훈처장에게 서훈취소 통보하도록 조치를 취한 것은 행정안전부장관이다. 또한 서훈추천시에 국가보훈처장은 행정안전부장관과 협의를 거쳐야 하고, 공적조서를 행정안전부장관에게 제출하도록 구 상훈법시행령 제3조 제1항 및 제2항에서 규정하고 있는 점도 행정안전부장관이 처분청이라고 볼 여지가 있다.

한편, 정부조직법 제34조 제1항에서 "행정자치부장관은 국무회의의 서무, 법령 및 조약의 공포, 정부조직과 정원, 상훈, 정부혁신, 행정능률, 전자정부, 개인정보조호, 정부청사의 관리, 지방자치제도, 지방자치단체의 사무지원·재정·세제, 낙후지역 등 지원, 지방자치단체간 분쟁

조정 및 선거·국민투표의 지원에 관한 사무를 관장한다."고 규정하고 있고, 동조 제2항에서 "국가의 행정사무로서 다른 중앙행정기관의 소관에 속하지 아니하는 사무는 행정자치부장관이 이를 처리한다."고 규정하고 있다.

③ 국가보훈처장을 처분청으로 보는 견해의 논거

서훈취소통보를 하면서 국가보훈처장을 대외적으로 처분서에 표시하였다. 서훈취소통보를 어떻게 볼 것인가의 문제이나, 만약 사실상 내부위임이 된 것으로 본다면 대외적으로 대통령을 표시하여야 하는데 그렇지 못해서 무효인 처분이 될 뿐이고 처분청은 국가보훈처장이 될 수 있다.

정부조직법 제24조 제1항에서 "국가유공자 및 그 유족에 대한 보훈, 제대군인의 보상·보호 및 보훈선양에 관한 사무를 관장하기 위하여 국무총리 소속으로 국가보훈처를 둔다"고 규정하고 있다. 독립유공자도 국가유공자의 범주에 속하므로 국가보훈처의 관장사항에 속한다.

종전에는 서훈취소심사위원회에서 심사하였으나, 현행법은 상훈법 시행령 제2조에서 서훈 및 서훈취소에 앞서 서훈의 추천권한이 있는 자의 소속으로 공적심사위원회를 두어 서훈추천 대상자의 공적 및 서훈추천의 적정성, 서훈을 받은 자의 서훈취소사유 해당 여부를 심사하도록 되어 있는 점을 들 수 있다.

(3) 소결

기본적으로 서훈과 서훈의 취소는 대통령의 권한으로 보는 것이 적절하다. 그렇다고 대통령이 서훈의 권한을 직접 행사하기도 하지만 행정안전부장관이나 국가보훈처장을 통하여 서훈의 권한이 위임되기도 한다.

대통령 소속하에 독립유공자서훈공적심사위원회를 두지 않고 국가보훈처장 밑에 공적심사위원회를 두고 있는 것도 대통령이 형식적인 권한 뿐만 아니라 실질적 서훈권한을 갖고 있는 지에 대하여 다소 의문을 갖게 한다. 또한 행정안전부장관은 대외적으로 직접적으로 통지하지 않기 때문에 처분청으로 보는데 한계가 있다.

서훈취소나 서훈이 실질적으로는 추천기관인 국가보훈처장에 의하여 이루어지고 있는 점 등에 비추어 보거나 처분서를 통보하면서 그 처분서에 대통령이 아닌 국가보훈처장 명의로 되어 있기 때문에 국가보훈처장이 대통령의 서훈취소결정을 통보한 것으로 볼 것이 아니라, 해석론상 국가보훈처장의 서훈취소결정의 통보가 대외적인 효력이 미치므로 국가보훈처장을 처분청으로 보는 것이 바람직하다. 또한 서훈취소결정의 통보서에 그 명의를 국가보훈처장으로 되어 있다면 피고를 국가보훈처장으로 하였다고 하여 잘못 소를 제기한 것이 아니어서 이 경우 소각하 판결을 할 사안은 아니다. 이러한 경우에는 오히려 본안에서 국가보훈처장에게 정당한 권한이 있는지 여부를 심사하는 본안판단요건으로 보는 것이 타당할 것이다.

만약에 국가보훈처장이 내부위임을 받았음에도 위임청인 대통령을 처분권자로 표시하지 않고 처분을 한 경우 이러한 권한의 범위를 넘어서는 행위, 즉 권한 없는 기관에 의한 행정처분은 그 하자가 중대하고 명백하여 당연무효라고 할 것이다.[44]

3. 처분의 효력발생요건으로서의 통지

행정행위의 통지는 행정청이 처분의 상대방 또는 이해관계인에게 행정행위의 존재 및 그 내용을 인식할 수 있도록 직무상 알리는 행위로서 그 자체는 행정행위가 아니고 행정행위의 효력발생요건이라고 할 것이다. 처분청이 통지하는 것이 원칙이나 반드시 처분청이 직접 통지해야 하는 것은 아니다.[45]이 사건 평석 대상 판결은 망인에 대한 서훈취

44) 대법원 1996. 6. 28. 선고 96누4374 판결, 대법원 2004. 7. 22. 선고 2002두10704 판결
45) 김용섭, "행정행위의 효력발생요건으로서의 통지", 행정법연구 제5호, 1999, 231면.

소는 유족에 대한 것이 아니므로 유족에 대한 통지에 의해서만 성립하여 효력이 발생한다고 볼 수 없고, 그 결정이 처분권자의 의사에 따라 상당한 방법으로 대외적으로 표시됨으로써 행정행위로서 성립하여 효력이 발생한다고 판시하고 있다. 그런데 그와 같은 방식으로 국가보훈처장이 통지한 때에 비로소 효력발생을 하는 것으로 한다면 쟁송의 제기나 법률관계의 효력발생에 있어 불안정한 측면이 있다.

이와 관련하여 대통령의 서훈취소 결정이 행정행위의 외부로의 표시에 명확하지 않은 점이 있지만 서훈취소의 내부적 성립이 적법하게 이루어졌고, 국가보훈처장이 처분주체나 처분명의인이 될 수 없음이 명백한 상황에서 처분서의 기재의 전반적인 취지등을 매개로 가급적 행정행위의 효력을 인정하여 처분 등을 둘러싼 법률관계의 안정과 신속한 확정 및 당사자의 실효적인 권리구제를 꾀한 것으로 보인다는 긍정적인 평가[46]도 있다. 그러나, 오히려 행정행위의 효력발생을 행정절차법에 따른 공고의 방법이 아닌 처분의 상대방이 아닌 유족에게 통지한 것을 효력발생으로 본 것으로 행정행위의 효력발생요건의 일종인 통지(Bekanntgabe)의 법리에 다소 어긋난다고 보여진다.

이 문제는 서훈이나 서훈취소가 일신전속적인 성질의 처분인가 아니면 서훈이나 서훈의 취소에 따라 유족의 법적 지위에 영향을 미치는지 여부와 관련된다. 대법원 2014. 9. 26. 선고 2013두 2518판결은 서훈의 일신전속적 성격은 서훈취소의 경우에도 마찬가지라고 할 것이므로 망인에게 수여된 서훈의 취소에서도 유족은 처분의 상대방이 되는 것은 아니라고 보았다. 그 효력발생요건과 관련하여 망인에 대한 서훈취소는 유족에 대한 것이 아니므로 유족에 대한 통지에 의하여서만 성립하여 효력을 발생한다고 볼 수 없고, 그 결정이 처분권자의 의사에 따라 상당

46) 박동열, "서훈취소를 중심으로 본 행정행위의 성립 내지 효력발생요건과 법률상 이익으로서의 인격건– 대상판결: 대법원 2014. 9. 26. 선고 2013두2518 판결–", 저스티스 통권 제148호, 2015, 271면 이하

한 방법으로 대외적으로 표시됨으로서 행정행위로서 성립하여 효력이 발생한다고 판시하고 있으나, 서훈취소의 상대방이 망인인 경우에는 행정행위의 효력발생요건인 통지와 관련하여 유족에게 통지해야 효력이 발생하는 것이 아니라 행정절차법 제14조 제4항 제2호에 따라 송달이 불가능한 경우로 보고, 상대방이 없는 행정행위이므로 공고를 하는 것이 바람직하다.

4. '서훈공적이 거짓임이 판명된 때'는 하는 서훈취소의 법적성질

(1) 문제의 제기

이 사건 평석대상 판결의 이유에서 "구 상훈법 제8조 제1항 제1호는 '서훈공적이 거짓임이 판명된 경우'에는 그 서훈을 취소하도록 정하고 있는데, 이러한 서훈취소 제도는 수여된 서훈을 그대로 유지한다면 서훈의 영예성을 수호할 수 없는 사유가 발생한 경우에 서훈제도의 본질과 기능을 보호하기 위하여 마련된 것으로 보인다.

이와 같은 서훈의 원칙 및 취소에 관한 규정들과 아울러 그 취지와 입법 목적 등을 종합하여 보면, 구 상훈법 제8조 제1항 제1호에서 정한 서훈취소사유인 '서훈공적이 거짓임이 판명된 경우'에는 서훈 수여 당시 조사된 공적사실 자체가 진실에 반하는 경우뿐만 아니라, 서훈 수여 당시 드러나지 않은 사실이 새로 밝혀졌고 만일 그 사실이 서훈 심사 당시 밝혀졌더라면 당초 조사된 공적사실과 새로 밝혀진 사실을 전체적으로 평가하였을 때 서훈대상자의 행적을 서훈에 관한 공적으로 인정할 수 없음이 객관적으로 뚜렷한 경우도 포함된다고 판시하고 있다.

여기서는 서훈취소가 강학상 철회인지 아니면 직권취소인지의 문제가 제기되고, '서훈공적이 거짓임이 판명된 경우'의 판단에 있어서 불확정개념의 해석·적용의 문제와 판단여지에 해당하는지 여부가 문제된다.

(2) 철회인가 직권취소인가, 양자 모두에 해당하는가?

서훈취소는 이미 수여된 서훈을 사후적으로 취소하는 이른바 권리박탈행위로서 그 법적성질이 강학상 철회인가 직권취소에 해당하는가의 문제가 제기된다.

우리의 통설과 판례에 의하면, 행정행위의 취소는 일단 유효하게 성립한 행정행위를 그 행위에 위법 또는 부당한 하자가 있음을 이유로 소급하여 그 효력을 소멸시키는 별도의 행정처분이고, 행정행위의 철회는 적법요건을 구비하여 완전히 효력을 발하고 있는 행정행위를 사후적으로 그 행위의 효력의 전부 또는 일부를 장래에 향해 소멸시키는 행정처분이다. 그러므로 행정행위의 취소사유는 행정행위의 성립 당시에 존재하였던 하자를 말하고, 철회사유는 행정행위가 성립된 이후에 새로이 발생한 것으로서 행정행위의 효력을 존속시킬 수 없는 사유를 말한다.[47]

구 상훈법 제8조에서 “서훈된 자가 서훈 공적이 거짓임이 판명된 때에는 그 서훈을 취소하고, 훈장과 이와 관련하여 수여한 물건과 금전을 이를 환수하며, 외국 훈장은 그 패용을 금지한다”고 규정하고 있는 바, 이를 직권취소로 볼 것인가 아니면 철회로 볼 것인가 여부에 따라 환수의 범위가 달라진다고 할 것이다.[48]

이 사건 평석대상 판례는 ‘서훈공적이 거짓으로 판명된 경우’의 의미를 직권취소와 철회의 요소를 모두 갖고 있는 것으로 보고 있으며, 그

---

47) 대법원 2003. 5. 30. 선고 2003다6422 판결, 대법원 2006. 5. 11. 선고 2003다37969 판결, 대법원 2014.10.27. 선고 2012두11959 판결 참조

48) 만약에 직권취소에 해당한다면 이미 수혜를 받은 독립유공자 및 유족의 수급권은 소급하여 효력을 잃게 되므로 전부 또는 일부를 반환하여야 하는 문제가 남는다. 그러나 철회에 해당한다면 그 사실이 밝혀져 철회권을 행사하여 효력이 상실되므로 장래를 향하여 효력을 상실하므로 이미 받은 수급액에 대하여 반환을 명하기 어렵다고 보아야 한다.

사유는 김일성 친척에 대한 서훈의 경우처럼 사후적으로 발생한 것을 이유로 할 수 있고, 판단시점은 서훈공적을 인정하는 시점으로 돌아가서 전체적으로 비교형량을 통하여 판단하여야 할 것인 바, 서훈공적이 거짓으로 판명된 것이 어떤 사유인가 여부에 따라 직권취소 또는 철회 모두 가능하므로 위 규정은 그 사유에 따라 철회로도 볼 수 있고, 직권취소로도 해석될 여지가 있다.

(3) 판단여지 인정여부

불확정개념의 해석·적용과 관련하여 판단여지가 인정되는 영역으로, 크게 비대체적인 결정, 구속적 가치평가, 예측결정, 형성적 결정으로 파악하거나 보다 구체적으로 국가시험이나 유사시험영역, 공무원법상의 제 평가, 고도의 전문적이고 기술적 판단을 요하는 사항, 전문가 및 이익대표로 구성된 독립위원회의 평가종류의 결정, 행정정책적 종류에 관련된 결정 등으로 파악하기도 한다.[49] 독일에서 연방행정법원에 의하여 인정되는 영역으로는 비대체적 결정, 구속적 가치평가, 미래예측결정 등을 들 수 있다.[50]

우리의 다수 견해는 재량과 판단여지를 구분하여, 판단여지는 법률요건면의 불확정개념의 해석·적용 문제와 관련되는 데 반해, 재량행위는 법률효과면에서의 복수행위간의 선택의 자유의 문제로 파악하고 있다. 그러나, 우리 판례[51]는 판단여지를 인정하지 않고 재량으로 통일적으로

49) 최선웅, "불확정개념과 판단여지", 행정법연구 제28집, 2010, 112면.

50) 표명환, "행정법상 불확정 개념과 판단여지의 기본권적 한계", 헌법학 연구 제9권 제3호 2003, 468-471면.

51) 대법원 2013.12.26. 선고 2012두19571 판결에서 " 일반적으로 구 국립묘지안장대상심의위원회 운영규정(2010. 12. 29. 국가보훈처 훈령 제956호로 개정되기 전의 것, 이하 '운영규정'이라 한다) 제4조 제4항 제2호 규정에서 정한 것과 같은 병적의 이상이 있는 경우에는 안장이 신청된 망인에게 국립묘지의 영예성을 훼손할 사유가 존재할 가능성이 높고, 나아가 그러한 사유가 있더라도 영예성이 훼손되지 않는다고 볼 수 있는 특별한 사유가 인정되는 경우에는 안장대상에서 제외하지 않도록

설명하고 있다.[52)]

먼저 서훈이 수여사유인 '대한민국에 대한 뚜렷한 공적'은 불확정개념에 해당한다고 보여진다. 그런데, 서훈취소의 요건인 구 상훈법 '공적조서가 거짓으로 판명된 경우'가 불확정개념에 해당하는지 여부와 관련하여, 거짓으로 판명되었다는 것이 어떤 의미를 지니는지 애매하고 불명확한 개념이라고 할 것이다. 왜냐하면 서훈을 받을 당시부터 거짓서류를 제출하여 받은 경우뿐만 아니라 서훈을 받을 당시에는 기초조사를 통하여 서훈을 받을 만하였으나 사후적으로 새로운 사실이 밝혀져 서훈의 영예성을 훼손하는 사안도 이에 포함된다고 해석될 여지가 있기 때문에 거짓으로 서훈을 받은 경우에 해당하는지 여부의 포섭에 있어 다소 명확한 개념이라고 보기 어렵다.

서훈취소의 경우 결국 서훈의 영예성을 확보하기 어려운 경우를 말하며, 서훈 당시의 관점에서 파악해야 하는지 아니면 서훈 수여이후의 사정변경도 고려요소로 삼아야 하는지 논란이 있다.

서훈취소사유인 '공적조서가 거짓으로 판명된 경우'는 전면적인 사법심사에 해당한다고 볼 것이다. 이 사건 평석 대상판결은 서훈의 수여사유인 '대한민국에 대한 뚜렷한 공적' 에 관한 판단은 서훈추천권자

규정한 점에 비추어, 위 규정은 구 국립묘지의 설치 및 운영에 관한 법률(2011. 8. 4. 법률 제11027호로 개정되기 전의 것)의 취지에 부합하는 합리적인 것이라고 할 수 있다. 그리고 6·25 전쟁 당시의 사회상 등에 비추어 병적에서 전역사유가 확인되지 않는 경우라면 정상적인 전역이 이루어지지 않았을 가능성이 높고, 정상적인 전역이 이루어졌음에도 병적기록 등이 잘못되어 있다면 망인 측에서 다른 방법으로 이를 증명할 수도 있는 점 등의 사정을 고려해 볼 때, 안장대상에서 일단 제외되는 범위에 전역사유 미확인자를 포함시킨 부분 역시 객관적 합리성을 갖춘 것으로 볼 수 있다. 그러므로 위와 같은 운영규정에 따라 이루어진 안장거부처분은 특별한 사정이 없는 한 재량권 범위 내의 것으로 적법하고, 그것이 재량권을 일탈·남용하여 위법한 것이라는 점은 그 처분의 효력을 다투는 당사자가 구체적으로 그 사유를 주장 · 증명해야 한다."고 판시하고 있다.

52) 재량과 판단여지의 관계에 관하여는 김용섭, "기속행위, 재량행위, 기속재량", 판례연구 제15집 하, 서울지방변호사회, 2001, 25면 이하.

가 제출한 공적조서에 기재된 개개의 사실뿐만 아니라 일정한 공적기간 동안 서훈대상자의 행적을 전체적으로 포함하여 이루어진다고 판시하고 있다. 서훈의 경우뿐만 아니라 서훈취소의 경우에도 전문가적 가치평가에 속하므로 법원의 사법심사가 제한되는 판단여지의 영역에 해당한다고 볼 수 있다.

구 상훈법 제8조 제1항 제1호에서 정하고 있는 "서훈공적이 거짓으로 밝혀진 경우" 라는 의미는 당초부터 서훈공적이 진실에 반하거나 서훈공적이 그대로 있고 사후적인 사유가 등장하여 그 공적이 거짓으로 밝혀진 경우도 포함되는 의미로 해석된다.

서훈공적이 과연 거짓인지 아닌지의 판단은 종합적인 관점에서 법원에서 해석을 통하여 규명하여야 법원의 전면적 사법심사에 해당한다고 볼 것이다. 그러나 서훈의 대상자로 인정할 것인가, 아니면 이미 서훈대상자를 사후적으로 평가하여 서훈취소의 대상으로 삼을 것인가의 문제는 현행 상훈법령상 독립유공자 공적심사위원회의 위원의 전문적 평가를 통해서 내려지기 때문에 이를 법원의 심사에 맡기기보다 행정청의 전문적인 판단여지로 보아 재량과는 다른 개념으로 이해하는 것이 통치행위라는 논리를 내세우는 것 보다 한층 바람직하다고 할 것이다. 이처럼 판단여지가 인정된다고 할지라도 그 한계가 있는 바, 판단여지에 대한 구체적인 사법심사의 사유로는 판단과정에서의 절차적 하자, 사실조사의 한계, 적절하지 못한 형량, 평등원칙위반, 기타 평가원칙 위반을 들 수 있다.[53]

53) 최선웅, 앞의 논문, 106면.

Ⅳ. 결론: 이 사건 판결에 대한 종합평가

이 사건 평석대상판결에서는 하급심에서 논란이 있었던 대통령의 서훈취소가 통치행위에 해당하는지 여부와 관련하여 통치행위로 볼 수 없다고 밝힌 것은 매우 의미 있는 결정이고 바람직한 결론이라고 사료된다.54)

또한 서훈취소의 처분성과 관련하여, 국가보훈처장의 서훈취소의 통보를 대통령의 서훈취소로 보았는바, 그 논거로는 비록 서훈취소권자가 대통령으로 되어 있는 경우에도 서훈취소결정의 통보는 사실적 행위로서 처분으로 보지 않게 되므로 국가보훈처장이 서훈취소의 통보를 하더라고 대통령의 서훈취소결정과 그 후의 통보에 의하여 행정처분의 효력이 인정된다고 보게 된다. 그러나, 대통령의 전자결재를 처분으로 볼 수는 없을 것이다. 내부적으로 성립한 것으로 볼 수밖에 없고, 행정절차법상의 공고절차를 거칠 필요가 있다. 일반적으로 사망자에 대한 처분은 처분으로서 효력이 의미가 없고, 이 부분은 유족에 대하여 의미가 있다.

대법원 판례는 서훈취소통보서에 처분 명의인이 대통령으로 되어 있지 않았더라도 그 기재의 전반적인 취지, 헌법상 서훈의 수여, 취소권한에 관한 일반적인 인식 등에 기초해 봤을 때 대통령이 국무회의를 거쳐 서훈을 취소했음이 대외적으로 표시한 것으로 볼 수 있다고 판시하고 있으나, 서훈취소결재를 대통령이 하였으므로, 국가보훈처장을 통한 통보로 충족한 것인지 논란이 있다. 이러한 경우에 망인의 경우에는 상대방이 없는 처분이 되는 데 반해, 유족은 처분의 상대방이 아니라고 하면서 그에게 한 통지를 처분의 효력발생요건을 충족한 것으로 보는 논

---

54) 다만 통치행위를 인정하는 판단기준과 관련하여 정책적 이유인 사법자제설적인 관점에서 파악하고 있는 바. 서훈취소의 경우에는 고도의 정치작용으로 국가 지도적 작용으로 보기 어려워 개념 그 자체에서 통치행위로 파악하기 어려운 측면이 있고, 통치행위를 인정한다고 할 경우 권력분립적인 관점에서 사법심사의 한계를 설정하는 것이 타당할 것이다.

리적 오류가 없지 않다.[55)]

이 사건 평석대상 판결에서는 서훈취소가 철회에 해당하는지 직권취소에 해당하는지 명확하지 않다. 공적과 공적이후 밝혀진 사실을 전체적인 관점에서 판단한다고만 설시하고 있으나, 어느 정도가 되어야 서훈의 영예성을 훼손하는 단계에까지 이르렀는지를 특히 수익적 결정으로 신뢰보호를 받고 있는 수혜자에 대하여 친일 행적이라는 것으로는 부족하고 친일행적의 정도와 공적의 정도를 합리적으로 교량함과 아울러 그 취소를 정당화하기 위한 구체적인 척도를 제시할 필요가 있다.

아울러 이 사건 평석 대상판결은 설사 서훈취소통보를 국가보훈처장이 하였더라도 서훈취소결정을 한 대통령을 처분청으로 보아 피고적격이 있는 자로 보았다.[56)] 그러나 이러한 해석은 행정청이 누구인지 고지하도록 명문화 하고 있지 않은 현실에서 행정소송법 제13조에 따라 처분청을 피고로 하도록 하고 있어, 원고가 되는 당사자에게 올바른 피고를 정하여 항고소송을 제기하도록 부담을 지우는 것으로 이는 국민의 불편가중을 초래할 위험성이 높다. 우리도 독일과 일본의 경우처럼 우리도 행정소송법을 개정하여 피고적격을 처분청이 아니라 행정주체인 국가나 지방자치단체로 변경할 필요가 있다.

이 사건 평석대상판결에 있어서 서훈취소에 있어서 대통령의 권한을 인정하여 피고적격을 인정한 것이나, 한국방송공사 사장의 해임처분과 관련한 사건에서 대통령이 피고적격의 전면에 등장하고 있는 점은 대통령의 지위에 관하여 종전의 국가원수로서의 지위라고 하는 헌법적

55) 유족이 서훈취소 처분의 이해관계인으로 원고적격이 인정되는가의 문제와 처분의 효력발생요건으로 통지의 상대방인지는 별개의 문제이다.

56) 이 사건 평석대상 판결에서 서훈취소의 근거 법률이 구 상훈법(2011. 8. 4. 법률 제10985호로 개정되기 전의 것) 제8조 제1항 제1호에서 규정하고 있는 "서훈공적이 거짓임이 판명된 경우"로 되어 있으나, 현재 시행되고 있는 상훈법 제8조에서도 "서훈 공적이 거짓으로 밝혀진 경우"로 되어 있어 표현만 일부 수정하였을 뿐 그 의미가 달라진 것은 아니므로 기본적으로 동일한 취지의 규정을 두고 있다.

차원의 문제가 아니라 행정법 차원에서 행정조직법상의 의사결정을 내리는 행정청으로 파악할 수 있다는 점에서 긍정적인 측면이 없지 않다. 다만 행정절차법상 사전통지절차를 거치는 경우나 행정행위의 효력발생요건인 통지 등 제도에 있어서 미비점이 적지 않다.

오히려 관행이라는 관점에서 보면 서훈의 운영이 국가보훈처장에 의하여 주도적으로 이루어지고 있고, 실제로 독립유공자 서훈공적심사위원회도 국가보훈처장 밑에 두고 있는 실정에 비추어 보면 대통령은 형식적인 권한을 갖고 있을 뿐 실질적으로는 국가보훈처장에 의하여 서훈과 서훈취소의 집행행위가 이루어진다고 볼 수 있다. 서훈과 서훈취소의 통보도 국가보훈처장에 의하여 이루어짐으로써 행정행위로서의 효력을 발생한다고 볼 것이다. 다만, 서훈취소가 사실상 내부위임되었음에도 대외적으로 위임청인 대통령의 명의를 사용하고 있지 않고, 국가보훈처장의 명의를 사용하고 있다고 보는 것이 타당하고, 행정행위의 통보의 권한만 국가보훈처장에게 위임한 것으로 보는 것이 현실과 거리가 있는 해석이라고 본다. 따라서 이 사건 제1심 행정법원에서 판시한 바와 같이, 국가보훈처장을 피고로 하되, 정당한 권한이 있는지 여부는 본안의 문제로서 권한 없는 자에 의하여 이루어 진 경우에는 피고 패소의 본안판결을 내리는 것이 타당할 것이다.

피고적격을 당사자에게 전가시킬 것이 아니라 일본의 경우처럼 항고소송에 있어서도 국가 또는 공공단체로 하더라도 피고적격을 구비한 것으로 보아야 할 것이다.

따라서 입법론으로는 서훈취소에 대한 행정소송에 대하여 국가공무원법의 경우처럼 대통령의 처분에 대하여 소송을 하는 경우에는 행정자치부장관을 상대로 행정소송을 제기할 수 있다고 규정하는 것이 바람직하다.[57] 이러한 관점에서 상훈법의 서훈취소와 훈장 등의 환수 등에

57) 아울러 피고적격과 관련하여서도 서훈취소를 한 연방대통령이 아닌 연방내무부장관이 피고가 된다고 규정하고 있듯이 우리 상훈법에 이와 유사한 명문의 규정을

관한 소송은 행정소송을 제기하여 다툴 수 있다고 독일 상훈법 제4조 제1항[58]에서 정하고 있듯이 규정을 둔다면 자연스럽게 통치행위가 아니라는 것을 드러낸다고 할 것이다.

두는 것도 하나의 방법이 될 수 있다.

58) Gesetz über Titel, Orden und Ehrenzeichen § 4 Entziehung (1) Erweist sich ein Beliehener durch sein Verhalten, insbesondere durch Begehen einer entehrenden Straftat, des verliehenen Titels oder der verliehenen Auszeichnung unwürdig oder wird ein solches Verhalten nachträglich bekannt, so kann ihm der Verleihungsberechtigte den Titel oder die Auszeichnung entziehen und die Einziehung der Verleihungsurkunde anordnen. Für Klagen gegen die Entziehung eines Titels oder einer Auszeichnung und die Einziehung der Verleihungsurkunde ist der Verwaltungsrechtsweg gegeben. Soweit Anordnungen des Bundespräsidenten angefochten werden, ist die Klage gegen den Bundesminister des Innern zu richten.

(2) Erkennt ein Gericht 1.auf eine Freiheitsstrafe von mindestens einem Jahr wegen eines Verbrechens,

2.auf eine Freiheitsstrafe von mindestens sechs Monaten wegen einer vorsätzlichen Tat, die nach den Vorschriften über Friedensverrat, Hochverrat, Gefährdung des demokratischen Rechtsstaates, Landesverrat oder Gefährdung der äußeren Sicherheit strafbar ist, oder

3.auf Aberkennung der Fähigkeit, öffentliche Ämter zu bekleiden, und ergibt sich aus dem Strafurteil, daß der Verurteilte Inhaber von Titeln, Orden oder Ehrenzeichen ist, die nach dem 8. Mai 1945 verliehen worden sind, so teilt die Strafverfolgungs- oder Strafvollstreckungsbehörde

참고문헌

김용섭, "통치행위", 행정소송(1), 한국사법행정학회, 2008.

김용섭, "통치행위의 재검토", 고황법학 제3권, 2001.

김용섭, "행정행위의 효력발생요건으로서의 통지", 행정법연구 제5호, 1999.

김용섭, "기속행위, 재량행위, 기속재량", 판례연구 제15집 하, 서울지방변호사회, 2001.

김중양·김명식·주해국가공무원법, 1996.

김창조, "항고소송의 피고적격 – 일본법제를 중심으로", 공법연구 제32집 제4호, 2004.

김철수, 헌법학신론, 제18전정판, 박영사, 2008.

박동열, "서훈취소를 중심으로 본 행정행위의 성립 내지 효력발생요건과 법률상 이익으로서의 인격권 – 대상판결: 대법원 2014. 9. 26. 선고 2013두2518 판결", 저스티스 통권 148호, 2015.

우미형, "Hans J. Wolff의 행정조직법 이론에 관한 연구 – 공법상 '법인' 및 '기관'이론을 중심으로 –", 서울대 법학박사학위논문, 2016. 8.

백수원, "국가유공자제도에 대한 헌법적 고찰 - 미국, 캐나다, 호주와의 비교법적 검토를 겸하여 –", 경북대학교 법학논고 제52집, 2015.

유진식, "대통령, 권력분립, 그리고 국가행정조직법 – 과잉권력을 창출하는 한국 대통령제의 법적 구조의 해명", 공법연구 제31집 제2호, 2002.

이광윤, "통치행위와 정치문제", 고시연구 제31권 제4호, 2004. 4.

이영범, "국가행정조직법상의 행정기관 내부에서의 권한의 위임이 있는 소위 내부위임의 경우에 있어서의 수임청의 처분에 대한 행정소송의 피고적격", 법조 제30권 제7호, 1981.

이철호, "친일인사 서훈취소 소송에 관한 관견", 국가법연구 제9권 제2호,

2013.

이호용, "독립유공자 예우에 관한 법정책적 문제점과 개선방안- 독립유공자 보훈체계의 개선을 중심으로-", 한양법학 제21집, 2007.

전광석, "국가유공자보상에 대한 헌법적보호의 가능성", 헌법학연구 제6권 제4호, 2000.

정무설, "정부상훈제도의 개선방안에 관한 연구", 연세대 행정대학원 석사학위 논문, 1997.

정영철, "행정조직법과 행정소송법상 행정청으로서의 대통령의 지위- 대법원 2014. 9. 26. 선고 2013두2518판결과 2015. 4. 23. 선고 2012두26920판결을 중심으로-", 홍익법학 제16권 제3호, 2015.

정재환, "우리나라 서훈제도의 현황과 개선방안", 국회입법조사처 이슈와 논점, 2016. 4. 11.

정하중, "행정소송법 개정 논의경과", 행정소송법 개정공청회 자료집, 법무부, 2012.

조용호, "제13조(피고적격)", 주석 행정소송법, 박영사 2004.

최선웅, "불확정법개념과 판단여지", 행정법연구 제28집, 2010.

표명환, "행정법상의 불확정법개념과 판단여지의 기본권적 한계", 헌법학연구 제9권 제3호, 2003.

Frieshelm Hufen, Verwaltungsprozeßrecht, 1994.

Friedrich Schoch, Die Bekanntgabe des Verwaltungsakts, JURA 1/2111.

Jochen Rozek, Verwirrspiel um §78 VwGO?- Richtiger Klagegegner, passive Prozessführungsbefugnis und Passivelegitimation, JuS 7/2007.

Rainer Pietzner, Michael Ronellenfitsch, Das Assessorenexamen im Öffentlichen Recht, 12 Aufl., 2010.

Rolf Schmidt, Verwaltungsprozessrecht, 17 Aufl., 2015.

Sabrina Desens, Sinn und Unsinn des "Behördenprinzips'-§78 I Nr. 2 VwGO in der Rechtspraxis, NVwZ 8/2013

W.－R Schenke, Verwaltungsprozessrecht, 2004.
兼子一, 行政事件の特質, 法律タイムズ 15号
齊藤浩, 行政訴訟の實務と理論, 三省堂, 2007

국문초록

본 연구는 대통령의 독립유공자 서훈취소가 통치행위에 해당되는지 여부가 문제가 된 대상판결에 대하여 평석을 한 것이다. 하급심에서는 독립유공자 서훈취소가 통치행위에 해당되는지 여부를 둘러싸고 견해가 통일되지 않고 논란이 있었다. 대상판결에서는 대통령의 독립유공자 서훈취소가 통치행위라고 볼 수 없다고 판시하였다. 본 연구에서는 통치행위에 대한 이론과 판례를 분석하였으며, 대통령의 독립유공자 서훈과 서훈취소를 분리하여 통치행위에 해당하는지 여부에 대하여 고찰하였다.

아울러 대상판결은 대통령의 서훈취소가 철회에 해당하는지 아니면 직권취소에 해당하는지에 대하여 직접적으로 언급하지 않고 있고, 독립유공자 서훈 공적과 그 공적 이후에 밝혀진 사실을 전체적인 관점에서 판단하여 서훈을 취소한다고 판시하고 있다. 독립유공자 서훈취소는 철회적 성격과 직권취소적 성격을 모두 갖고 있다고 보았다. 한편 대상판결은 설사 서훈취소통보를 국가보훈처장이 하였더라도 서훈취소결정을 한 대통령을 처분청으로 보아 대통령을 피고적격이 있는 자로 보았다. 그러나 행정소송법 제13조에 따라 처분청을 피고로 하도록 하고 있으나, 피고가 누구인지를 고지하도록 명문화하고 있지 않은 행정소송법에서 당사자에게 올바른 피고를 정하여 항고소송을 제기하도록 부담을 지우는 것으로 이는 국민의 불편가중을 초래할 위험성이 높다. 따라서 행정소송법을 개정하여 피고적격을 처분청이 아니라 행정주체인 국가나 지방자치단체로 변경할 필요가 있다.

끝으로, 상훈법을 개정하여 서훈취소와 훈장 등의 환수 등에 관한 소송은 행정소송을 제기하여 다투되, 대통령 대신에 행정자치부장관이나 국가보훈처장을 피고로 하여 제기하여야 한다는 규정을 입법적으로 마련해 둔다면 피고적격이 누구인지를 둘러싼 혼란을 해소함과 동시에 독립유공자 서훈취소가 통치행위가 아니라는 것을 입법적으로 해결할 수 있는 장점이 있게 된다고 할 것이다.

주제어: 서훈취소, 통치행위, 상훈법, 피고적격, 대통령, 행정소송법

Abstract

Legal Issue of Revocation of Decoration for Persons of Distinguished Service to Independence

– Focusing on the Supreme Court's Decision No. 2012-DU26920 dated April 23, 2015 –

Kim Yong Sup*

This study is a commentary of the Supreme Court's decision on the issue whether the revocation of decoration for the persons of distinguished service to independence corresponds to the President's ruling act. In trials of lower courts, the views on this issue were not uniform but controversial. The Supreme Court decided that the revocation of decoration for the persons of distinguished service to independence does not correspond to the President's ruling act. This study analyzed theories and precedents concerning the President's ruling act, and further reviewed conferment and revocation of decorations for the persons of distinguished service to independence separately in terms of whether they correspond to the President's ruling act.

The Supreme Court's decision did not definitely state whether the President's revocation of decoration for the persons of distinguished service to independence corresponded to withdrawal or ex officio revocation, but judged that the revocation was made after overall review of their contribution to independence and the facts revealed later. It judged that the revocation of decoration for the persons of

* Prof. Dr. Chonbuk National University

distinguished service to independence had both meanings of withdrawal and ex officio revocation. Meanwhile, it considered that, although the revocation of decoration had been notified by the Minister of National Veterinary Department, the President had finally decided such revocation and accordingly the President should be the defendant to the revocation litigation. Article 13 of the Administrative Litigation Act prescribes that the disposition agency shall be the defendant to a revocation litigation, but the Act does not stipulate notice of defendant. To require a party to an administrative litigation to put the correct defendant for an appeal may put a burden on the public and increase the inconvenience of the public. Accordingly, the Administrative Litigation Act is required to be amended to change the standing to be sue from the disposition agency to the state or local government.

Finally, the Awards and Decorations Act shall also be amended, so that the issue such as revocation of decoration and recovery of orders, etc. may be disputed in administrative litigations, but the Minister of the Interior or the Minister of the National Veterinary Department, not the President, may be the defendant to the litigation. In this case, not only the confusion about standing to be sue may be resolved, but also the legal ground may be established for the question that the revocation of decoration for the persons of distinguished service to independence is not the President's ruling act.

Keywords: revocation of decoration, the President's ruling act., the Awards and Decorations Act, correct defendant, President, Administrative Litigation Act.

투 고 일: 2016. 11. 21
심 사 일: 2016. 12. 9
게재확정일: 2016. 12. 15

損害塡補

食品·醫藥品 領域에서 規制權限不行使로 인한 國家賠償 責任 (崔桂暎)

食品·醫藥品 領域에서 規制權限不行使로 인한 國家賠償責任*

崔桂暎**

Ⅰ. 문제의 제기

식품·의약품의 안전성은 최근 들어 점점 더 중요한 사회적 문제로 부각되고 있다. 이와 더불어 국민의 생명과 건강을 위하여 국가가 식품·의약품의 안전성 확보를 위해 더 적극적으로 개입할 것을 요구하는 목소리도 커지고 있다. 이 글에서 소개할 사건들(아래 Ⅱ.)은 바로 그러한 움직임을 단적으로 보여 준다. 유해한 식품·의약품으로 인해 피해를 입은 국민이 국가를 상대로 하여 국가배상책임을 구한 사건들이다. 이러한 청구는 국가가 사전에 적극적으로 개입하여 규제권한을 행사하였다면 손해를 방지할 수 있었을 것이므로, 식품·의약품의 제조·판매자의 책임과 별개로 제조·판매를 막지 못한 국가도 책임을 져야 한다는 주장에

* 이 글은 2013. 12. 13. 개최된『국민의 생명과 안전을 보장하기 위한 법적 대응과 과제: 한국법제연구원·한국행정법학회 공동학술대회 행정법분야 연합학술대회』의 한국행정판례연구회 세션에서 발표한 논문을 보완한 것이다.

** 서울대학교 법학전문대학원 부교수

기초하고 있다.

식품·의약품의 안전성을 위하여 사전에 적극적으로 개입하는 국가의 규제권한은 '사전예방의 원리'에 의해 정당화된다. 전통적인 경찰법 원리에 따르면 구체적 위험이 존재해야 국가는 규제권한을 행사할 수 있다. 법익 침해 가능성이 어느 정도 개연성 있게 증명되어야만 규제권한의 발동과 이로 인한 사업자의 재산권, 영업의 자유 등에 대한 침해가 정당화될 수 있다. 이렇게 구체적 위험을 요구하는 전통적인 경찰법 원리는 규제의 상대방의 자유를 보장해 주는 기능을 수행하였다. 그러나 전통적인 위험 개념을 전제로 하여서는 환경오염과 같은 현대 사회의 리스크에 대응하기에 적절하기 않기 때문에, 환경법 분야에서 위험 이전 단계에서 개입하는 것을 허용하는 사전예방의 원리가 정립되었고, 리스크에 대한 대응이 필요한 다른 분야에까지 위 원리가 확장되었다. 이 글에서 연구하고자 하는 식품·의약품 분야도 사전예방의 원리가 적용되는 대표적인 분야이다.[1] 아래에서 다룰 사건들을 보면, 사고가 발생할 당시 해당 식품과 의약품의 위험성에 대해 논란이 제기되기는 하였지만 위험성이 확실하게 증명되지는 않은 상태였다. 사전예방 원리에 따르면 그 상황에서도 국가는 규제권한을 발동할 수 있다. 문제는 규제권한이 있다는 것과 규제권한을 행사할 의무가 있다는 것은 다른 문제라는 데 있다. 위 사건들에서 국가배상책임은 모두 부정되었다. 국가가 규제를 할 수는 있지만, 그렇다고 해서 규제를 하지 아니한 것이 위법하지는 않다고 평가되었기 때문이다.[2]

이 글은 식품·의약품 영역에서 규제권한불행사로 인한 국가배상책임의 현재의 상태를 점검하는 것을 목적으로 한다. 먼저 이에 관한 판례

---

1) 상세한 내용은 이원우, "식품안전규제법의 일반원리와 현행법제의 개선과제", 식품안전법연구 Ⅰ, 경인문화사, 2008, 3면 이하 참조.

2) 현재까지 규제권한 불행사로 인한 국가배상책임이 인정된 사건은 주로 전통적인 경찰행정의 영역이다. 대법원 1996. 10. 25. 선고 95다45927 판결; 대법원 1998. 5. 26. 선고 98다11635 판결 등 참조.

의 동향을 소개한다(Ⅱ.). 다음으로 독일, 영국, 프랑스, 미국에서는 이에 어떻게 접근하고 있는지 살펴볼 것이다(Ⅲ.). 각 나라별로 국가배상책임 법제를 간단히 개관한 후 우리나라 판례의 사안들과 유사한 판결을 찾아 검토하는 방식을 취하였다.[3] 마지막으로 비교법적 연구를 통해 얻은 통찰로부터 우리나라에의 시사점을 제시하고자 한다(Ⅳ.).

Ⅱ. 판례의 동향

식품과 의약품에 관한 규제권한은 각각 식품위생법과 약사법에 근거를 두고 있다. 식품위생법과 약사법상의 규제권한을 행사하지 않았다는 이유로 국가배상책임을 청구한 사건 중 대법원에서 판단이 이루어진 사건으로는 아래의 4개 사건이 있다.[4)5)]

1. 콘택 600 사건(대법원 2008. 2. 28. 선고 2007다52287 판결)

(1) 사건의 개요

A는 저녁에 페닐프로판올아민(Phenylpropanolamine; 이하 'PPA'라고 한다)이 함유된 감기약 '콘택 600' 1정을 복용하고 다음 날 새벽 출혈성 뇌졸중으로 사망하였다. A의 유족은 콘택 600의 제조·판매자[6]와 대한

---

3) 각 나라별로 "(1) 일반", "(2) 식품·의약품 영역"의 목차로 구성하였다.

4) '식품위생법, 국가배상', '약사법, 국가배상'을 검색어로 하여 종합법률정보(glaw.scourt.go.kr)를 검색한 결과이다.

5) 이외에 하급심에서 확정된 사건으로는 서울지방법원 1993. 12. 22. 선고 92가합46696 판결[확정], 부산지방법원 2009. 5. 6. 선고 2007가합10675 판결[확정]이 있다. 전자는 에이즈에 감염된 혈액으로 제조된 혈액제제에 관한 사건이고, 후자는 자궁수축제인 미소프토소톨에 관한 사건이다. 두 사건 모두 위법한 권한 불행사라고 보기 어렵다는 이유로 국가배상책임이 인정되지 않았다.

민국을 상대로 손해배상 청구의 소를 제기하였다. 이 중 대한민국에 대한 주장은 다음과 같다. ① 대한민국 소속 식품의약품안전청(이하 '식약청'이라 한다)은 외국에서 PPA 함유 의약품의 위험성을 알고 그 제조, 판매를 금지하였음에도, PPA 함유 의약품인 콘택 600을 '오, 남용 우려 의약품'으로 지정하지 않았고, '국민보건에 위해를 끼칠 염려가 있는 의약품 등의 제조'를 금지한 약사법 제56조 제11호를 위반하여 국민보건에 위해를 끼칠 위험이 있는 콘택 600의 제조, 판매를 허용한 과실이 있다. ② 또한 미국 식품의약품안전청(FDA, 이하 '미국 FDA'라 한다)에서 정한 기준인 1일 최대 75mg 복용금지라는 기준을 위반하여 1일 최대복용량 100mg을 초과하지 않는 콘택 600에 대하여 유통을 허용하여, 소비자보호법상 소비자들을 위한 위해방지의무를 해태하였고, 소비자의 생명, 신체에 위해를 끼칠 염려가 있는 콘택 600에 대한 수거, 파기 등의 조치의무를 이행하지 않은 잘못이 있다.

(2) 원심법원의 판단[7)]

원심법원은 국가배상청구를 기각하였다. 우선 약사법과 소비자보호법 등에 의해 공무원이 부담하는 의무는 국민 전체의 이익을 위한 것이고 국민 개개인의 안전과 이익을 보호하는 규정으로 보기 어렵다고 판단하였다. 다음으로 망인이 콘택 600을 복용할 당시까지 밝혀진 위험성의 정도에 비추어 보면, 국민의 생명, 신체, 재산 등에 대하여 절박하고 중대한 위험상태가 발생하였거나 발생할 우려가 있다고 보기 어려우므로 공무원의 과실이 있다고 보기도 어렵다고 판단하였다.

6) 제조·판매자에 대해서는 결함을 가진 의약품을 제조·판매하였다는 이유로 불법행위로 인한 손해배상책임을 구하였다. 제조물책임법이 발효되기 이전 사안이어서 민법상 일반 불법행위책임(제750조)을 구한 것이다. 이에 대해 제조상·설계상 또는 표시상의 결함을 인정할 수 없다는 이유로 청구가 기각되었다.

7) 서울고등법원 2007. 6. 19. 선고 2006나9448 판결.

(3) 대법원의 판단

대법원도 원심법원과 마찬가지로 대한민국은 국가배상책임을 지지 않는다고 판단하여 상고를 기각하였다. 다만, 세부적인 판단내용은 다르다. 원심법원은 이른바 '사익보호성'을 부정하였지만, 대법원은 긍정도 부정도 하지 않고 단지 가정적으로 판단하였다. "설령 소비자의 생명·신체의 안전에 위해를 끼치거나 끼칠 우려가 있는 의약품에 대한 국가기관의 책무 또는 조치권한 등을 규정한 조항으로 원고들이 들고 있는 구 소비자보호법 및 구 약사법 소정의 원심 판시와 같은 규정들이 오로지 공공 일반 또는 국민 전체의 이익을 도모하기 위한 것은 아니고, 부수적으로라도 사회구성원 개인의 안전과 이익을 보호하기 위하여 설정된 것이라고 본다 하더라도"라고 가정한 후 과실에 관한 판단으로 나아갔다. 그리고 원심과 판단을 같이 하여 과실을 부정하였다. "망인의 콘택 600 복용 당시 국민의 생명, 신체, 재산 등에 대하여 절박하고 중대한 위험상태가 발생하였거나 발생할 우려가 있음에도 식약청 공무원 또는 소비자문제 소관 행정기관 공무원이 그 위험을 배제하기 위하여 관계 법령에서 정한 조치를 취하지 아니한 과실이 있다고 인정하기 어렵다"는 것이다.

2. 미니컵 젤리 사건[8)]

(1) 사건의 개요

2004년 2월[9)]과 9월에 미니컵 젤리로 인한 세 건의 어린이 사망사

8) 미니컵 젤리 사건에 대한 평석으로는 김종천, "어린이 미니컵 젤리 질식사망사건에 대한 국가배상책임법리 고찰", 법학논문집 제35집 제2호, 중앙대학교 법학연구원, 2011, 139면 이하; 김중권, "미니컵 젤리로 인한 질식사와 국가배상책임의 문제", 인권과 정의 제419호, 2011. 8., 100면 이하; 김현준, "규제권한 불행사에 의한 국가배상책임의 구조와 위법성 판단기준", 행정판례연구 제16권 제1호, 2011. 6., 271면 이하 참조.

고가 발생하였고, 그 중 두 사건에 대해 국가배상청구소송이 제기되었다.[10] 미니컵 젤리를 먹다가 기도가 막히는 바람에 질식사한 사건이다. 2월 사건에 대한 소송이 아래 [미니컵 젤리 사건 ①], 9월 사건에 대한 소송이 아래 [미니컵 젤리 사건 ②]이다. 두 어린이의 유족은 국가배상을 구하는 소를 각각 제기하였고,[11] 비슷한 무렵 대법원 판결이 선고되었다.[12] 일부 하급심에서는 국가배상책임이 인정되었지만, 대법원은 모두 국가배상책임이 인정되지 않는 것으로 판단하였다.

(2) 미니컵 젤리 사건 ① (대법원 2010. 9. 9. 선고 2008다77795 판결)

1) 1심법원의 판단[13]

1심에서는 국가배상책임이 인정되었다. 이 사건 이전에 곤약과 글루코만난을 함유한 미니컵 젤리의 제조·수입·유통은 금지되고 있었지만, 미니컵 젤리에 함유된 겔화제의 종류와 상관없이 미니컵 젤리의 크기·형태 및 섭취방법이 결정적인 요인이 되어 일련의 질식사고가 발생하고 있었으므로, 미니컵 젤리의 물성에 대한 시험 등을 실시하여 질식

---

9) [미니컵 젤리 사건 ①]은 2월 2일에 발생한 사건인데, 바로 전날인 2월 1일에도 사회복지관에서 보호 중인 장애아(9세)가 보육사가 입에 넣어준 미니컵 젤리를 먹다가 사망하였다. 그 3년 전인 2001. 4.경에는 9세 어린이가 미니컵 젤리를 먹다가 기도가 막히는 바람에 저산소 뇌손상으로 1급 장애를 입기도 하였다.

10) 미니컵 젤리로 인한 어린이 질식 사망사고는 다른 나라에서도 발생하였다. 우리나라에서 3명이 사망한 외에, 미국에서 6명(1999-2002년), 일본에서 9명(1995-2008년), 타이완에서 3명(1999-2002년), 오스트레일리아에서 1명(2000년), 캐나다에서 1명(2000년)이 사망하였다. 김석신, "미니컵 젤리 사건의 국가배상판결에 대한 음식 윤리 관점에서의 분석", 법과 사회 제46호, 2014. 6., 177면.

11) [미니컵 젤리 사건 ①]의 경우 수입업자에 대한 손해배상청구소송도 함께 제기되었으나, 피고가 된 수입업자가 사망한 어린이가 먹은 미니컵 젤리를 수입한 자임을 증명할 수 없어 기각되었다. [미니컵 젤리 사건 ②]의 경우 처음부터 국가를 상대로만 소가 제기되었다.

12) 두 사건은 대법원의 같은 소부(小部)에서 2달 남짓 간격으로 선고되었다.

13) 서울중앙지방법원 2006. 12. 8. 선고 2005가합57993 판결.

사고의 발생을 방지하여야 할 의무가 있음에도 불구하고, 이러한 조치를 취함이 없이 막연히 (곤약과 글루코만난이 함유되어 있지 않다는) 수입업자에 의한 성분신고에만 의존하여 젤리를 국내에 유통시킨 과실이 있으므로, 국가에게 배상책임이 있다고 판단하였다.

2) 원심법원의 판단[14)]

원심에서는 국가배상책임이 부정되었다. 주된 이유는 식품위생법상 규제권한을 규정한 조항은 오로지 국민 전체의 이익을 도모하기 위한 것이고, 국민 개개인의 안전과 이익을 직접 보호하기 위한 규정이라고 볼 수 없다는 것이다. 즉, '사익보호성'이 부정되었다. 나아가 사익보호성이 있다고 하더라도 위법성 및 과실을 인정할 수 없다고 하였다. 현재의 과학기술로 곤약 성분을 검출할 수 있는 방법이 없는 상황에서 다른 나라와 달리 곤약 등 특정한 첨가물이 사용된 미니컵 젤리뿐만 아니라 모든 미니컵 젤리의 수입과 유통을 금지시키기는 어렵다는 점 등을 근거로 하였다.

3) 대법원의 판단

대법원도 원심법원과 마찬가지로 대한민국은 국가배상책임을 지지 않는다고 판단하여 상고를 기각하였다. 다만, 세부적인 판단내용은 다르다. 대법원은 원심과 달리 사익보호성을 인정하였다. 그러나 위법성과 과실은 부정하여 원심과 같은 결론에 이르렀다. "당시의 과학수준상 미니컵 젤리의 성분에 대하여 허위신고를 하더라도 그 진위를 가려내기 어려웠고, 위 사고 발생 후 시험 등을 통하여 그러한 허위신고의 가능성이 확인되고 곤약 등을 제외한 다른 성분을 함유한 미니컵 젤리로 인한 질식의 위험성이 드러났다고 하더라도, 위 사고 발생 무렵 식품의약품안전청장 및 관계 공무원이 그러한 위험성을 인식하거나 예견하기 어려웠던 점 등"을 고려하면 규제 권한을 행사하여 미니컵 젤리의 수입·유통

14) 서울고등법원 2008. 9. 11. 선고 2007나7047 판결.

등을 금지하거나 그 기준과 규격, 표시 등을 강화하고 그에 필요한 검사 등을 실시하는 조치를 취하지 않은 것이 현저하게 합리성을 잃어 사회적 타당성이 없다거나 객관적 정당성을 상실하여 위법하다고 할 수 있을 정도에까지 이르렀다고 보기 어렵고, 그 권한 불행사에 과실이 있다고 할 수도 없다는 것이다.

(3) 미니컵 젤리 사건 ② (대법원 2010. 11. 25. 선고 2008다67828 판결)

1) 1심[15] 및 원심[16] 법원의 판단

1심과 원심에서는 국가배상책임이 인정되었다. 1심과 원심의 판단은 대체로 유사하다. "비록 미니컵 젤리의 첨가물에 대하여 관리할 수 있는 방법이 마련되어 있지 않아 미니컵 젤리에 곤약이 함유되어 있는지 여부를 분석할 수 없다고 하더라도 미니컵 젤리 형태로 한 입에 흡입하여 내용물을 섭취할 경우 질식사고의 유발 가능성이 내재되어 있고, 이 사건 사고가 발생한 것과 같은 해에 미니컵 젤리의 섭취로 사망한 두 건의 사고가 있었던 상황에서, 미니컵 젤리에 대한 물성 등에 대한 시험을 실시하여 그 물성과 질식사고 유발 가능성과의 관계를 파악하는 등으로 질식사고의 발생을 방지하여야 할 의무가 있음에도 이러한 조치를 취하지 않은 채 만연히 수입업자가 신고한 성분에 의존하여 이 사건 젤리를 국내에 유통시킨 잘못으로 이 사건 사고 발생의 원인을 제공하였다 할 것"이므로, 국가배상책임이 인정된다는 것이다.

2) 대법원의 판단

그러나 대법원은 이 사건에서도 국가배상책임을 부정하였다. "식품위생법의 규정이 식약청장 등에게 합리적인 재량에 따른 직무수행 권한을 부여한 것으로 해석"되므로, "식약청장 등에게 그러한 권한을 부여한

15) 서울중앙지방법원 2006. 8. 17. 선고 2005가합32369 판결.
16) 서울고등법원 2008. 8. 26. 선고 2006나92129 판결.

취지와 목적에 비추어 볼 때 구체적인 상황 아래에서 식약청장 등이 그 권한을 행사하지 아니한 것이 현저하게 합리성을 잃어 사회적 타당성이 없는 경우에 한하여 직무상 의무를 위반한 것이 되어 위법"하게 되는데, 해당 사안에서는 현저하게 합리성을 잃어 사회적 타당성이 없다고 볼 수 있는 정도에까지 이른 것이라고 평가하기는 어렵다고 판단하였다.

3. 석면베이비파우더 사건(대법원 2014. 2. 13. 선고 2011다38417 판결)

(1) 사건의 개요

석면이 함유된 베이비파우더[17]를 구입 · 사용한 영 · 유아와 그 부모들이, 국가가 베이비파우더의 주원료인 탈크에 석면이 존재함을 알 수 있었음에도 이를 규제하지 않음으로써 영·유아의 피부에 직접 바르는 베이비파우더에 석면이 함유되어 있음을 알게 됨으로 인한 정신적 충격 및 부모로서 아이에 대한 죄책감, 차후 성장과정에 발병할 수 있는 각종 석면 관련 질병에 대한 불안감 등의 정신적 고통을 입고, 소비자의 선택권 및 인격권을 침해당했음을 이유로 국가배상청구를 한 사건이다.[18]

(2) 대법원의 판단[19]

대법원은 국가배상책임이 성립하지 않는다고 판단하였다. 약사법과 소비자기본법의 규정이 식약청장 등에게 "합리적인 재량에 따른 직무수

---

17) 베이비파우더는 약사법상 의약외품에 해당한다.

18) 탈크를 제조한 회사와 탈크를 공급받아 베이비파우더를 제조한 회사들에 대해서도 손해배상청구소송이 제기되었다. 그러나 신체적 손해가 없는 상황에서 원고들이 주장한 정신적 고통이 법적으로 배상되어야 하는 정신적 손해로 평가되기는 어렵다는 이유로 청구가 기각되었다.

19) 1심(서울중앙지방법원 2010. 7. 1. 선고 2009가합116210 판결)과 원심(서울고등법원 2011. 4. 12. 선고 2010나83894 판결)의 판단은 대체적으로 대법원의 판단과 같은 취지이므로 따로 살피지 아니한다.

행 권한을 부여한 것으로 해석되는 이상, 식약청장 등에게 그러한 권한을 부여한 취지와 목적에 비추어 볼 때, 구체적인 상황 아래에서 식약청장 등이 그 권한을 행사하지 아니한 것이 현저하게 합리성을 잃어 사회적 타당성이 없는 경우에 한하여 직무상 의무를 위반한 것이 되어 위법"하게 되는데, 해당 사안에서는 현저하게 합리성을 잃어 사회적 타당성이 없다고 볼 수 있는 정도에까지 이른 것이라고 평가하기는 어렵다고 판단하였다.

Ⅲ. 비교법적 검토

1. 독일

(1) 일반

1) 개관

독일에서는 공무원이 고의 또는 과실로 제3자에 대한 직무상 의무를 위반한 경우 국가배상책임이 성립한다. 국가배상에 관한 독일의 규정은 독특하다. 일단 민법 불법행위편에서 공무원 개인의 배상책임을 규정한 후(독일 민법 제839조), 헌법에서 국가가 공무원을 대신하여 배상책임을 지는 것으로 규정하고 있다(독일 기본법 제34조 제1항)(면책적 채무인수).[20] 독일의 논의는 우리나라의 학설에 많은 영향을 끼치고 있고,

20) 이러한 독특한 구조는 프로이센의 공무원책임법(Beamtenhaftungsgesetz vom 1.8.1909)에서 비롯된 것이다. 여기에서 처음으로 면책적 채무인수의 구조를 취하였고 바이마르 헌법 제131조를 거쳐 현재의 기본법 제34조에 이르기까지 계속되고 있다(Papier, Münchener Kommentar zum BGB, 6. Auflage 2013, §839 Rn. 7). 이러한 구조는 공무원 개인의 민사법상 책임을 전제로 하고 있기 때문에 공무원 개인의 귀책사유가 없는 경우에는(이른바 위법·무과실의 문제) 배상책임이 인정되지 않는 등 여러 가지 한계가 있었다. 면책적 채무인수의 구조는 공법영역에서 발생하는 특수한 문제상황에 적합하지 않을 뿐만 아니라, 프로이센 시대 이후 변화된

특히 규제권한 불행사와 관련해서는 사익보호성의 문제가 우리나라에서 논란이 되고 있으므로, 아래에서는 이에 관해 상세히 살펴본다.

2) 제3자 관련성

직무상 의무는 제3자에 대한 것이어야 한다. 이를 '제3자 관련성'(Drittbezogenheit)라고 하는데, 우리나라 학설에서 논의되는 사익보호성과 같은 개념이다. 모든 직무상 의무 위반에 대해 국가배상책임이 인정되는 것이 아니라, 그 직무상 의무가 제3자에 대한 것이어야만 국가배상책임이 성립한다. 직무상 의무와 피해자 사이에 특별한 관계가 있어야 한다는 것이다.[21] 이는 직무상 의무의 보호목적에 달려 있다. 직무상 의무를 규정하는 규범이 오로지 공익만을 보호하기 위한 것이 아니라, 적어도 공익과 더불어 개인의 이익도 함께 보호하기 위한 것이어야 한다. 오로지 공익만을 보호하기 위한 의무라면 그 위반으로 불이익을 입었더라도 배상청구권은 인정될 수 없다.

가) 제3자 관련성의 상대성

주의할 점은 제3자 관련성은 해당 규범과 관련하여 절대적으로 인정되거나 부정되는 것이 아니라 개별사안별로 상대적으로 판단된다는 점이다(이를 '제3자 관련성의 상대성'이라고 한다).[22] 제3자 관련성은 대인적 관점과 대물적 관점에서 두 단계에 걸쳐 판단된다. 첫째, 규범이 보호대상으로 삼는 특정한 인적 범주에 피해자가 속하여야 한다. 당해 직무상 의무에 대해 원칙적으로 제3자 관련성이 인정되더라도, 배상을 구하는

국가관에도 합치하지 않았다. 그리하여 1981년에 국가배상책임을 국가의 자기책임으로 규정한 새로운 국가배상법이 제정되었으나, 연방헌법재판소는 1982년 연방의 입법권이 없다는 이유로 위헌결정을 내렸다(Papier, Münchener Kommentar zum BGB, 6. Auflage 2013, §839 Rn. 104~116). 그 결과 공무원의 민사법상 불법행위책임을 국가가 면책적으로 인수하는 구조가 현재까지도 계속되고 있다.

21) Papier, Münchener Kommentar zum BGB, 6. Auflage 2013, §839 Rn. 227.

22) Maunz/Dürig, Grundgesetz－Kommentar, 69. Ergänzungsliefrung 2013, GG Art. 34 Rn. 184.

자가 보호받는 제3자의 범주에 들어가지 않으면 배상책임은 부정된다. 예컨대 특정한 위험시설의 운영에 대해 국가의 감독의무가 있으면, 시설의 비정상적 운영으로 인해 생명, 건강, 재산에 대한 위험이 발생하는 자들에 대해서는 제3자 관련성이 인정된다. 그러나 위험시설 운영자 본인은 여기에 속하지 않는다. 따라서 위험시설 운영자는 사고로 인해 입은 재산상 손해에 대해 감독의무 불이행을 이유로 국가를 상대로 배상을 구할 수 없다.

둘째. 손해가 규범이 보호대상으로 삼는 이익에 대하여 발생한 것이어야 한다. 손해의 범위를 제한하므로 제3자 관련성은 배상책임의 존부뿐만 아니라 배상범위도 결정한다. 직무상 의무 위반으로 침해된 이익이 규범이 보호하고자 하는 이익일 때에만 배상책임이 성립한다. 따라서 피해자가 규범이 보호하는 제3자에 속한다고 해서 모든 손해가 배상되는 것은 아니고, 그 중에서도 규범이 보호하고자 하는 이익에 해당하는 손해일 때에만 배상될 수 있다. 예컨대 건축허가 발급시 행정청은 건축부지 지반의 안정성을 심사할 의무가 있는데, 지반이 불안정한 부지에 건축물을 세움으로 인해 발생하는 건축경찰상의 위험에 대해서는 제3자 관련성이 인정되고 건축주의 이익(예컨대, 생명·신체에 관한 이익)도 여기에 포함될 수 있다. 그러나 건축주의 순수한 재산상의 불이익(예컨대, 철거비용이나 다시 건축하기 위한 비용)은 포함되지 않는다.[23)]

나) 판단상의 문제점

학설상 논란이 되고 있는 우리나라와 달리, 독일은 명문으로 제3자에 대한 의무일 것을 요구하고 있으므로 제3자 관련성이 요구된다는 점 자체는 명확하다. 문제는 개별사안에서의 판단이다. 이는 일반적으로 정의되거나 범위가 확정될 수 있는 성질의 개념이 아니기 때문이다. 개별

23) Martin Morlok, in: Hoffman-Riem/Schmidt-Aßmann/Voßkuhle(hg.), Grundlage des Verwaltungsrechts, Bd. Ⅲ, §54 Rn. 60; Papier, Münchener Kommentar zum BGB, 6. Auflage 2013, §839 Rn. 234, 235.

사안에서 사람마다, 침해된 이익마다 달리 판단될 수밖에 없는 문제이다. 따라서 특정한 사안에서 제3자 관련성이 인정될지는 예측하기 매우 어렵고, 이에 관한 법원의 판례도 일관되지 않아 인정된 사례와 부정된 사례 사이에 명확한 경계선을 찾기 어렵다고 한다.[24] 다만, 일반적인 경향의 차원에서 얘기하면 생명, 신체, 건강과 같은 이익은 제3자 관련성이 쉽게 인정되는 반면, 순수한 경제적 이익은 쉽게 인정되지 않는다고 한다.[25] 또한 논자에 따라서는 일반 민사법상 불법행위책임에 있어서의 절대권과 그 밖의 권리에 대한 구별(각각 독일 민법 제823조 제1항과 제2항)을 여기에 적용하기도 한다. 즉, 민법 제823조 제1항에서 열거하고 있는 이른바 절대권(생명, 신체, 건강, 자유, 소유권 등)의 침해가 있으면 제3자 관련성이 바로 인정되는 반면, 그 외의 경우에는 민법 제823조 제2항과 같이 위반한 법규정이 침해된 이익을 보호하기 위한 보호규범이어야 인정되는 것이라고 설명하기도 한다.[26] 다만 이른바 절대권 침해에 대해서도 제3자 관련성이 부정되는 판례들이 있는 것으로 보여 판례상 일반적으로 받아들여지고 있는 법리는 아닌 것으로 보인다.

헌법적인 관점에서도 문제가 제기된다. 기존의 논리에 따르면 기본권 보호가 필요한 사안이지만 근거 법률에서 제3자를 보호하기 위한 규정을 두지 않은 경우에 제3자 관련성을 인정할 수 없기 때문이다. 특히 입법행위에 대한 국가배상책임을 인정할 수 있는가와 관련하여 논란이 된다. 이에 대하여 학설상으로는 국가의 기본권 보장의무와 보호의무로

---

24) 이에 관한 비판으로는 Papier, Münchener Kommentar zum BGB, 6. Auflage 2013, §839 Rn. 230 참조. 여기에서는 다음과 같은 사례를 들어 비판하고 있다. 항공기의 안전성 보장 임무는 경찰법상의 위험방지임무로 보아 제3자 관련성이 인정된 반면, 독일 기상청의 항공교통 기상조건 안전성 보장 임무는 제3자 관련성이 부인되었다고 한다.

25) Brüggemeier in: Cees van Dam(ed.), The Liability of Regulators, British Institute of International and Compatative Law, 2006, p. 247

26) Ossenbühl, Staatshaftungsrecht, 5. Aufl., 1998, S. 59; Papier, Münchener Kommentar zum BGB, 6. Auflage 2013, §839 Rn. 229.

부터 제3자 관련성을 도출하는 견해가 유력하지만,[27] 아직 학설과 판례상으로 일반적으로 승인되고 있는 논리는 아닌 것으로 보인다.

다) 금융규제의 경우

금융규제권한에 관한 일련의 변화 과정을 살펴보면 제3자 관련성의 인정 여부가 매우 유동적인 문제이고, 위헌 문제도 내포되어 있음을 확인할 수 있다.[28] 聯邦通常法院은 1972년에는 금융규제권한의 제3자 관련성을 부정하였다. 보험회사의 파산으로 보험금을 받지 못하게 된 보험금청구권자가 보험감독기관이 규제권한을 적절히 행사하지 않았음을 이유로 국가배상을 구한 사건에서, 연방통상법원은 법률상 피보험자 등의 이익을 고려하도록 하는 조항이 있었지만 이는 모든 피보험자 집단의 이익을 일반적으로 보호하기 위한 것이고 개개의 피보험자 등을 보호하기 위한 조항은 아니라고 판단하였다.[29] 그러나 1979년에는 은행감독과 관련하여 반대의 입장을 취하였다. 이 해에 두 개의 판결이 선고되었는데 은행의 예금고객에 대해 모두 제3자 관련성이 인정되었다.[30] 그 근거는 은행감독은 경찰기능의 행사이고, 경찰기능은 오로지 공공질서와 안전만을 위한 것이 아니라 제3자의 개별적인 이익을 보호하기 위한 목적도 갖는다는 것이다. 다만, 두 사건 모두 결론적으로는 기각되었는데 직무상 의무위반을 인정할 수 없기 때문이었다. 이렇게 보험감독에 대해서는 제3자 관련성이 부정된 반면 은행감독에 대해서는 인정되었는데, 양자를 달리 취급할 이유가 없다는 점에서 비판을 받았다.[31] 그

---

27) Martin Morlok, in: Hoffman-Riem/Schmidt-Aßmann/Voßkuhle(hg.), Grundlage des Verwaltungsrechts, Bd. Ⅲ, §54 Rn. 62~64.

28) 이 과정에 대한 설명은 Papier, Münchener Kommentar zum BGB, 6. Auflage 2013, §839 Rn. 251~255; Brüggemeier in: Cees van Dam(ed.), The Liability of Regulators, British Institute of International and Compatative Law, 2006, p. 248~250.

29) BGHZ 58, 96=NJW 1972, 577.

30) BGHZ 74, 144=NJW 1979, 1354; BGHZ 75, 120=NJW 1979, 1879.

31) Brüggemeier in: Cees van Dam(ed.), The Liability of Regulators, British Institute of

리하여 은행감독과 보험감독 양자에 대해서 모두 제3자 관련성을 인정하게 되었다.[32]

연방통상법원이 금융감독권한의 제3자 관련성을 인정하자, 입법자는 1984년 금융감독기관은 자신의 임무를 오로지 "공익을 위해서만" 행사된다는 조항을 신설하였다. 즉 입법을 통해 명시적으로 제3자 관련성을 부정하고 국가배상책임을 배제하였다. 이 조항은 입법과정에서부터 위헌성 논란이 있었다. 보통의 면책조항과 달리 귀책사유의 경중을 가리지 않고 금융감독에 관한 국가배상책임을 일률적으로 배제[33]시켰기 때문에 비례원칙에 반한다는 것이다. 그러나 위 조항은 논란에도 불구하고 그대로 입법되었다.[34] 실제 BVH 은행 사건에서 위 조항이 문제가 되었다. BVH 은행이 파산절차에 들어가자 예금주들이 감독권한 불행사를 이유로 국가배상청구소송을 제기한 사건이다. 이 사건에서 연방통상법원은 유럽공동체법원(ECJ)의 선결문제 심리절차를 통해 위 조항이 유럽공동체법에 합치한다는 결정을 받아 이를 토대로 국가배상책임을 부정하였다.[35] 그러나 위헌성 논란이 있었음에도 연방헌법재판소에 위헌법률심판은 제청하지 아니하였다.[36] 이 조항은 현재의 금융감독법(Gesetz über die Bundesanstalt für Finanzdienstleistungsaufsicht; FinDAG) 제4조 제4항에도 그대로 규정되어 있다.

International and Compatative Law, 2006, p. 248, 249.

32) BGHZ 90, 310.

33) 다른 나라와 비교하여 보면, 영국에서는 면책조항이 '악의'(in bad faith)가 있는 경우에는 적용되지 않도록 하고 있고, 프랑스는 책임범위를 고의·중과실로 한정하는 방식을 취하여 실질적으로 경과실에 대해서만 면책하고 있다. Cees van Dam(ed.), The Liability of Regulators, British Institute of International and Compatative Law, 2006, p. 266, 275 참조. 반면 독일처럼 제3자 관련성을 부정할 경우 고의 또는 중과실이 있더라도 국가배상책임이 면제되는 결과가 된다.

34) Papier, Münchener Kommentar zum BGB, 6. Auflage 2013, §839 Rn. 255.

35) BGH NJW 2005, 742.

36) Maunz/Dürig, Grundgesetz－Kommentar, 69. Ergänzungsliefrung 2013, GG Art. 34 Rn. 189.

(2) 식품·의약품 영역

식품·의약품 영역에서의 규제권한에 대해 제3자 관련성이 인정되는지는 명확하지 않다. 앞서 이야기한 바와 같이 생명, 신체, 건강과 같은 법익에 대한 침해가 문제되는 경우 대체적으로 제3자 관련성이 인정되는 경향은 있지만, 그렇다고 해서 자동적으로 인정되는 것은 아니기 때문이다.[37] 의약품법상 직무(안전성이 확보되지 않은 의약품에 대해 승인을 거부하거나 유통을 금지시킬 의무)의 제3자 관련성에 대해, 명확한 판례는 없지만 학자들은 대체로 인정될 수 있다고 보는 듯하다. 법률에 오로지 공익만을 위한 것이라고 명시하는 규정이 없고, 의약품법 정부초안의 입법이유서에서 소비자 보호를 목적으로 명시하고 있기 때문이다. 따라서 입법자는 의약품의 안전성을 보장하기 위한 규제권한을 행정에게 부여함으로써 일반 공익뿐만 아니라 더불어 소비자 개개인의 이익도 보호하고자 하는 의도를 가지고 있는 것으로 해석할 수 있다.[38]

다만, 실제로는 보충성 원칙으로 인해 국가배상책임이 배제될 가능성이 크다. 보충성의 원칙이란, 공무원의 귀책사유가 경과실에 그치고 피해자가 다른 방식으로 배상받을 수 있다면, 먼저 다른 방식으로 배상을 구하여야 하고 국가배상책임은 인정되지 않는다는 원칙이다(독일 민법 제839조 제1항 2문).[39] 따라서 식품이나 의약품의 제조·판매자 등에게

37) Rehmann, Arzneimittelgesetz, 3. Aufl., 2008, §25 Rn. 26.

38) Rehmann, Arzneimittelgesetz, 3. Aufl., 2008, §25 Rn. 26, §91 Rn. 1; Brock/Stoll in: Kügel/Müller/Hofmann, Arzneimittelgesetz, 1. Aufl., 2012, §91 Rn. 1; Brüggemeier in: Cees van Dam(ed.), The Liability of Regulators, British Institute of International and Compatative Law, 2006, p. 250.

39) 보충성 원칙은 공무원 개인이 배상책임을 지던 시절에 공무원 개인을 보호하기 위해 입법된 것이다. 따라서 국가가 대위책임을 지는 현재에도 타당한 조항인지에 대해서는 회의적인 입장이 지배적이고, 연방통상법원도 제한적으로 적용하는 추세이다. Brüggemeier in: Cees van Dam(ed.), The Liability of Regulators, British Institute of International and Compatative Law, 2006, p. 247 참조.

배상책임이 인정되고 이를 집행할 수 있다면 국가에 대해 배상을 구할 수 없게 된다.[40)]

현실적으로 가장 큰 걸림돌은 보충성 원칙이지만, 직무상 의무위반이 인정될 수 있는지도 문제이다. 도대체 언제 제품의 안전성에 대한 합리적인 의심이 있다고 볼 것인지 불명확하기 때문이다.[41)] 이에 관한 명시적인 판례는 없으나 연방하원의 보고서에서 실마리를 찾을 수는 있다. 혈우병 환자들이 혈액제제로 인해 에이즈에 감염된 사건에 대하여 연방하원에서 조사가 이루어졌다(실제 혈우병 환자들이 국가배상청구소송을 제기하지는 않았다). 이 보고서에서는 제약회사에 대한 규제권한 불행사를 이유로 국가배상을 구한다면 어떻게 될 것인지에 대해 서술하고 있다. 연방하원 보고서는 해당 사건에서의 상황이라면 관할 행정청에 직무상 의무위반을 인정할 수 있다고 판단하였다.[42)]

2. 영국

(1) 일반

영국의 불법행위책임(torts)은 판례를 통해 정립된 여러가지 訴因(cause of action)으로 구성되어 있고, 이 중 하나에 해당할 때에만 배상책임이 성립한다. 이 글의 주제인 규제권한 불행사와 관련하여 국가의

40) Rehmann, Arzneimittelgesetz, 3. Aufl., 2008, §91 Rn. 1; Brock/Stoll in: Kügel/Müller/Hofmann, Arzneimittelgesetz, 1. Aufl., 2012, §91 Rn. 1; Brüggemeier in: Cees van Dam(ed.), The Liability of Regulators, British Institute of International and Compatative Law, 2006, p. 247.

41) Brüggemeier in: Cees van Dam(ed.), The Liability of Regulators, British Institute of International and Compatative Law, 2006, p. 250.

42) Brüggemeier in: Cees van Dam(ed.), The Liability of Regulators, British Institute of International and Compatative Law, 2006, p. 250. 감염된 환자들이 가입한 건강보험회사가 원고가 되어 제약회사를 상대로 배상을 청구하였으나 법원에서는 예외 없이 기각되었다. 결국 이 문제는 특별법을 제정하여 보상하는 것으로 일단락되었다(HIV-Hilfe-Gesetz).

배상책임의 성립근거가 될 수 있는 소인으로는 '직권남용 불법행위'(misfeasance in public office)'와 '과실불법행위'(negligence)가 있다.[43)]

'직권남용 불법행위'는 금융규제에 관한 Three Rivers District Council v Bank of England 사건[44)]에서 그 성립요건이 정립되었다. 국제신용상업은행(Bank of Credit and Commerce International)이 파산하자 예금주들이 금융규제권한을 갖고 있는 영란은행(Bank of England; 영국의 중앙은행이다)을 상대로 배상을 구한 사건이다. 직권남용 불법행위의 성립 여부에 있어서 핵심적인 요소는 주관적 요건이다. 영국 대법원(House of Lords)은 이 사건 이전에는 공무담당자가 시민에게 손해를 입힐 의도를 갖고 있는 경우에만 직권남용의 성립을 인정하였다. 그러나 이 사건에서는 직권남용의 성립범위를 확대하여 공무원이 자신에게 주어진 권한을 넘었고 이로 인해 시민에게 손해를 입힐 가능성이 있음을 알았다면 직권남용이 성립한다고 하였다. 즉, 이전에는 손해를 입힐 의도를 요구하였다면, 이 사건 이후에는 손해를 발생시킬 가능성이 있음을 알면서도 이에 대해 무관심(reckless)한 것만으로도[45)] 배상책임이 성립할 수 있게 되었다.

'과실불법행위'가 성립하려면 ① 주의의무(duty of care)가 있고, ② 이를 위반하여, ③ 회복할 수 없는 손해를 발생시켜야 한다. 우리나라의 일반적인 불법행위 책임과 유사해 보이지만, 주의의무의 성립요건이 제한적이기 때문에 일반적인 성격을 갖지는 않는다. 규제권한 불행사를 이유로 배상을 구하는 사안에서 주로 문제되는 부분은 '근접성'(proximity) 요건이다. 주의의무가 발생하려면 당사자 사이에 특별한 관계가 있어야 한다. 이것이 근접성 요건인데 법령상 의무위반에 대해

---

43) Fairgrieve, in: Cees van Dam(ed.), The Liability of Regulators, British Institute of International and Compatative Law, 2006, p. 258.

44) Three Rives DC [2000] 2 WLR 1220; Three Rivers DC [2001] UKHL 16.

45) 미필적 고의와 인식있는 과실 사이 정도에 위치한 개념으로 보인다.

서는 다음과 같은 형태로 적용된다. 법령상의 의무가 일반 공중 중에서 제한된 집단을 위해 부과되어야 하고 의회가 이 집단을 보호하기 위한 의도를 가지고 있어야 한다.[46] 이는 독일의 제3자 관련성과 유사한 종류의 판단으로 보인다.[47]

(2) 식품·의약품 영역

하급심법원의 판결 중에는 식품에 관한 규제권한의 불행사가 비합리적이거나 악의에 기한 것일 때에는 배상책임이 인정될 수 있는 가능성을 열어 둔 것이 있으나, 대법원은 국가와 피해자 사이의 관계에서 주의의무가 성립하지 않는다고 판시하여(근접성 부인) 비합리적이거나 악의적인 행위에 대해서도 과실불법행위의 성립가능성을 배제하였다.[48] 차례로 살펴본다.

Smith v. Secretary of State for Health 사건[49]에서 하급심법원은 특정 의약품의 위험성에 관하여 경고를 지체한 것은 사법심사의 대상이 될 수 없어 국가는 원칙적으로 배상책임이 없다고 판단하였다. 이 사건의 원고는 어린 시절 아스피린을 복용하였고 후에 라이증후군(Reye's syndrome)에 걸려 영구적인 장애를 갖게 되었다. 원고는 1986년 5월경 아스피린을 복용하였는데, 그 이전에 아동의 아스피린 복용과 라이증후군 발병 사이에 연관관계가 있다는 연구결과가 발표되었다. 영국 의약

---

46) X(Minors) v Bedfordshire County Council[1995] 2 AC 633.

47) Markensinis/Auby/Coester－Waltjen/Deakin, Tortious Liability of Statutory Bodies: a Comparative and Economic Analsis of Five English Cases, Oxford, 1999는 영국, 독일, 프랑스의 국가배상책임을 위 세 나라의 학자들이 함께 비교법적 관점에서 연구한 논문이다. 여기에서는 두 개념 사이의 기능성 유사성을 인정하면서, 다만 독일에서의 인정범위가 영국의 그것보다 더 좁은 것처럼 보인다고 서술하고 있다. 위의 책, p. 23, 24 참조.

48) Dan Squires, The Negligence Liability of Public Authorities, Oxford, 2006, p. 873~875.

49) [2002] 67 BMLR 34.

품안전성위원회(Comittee on the Safety of Medicines; CSM)는 1986년 3월 회의에서 어린이 아스피린 복용의 위험성을 공중에게 경고할 것인지를 논의하였으나, 1986년 6월에야 경고가 이루어졌다. 원고는 1986년 3월에 잠정적으로라도 위험성 경고를 하지 않은 것에 과실이 있다고 주장하였다. 그러나 법원은 '언제' 경고를 할 것인지의 문제는 재량(정책) 문제이어서 법원이 심사할 수 없다고 판단하였다. CSM이 경고를 늦춘 것은 제약업계가 경고를 발하는 데 협력하게 하고 혼란이 초래되지 않도록 하기 위한 것이었다. 몇 달 지체됨으로 인해 소수의 어린이가 발병하게 되는 불이익과 정부 및 제약업계가 협력하여 일관되고 잘 조율된 방식으로 캠페인을 전개함으로써 얻을 수 있는 이익을 형량한 것이다. 법원은 경고를 늦출 것인지 여부의 문제는 경고를 의사에게 할 것인지 일반 대중에게 할 것인지, 캠페인을 어떻게 조직할 것인지, 정보를 어떻게 전달할 것인지, 경고의 문구는 어떻게 할 것인지의 문제와 마찬가지로 법원이 심사할 수 없는 정책적 결정이라고 판단하였다. 다만, 이러한 결정이 비합리적(irrational)이거나 악의(in bad faith)에 의한 것이라면 법원이 심사할 수 있다는 점도 덧붙여 지적하였다. 만약 제약회사 공장이 밀집한 지역에서 지방선거가 있어서 이를 의식하고 경고를 늦춘 것이라면 이에 해당할 것이라고 하였다.

그러나 대법원은 Gorringe v. Calderdale Metropolitan Borough Council 사건[50]에서 법령상의 권한 불행사는 그것이 비합리적일지라도 주의의무 위반이 아니라고 판단하였다. 과실불법행위는 국가와 특정한 시민 사이에 일정한 관계가 있거나 책임을 인수하여 이른바 근접성이 인정될 때에만 성립한다는 것이다. 원고가 일반 공중의 한 명에 불과하고 국가와의 사이에 아무런 관계를 맺지 않았다면 국가에게는 그가 손해를 입지 않도록 미리 경고하여야 할 주의의무가 없다. 따라서 법령상

50) [2004] 1 WLR 1057, HL.

권한 불행사는 비합리적이거나 악의적이더라도 과실불법행위를 성립시킬 수 없다고 판단하였다. 다만 악의가 입증된다면 직권남용 불법행위는 성립할 수 있을 것이다.[51)]

3. 미국

(1) 일반

연방불법행위법(Federal Tort Claims Act; 이하 'FTCA'라 한다)[52)]은 연방공무원의 행위에 대한 연방정부의 배상책임을 규정하고 있다. 식품·의약품 규제에 관한 미국 식품의약국(Food and Drug Administration; 이하 'FDA'라 한다) 소속 공무원의 행위에 대해서는 FTCA에 따라 연방정부의 배상책임이 결정된다. 그런데 FTCA에서는 배상책임의 근거를 마련함과 동시에 광범위한 면책 조항을 두고 있다. 가장 중요한 면책 조항은 '재량적 기능'(discretionary function)에 관한 조항(§2680(a))이다. 공무원이 '재량적 기능'을 수행하였다면 연방정부의 배상책임은 면제된다. 재량면책을 받으려면 두 가지 요건을 충족해야 한다. 첫째, 결정 또는 선택의 문제가 개입되어 있어야 한다. 만약 법령 등에서 직무수행방식을 구체적으로 정해 놓았다면 여기에 해당하지 않는다. 둘째, 그 결정 또는 선택은 사회적, 경제적 또는 정치적 정책에 기초하여야 한다. 즉, 공공정책에 대한 고려에 기초한 결정이거나 선택일 때에만 면책될 수 있다.[53)]

---

51) Dan Squires, The Negligence Liability of Public Authorities, Oxford, 2006, p. 875.

52) FTCA는 주권면책(sovereign immunity) 법리에 기반하고 있다. 주권면책의 법리에 따르면 주권자인 국가는 자신이 동의한 범위 내에서만 제소를 당할 수 있고, 이때 동의는 입법부만이 할 수 있다. 의회가 제정한 FTCA가 바로 입법부에 의한 동의에 해당한다. 이에 관한 설명은 Figley, Understanding the Federal Tort Claims Act : A Different Metaphor, 44 Tort Trial @ Ins. Prac. L.J. 1105 (2008−2009), p. 1106~1107 참조.

53) Figley, Understanding the Federal Tort Claims Act : A Different Metaphor, 44 Tort Trial @ Ins. Prac. L.J. 1105 (2008−2009), p. 1123~1124 참조.

(2) 식품·의약품 영역

FDA의 직무에 대한 연방정부의 배상책임에 관하여 살펴보면 다음과 같다. FDA의 규제 관련 업무는 대체로 재량적 직무에 해당하므로 대부분 면책된다.54) FDA가 혈액 공여자를 검진하도록 적극적으로 규제하지 않았기 때문에 오염된 혈액으로 인해 에이즈에 감염되었다고 주장한 사건에서도 재량면책이 인정되었다. C.R.S. v. United States 사건에서 법원은 "국가 전체의 혈액 공급을 보장하고 수혈자를 에이즈의 위협으로부터 보호하는 것은 정책적 판단이 필요한 결정이다. 정책결정자는 사회에 대한 리스크의 정도와 예방으로 인한 경제적·정치적 비용을 형량해야 한다."고 하여 면책을 인정하였다.55)

다만, 몇몇 사안에서는 FDA가 승인한 의약품과 백신으로 인한 손해에 대해 배상책임을 인정되었다. 우선 정부가 시민에게 백신을 접종하도록 요구하거나 권장하였고 백신 접종으로 인해 신체상의 손해가 발생하였다면, 부작용을 경고를 하지 아니한 데 대하여 배상책임을 인정하였다.56) 또한 백신의 관리 또는 제조, 의약품의 승인 등과 관련하여 지침을 준수하지 않았다면 배상책임이 인정될 수 있다. Berkovitz v. United States 사건이 대표적인 예이다. 이 사건에서는 백신이 규제기준에 합치하는지를 검사하지 않았다는 이유로 배상책임이 인정되었다.57)

---

54) Haffner, The Increasing Necessity of the Tort System in Effective Drug Regulation in a Changing Regulatory Landscape, 9 J. Health Care L.&Pol'y 365 (2006), p. 369.

55) 820 F. Supp. 449 (D. Minn. 1993). Dorney, Culpable Conduct with Impunity: The Blood Industry and the FDA's Responsibility for the Spread of AIDS Through Blood Product, 3 J. Pharmacy & L. 129 (1994), pp. 162~163 참조.

56) Cardillo v. United States, 622 F. Supp. 1331, 1346-47 (D. Conn. 1984); McDonald v. United States

57) 486 U.S 531, 547 (1988).

4. 프랑스[58]

(1) 일반

프랑스의 국가배상책임은 최고행정법원인 꽁세유데따(le Conseil d'Etat)의 판례에 의해 형성되어 왔고 별도의 성문법상의 근거규정은 없다. 과실책임이 원칙이지만 영역에 따라 무과실책임을 인정하기도 한다. 또한 과실책임의 경우에도 중과실(la faute lourde)로 책임이 제한되는 경우가 있다. 규제의 영역이 대표적이다. 꽁세유데따는 1946년 이래로 행정의 임무가 특별히 어렵거나 민감한 영역에서는 책임이 중과실로 한정된다는 법리를 발전시켜 왔다. 이에 따라 재판, 경찰, 조세, 규제 등의 영역에서 중과실로 책임이 제한되었다. 그러나 주의할 점은 이러한 영역에 속한다고 해서 언제나 책임이 제한되는 것은 아니라는 점이다. 또한 최근의 경향은 중과실책임이 인정되는 영역이 점점 더 줄어들고 있는 추세이다.

규제와 관련하여 책임을 중과실로 제한하는 법리는 주로 금융규제와 관련하여 형성되어 왔다. 꽁세유데따는 2001년 Kechichian 사건에서 중과실을 요구하였다. 이 사건은 은행이 파산하자 예금주들이 은행위원회의 규제권한 불행사를 이유로 국가배상을 구한 사건이다. 여기에서 꽁세유데따는 중과실을 요구하되, 해당 사안에서는 은행위원회의 중과실을 인정하여 국가배상책임을 인정하였다.[59] 보험규제에 대해서도 마찬가지로 중과실이 요구되었다.[60]

---

58) 프랑스의 국가배상책임에 관한 일반적인 설명은 Rivero/Waline, Droit administratif, 21 éd., Dalloz, 2006, p. 426~430; Jaqueline Monrand−Deviller, Droit Administratif, 12. éd., Montschrestien, 2011, pp. 691~703; Brown/Bell, French Administrative Law, 5. ed., 2003, p. 183~193을 토대로 작성되었다.

59) CE, 30 novembre 2001, Kechichian.

60) CE, 18 février 2002, Groupe Nobert Detressanglé.

(2) 식품 · 의약품 영역

그러나 프랑스의 국가배상법제는 판례법의 성격을 띠므로 식품이나 의약품 규제에 대해서도 금융규제와 동일한 법리가 적용되는 것은 아니다. 금융규제기관이 독립행정위원회로 형태로 조직되어 있는 것과 달리, 식품·의약품 영역의 규제기관은 전통적인 형태의 독임제 행정청이라는 차이가 있다. 또한 금융규제영역은 재판과 유사한 측면, 즉 준사법작용으로서의 성격도 가지고 있다.[61] 나아가 의료 영역에 관련해서는 국가가 직접적인 의료서비스의 제공자이든 사인이 제공하는 의료서비스에 대한 감독자이든 간에 국가의 책임을 점점 더 엄격하게 인정하고 있는 추세이다.[62]

그리하여 의약품 영역에서의 규제에 대해서는 경과실을 기준으로 국가배상책임이 인정되었다. 혈우병 환자가 오염된 혈액으로 제조된 혈액제제로 인해 에이즈에 감염된 사건이다. 여기에서 꽁세유데따는 경과실로 충분하다는 판단을 내렸다. 위 사건에서 혈액 수집과 공급은 사적 조직에 의하여 이루어졌고, 보건부장관은 이에 대한 관리·감독권한을 보유하고 있었다. 꽁세유데따는 혈액 공급의 관리와 관련하여 국가가 갖는 권한과 책임에 비추어 볼 때 국가는 경과실·중과실을 불문하고 모든 규제상의 과실에 대해 배상책임을 진다고 판단하였다. 원심법원인 파리 행정항소법원은 중과실을 요구하여 국가의 배상책임을 부정하였는데, 꽁세유데따는 원심판결을 파기하고 해당 사안에서 배상책임을 인정하였다. 가열처리함으로써 에이즈 감염위험을 막을 수 있다는 과학적인 증명이 확립되었음에도 가열처리 하도록 규제기준을 정립하지 아니하였다

61) Frison-Roché in: Cees van Dam(ed.), The Liability of Regulators, British Institute of International and Compatative Law, 2006, p. 277.

62) Jaqueline Monrand-Deviller, Droit Administratif, 12. éd., Montschrestien, 2011, p. 699.

면 국가는 배상책임이 있다는 것이다.[63][64]

Ⅳ. 우리나라에의 시사점 - 결론에 갈음하여

이상에서 본 바와 같이 외국에서도 식품·의약품 영역에서 규제권한 불행사를 이유로 국가배상책임을 인정한 사례는 많지 않았다. 그럼에도 불구하고 주목할 만한 점은 연구대상으로 삼은 나라에서 모두 공통적으로 일정한 조건이 갖추어지면 배상책임이 인정될 가능성을 열어 두고 있다는 점이다. 식품·의약품의 유해성으로 인한 사건이 끊이지 않고 있다는 점을 고려하면, 향후 제기될 소송에 대비해 기존의 판례의 논리를 점검해 둘 필요가 있다. 규제권한의 불행사에 대한 국가배상책임이 인정되기 위해서는 두 개의 관문을 거쳐야 한다. 하나는 규제권한의 사익보호성의 문제, 다른 하나는 규제권한의 재량성 문제이다. 아래에서는 위 두 문제가 식품·의약품 영역에서 어떤 양상으로 나타나는지 살펴보겠다.

1. 규제권한의 사익보호성

(1) 권한의 불행사가 국가배상법상 위법한 행위로 평가받기 위해 사익보호성이 요구되는지, 즉 권한의 근거 법령이 국민 개개인의 이익도 보호하는 것을 목적으로 하여야 하는지는 끊임 없는 논쟁의 대상이 되어 왔다. 사익보호성이 있어야 한다는 입장에서는 이를 위법성의 요

---

63) CE, 9 avril 1993, Mme G.

64) 국가가 직접 혈액을 수집하여 제공하였고 이로 인해 에이즈에 감염된 사례에서는 한층 더 엄격하게 무과실책임이 인정되었다. CE, 26 mai 1995, Ass. *Consorts N'Guyen*.

소로 본다. 반면 반대의 입장에서는 원칙적으로 사익보호성은 위법성의 요소가 아니라고 한다. 다만 국가배상책임의 다른 성립요건인 인과관계의 존부나 손해의 범위를 판단할 때 고려될 수 있을 뿐이다. 판례는 공무원에게 부과된 직무상 의무의 내용이 법령이 단순히 공공 일반의 이익을 위한 것이거나 행정기관 내부의 질서를 규율하기 위한 것이 아니고 전적으로 또는 부수적으로 사회구성원 개인의 안전과 이익을 보호하기 위하여 설정된 것이어야 한다고 하여 사익보호성이 필요하다는 입장이다.[65]

(2) 사익보호성에 관한 논의는 앞서 본 독일의 '제3자 관련성'으로부터 비롯된 것이다. '제3자에 대한' 직무상 의무일 것을 명문의 규정으로 요구하는 독일과 달리 우리나라에는 그러한 규정은 없다. 우리나라의 경우에도 사익보호성이 요건이라는 입장은 국가배상책임의 본질상 요건이 된다는 것이고, 반대의 입장은 명문의 규정 없이 요건을 추가하여 배상책임의 성립을 제한할 수는 없다는 것이다. 앞서 검토한 나라 중 사익보호성을 요구하는 나라는 독일밖에 없다. 다만, 영국의 '과실불법행위'의 성립요건인 '근접성'이 기능적으로 유사한 개념인데, 영국은 근접성 요건이 결여된 경우에도 고의가 있다면 별도의 訴因인 '직권남용 불법행위'가 성립될 수 있다.[66] 한편 명문의 규정이 있는 독일에서도 제3자 관련성 개념은 실제 사례에 적용할 때 명확하고 일관된 기준이 없다는 점이 문제로 지적되고 있다. 다만, 생명, 신체, 건강과 같은 이익은 제3자 관련성이 쉽게 인정되는 반면, 순수한 경제적 이익은 쉽게 인정되지 않는다는 정도의 경향성은 확인할 수 있다.

(3) Ⅱ.에서 소개한 우리나라의 사건을 보면, 하급심에서 일부 사익

65) 대법원 1993. 2. 12. 선고 91다43466 판결 등. 대법원이 사익보호성을 위법성의 요소로 보고 있다고 평가하는 것이 일반적인 해석이지만, 상당인과관계의 요소로 보고 있다고 평가하는 견해도 있다.

66) 독일의 제3자 관련성 개념은 귀책사유의 경중에 상관없이, 즉 고의가 있는 경우에도 국가배상책임을 제한하는 결과를 가져온다는 점에 특징이 있다.

보호성을 부정한 판결도 있으나(콘택 600 사건의 원심판결, 미니컵 젤리 사건 ①의 원심판결), 대법원은 콘택 600사건에서만 가정적으로 판단하였을 뿐 이후의 사건에서는 모두 명시적으로 사익보호성을 인정하거나 사익보호성이 있음을 전제로 판단하였다. 이는 식품 · 의약품의 안전성을 보장하기 위한 규제권한이 국민의 생명, 신체의 안전을 보호하기 위한 권한이라는 점에 기인한 것으로 보인다. 국민의 생명권과 건강권은 국가가 보호하여야 할 의무가 있는 중대한 법익이므로, 사익보호성 유무를 해석함에 있어서도, 특별한 사정이 없는 한, 생명·신체의 안전을 보호하기 위한 권한은 사익보호성이 있는 것으로 해석하여야 하는 것이다. 이는 앞서 본 것처럼 독일의 판례에서도 확인할 수 있는 경향성이다. 따라서 식품·의약품 영역에서의 규제권한 불행사에 있어서는, 사익보호성이 요구되는지, 그 체계적 지위가 어떠한지에 관하여 어떠한 견해를 취하더라도, 원칙적으로 사익보호성 문제는 국가배상책임의 성립을 제한하는 요소가 되지 않는다고 할 것이다.

2. 규제권한의 재량성

(1) 그렇다면 문제의 초점은 규제권한의 행사 여부나 구체적인 규제조치의 내용이 행정의 재량에 맡겨져 있다는 점으로 모이게 된다. 사전예방의 원리에 따라 행정이 개입할 수 있는 시기가 생명, 신체에 대한 위험이 구체화되기 이전의 위험 발생 여부가 불확실한 상태(리스크)로 앞당겨져 있어, 규제 상대방의 영업의 자유 및 재산권과의 형량에서 생명, 신체에 관한 법익을 언제나 우선시하기는 어렵기 때문이다. 또한 과학기술 분야의 특성상 법원이 행정청의 전문적 판단을 적극적으로 심사하기 어렵다는 한계도 있다. 법원으로서는 규제권한의 행사와 불행사 모두를 적법하다고 평가할 수밖에 없는 광범위한 재량 영역이 있음을 부정할 수 없다.

그러나 외국의 예를 보면, 미국의 Berkovitz 사건이나 프랑스의 혈액제제로 인한 에이즈 사건처럼 배상책임이 인정된 예도 발견된다. 특히 프랑스의 경우 감독책임을 완화한 다른 규제 영역과 달리 의료 영역에 관해서는 감독자로서의 국가의 책임을 점점 더 엄격하게 인정하는 추세이다. 사전예방의 원리는 권한을 확장하는 원리이지만 권한의 확장에는 불가피하게 의무와 책임의 확장도 수반된다. 생명·신체에 대한 위험을 행정이 알거나 알 수 있는 상태에 있고(결과의 예견가능성), 그러한 위험을 제거할 수 있는 수단을 행정이 갖고 있다면(결과의 회피가능성), 규제권한의 불행사는 "현저하게 합리성을 잃어 사회적 타당성이 없다거나 객관적 정당성을 상실하여 위법"한 것으로 평가받게 되는 것이다.

(2) 여기에서 가장 핵심적인 판단요소는 결과의 예견가능성이다. Ⅱ.에서 소개된 판결들을 보면 당시의 구체적 상황에서 행정이 위험성을 인식할 수 있었는지에 논증이 집중되어 있다. 유사한 사고의 발생사례, 학계에서의 연구동향, 다른 나라에서의 규제조치 등을 종합하여 볼 때 위험성을 확인할 수 있는지가 결정적인 문제이다. 이에 관한 판단은 개별 사건의 구체적인 사실관계에 민감하게 좌우되므로 판결의 타당성을 검증하기는 쉽지 않다. 그러나 미니컵 젤리 사건 ②의 경우에는 1심, 원심과 달리 배상책임을 부정한 대법원의 판단이 타당한지 적어도 의문은 제기해 볼 수 있을 것이다.[67] 이 사건의 경우 8개월 전에 유사한 두 건의 질식사고가 발생한 상태였기 때문이다.

8개월의 시간 사이에 이루어진 조치는 다음과 같았다. 2월에 두 건의 사망사고가 발생한 직후 한국소비자원은 식품의약품안전청장에게 미니컵 젤리에 대한 수입금지 등의 안전조치가 필요한지에 대하여 검토해

67) 대법원의 논증에 대한 비판으로는 김종천, "어린이 미니컵 젤리 질식사망사건에 대한 국가배상책임법리 고찰", 법학논문집 제35집 제2호, 중앙대학교 법학연구원, 2011, 175면 이하; 김중권, "미니컵 젤리로 인한 질식사와 국가배상책임의 문제", 인권과 정의 제419호, 2011. 8., 127면 이하 참조.

줄 것을 촉구하였다. 그러나 식품의약품안전청은 질식사고는 미니컵 젤리 자체의 결함이나 위험성에 기인하여 발생한 위해라기보다는 이를 섭취한 사람이 장애인이었다는 등의 특수한 외부적 요인에 의하여 발생되었을 개연성이 크고, 떡과 같은 식품의 경우에도 유사한 사례가 발생할 개연성이 있다는 점을 고려할 때, 미니컵 젤리에 대한 제조·수입 등의 금지 조치보다는 교육·홍보 등을 통하여 위해를 방지하는 것이 보다 합리적인 것으로 판단된다는 취지로 회신하였다.[68] 2월 사건 이후에도 미니컵 젤리에 대하여 탄성, 강도 및 그로 인한 질식사고의 유발 가능성 등에 대하여 조사를 한 적이 없었고, 9월 사건(미니컵 젤리 사건 ②) 이후에야 비로소 국내에 수입、유통되고 있는 미니컵 젤리에 포함되어 있는 성분들에 대한 시험, 검사가 이루어졌다. 반면 유럽연합에서는 그해 4월에 곤약, 글루코만난 외에도 광범위한 첨가물의 사용을 잠정적으로 금지하고, 7월에 미니컵 젤리로 인한 질식 위험성에 대하여 경고하는 취지의 발표를 하였다.[69]

대법원은 이러한 상황에 대하여 2월의 두 건의 사고는 미니컵 젤리의 고유한 물리적 특성이나 섭취방법 등의 위험요소와는 무관한 것으로 보이는 특수한 사정이 있었던 점, 유럽연합의 조치는 최종적인 규제조치가 아닌 점, 당시 유럽연합을 제외한 다른 국가들의 경우 아직 기존의 조치 이외에 미니컵 젤리에 대한 새로운 규제조치를 취하려는 움직임은 없었던 점 등을 들어 규제권한을 행사하지 아니한 것이 현저하게 합리성을 잃어 사회적 타당성이 없다고 볼 수 있는 정도에까지 이른 것이라고 평가하기는 어렵다고 판단하였다. 이러한 대법원의 판단은 생명·신체의 법익이 갖는 중요성, 식품·의약품 영역에서 사전예방의 원리가 적

68) 미니컵 젤리 사고에 대처하기 위하여 이루어진 일련의 국내외 조치에 대해서는 김석신, "미니컵 젤리 사건의 국가배상판결에 대한 음식 윤리 관점에서의 분석", 법과 사회 제46호, 2014. 6., 178면 이하 참조.

69) 서울고등법원 2008. 8. 26. 선고 2006나92129 판결 참조.

용되는 이유 등을 고려하면, 규제권한 불행사의 위법성 판단에 있어 지나치게 엄격한 기준을 적용하는 것이 아닌가 하는 의문이 든다. 두 건의 어린이 사망사고와 유럽연합의 규제조치를 모두 예외적인 사정에 불과한 것으로 평가하고 있기 때문이다. 식품·의약품의 위해성으로 인한 소송은 앞으로 더 빈번하게 제기될 것이고, 국민의 생명·신체를 보호할 의무가 있는 국가에 대해 책임을 묻고자 하는 움직임도 더 커질 것이다. 향후에는 보다 적극적인 법원의 판단이 이루어지기를 기대하며 이 글을 맺는다.

참고문헌

국내문헌

김석신, "미니컵 젤리 사건의 국가배상판결에 대한 음식 윤리 관점에서의 분석", 법과 사회 제46호, 2014. 6.

김종천, "어린이 미니컵 젤리 질식사망사건에 대한 국가배상책임법리 고찰", 법학논문집 제35집 제2호, 중앙대학교 법학연구원, 2011.

김중권, "미니컵 젤리로 인한 질식사와 국가배상책임의 문제", 인권과 정의 제419호, 2011. 8.

김현준, "규제권한 불행사에 의한 국가배상책임의 구조와 위법성 판단기준", 행정판례연구 제16권 제1호, 2011. 6.

이원우, "식품안전규제법의 일반원리와 현행법제의 개선과제", 식품안전법연구 Ⅰ, 경인문화사, 2008.

외국문헌

단행본

Brown/Bell, French Administrative Law, 5. ed., 2003.

Cees van Dam(ed.), The Liability of Regulators, British Institute of International and Compatative Law, 2006.

Dan Squires, The Negligence Liability of Public Authorities, Oxford, 2006.

Hoffman－Riem/Schmidt－Aßmann/Voßkuhle(hg.), Grundlage des Verwaltungsrechts, Bd. Ⅲ, § 54.

Jaqueline Monrand－Deviller, Droit Administratif, 12. éd., Montschrestien, 2011.

Kügel/Müller/Hofmann, Arzneimittelgesetz, 1. Aufl., 2012.

Markensinis/Auby/Coester-Waltjen/Deakin, Tortious Liability of Statutory Bodies: a Comparative and Economic Analsis of Five English Cases, Oxford, 1999.

Maunz/Dürig, Grundgesetz-Kommentar, 69. Ergänzungsliefrung 2013.

Ossenbühl, Staatshaftungsrecht, 5. Aufl., 1998.

Papier, Münchener Kommentar zum BGB, 6. Auflage 2013.

Rehmann, Arzneimittelgesetz, 3. Aufl., 2008.

Rivero/Waline, Droit administratif, 21 éd., Dalloz, 2006.

논문

Dorney, Culpable Conduct with Impunity: The Blood Industry and the FDA's Responsibility for the Spread of AIDS Through Blood Product, 3 J. Pharmacy & L. 129 (1994).

Figley, Understanding the Federal Tort Claims Act : A Different Metaphor, 44 Tort Trial @ Ins. Prac. L.J. 1105 (2008-2009).

Haffner, The Increasing Necessity of the Tort System in Effective Drug Regulation in a Changing Regulatory Landscape, 9 J. Health Care L.&Pol'y 365 (2006).

국문초록

식품·의약품의 안전성은 최근 들어 점점 더 중요한 사회적 문제로 부각되고 있다. 이와 더불어 국민의 생명과 건강을 위하여 국가가 식품·의약품의 안전성 확보를 위해 더 적극적으로 개입할 것을 요구하는 목소리도 커지고 있다. 이 글에서는 식품·의약품 영역에서 규제권한불행사로 인한 국가배상책임에 관한 현재의 판례 동향을 살펴보고, 독일, 영국, 프랑스, 미국의 접근방식을 검토하여, 우리나라에의 시사점을 도출하고자 하였다.

대법원은 콘택 600사건, 미니컵 젤리 사건(2건), 석면베이비파우더 사건에서 모두 국가배상책임을 부정하였다. 사익보호성이 부정된 사건은 없고, 권한의 불행사가 위법하지 않다는 취지였다. 권한을 행사하지 아니한 것이 현저하게 합리성을 잃어 사회적 타당성이 없는 경우에 해당하지 않는다는 것이다.

비교법적 분석을 토대로 위 대법원 판례들을 평가하면 다음과 같다. 먼저 사익보호성에 관하여 보면, 일부 하급심 판결에서 사익보호성이 부정된 것과 달리 대법원은 사익보호성을 부정하지 않았다는 점은 고무적이다. 사익보호성 개념은 독일로부터 유래한 것인데 독일에서도 생명, 신체와 같은 이익이 문제되는 경우에는 대체로 사익보호성이 인정된다.

다음으로 재량권 불행사의 위법성에 관하여 보면, 외국에서도 재량 문제에 대한 위법성 판단은 매우 신중하게 이루어진다는 점을 확인할 수 있었다. 그럼에도 일부 사례에서 국가배상책임이 인정된 예가 있다는 점을 고려하면, 우리 대법원이 지나치게 엄격한 기준을 적용하는 것으로 보인다. 특히 두 번째 미니컵 젤리 사건의 경우 이미 유사한 사망사고가 두 건 발생하였고 규제조치를 취할 수 있는 시간도 있었기 때문이다.

주제어: 규제권한 불행사, 국가배상책임, 사익보호성, 사전예방의 원리

Abstract

State liability due to the non－exercise of authority in the area of food and drugs

Choi, Kae－young*

The safety of food and drugs has been gradually magnified as a more important social issue. Along with the foregoing, voices requesting the state to more actively intervene in ensuring the safety of food and drugs for people's lives and health have been becoming louder. This paper is aimed to examine the current trend of precedents regarding state liability due to the non－exercise of authority in the area of food and drugs and review relevant approaches of Germany, the UK, France, and the USA with a view to deriving implications for South Korea.

The Supreme Court denied state liability in all of the Contac 600 case, the mini cup jelly cases(2 cases), and the asbestos baby powder case. The criterion of the official duty owed to an individual was not denied in any of the cases but the intent of the Supreme Court was that the non－exercise of authority was not illegal and that it is hard to hold that such a failure to exercise the regulatory authority lacked rationality which would considerably amount the level of becoming unacceptable from the general perspective of the society.

The above supreme court precedents can be evaluated as follows

* Associate Professor, School of Law, SNU

based on comparative law analysis. First, with regard to the criterion of the official duty owed to an individual, the fact that the Supreme Court did not deny the criterion of the official duty owed to an individual unlike some lower instance decisions that denied the criterion of the official duty owed to an individual is encouraging. The concept of the criterion of the official duty owed to an individual came from Germany where the criterion of the official duty owed to an individual is generally acknowledged in cases where interests such as life and the body are in question.

Next, on reviewing the illegality of the non-exercise of discretionary authority, it could be seen that judgments on the illegality of issues related to discretionary authority are made very carefully in foreign countries too. Nevertheless, given that state liability was acknowledged in some cases, South Korean Supreme Court seems to apply excessively strict criteria because in the case of the second mini cup jelly case, in particular, similar fatal accidents already occurred twice and there was time to take regulatory actions.

Key words: non-exercise of regulatory authority, state liability, criterion of the official duty owed to an individual, precautionary principle

투 고 일: 2016. 11. 21
심 사 일: 2016. 12. 9
게재확정일: 2016. 12. 15

行政行爲의 類型

競願者關係에서 拒否處分을 다투는 訴訟形態와 訴의 利益 (李殷相)

競願者關係에서 拒否處分을 다투는 訴訟形態와 訴의 利益

李殷相*

대법원 2015. 10. 29. 선고 2013두27517 판결**

Ⅰ. 판결개요

1. 사실관계

1) 개발제한구역 내 주유소운영사업자 모집 공고

피고 부산광역시 강서구청장(이하 '피고'라 한다)은 2012. 4. 3. 개발제한구역 내인 부산 강서구 봉림동 봉림지하차도와 김해시 장유면 화목교(시 경계) 사이에 주유소 2개소(좌측 1개소, 우측 1개소)를 추가로 설치할 수 있도록 개발제한구역 안 주유소배치계획을 변경한 후 이를 공고하였고, 같은 날 위 변경공고에 따라 아래와 같은 내용으로 주유소 운영사업

* 서울중앙지방법원 판사, 법학박사(행정법)
** 이하 '평석대상 판결'이라 한다.

자를 모집하는 모집공고(이하 '이 사건 모집공고'라 한다)를 하였다.

신청자격

1) 개발제한구역 지정 당시(1971. 12. 29.) 해당 구역 안에 거주하고 있던 자로서 개발제한구역에 주택 또는 토지를 소유하고(지정당시거주자[1]),
2) 생업을 위하여 3년 내의 기간 동안 개발제한구역 밖에 거주하였던 자를 포함하되 세대주 또는 직계비속 등의 취학을 위하여 개발제한구역 밖에서 거주한 기간은 개발제한구역 안에서 거주한 기간으로 봄.

선정기준

가. 접수 날짜를 우선순위로 함(동일 날짜 접수는 동일 순위로 하며 배치 계획 시행일 최초 2일까지 접수한 건은 동일 순위로 봄).

※ 구비서류 미비로 인하여 접수된 서류의 보완을 요구받은 때에는 보완 서류를 완료하여 접수된 날을 최종 접수순위로 봄.

나. 자기 소유 토지가 타인 소유 토지보다 우선하며 타인 소유 토지와 복합 신청 시는 자기 토지 소유비율이 높은 자를 우선 함.

마. 좌측 또는 우측의 특정 지역에 단독 신청 시 신청인의 자격 및 입지조건 등이 적합할 경우에는 심사를 생략하고 선정.

사. 부지의 입지조건이 부산광역시 강서구 개발제한구역인 주유소 배치계획 및 주유소 등록요건에 관한 고시 등 다른 법률에 의거 부적합한 곳은 선정기준에 관계없이 미선정.

아. 위 기준에 정하지 아니한 사항은 부산광역시 강서구 개발제한구역안 주유소 배치계획 기준에 의하며, 동일 조건으로 경합 시는 추첨에 의함.

접수기간: 2012. 4. 3. ~ 2012. 5. 2.

사업대상자 선정: 2012. 5. 중

구비서류 작성요령

1. 개발제한구역 지정 당시 거주사실 증명서류

가. 신청인 당사자: 주민등록초본(전· 출입 내역이 전부 나온 것이어야 함)

나. 세대주 또는 직계비속의 취학을 위하여 개발제한구역 밖에 거주한 경우: 세대주 또는 직계비속의 주민등록초본(전·출입 내역이 전부 나온 것이어야 함)
2. 개발제한구역 내 주택 또는 토지의 소유사실을 증명하는 서류
3. 사업예정부지에 대한 소유 또는 임차사실 등에 관한 서류
4. 주유소 배치계획도

2) 원고 류○○과 경원자 손□□의 주유소 운영사업자 선정신청

원고 류○○(이하 '원고'라 한다)는 이 사건 공고일인 2012. 4. 3. 피고에게 좌측 주유소 운영사업자 선정신청을 하였고, 피고 보조참가인 손□□(이하 '피고 보조참가인' 또는 '이 사건 경원자'라 한다)은 그 다음날인 2012. 4. 4. 원고와 같은 장소인 좌측 주유소의 운영사업자 선정신청을 하였다.

3) 원고 제출의 주민등록초본상 개발제한구역 밖 2차례 전출사실

원고는 위 주유소 운영사업자 선정신청 당시 이 사건 공고에서 정한 '구비서류 작성요령'에 따라 거주사실 증명서류로서 주민등록초본을

---

1) 이러한 '지정당시거주자' 요건은 개발제한구역의 지정 및 관리에 관한 특별조치법 시행령 제18조 제2항 제3호의 규정 내용과 동일하다. 이와 같이 개발제한구역에서는 원칙적으로 그 지정목적에 위배되는 건축물의 건축 등의 행위를 허용하지 않으면서도 개발제한구역의 주민이 공동으로 이용하는 시설 등의 경우 지정당시거주자 등에 한하여 시장·군수 또는 구청장의 허가를 받아 이를 설치할 수 있도록 규정한 제도적 취지는, 개발제한구역 내의 개발행위가 제한되는 결과 그 곳의 주민들이 생활편의시설이 부족함으로 인하여 겪는 불편을 해소하고, 지나치게 많은 허가신청자가 난립함으로 인한 행정상의 비능률을 방지함과 동시에 개발제한구역 내에서 장기간 거주하여 온 자들의 불편을 어느 정도 보상하고자 함에 있다고 할 것이므로(대법원 2005. 7. 8. 선고 2005두3165 판결 참조), 이와 같은 '지정당시거주자' 요건의 설정은 그 규정목적에 비추어 타당성이 인정된다고 할 것이다.

제출하였다. 그 주민등록초본에 의하면, 원고는 개발제한구역 내에 위치한 부산 강서구 봉림동 741-366(이하 '이 사건 주소지'라 한다)에서 그 개발제한구역 지정 당시인 1971. 12. 29. 이전부터 거주하다가, ①1989. 8. 11.경 경남 의창군 대산면 가술리 442로 주소지를 이전(이하 '이 사건 첫 번째 전출'이라 한다)하였고, 1991. 1. 5. 이 사건 주소지로 이전하였다가 ②1991. 8. 29. 김해시 불암동 376으로 주소지를 이전(이하 '이 사건 두 번째 전출'이라 한다)하였으며, 1991. 10. 14. 이 사건 주소지로 이전하여 이 사건 주유소 운영사업자 선정신청 당시까지 변경이 없었다.

4) 피고의 거주사실 증빙자료 보완 요구 및 원고의 확인서 제출

피고는 2012. 6. 7. 원고에게 "3년 이내의 기간 동안 개발제한구역 밖에 전출입한 사실이 있으므로 생업 등을 위한 사유로 개발제한구역 밖에 거주하였는지 여부를 증명할 수 있는 서류를 제출하라"는 취지의 요구를 하였다. 이에 대하여 원고가 2012. 6. 15. 확인서를 제출했는데, 그 내용은 "이 사건 첫 번째 전출은 그 주소지인 대산면에 있는 농지를 구입하기 위하여, 이 사건 두 번째 전출은 이 사건 주소지와 가까운 김해시에서 자동차운전면허시험을 보기 위하여 각 원고의 주민등록만을 이전한 위장 전입이었고, 실제로는 이 사건 주소지에서 계속 거주하였다"는 것이다.[2]

2) 피고는 '지정당시거주자' 요건의 예외사유에 해당하는지 여부에 관하여 원고에게 보완요구를 통해 입증 내지 소명의 기회를 주었음에도, 원고는 위 사실관계와 같이 객관적인 자료라고 보기 어려운 본인이 쓴 1장의 확인서만을 제출했을 뿐이었다. 그리고 확인서의 내용을 보더라도, 위장전입의 사유가 '농지 취득'이나 '운전면허 취득의 편의성' 정도에 불과하다면, 이러한 사유가 지정당시거주자 요건에서 정한 '생업'이나 '취학' 등의 요건에 해당한다거나 이에 준하는 정도의 정당한 사유로 평가되기도 어렵다고 생각한다.

5) 피고의 원고에 대한 2012. 8. 22.자 주유소 운영사업자 불선정처분 및 이 사건 경원자에 대한 주유소 운영사업자 선정처분

피고는 원고로부터 위 확인서를 제출받은 후, 원고가 거주요건을 갖추었다고 볼 수 있는지에 관하여 법제처에 법령해석요청에 따른 질의회신과 구정(區政)조정위원회의 심의의결을 거쳤다. 이에 따라 피고는 2012. 8. 22. 원고에게 "개발제한구역 밖으로 전출한 사실이 있어 상급기관 질의 및 구정조정위원회의 심의 결과 이 사건 모집공고의 신청조건에 적합하지 아니하다"는 이유로 주유소 운영사업자 불선정처분(이하 '이 사건 거부처분'이라 한다)을 하는 한편, 같은 날 이 사건 경원자인 피고보조참가인에게 주유소 운영사업자 선정처분을 하였다.

6) 원고의 이 사건 거부처분에 대한 행정심판 및 행정소송 제기

원고는 이 사건 거부처분에 불복하여 부산광역시행정심판위원회에 행정심판을 제기하였으나 2012. 12. 11. 청구가 기각되었다. 한편, 원고는 2012. 11. 20. 부산지방법원에 이 사건 거부처분의 취소를 구하는 행정소송을 제기하였다. 원고가 이 사건 거부처분의 위법사유로 주장한 사항은 아래와 같다.

①이 사건 모집공고상의 신청자격 요건은 그 내용이 불명확하여 불완전할 뿐만 아니라, 단기간 거주한 자와 달리 원고와 같이 40년 이상 장기간 거주한 자는 신청자격 중 2)에 해당하는 사유가 생길 여지가 많아 개발제한구역의 지정 및 관리에 관한 특별조치법 제12조[3])의 입법취

---

3) 개발제한구역의 지정 및 관리에 관한 특별조치법
제12조 (개발제한구역에서의 행위제한)
① 개발제한구역에서는 건축물의 건축 및 용도변경, 공작물의 설치, 토지의 형질변

지에 역행하는 비합리성을 내포하고 있으므로 이를 기초로 한 이 사건 거부처분은 위법하다.

②설령 이 사건 모집공고가 유효하다고 하더라도 ㉮피고가 원고에게 이 사건 모집공고상의 신청자격 요건 구비 자료에 대한 보완을 요구하지 아니하고 이 사건 거부처분을 한 것은 행정절차법에 위반하여 위법하고, ㉯원고는 위 신청자격 요건을 갖추고 있으므로 이와 다른 전제에서 한 피고의 이 사건 거부처분은 위법하다.

2. 소송경과

1) 제1심 판결[4] ➜ 원고 승소(원고 청구 인용)

제1심은, 소송 과정에서 이 사건 거부처분 전까지는 제출되지 않았던 ①이 사건 첫 번째와 두 번째 전출 기간 중 원고의 두 아들들의 이 사건 주소지 인근 학교 출석기록, ②이 사건 첫 번째 전출 기간 중 원고의 이 사건 주소지와 같은 구 가락동 15통장 재직기록 등을 근거로, 원고가 이 사건 첫 번째와 두 번째 전출 기간 동안 실제로는 이 사건 주소지에 거주하면서 주민등록상 주소지만을 다른 곳으로 이전하였던 것으로 보이므로 이 사건 모집공고의 신청자격 요건을 갖추었다고 봄이 상당하다는 이유로[5] 원고의 청구를 인용하는 원고 승소판결을 하였다.

경, 죽목(竹木)의 벌채, 토지의 분할, 물건을 쌓아놓는 행위 또는 「국토의 계획 및 이용에 관한 법률」 제2조 제11호에 따른 도시·군계획사업(이하 "도시·군계획사업"이라 한다)의 시행을 할 수 없다. 다만, 다음 각 호의 어느 하나에 해당하는 행위를 하려는 자는 특별자치도지사·시장·군수 또는 구청장(이하 "시장·군수·구청장"이라 한다)의 허가를 받아 그 행위를 할 수 있다.

1. 다음 각목의 어느 하나에 해당하는 건축물이나 공작물로서 대통령령으로 정하는 건축물의 건축 또는 공작물의 설치와 이에 따르는 토지의 형질변경

마. 개발제한구역 주민의 주거·생활편익·생업을 위한 시설

4) 부산지방법원 2013. 5. 23. 선고 2012구합5658 판결

5) 다만, 제1심판결은 "따라서 피고가 이와 다른 전제에서 한 이 사건 처분은 위법하므로 취소되어야 한다."라고 설시하면서도, 괄호 안에 방론으로서 "(이와 같은 이

2) 환송 전 원심판결[6] ➜ 소각하(협의의 소익[7] 부정)

환송 전 원심판결은 대법원 1998. 9. 8. 선고 98두6272 판결[8] 등을 적시하면서, 원고에 대한 이 사건 거부처분이 취소되더라도 경원자관계에 있는 손ㅁㅁ에 대한 주유소 운영사업자 선정처분이 취소되지 아니한 이 사건에서는, 원고가 주유소 운영사업자로 선정될 수 없으므로, 원고는 이 사건의 거부처분의 취소를 구할 정당한 이익이 없다는 이유로 소

유로 이 사건 거부처분을 취소하는 이상 원고가 생업을 위하여 개발제한구역 밖에 거주하였는지 여부에 대한 판단은 별도로 하지 아니한다)"라고 판시하고 있다. 이와 같이 '생업을 위하여 개발제한구역 밖에 거주하였는지 여부' 에 대한 판단을 별도로 하지 않으면서 바로 원고 승소 판결을 한 제1심의 판단이 분쟁의 1회적 해결이라는 측면에서 적절한 것인지 여부는 생각해 볼 여지가 있으나, 본 평석에서는 더 이상 다루지는 않는다.

6) 부산고등법원 2013. 12. 4. 선고 2013누1690 판결

7) 행정법학에서는 '협의의 소익'과 '권리보호필요성'이 동의어처럼 혼용되어 쓰이기도 하는데, '권리보호필요성'은 독일 취소소송의 독특한 성질이 반영된 용어로서, 우리나라 대법원 판례상 일반적인 용례로 사용되는 '협의의 소익'이 더 타당한 표현이라는 견해로는 박정훈, "취소소송의 소의 이익과 권리보호필요성", 행정소송의 구조와 기능, 2006, 박영사, 제323면 참조. 이 견해에 따르기로 하여, 이하 본 평석에서는 특별히 의미구별을 위한 경우가 아닌 한 '협의의 소익'이라는 용어를 사용하기로 한다.

8) 대법원 1998. 9. 8. 선고 98두6272 판결은 "인·허가 등의 수익적 행정처분을 신청한 여러 사람이 서로 경쟁관계에 있어 일방에 대한 허가 등 처분이 타방에 대한 불허가 등으로 될 수밖에 없는 때에는 허가 등의 처분을 받지 못한 사람은 처분의 상대방이 아니더라도 당해 처분의 취소를 구할 당사자적격이 있고, 다만 구체적인 경우에 있어서 그 처분이 취소된다 하더라도 허가 등의 처분을 받지 못한 불이익이 회복된다고 볼 수 없을 때에는 당해 처분의 취소를 구할 정당한 이익이 없다"고 판시하고 있다. 위 판결은 경원자관계에 있어서 허가 등을 받지 못한 제3자가 허가 등 처분의 취소를 구할 원고적격이 있는지 여부를 판단한 사안으로서 예외적으로 협의의 소익이 부정되는 경우를 판시하였는데, 평석대상 판결의 사안은 거부처분의 직접 상대방인 사람에 대한 소의 이익에 관한 것으로서 문제되는 국면에 있어서 차이가 있다고 볼 수도 있다. 또한 실제로 위 98두6272 판결의 해당 사안에서는 위 판시 중 단서의 설시에 따라 협의의 소익이 부정된 경우는 아니었다는 점에서도 위 판결의 설시를 평석대상인 본 사안에 적용할 수 있을지는 조금 더 숙고해 볼 필요가 있다고 할 것이다.

각하판결을 하였다. 그러면서 방론으로 가정적 판단[9]을 하여 원고는 이 사건 거부처분 당시를 기준으로 신청자격에 대한 소명이 없거나, 선정 기준에서 경원자관계에 있는 손□□에 비하여 후순위에 해당하여[10] 이 사건 모집공고에 따른 주유소 운영사업자로 선정될 수 없었으므로, 이 사건 거부처분은 적법하다는 취지로 판시하고 있다.

3) 대법원 판결[11] ➜ 파기환송(협의의 소익 긍정 취지)

대법원 판결은 아래와 같은 판결요지의 법리에 비추어 이 사건 거부처분에 대한 취소판결이 확정되면 그 판결의 취지에 따른 피고의 재심사 결과 원고가 주유소 운영사업자로 선정될 가능성이 아주 없다고 할 수는 없어 원고에게는 자신에 대한 거부처분의 취소를 구할 소의 이익이 있다고 보이므로, 원심판단에는 경원자소송에서의 소의 이익에 관한 법리를 오해하여 판결에 영향을 미친 위법이 있다는 이유로 원심판결을 파기하고 원심법원에 사건을 환송하는 판결을 선고하였다.

---

9) 환송 전 원심판결은 전체 9면의 판결문 중 6면 이상을 할애하면서 비교적 상세하게 가정적 판단으로서 본안판단을 하고 있다(환송 전 원심판결의 본안판단 설시사항 중 상당 부분이 환송 후 판결의 판단에서도 유사한 취지로 설시되고 있다). 그런데 이와 같은 방론적 설시나 가정적 판단이 바람직한 것인지에 관해서는 생각해 볼 여지가 있다. 한편으로는 본안 판단까지 가능할 정도로 변론 종결 시까지 여러 증거자료가 제출되고 심리가 이루어진 경우라면 섣불리 소의 이익을 부정할 것이 아니라, 본안 판단으로 적극적으로 나가는 것이 바람직하다고 볼 수 있을 것이다. 그러나 다른 한편으로는 (이론적 타당성 여부는 차치하고라도) 소 각하의 본안 전 판단만으로도 결론을 낼 수 있더라도, 원고에 대한 설득 및 해명기능 등을 고려하여 가정적 판단을 하는 실무례를 두고 무조건적으로 잘못된 것이라고 비판만 할 수는 없을 것이다.

10) 환송 전 원심판결은, 선정기준 상 1차적인 순위결정 기준이 되는 원고의 접수 날짜는 최초 선정신청 서류 접수 시인 2012. 4. 3.이 아니라, (구비서류 미비로 인하여 접수된 서류의 보완을 요구받은 때에는 보완 서류를 완료하여 접수한 날을 최종 접수순위로 보기 때문에) 아무리 빨라도 피고의 보완요구에 따라 원고가 확인서를 제출한 2012. 6. 15.이므로, 이 사건 경원자 손□□에 비하여 접수 날짜가 후순위가 된다고 본 것이다.

11) 대법원 2015. 10. 29. 선고 2013두27517 판결

4) 환송 후 판결[12] ➜ 원고 패소(원고 청구 기각)

환송 후 판결에서는, 먼저 소의 적법 여부에 관해서는 위 대법원 판결의 취지에 따라 이 사건 거부처분의 취소를 구하는 소는 소의 이익이 인정된다고 보았고, 다음으로 처분의 적법 여부에 관해서는 원고는 이 사건 거부처분 당시를 기준으로 신청자격에 대한 소명이 없거나[13] 선정기준에서 경원자관계에 있는 피고 보조참가인에 비하여 후순위에 해당하므로, 이 사건 거부처분이 사실을 오인하여 재량권을 일탈·남용하였다고 볼 수 없다고 판단하였다. 이에 따라 원고의 청구를 인용한 제1심판결을 취소하고 원고의 청구를 기각하는 판결을 선고하였다.[14]

3. 판결요지

인가·허가 등 수익적 행정처분을 신청한 여러 사람이 서로 경원관계에 있어서 한 사람에 대한 허가 등 처분이 다른 사람에 대한 불허가 등으로 귀결될 수밖에 없을 때 허가 등 처분을 받지 못한 사람은 신청에 대한 거부처분의 직접 상대방으로서 원칙적으로 자신에 대한 거부처분의 취소를 구할 원고적격이 있고, 취소판결이 확정되는 경우 판결의 직접적인 효과로 경원자에 대한 허가 등 처분이 취소되거나 효력이 소멸되는 것은 아니더라도 행정청은 취소판결의 기속력에 따라 판결에서

12) 부산고등법원 2016. 4. 29. 선고 2015누172 판결

13) 환송 후 판결은, 경원관계에 있어 행정청이 신청자격, 선정기준, 접수기간을 정하여 공고를 한 경우에는 접수기간 내지 처분 당시 피고 행정청에게 제출되었던 자료를 바탕으로 이 사건 거부처분의 재량권 일탈·남용 여부를 판단하여야 할 것이고, 이후에 제출된 자료를 포함하여 처분의 위법여부를 판단할 수는 없다는 점을 근거로 들었다.

14) 위 환송 후 판결에 대하여 원고는 다시 2016. 5. 30. 대법원에 상고하였으나, 대법원(2016두667 사건)은 2016. 9. 7. 심리불속행 기각판결을 하였고, 2916. 9. 12. 위 판결이 확정되었다.

확인된 위법사유를 배제한 상태에서 취소판결의 원고와 경원자의 각 신청에 관하여 처분요건의 구비 여부와 우열을 다시 심사하여야 할 의무가 있으며, 재심사 결과 경원자에 대한 수익적 처분이 직권취소되고 취소판결의 원고에게 수익적 처분이 이루어질 가능성을 완전히 배제할 수는 없으므로, 특별한 사정이 없는 한 경원관계에서 허가 등 처분을 받지 못한 사람은 자신에 대한 거부처분의 취소를 구할 소의 이익이 있다.

Ⅱ. 평석

1. 쟁점정리

평석대상 판결은, 개발제한구역 내 동일한 대상지역에 주유소 운영사업자 선정을 신청하여 피고 보조참가인과 '경원관계'(競願關係)에 있는 원고가 선정에서 탈락하고 피고 보조참가인이 선정된 경우, 원고가 자신에 대한 거부처분의 취소를 구할 원고적격과 소의 이익이 있는지 여부에 관해 다루고 있다. 일견 거부처분의 직접 상대방인 원고에게는 원고적격이 인정되고 이에 따라 소의 이익도 당연히 긍정되는 것처럼 보이지만, 조금 나아가 살펴보면 원고가 거부처분 취소소송에서 승소하더라도 경원자인 피고 보조참가인에 대한 주유소 운영사업자 선정처분이 별도로 취소되지 않고서는 원고에 대한 선정처분이 불가능하기 때문에 결국 거부처분 취소를 구할 소의 이익이 없다는 반론이 가능할 수 있다. 따라서 평석대상 판결의 핵심적 쟁점은, 경원자관계에서 수익적 행정처분을 받지 못한 사람이 제3자인 경원자에 대한 수익적 행정처분의 취소를 구하지 않고 자신에 대한 거부처분의 취소를 구하는 경우 협의의 소익이 인정되는지 여부이다[15].

이에 대해 평석대상 판결은 ① 경원자관계에서 선정에 탈락한 거부처분의 직접 상대방은 자신의 거부처분의 취소를 구할 '원고적격'이 있다는 점, ② 그 거부처분 취소판결이 확정되는 경우 행정청은 취소판결의 '기속력'에 따라 취소판결의 원고와 경원자의 각 신청에 관하여 처분요건의 구비 여부와 우열을 다시 심사하여야 할 의무(='재심사의무')가 있다는 점, ③ 그 재심사 결과 경원자에 대한 수익적 처분이 직권취소되고 취소판결의 원고에게 수익적 처분이 이루어질 '가능성'을 완전히 배제할 수는 없으므로 경원관계에서 허가 등 처분을 받지 못한 사람은 자신에 대한 거부처분의 취소를 구할 '소의 이익'이 있다는 점을 판시하고 있다.

이와 같은 평석대상 판결의 논증과 판시가 타당한지 여부에 관하여 아래에서는 논의에 필요한 범위 내에서 이론적·실무적 관점에서 조금 더 상세히 검토해보고자 한다.

2. 판결의 검토

1) 경원자관계의 특성과 원고적격 및 가능한 소송형태

가. 경원자관계의 의미와 특성

(1) 의의

'경원관계'(競願關係)라 함은 인·허가 등의 수익적 행정처분을 신청

15) 실제로 평석대상 판결의 상고이유에서도, 환송 전 원심판결이 원고의 거부처분 취소의 소를 각하한 것과 관련하여 이러한 소의 이익에 관한 환송 전 원심판결의 법리오해가 주된 쟁점이 되었다. 그 외에도 평석대상 판결의 상고이유로는, ①원심은 원고의 청구를 각하하기에 앞서 피고 보조참가인에 대한 선정처분의 취소를 구하는 소로 소변경이나 소제기를 석명하여야 할 것임에도, 피고의 주장만 받아들여 원고의 소를 각하하는 예측하지 못한 판단을 한 것에는 석명권 불행사 또는 심리미진의 위법이 있고, ②민원서류에 대한 보완을 허용하고 있는 민원사무처리에 관한 법률 제13조 등의 취지에 비추어 원심이 원고의 순위를 최초의 접수일자가 아니라 확인서의 보완일자를 기준으로 하여야 한다고 판단한 것은 잘못이어서 원고의 선정 순위에 관한 법리오해가 있다는 점이 주장되었다. 그러나 평석대상 판결의 이유에 적시된 바와 같이, 평석대상 판결에서는 소의 이익에 관한 법리오해가 주된 쟁점이 되었고 그 상고이유가 받아들여진 관계로, 나머지 ①, ②의 상고이유에 관해서는 판단이 생략되었다.

한 수인이 서로 경쟁관계에 있어서 일방에 대한 허가 등의 처분이 타방에 대한 불허가 등으로 귀결될 수밖에 없는 경우를 말한다.16) 평석대상 판결의 사안처럼 동일한 대상지역에 대한 1인의 주유소 운영사업자 선정처분에 있어서 운영사업자가 되기 위해 여러 사람이 신청을 한 경우도 대표적인 경원관계라 할 수 있다. '경원자관계'라고 표현하기도 한다.

학설은 경원자관계와 같이 경쟁을 전제로 하는 분쟁을 다루는 소송을 상위개념인 '경쟁자소송'(Konkurrentenklage)의 개념으로 논하고 있다. 이러한 경쟁자소송의 구체적인 분류와 유형화는 여러 가지 방식으로 이루어지고 있지만,17) 경원자관계에 있는 사람 중 인·허가 등을 거부당한

---

16) 경원관계에 관해 다룬 대표적인 대법원 판례인 대법원 1992. 5. 8. 선고 91누13274 판결(엘피지충전소허가처분취소) 사건에서 위와 같은 설시가 이루어진 이래로, 후속 판례에서도 위 설시의 표현이 계속되고 있다.

17) 국내에서 일반적으로 소개된 경쟁자소송의 분류방식은 숄츠(Scholz)의 견해에 따른 ① 적극적 경쟁자소송과 ② 소극적 경쟁자소송의 이분법인데, 적극적 경쟁자소송은 행정청으로부터 일정한 수익을 받은 수혜자와 경쟁관계에 있는 자가 자신에게도 동일한 수혜를 제공할 것을 요구하여 제기하는 소송이고, 소극적 경쟁자소송은 수익적 행정작용을 목적으로 하는 다수의 경쟁자 중 이러한 수혜를 받지 못한 자가 수혜자에 대한 행정작용의 위법을 이유로 그 효력을 다투는 소송이다[이원우, "현대 행정법관계의 구조적 변화와 경쟁자소송의 요건", 경쟁법연구 제7권(2001), 한국경쟁법학회, 제156-157면; R. Scholz, Die öffentlich-rechtliche Konkurrentenklage in der Rechtsprechung der Verwaltungs- und Zivilgerichte, in: Wirtschaftsrecht Ⅰ, 1972, S. 35 ff.]. 이 견해에 의할 때, 경원자관계에서 인허가를 거부당한 자가 다른 경원자에게 발급된 허가 등의 위법을 다투는 '경원자소송'은 '소극적 경쟁자소송'에 속하게 된다. 이에 대하여 경쟁자소송을 ① 참여소송(Partizipationsklage), ② 배제소송(Verdrängungsklage), ③ 방어소송(Abwehrklage)으로 분류하는 회쉬(Hösch)의 견해도 소개되고 있다[이원우, "현대 행정법관계의 구조적 변화와 경쟁자소송의 요건", 경쟁법연구 제7권(2001), 한국경쟁법학회, 제157-159면; Ulrich Hösch, Probleme der wirtschaftsverwaltungsrechtlichen Konkurrentenklage, Die Verwaltung 1992, S. 211-232]. 위 내용에 의하면, 여기서의 참여소송은 공공주체가 일정한 수익을 제공하였으나 경쟁관계에 있는 어떤 업자가 이러한 혜택을 받지 못한 경우, 이 업자가 자신에게도 동일한 급부를 제공할 것을 청구하는 소송으로서, 숄츠의 적극적 경쟁자소송에 해당된다. 배제소송은 앞서 본 제3자의 원고적격이 논의가 되는 '경원자소송'과 같은 의미로서, 숄츠의 소극적 경쟁자소송의 한 유형에 해당된다. 방어소송은 특정의 경쟁자에게

사람이 다른 경원자에게 발급된 허가 등의 위법을 다투는 경우 그 원고 적격을 인정하는 것에는 의견이 공통적으로 일치하고 있다.

(2) 특성

경원자관계의 특성은 허가할당수 등의 총량이 한정되어 있는 관계로 일방에 대한 허가 등 수익적 행정처분이 곧바로 타방에 대한 불허가 등으로 귀결되는 '표리의 관계' 내지 '배타적 관계'에 있다는 점이다. 경원자관계는 수익적 행정처분의 대상이 되는 희소한 자원에 대해 여러 명이 경쟁[18]을 하여 그 중 한 명에게 배분이 되는 관계라 할 수 있다.

위법하게 일정한 수익이 제공되었는바 이로 인하여 불리한 위치에 서게 된 경쟁자가 위의 경쟁자에게 제공된 수익을 제거하고자 하여 제기하는 소송이다. 이러한 숄츠(Scholz)나 회쉬(Hösch)의 경쟁자소송 유형화에 대하여 경쟁자소송과 다른 일반적 소송과의 차이점을 대답해주지 못한다고 비판하면서, 경쟁자소송에 특유한 도그마틱의 형성을 위해 경쟁자소송의 개념을 명확히 하고 새로운 분류체계를 수립하려는 시도로서 후버(Huber)의 경쟁자소송 5유형 분류 견해가 제기된다. 이에 의하면 경쟁자소송은 경쟁자진입방어소송(Konkurrentenabwehrklage), 국고방어소송(Fiskusabwehrklage), 경쟁자수익방어소송(Begünstigungsabwehrklage), 경쟁자평등규제소송(Konkurrenten-gleichstellungsklage), 경원자배제소송(Konkurrentenverdrängungsklage)으로 나누어 논의한다[이원우, "현대 행정법관계의 구조적 변화와 경쟁자소송의 요건", 경쟁법연구 제7권(2001), 한국경쟁법학회, 제159-161면; Peter-M. Huber, Konkurrenzschutz im Verwaltungsrecht, 1991, S. 79-98]. 이 분류에 의할 때 앞서 본 제3자의 원고적격이 논의가 되는 '경원자소송'은 경쟁자배제소송으로 논의된다[이원우, "현대 행정법관계의 구조적 변화와 경쟁자소송의 요건", 경쟁법연구 제7권(2001), 한국경쟁법학회, 제184-185면 참조]. 김중권 교수[김중권, 김중권의 행정법, 제2판(2016), 법문사, 제661면]는 경쟁자소송을 기본적으로 경쟁저해적 수익처분, 시장에의 신규진입이나 공무원의 임명을 둘러싼 다툼으로 정의하면서, 그 소송유형에 따라 소극적 경쟁자소송, 적극적 경쟁자소송, 배타적 경쟁자소송으로 나누어 논의하고 있다. 김중권 교수의 견해는 숄츠(Scholz)의 적극적-소극적 경쟁자소송의 이분법과 일응 유사하나, 앞서 본 제3자의 원고적격이 논의가 되는 '경원자소송'을 배타적 경쟁자소송으로 따로 논의한다는 점에서 차이가 있고, 3분류 방식이라는 점에서 회쉬(Hösch)의 견해에 더 가까운 것으로 이해된다.

18) '경쟁'이란 다수의 자들이 하나의 목표를 달성하고자 노력하고 있지만 그들 모두가 이를 달성할 수 없는 상황을 의미하고, 따라서 경쟁이란 '분배'의 문제를 야기한다는 취지의 설명으로는 이원우, "현대 행정법관계의 구조적 변화와 경쟁자소송의

따라서 경원자관계를 둘러싼 분쟁은 경쟁으로 대립하는 사람들 사이에 표리적 관계에 있는 이해관계를 한꺼번에 해소해야만 그 분쟁이 종국적으로 해결될 수 있게 된다. 즉, 수익적 행정처분을 받지 못하여 경쟁에서 배제된 사람은 자신에 대한 거부처분의 취소소송을 제기하여 승소하는 것만으로는 자신이 원하는 수익적 행정처분을 받을 수 없고, 그와 병행하여 제3자에게 이미 발급된 수익적 행정처분의 효력을 소멸시켜 바로 자신이 해당 수익적 행정처분을 발급받을 수 있거나 적어도 서로의 신청이 경쟁하는 원래의 상태로 되돌려 놓아야만 소기의 목적을 달성할 수 있게 된다.

이러한 특성에 착안하여, 학설에서는 경원자관계에서 인·허가 등을 받지 못한 사람이 제3자로서 다른 사람에게 발급된 인·허가 등 처분에 대하여 제기하는 항고소송을 '경원자소송'(競願者訴訟)으로 지칭하고, 주로 '당사자적격' 내지 '처분의 직접 상대방이 아닌 제3자의 원고적격'의 문제로 논의하여 왔다.[19]

요건", 경쟁법연구 제7권(2001), 한국경쟁법학회, 제155-156면; Peter-M. Huber, Konkurrenzschutz im Verwaltungsrecht, 1991, S. 49-52 참조.

19) 김남진·김연태, 행정법 Ⅰ, 제19판(2015), 법문사, 제781면; 김동희, 행정법 Ⅰ, 제21판(2015), 박영사, 제738면; 김철용, 행정법 Ⅰ, 제12판(2009), 박영사, 제648면; 김향기, 행정법개론, 제11판(2014), 탑북스, 제551면; 류지태·박종수, 행정법신론, 제15판(2011), 박영사, 제660면; 박균성, 행정법론(상), 제14판(2015), 박영사, 제1172면; 석종현·송동수, 일반행정법(상), 제15판(2015), 삼영사, 제870면; 장태주, 행정법개론, 제9판(2011), 법문사, 제778면; 조정환, 행정법(상), 제5판(2012), 진원사, 제231면; 하명호, 행정쟁송법, 제2판(2015), 박영사, 제95면; 한견우, 현대 행정법 강의, 제3판(2008), 신영사, 제965-966면; 홍정선, 행정법원론(상), 제24판(2016), 박영사, 제1029면 등 다수. 그 중 조정환 교수는 경원자소송(정확히는 '경원자관계')은 일방에 대한 허가가 타방에 대한 불허가로 귀결될 수밖에 없는 배타적인 경우여서 단수 또는 특정수의 이익만이 성립될 수 있고 그 이상의 추가진입이 불가능한 '이익대체관계'인 반면, 행정청이 신규사업자에 대하여 발급한 인·허가 처분에 대하여 경쟁관계에 있는 제3자인 기존업자가 그의 취소를 구하는 '경업자소송'의 경우에는 대체로 신규허가로 인하여 이익의 몫이 감소되는 경우처럼 복수의 이익이 성립될 수 있어 추가진입이 가능한 '이익분할관계'라고 설명하고 있다 [조정환, 행정법(상), 제5판(2012), 진원사, 제231면 참조].

나. 경원자소송에서의 원고적격

(1) 학설

경원자관계에서 인·허가 등을 거부당한 사람이 다른 경원자에게 발급된 인·허가 등의 위법을 다투는 '경원자소송'에 있어서 비록 처분의 직접 상대방이 아니라고 하더라도 인·허가 등을 거부당한 원고는 다른 경원자에게 발급된 인·허가 등 처분의 취소를 구할 원고적격이 있다고 보는 데에 학설이 통일되어 있다. 경원자관계에 있어서는 일방에 대한 수익적 처분은 곧 제3자인 경쟁자에 대한 불이익처분으로 이해될 수 있기 때문에 인·허가 등을 거부당한 원고는 불이익처분의 직접 상대방에 해당하여 원고적격을 인정하는 데에 문제가 없다는 것이 그 근거이다.[20]

다만, 경원자에게 원고적격이 인정되기 위해서 타방에 대한 수익처분이 취소되면 행정청이 반드시 자신의 신청을 인용하도록 기속되어 있을 필요는 없다고 한다.[21]

(2) 판례

대법원 판례는 경원자소송 유형을 본격적으로 판시한 대법원 1992. 5. 8. 선고 91누13274 판결(이하 '1992년 엘피지충전소 경원자사건 판결'이라 한다)에서 "인·허가 등의 수익적 행정처분을 신청한 수인이 서로 경쟁관계에 있어서 일방에 대한 허가 등의 처분이 타방에 대한 불허가 등으로 귀결될 수밖에 없는 때에는 허가 등의 처분을 받지 못한 자는 비록 경원자에 대하여 이루어진 허가 등 처분의 상대방이 아니라 하더라도 당해 처분의 취소를 구할 당사자적격이 있다…"고 설시하여 경원자소송

---

20) 경원자소송을 다루는 대부분의 학설에서는 경원자소송에서 제3자의 원고적격을 인정하는 것이 학설과 판례라는 취지만 적시할 뿐 그 이상 논증은 명시적으로 하지 않고 있지만, 그 근거는 유사한 것으로 보인다. 경원자소송에서의 원고적격을 인정하는 근거에 관하여 상세하게 설명하는 글로는 이원우, "현대 행정법관계의 구조적 변화와 경쟁자소송의 요건", 경쟁법연구 제7권(2001), 한국경쟁법학회, 제184면 참조.

21) 박정훈, "취소소송의 원고적격(2)", 행정소송의 구조와 기능, 2006, 박영사, 제258면.

에서 원고적격을 긍정하였다. 그 이후 이어진 대법원 1998. 9. 8. 선고 98두6272 판결 등에서도 거의 유사한 판시를 계속하고 있다.

다만, 대법원 2009. 12. 10. 선고 2009두8359 판결(이하 '법학전문대학원 예비인가처분취소사건 판결'이라 한다)에서는 "인·허가 등의 수익적 행정처분을 신청한 수인이 서로 경쟁관계에 있어서 일방에 대한 허가 등의 처분이 타방에 대한 불허가 등으로 귀결될 수밖에 없는 때 허가 등의 처분을 받지 못한 자는 비록 경원자에 대하여 이루어진 허가 등 처분의 상대방이 아니라 하더라도 당해 처분의 취소를 구할 원고적격이 있다"고 판시하여, 종래 '당사자적격'이라는 표현을 '원고적격'으로 변경하여 그 개념을 보다 분명히 하고 있고, 그 이후 이어진 판례[22]에서도 마찬가지로 '원고적격'이라는 표현으로 설시하고 있다.

다) 경원자관계에서 가능한 소송형태[23]

---

22) 대법원 2011. 7. 28. 선고 2011두3166 판결(감리자지정처분취소 등), 대법원 2013. 7. 11. 선고 2013두147 판결(지원제외통보처분등취소) 등.

23) '경원자관계'나 '경원자소송'과 관련하여, 학설은 대부분 '경원자소송'에서 제3자인 인·허가 등을 받지 못한 원고에게도 다른 경원자에 대하여 발급된 수익적 행정처분의 쟁송취소를 구할 원고적격이 인정된다는 점을 설명하면서 관련 대법원 판례를 제시하고 있을 뿐, 나아가 경원자관계에서 가능한 '소송형태'를 본격적으로 다룬 논의는 별로 없는 상황이다. 다만, 박균성, 행정법론(상), 제14판(2015), 박영사, 제1173면에서는 "경원자관계에 있는 자는 타인에 대한 허가처분의 취소를 구하거나 자신에 대한 불허가처분(거부처분)의 취소를 구할 수 있고, 또한 양자를 관련청구소송으로 병합하여 제기할 수도 있다"고 설명하고 있고, 하명호, 행정쟁송법, 제2판(2015), 박영사, 제95면에서 "경원자소송이 인정되는 경우 다른 사람에 대한 허가처분과 자신에 대한 불허가처분은 표리의 관계에 있는 것이므로, 다른 사람에 대한 허가 등 처분의 취소를 구하거나 자신에 대한 불허가처분의 취소를 구하거나 또는 양자를 병합하여 소를 제기할 수도 있다"고 하며, 조정환, 행정법(상), 제5판(2012), 진원사, 제231면에서는 "이익대체관계(=경원자소송)는 서로 양립할 수 없고 일방에 대한 인·허가는 타방에 대한 불허가로 귀결될 수밖에 없는 관계이므로 일방에 대한 인·허가는 타방에 대한 허가신청거부로 되기 때문에 인·허가 등을 받지 못한 자는 자신에 대한 거부처분의 취소소송 등을 제기할 수 있음은 물론 '경원자소송'에서 경원자에 대한 인·허가 등의 처분에 대한 취소소송을 제기할 법률상 이익이 있고 원고적격이 인정된다."라는 견해를 제시할 뿐, 구체적인 소송유형

(1) 제3자에 대한 수익적 행정처분의 취소소송

앞서 본 대법원 판례의 사안처럼 경원자관계에서 인·허가 등을 받지 못한 원고는 우선적으로 다른 경원자에 대하여 발급된 수익적 행정처분의 취소소송(=경원자소송)을 제기할 수 있다. 이는 총량이 한정된 희소한 자원의 배분이라는 경원자관계의 특성 상 다른 경원자에 대하여 발급된 인·허가 등 처분의 효력이 소멸되지 않으면 원고는 자신에 대한 인·허가 등의 발급이라는 목적을 달성할 수 없다는 경원자관계의 특성에 근거한다. 즉, 원고에게는 다른 경원자에 대한 인·허가 등의 처분의 효력을 직접적으로 상실시키기 위한 방안으로서 그 수익적 행정처분에 대한 취소소송의 제기가 1차적으로 적절한 법적 구제수단이 될 수 있을 것이다. 이러한 경원자소송은 처분의 직접 상대방이 아닌 제3자가 원고가 되어 제기하는 것이지만, 경원자관계의 특성 상 원고적격이 인정된다는 점에는 학설과 판례의 견해가 일치되어 있음은 앞서 본 바와 같다.

다만, 원고로서는 ①우선 소장을 작성할 때 청구취지에서 취소소송의 대상이 되는 처분을 특정하여 기재[24]함에 있어서 자신 이외에 어떤 사람이 경원자관계에 있었는지를 알지 못하거나,[25] 경우에 따라서는 처분일도 잘 알기 어려울 수 있을 것이며,[26] 이에 따라 제소기간을 놓치

별로 상세한 검토를 하고 있지는 않다.

24) 취소소송의 청구취지를 작성함에 있어서는 통상 취소소송의 대상이 되는 처분의 '처분일' 함께 '처분상대방'을 기재하여 특정을 함이 실무례이다. 만약 평석대상 판결의 사안에서 원고의 거부처분 취소소송이 아닌 경원자에 대한 취소소송을 제기한다고 하면, 그 청구취지는 "피고가 2012. 8. 22. 손ㅁㅁ에 대하여 한 개발제한구역 내 주유소 운영사업자 선정처분을 취소한다"가 될 것이다.

25) 거부처분 외에는 원고에게 누가 인·허가 등 처분을 받았는지가 통지되는 것은 아니기 때문이다.

26) 대체로는 평석대상 판결의 사안에서와 같이 거부처분일과 선정처분일이 동일할 것으로 보이지만, 사안에 따라서는 신청을 수인으로부터 받았고 신청자 내역에 대해서는 주관청이 비밀로 하여 다른 신청자의 존부 및 그 내역을 알기 어려우며, 선정 여부의 통보 역시 개별통지하기로 하여 신청인들 서로 간에 그 결정 여부를 알기 어려운 경우 등도 상정해볼 수 있겠다.

게 되는 경우도 발생할 수 있을 것이고,[27] ②별도의 자료 입수방법 없이는 처분의 위법사유를 주장[28]하고 증거자료를 제출하여 입증하기는 쉽지 않을 것이라는 소송실무상의 현실적인 문제점이 있다.[29]

(2) 거부처분 취소소송

경원자관계에서 인·허가 등을 받지 못한 원고는 자신에 대한 거부처분의 취소소송을 제기할 수도 있을 것이다. 먼저 소송요건의 측면에서 원고는 거부처분이라는 불이익처분의 직접 상대방으로서 '원고적격' 인정에 문제가 없을 것이고, 또한 대개는 평석대상 판결의 사안처럼 법령에 근거하여 일정한 공고 후 신청을 받는 경우가 대부분일 것이어서 그 신청에 대한 거부행위가 취소소송의 대상이 되는 행정처분으로서 '대상적격'도 인정될 수 있을 것이다. 다음으로 본안의 측면에서도 원고는 자신이 겪은 사실관계를 바탕으로 자신에 대한 거부처분의 위법성을 주장하고 입증활동을 하는 것이므로, 다른 경원자에 대하여 발급된 수익

27) 물론 행정처분의 상대방이 아닌 제3자는 일반적으로 처분이 있는 것을 바로 알 수 없는 처지에 있으므로 처분 등이 있음을 안 날로부터 진행되는 제소기간의 제한은 받지 않음이 원칙적이라고 할 것이다. 하지만 제3자가 어떤 경위로든 간에 행정처분이 있음을 알았거나 쉽게 알 수 있었던 특별한 사정이 있을 때에는 그 때로부터 90일 이내에 소를 제기하여야 할 것이므로, 실제 사안에 따라서는 제소기간이 도과된 것으로 판단될 수도 있기 때문이다.

28) 다만, 원고는 처분을 발급받은 경원자보다 자신의 순위가 우위라는 주장을 함으로써 역으로 경원자가 원고보다 열위임에도 해당 수익적 처분이 발급된 것이 위법하다는 주장을 할 수 있을 것이고, 그 경우라면 그러한 주장은 일응 경원자 측에 관한 별도의 자료 입수 없이도 가능할 것이다.

29) 항고소송에서 처분의 위법성 입증책임이 피고 행정청에게 있다고 하더라도, 실제 소송 진행 중 개별 쟁점에 대한 입증의 필요성은 원고에게 돌아가는 경우가 많다는 측면에서 그 문제점이 더욱 부각된다. 특히 이해관계가 상반되는 경원자 측에서 증거가 될 만한 관련 자료를 원고 측에 제공하는 데에 협조적인 경우는 거의 없을 것이고, 경원자가 공공기관이 아닌 이상 정보공개청구를 통한 자료 입수도 어려울 것이다. 따라서 경원자소송의 원고로서는 경원자에 대한 수익적 행정처분의 취소를 구하는 취소소송을 제기한 후 피고 행정청의 항변 내용 및 제출증거들을 살펴본다거나, 당해 소송절차에서 모색적으로 사실조회, 문서제출명령 등의 방법을 통해서 위법성의 주장·입증을 구체적으로 할 수 있게 될 것이다.

적 행정처분의 취소를 구하는 경원자소송에 비해 그 소송수행이 상대적으로 용이하다는 장점이 있다.

문제는 이러한 원고의 거부처분 취소소송이 원고의 목적 달성을 위해 직접적이고 효과적인지 여부에 의문이 남는다는 점이다. 다시 말해서 원고의 목적은 취소소송 등을 통해 자신이 해당 인·허가 등 처분을 발급받는 것인데, 원고에 대한 거부처분 취소소송에서 승소한다 하더라도 허가할당수 등이 한정된 경원자관계에서는 다른 경원자에게 이미 발급된 인·허가 등 처분의 존재로 말미암아 그 목적 달성이 불가능하게 되는 것 아닌가하는 점이다. 승소 확정된 거부처분 취소소송 판결의 효력만으로는 다른 경원자에 대한 인·허가 등 수익적 행정처분의 효력이 직접적으로 소멸되지는 않기 때문에 이와 같은 문제가 발생한다(거부처분 취소판결의 효력 문제). 이는 결국 경원자관계에서 인 · 허가 등을 받지 못한 원고에게 거부처분 취소를 구할 '(협의의) 소의 이익'이 인정되는지의 문제이다. 이에 관하여는 아래 3)항에서 별도로 상술한다.

(3) 양 청구의 병합

경원자관계에서 인·허가 등을 받지 못한 원고는 위 두 가지 유형의 취소소송, 즉 ①다른 경원자에 대하여 발급된 수익적 행정처분의 취소소송(경원자소송)과 ②자신에 대한 거부처분 취소소송을 관련청구소송으로서 병합하여 제기할 수 있다(행정소송법 제10조 제2항, 제1항 제2호[30]).[31]

---

30) 행정소송법

제10조(관련청구소송의 이송 및 병합)

① 취소소송과 다음 각호의 1에 해당하는 소송(이하 '관련청구소송'이라 한다)이 각각 다른 법원에 계속되고 있는 경우에 관련청구소송이 계속된 법원이 상당하다고 인정하는 때에는 당사자의 신청 또는 직권에 의하여 이를 취소소송이 계속된 법원으로 이송할 수 있다.

1. 당해 처분등과 관련되는 손해배상·부당이득반환·원상회복 등 청구소송
2. 당해 처분등과 관련되는 취소소송

② 취소소송에는 사실심의 변론 종결 시까지 관련청구소송을 병합하거나 피고 외의 자를 상대로 한 관련청구소송을 취소소송이 계속된 법원에 병합하여 제기할 수

취소소송 등을 통해 자신이 해당 인·허가 등 처분을 발급받는다는 원고의 목적을 달성하기 위해서 이와 같은 병합 청구는 가장 효과적이라고 볼 수 있을 것이다.[32)]

다만, 독일에서는 수익적 행정행위의 신청에 대해 거부처분이 내려진 경우 의무이행소송(Verpflichtungsklage)을 제기하는 것이 원칙인데, 독일의 판례와 통설은 허가할당수가 제한된 경원자소송에서 ① 허가가 거부된 신청인의 의무이행소송과 ② 다른 경원자에 대한 허가결정을 다투는 취소소송을 동시에 병합하여 제기해야만 한다는 입장이다.[33)] 만일 후자의 취소소송만을 제기하면 타인에 대한 허가결정의 취소만으로 원고의 목적을 달성할 수 없기 때문에 권리보호필요성(Rechtsschutzbedürfnis)이 부정되고, 전자의 의무이행소송만을 제기하면 타인에 대한 허가결정이 취소되지 않고서는 원고에 대한 허가결정이 불가능하기 때문에 행정청의 이행의무 및 원고의 이행청구권도 발생하지 않고, 따라서 원고의 권리침해 가능성이 전혀 없다는 이유로 원고적격 자체가 부정되거나 아

있다.

31) 김철용·최광률 편집대표, 주석 행정소송법, 2004, 박영사, 제301면(이홍훈 집필 부분)에서는 행정소송법 제10조 제1항 제2호의 '당해 처분 등과 관련되는 취소소송'의 대표적인 예로서 면허를 거부당한 乙이 제기한 甲에 대한 면허취소의 취소청구와 乙의 행정청에 대한 거부처분의 취소청구를 들고 있다. 이는 전형적인 경원자관계의 예시라고 할 것이다.

32) 이와 같이 경원자관계에서 다른 경쟁자에 대한 수익적 처분의 취소와 자신에 대한 거부처분의 취소를 동시에 구하는 것이 바람직하다는 점을 명시적으로 밝힌 견해로는 이원우, "현대 행정법관계의 구조적 변화와 경쟁자소송의 요건", 경쟁법연구 제7권(2001), 한국경쟁법학회, 제184면.

33) 독일 학설상의 견해로는 Peter-M. Huber, Konkurrenzschutz im Verwaltungsrecht, 1991, S. 473; Schoch/Schmidt-Aßmann/Pietzner, Verwaltungsgerichtsordnung. Kommentar, 2003, Bd. Ⅰ, Vorb § 40 Rn. 92 등 참조. 독일 판례로는 VGH München, NJW 1984, 680(681); OVG Lüneburg, NJW 1992, 1979(1980); VGH Mannheim, NVwZ-RR 1993, 291; BVerwG, NVwZ 1995, 478 등 참조. 또한 이 부분을 상세히 정리한 것으로는 박정훈, "취소소송의 소의 이익과 권리보호필요성", 행정소송의 구조와 기능, 2006, 박영사, 제298-299면 참조.

니면 본안에서 실제로 원고의 권리가 침해된 바 없다는 이유로 기각된다고 한다.[34] 이는 독일의 의무이행소송의 소송물에 거부결정의 위법성뿐만 아니라 행정청의 이행의무 및 원고의 이행청구권도 포함되기 때문에, 양립 불가능한 타인에 대한 허가결정이 남아 있다는 것은 그 이행의무 및 이행청구권에 대한 '법률상 장애'에 해당되고, 이에 따라 타인에 대한 허가결정의 취소 여부는 원고적격과 본안판단(권리침해)에 영향을 미칠 수 있기 때문이다.[35][36]

그러나 우리나라에서는 수익적 행정행위의 신청에 대해 거부처분이 내려진 경우 현행법상 의무이행소송은 불가하고, 거부처분에 대한

---

34) 박정훈, "취소소송의 소의 이익과 권리보호필요성", 행정소송의 구조와 기능, 2006, 박영사, 제298-299면. Schoch/Schmidt-Aßmann/Pietzner, Verwaltungsgerichtsordnung. Kommentar, 2003, Bd. Ⅰ, Vorb § 40 Rn. 92에서도 마찬가지로 설명하고 있다. 다만, 타인에 대한 허가결정을 직권취소하고 허가배분을 재결정(Bescheidung)해줄 것을 구하는 의무이행소송은 취소소송을 전제로 하지 않고 곧바로 이를 제기할 수 있는 판례[BVerwGE 80, 270(273)]가 있는데(박정훈, "취소소송의 소의 이익과 권리보호필요성", 행정소송의 구조와 기능, 2006, 박영사, 제299-300면), 이를 '독립적 의무이행소송'(isolierte Verpflichtungsklage)이라 한다(Schoch/Schmidt-Aßmann/Pietzner, Verwaltungsgerichtsordnung. Kommentar, 2003, Bd. Ⅰ, Vorb § 40 Rn. 92).

35) 박정훈, "취소소송의 소의 이익과 권리보호필요성", 행정소송의 구조와 기능, 2006, 박영사, 제299면 각주 18 참조.

36) 한편, 쉔케(Schenke)는 ①실제적으로 제외된 경원자에 대하여 거부처분이 이루어지는 것 외에는 누가 어떠한 허가를 받았는지가 통지되지 않아, 제외된 경쟁자는 누가 자신을 대신하여 수익을 받았는지 알 수 없어서 소의 명확성 관점에서 문제가 있게 되고, ② 제외된 경원자는 허가를 부여받은 경쟁자와 관련되는 사실관계를 알지 못하며, 이로 인해 자신의 취소소송의 성공 여부를 판단할 수 없게 되고, ③ 제외된 경원자는 여러 경쟁자들과의 관계에서 자신이 더 우선되어야 하다는 점을 면밀하게 검토해야 하는데, 이러한 심사위험의 전가는 여러 문제를 야기하며, ④ 행정청이 경원관계에 있는 허가에 관하여 판단여지나 재량을 가질 경우에는 위와 같은 문제점이 증폭되고, 제외된 경원자는 권리구제를 받기 위해 수인의 한도를 넘는 시간과 비용 소모를 요구받게 된다는 점을 근거로 경원자배제소송의 경우 원고 자신에 대한 의무이행소송과 타방 경원자에 대한 인·허가처분의 취소소송을 병합하여 제기해야만 하다는 통설과 판례의 태도를 비판하고 있다(Wolf-R. Schenke, Rechtsprobleme des Konkurrentenrechsschutzes im Wirtschaftsverwaltungsrecht, NVwZ 1993, S. 718 ff.).

취소소송만이 허용되고 그 소송물에서는 '거부처분의 위법성'만이 문제되므로, 독일과 같이 타인에 대한 허가결정의 취소 여부가 논리 필연적으로 소송요건 판단에 영향을 미친다고 단정할 수는 없다.[37] 따라서 독일과 같이 경원자관계에서 인·허가 등을 받지 못한 원고가 반드시 ① 다른 경원자에 대하여 발급된 수익적 행정처분의 취소소송(경원자소송)과 ② 자신에 대한 거부처분 취소소송을 병합하여 제기할 필요는 없다고 할 것이다.

(4) 별소로 제기한 경우

경원자관계에서 인·허가 등을 받지 못한 원고가 ① 다른 경원자에 대하여 발급된 수익적 행정처분의 취소소송(경원자소송)과 ② 자신에 대한 거부처분 취소소송을 각기 별소로 제기할 수도 있을 것이다. 특히 원고가 자신에게 이루어진 거부처분에 대한 취소소송(위 ②)을 먼저 제기하였다가, 소송목적의 달성을 위하여 다른 경원자에 대한 수익적 행정처분의 취소가 필요함을 뒤늦게 알게 되어 위 ①의 취소소송을 제기하는 경우를 쉽게 생각해 볼 수 있고, 실무에서도 종종 그러한 경우가 발견되기도 한다. 앞서 본 바와 같이 우리나라에서는 위 ①, ②의 취소소송을 논리 필연적으로 함께 병합하여 제기할 필요는 없으므로 양 소의 별소 제기는 가능하지만, 통상은 후에 제기된 소가 관련청구소송으로서 전에 제기된 소송이 계속 중인 재판부로 재배당 또는 이송되어 처리되는 것이 소송경제 및 통일적 결론 도출 등의 측면에서 효율적일 수 있다(행정소송법 제10조 제1항 제2호 참조).

양 소가 별소로 제기된 경우는 원고의 입장에서 볼 때 소송전략이나 실효성 등의 면에서 양 소가 병합하여 제기된 경우와 크게 다를 것은 없다고 할 것이다.

---

37) 박정훈, "취소소송의 소의 이익과 권리보호필요성", 행정소송의 구조와 기능, 2006, 박영사, 제299면 각주 18 참조.

2) 거부처분 취소판결의 기속력과 그 내용

경원자관계에서 인·허가 등을 받지 못한 원고가 자신에 대한 거부처분의 취소소송만을 제기하여 승소하더라도, 거부처분 취소판결의 효력만으로는 다른 경원자에 대한 인·허가 등 수익적 행정처분의 효력이 직접적으로 상실되지 않아 과연 위 거부처분 취소를 구하는 소의 이익이 인정될 수 있을 것인지 여부가 문제될 수 있다는 점은 앞서 본 바와 같다. 아래에서는 거부처분 취소판결의 기속력의 내용을 구체적으로 살펴봄으로써, 평석대상 판결의 논리전개가 타당한 것인지를 검토해본다.

가) 거부처분 취소판결의 기속력

(1) 근거규정

현행 행정소송법 제30조 제1항[38]은 취소판결의 기속력 일반에 관해 규정하고 있고, 제30조 제2항과 제3항[39]은 특히 거부처분 취소판결에 따른 재처분의무에 관하여 규정하고 있다.

(2) 취지

취소판결의 기속력이라 함은 취소판결이 확정된 경우, 행정청에 대하여 취소판결의 판단내용을 존중하여 수인(受忍)하고 그 취지에 따라 행동하지 않으면 아니 될 의무를 지우는 효력을 말한다.[40] 취소판결에

38) 행정소송법
제30조(취소판결 등의 기속력)
① 처분 등을 취소하는 확정판결은 그 사건에 관하여 당사자인 행정청과 그 밖의 관계행정청을 기속한다.

39) 행정소송법
제30조(취소판결 등의 기속력)
②판결에 의하여 취소되는 처분이 당사자의 신청을 거부하는 것을 내용으로 하는 경우에는 그 처분을 행한 행정청은 판결의 취지에 따라 다시 이전의 신청에 대한 처분을 하여야 한다.
③제2항의 규정은 신청에 따른 처분이 절차의 위법을 이유로 취소되는 경우에 준용한다.

40) 김철용·최광률 편집대표, 주석 행정소송법, 2004, 박영사, 제948면(석호철 집필 부

서는 위법한 행정처분의 효력을 판결로 취소하여 처분에 의해 야기된 위법상태를 배제하는 형성력(形成力)이 주된 효력인데, 만일 행정청이 판결의 취지나 의도를 무시하고 같은 과오를 되풀이하여 판결을 무력화시킬 수도 있으므로, 이러한 형성력에 따른 처분의 효력 제거만으로는 실효적이고 실질적인 권익구제가 어렵다는 점에서 행정청에게 판결의 취지에 따라 행동하라는 기속을 발생시키고자 하는 것이다.

특히 거부처분 취소판결은 이론적으로 볼 때 그 판결 자체로는 대상처분을 취소하여 그 효력을 소멸하도록 하여 원래의 신청이 계속되어 있는 상태로 돌리는 것에 불과하다. 따라서 거부처분 취소판결만으로는 원고가 종국적인 만족을 얻기 어렵고, 행정청이 확정판결을 무시하고 거부처분 취소에 따른 후속조치를 하지 아니할 우려가 더 크다는 점에서 행정소송법 제30조 제2항은 행정청에게 판결의 취지에 따라 그 신청에 대한 새로운 처분을 할 적극적인 의무를 지우고 있다.[41]

대법원 판례[42]도 "행정소송법 제30조 제1항에 의하여 인정되는 취소소송에서 처분 등을 취소하는 확정판결의 기속력은 주로 판결의 실효성을 확보하기 위하여 인정되는 효력으로서 … 같은 조 제2항의 규정상 특히 거부처분에 대한 취소판결이 확정된 경우에는 그 처분을 행한 행정청은 판결의 취지에 따라 다시 처분을 하여야 할 의무를 부담하게 되므로 …"라고 판시하여, 같은 취지로 취소판결의 기속력을 이해하고 있는 것으로 보인다.

분) 참조.

41) 이와 같이 거부처분취소판결과 부작위위법확인판결에 대하여 기속력(행정소송법 제30조 제2항)을 인정하고, 그 의무이행을 간접강제(間接强制)의 방법으로 담보하는 거부처분 취소판결의 간접강제(행정소송법 제34조) 제도를 둠으로써, 비록 현행법상 의무이행소송을 인정하고 있지는 않지만, 적극적인 급부판결에 준하는 효력을 인정하고 있다고 보는 견해로는 김철용·최광률 편집대표, 주석 행정소송법, 2004, 박영사, 제961면(석호철 집필 부분); 박정훈, "인류의 보편적 지혜로서의 행정소송", 행정소송의 구조와 기능, 2006, 박영사, 제135면 참조.

42) 대법원 2001. 3. 23. 선고 99두5238 판결 등.

나. 재처분의무의 전제로서의 재심사의무

(1) 재처분의무의 내용

행정소송법 제30조 제2항은 거부처분에 대한 취소판결이 확정된 경우에는 그 처분을 행한 행정청은 판결의 취지에 따라 다시 처분을 하여야 할 의무, 즉 '재처분의무'(再處分義務)를 부담한다는 취지를 규정하고 있다. 이러한 재처분의무의 내용을 분석해 보면, ① 신청에 대한 거부처분이 판결로 취소된 경우에는 행정청은 원고 측의 새로운 신청을 기다리지 않고[43] 신청에 관계된 처분을 다시 하여야 하고, ② 행정청은 처분을 다시 함에 있어 판결의 취지에 따라야 한다는 것이다.[44]

여기서 '판결의 취지에 따라야 한다.'는 의미는 언제나 원고가 신청한 내용대로 재처분을 하여야 한다는 것이 아니고, ① 신청을 인용하거나 ② 앞의 거부처분과는 다른 사유를 들어 또다시 거부처분을 할 수도 있고, ③ 앞의 거부처분사유에 존재하는 위법사유를 보완하여[45] 재차 거부처분을 할 수도 있는 것이다.[46]

(2) 재심사의무의 취지

본래 행정처분은 국민의 권리와 의무에 관한 사항을 규율하기 때문에 그 처분에 앞서 그 전제가 되는 구체적 사실과 법상태에 관하여 적

---

43) 김창조, "취소소송에 있어서 판결의 기속력", 법학논고 제42집(2013. 5.), 경북대학교 법학연구원, 제112면에서는 당해 거부처분이 취소되면 신청 자체의 효과가 상실되는 것이 아니라 신청이 된 원래의 상태로 돌아가기 때문에 다시 신청을 할 필요가 없다고 한다.

44) 김철용· 최광률 편집대표, 주석 행정소송법, 2004, 박영사, 제961면(석호철 집필 부분).

45) 대법원 2005. 1. 14. 선고 2003두13045 판결은 "행정소송법 제30조 제2항의 규정에 의하면 행정청의 거부처분을 취소하는 판결이 확정된 경우에는 그 처분을 행한 행정청이 판결의 취지에 따라 이전의 신청에 대하여 재처분할 의무가 있다고 할 것이나, 그 취소사유가 행정처분의 절차, 방법의 위법으로 인한 것이라면 그 처분 행정청은 그 확정판결의 취지에 따라 그 위법사유를 보완하여 다시 종전의 신청에 대한 거부처분을 할 수 있고, 그러한 처분도 위 조항에 규정된 재처분에 해당한다."고 판시하고 있다.

46) 김철용· 최광률 편집대표, 주석 행정소송법, 2004, 박영사, 제961면(석호철 집필 부분).

정한 조사와 심사가 이루어져야만 할 것이다. 특히 취소소송에 의해 거부처분이 위법하다는 이유로 취소된 경우라면, 그러한 확인된 위법사유를 배제하고 재처분이 이루어져야 하며, 마찬가지로 그 전제로서 보다 철저한 심사가 재차 이루어져야 할 것이다.

이와 같이 거부처분 취소판결을 받은 행정청이 재처분의무를 제대로 이행하기 위해서는 적정한 재심사가 전제되어야 할 것이며, 이러한 재심사의무의 발생 역시 거부처분 취소판결의 기속력에 따른 중요한 효과라고 봄이 상당하다.[47]

(3) 사안의 검토

(가) 재처분의무의 이행

거부처분 취소확정판결의 기속력에 따른 재처분의무의 이행은 경원자관계에서의 거부처분 취소소송에 있어서는 조금 더 특별한 형태로 나타난다. 경원자관계에서는 허가할당수 등의 총량이 한정되어 있는 관계로 일방에 대한 허가 등 수익적 행정처분이 곧바로 타방에 대한 불허가 등으로 귀결되는 '표리의 관계' 내지 '배타적 관계'에 있고, 이러한 긴밀한 관계는 해당 처분이 처음 발급되는 시기뿐 아니라, 거부처분 취소확정판결에 따른 재처분의무의 이행에 있어서도 그대로 적용된다. 즉, 경원자관계에서의 거부처분 취소확정판결이 있게 되면, 취소판결에서 확인된 위법사유를 배제하고 재심사[48]를 한 결과 ① 원고의 신청을 인

47) 거부처분 취소판결의 확정에 따라 발생하는 재심사의무에 관해 다루고 있는 학설의 견해는 거의 발견되지 않는다. 다만, 박정훈, "취소소송의 소의 이익과 권리보호필요성", 행정소송의 구조와 기능, 2006, 박영사, 제299면 각주 18에서는 경원자관계에서 인·허가 등을 받지 못한 원고가 자신에 대한 거부처분 취소소송을 제기한 경우에 "그 거부처분을 취소하는 판결의 기속력(행정소송법 제30조 제2항)에 의거하여 행정청은 원고의 신청에 대하여 다시 심사할 의무를 부담하게 된다."는 견해를 제시하고 있다. 물론 위 글에서 재심사의무의 발생 근거, 재처분의무와 재심사의무의 관계 등에 관해 구체적으로 논하고 있지는 않지만, 거부처분 취소판결의 기속력의 내용 내지 효과로서 재심사의무를 직접 거론하고 있다는 점에서 의미가 있다고 할 것이다.

48) 여기에서 본건 평석대상 판결의 사안은 2자간의 경원자관계가 문제된 경우이므로, 자신의 신청이 거부된 원고와 수익적 처분을 받은 다른 경원자가 모두 거부처분 취소확정판결의 효력에 따른 재심사의 대상이 된다는 점에는 의문이 없다. 문제는 3인 이상의 다수의 경원자들 중 1명이 수익적 처분을 받고, 신청이 거부된 경원자들 중 1명이 원고가 되어 자신에 대한 거부처분취소소송을 제기하여 승소 확정판결을 받은 경우에 재심사의 범위가 어떻게 되는가이다. 즉, 취소확정판결을 받은 원고와 수익적 처분을 받은 경원자만이 재심사의 대상이 되는가, 아니면 해당 경원자관계에서 신청을 했던 모든 다수의 경원자들에 대하여 다시 재심사를 해야 하는가의 문제이다. 평석대상 판결의 판결요지에서는 "…행정청은…취소판결의 원고와 경원자의 각 신청에 관하여 처분요건의 구비 여부와 우열을 다시 심사하여야 할 의무가 있으며,…"라고 판시하고 있어(취소판결의 원고의 신청에 관하여 다시 심사한다고 설시하고 있지 않음), 일응 경원자관계에 있던 모든 신청자들이 재심사의 대상이 되는 것으로 보고 있는 듯하다. 생각건대 원칙적으로는 경원자관계에 있던 신청자들 전원에 대한 재심사가 이루어져야 할 것이지만, 구체적으로는 경원자관계에서의 인·허가 등 수익적 처분을 발급할 행정청의 재량이나 판단여지가 어느 정도 인정되는지의 여부에 따라 그 재심사의 범위나 정도는 달라질 수 있다고 할 것이다. 먼저 ① 경원자관계가 형성된 수익적 처분의 발급 여부 내지 발급 개수에 관하여 행정청의 재량이나 판단여지가 인정되지 않는 경우라면(이를 소위 '강한 경원자관계'로 칭할 수 있을 것이다), 행정청으로서는 재심사를 통해서 반드시 1명에 대해 수익적 처분을 발급해야 하는 상황이므로, 행정청으로서는 먼저 원고와 경원자의 각 신청에 관하여 처분요건의 구비 여부와 우열을 중점적으로 심사하되, 경우에 따라서는 자신에 대한 거부처분 취소확정판결을 받은 원고가 취소판결에서 확인된 위법사유를 배제하고 재심사를 하더라도 다른 처분요건의 일부를 구비하지 못했거나 후순위임이 밝혀질 수도 있으므로, 원칙적으로 나머지 다른 신청자들에 대한 재심사를 통해 수익적 처분의 발급 대상자를 정해야만 할 것이다. 반대로 ②경원자관계가 형성된 수익적 처분의 발급 여부 내지 발급 개수에 관하여 행정청의 재량이나 판단여지가 인정될 수 있는 경우라면(이때는 진정한 경원자관계라고 할 수 없거나, 소위 '약한 경원자관계'에 있다고 칭할 수 있을 것이다), 행정청으로서는 거부처분 취소확정판결의 기속력에 따라 재심사를 해야 하지만 반드시 수익적 처분을 발급해야만 하거나(=결정재량), 반드시 1명에 대해 수익적 처분을 발급해야 하는 것은 아니므로(=1개 혹은 수개의 인·허가 등 발급에 관한 선택재량), 행정청으로서는 거부처분 취소확정판결을 받은 원고에 대해 그 취소판결에서 확인된 위법사유를 배제하고 재심사를 하겠지만, 이때 행정청은 재량의 범위 내에서 누구를 수익처분의 발급 대상자로 선정하더라도 위법하다고 할 수는 없으므로 종전의 다른 경원자에 대한 수익적 행정처분을 다투지 않은 신청자들에 대한 재심사 없이 원고와 수익적 행정처분을 받은 경원자 사이에서만 처분요건의 구비 여부와 우열을 재심사한다고 하여 —그러한 재량행사가 취소확정판결의 기속

용해야 한다는 결론에 이르게 된다면, 그와 표리의 관계에 있는 기존의 경원자에 대한 수익적 행정처분은 그보다 논리적으로 선행하여 행정청에 의해 직권취소될 수밖에 없을 것이고, ② 원고의 신청이 여전히 처분요건을 구비하지 못한다는 결론에 이르게 된다면, 마찬가지로 이와 표리의 관계에 있는 기존 경원자에 대한 수익적 행정처분은 그대로 유지되는 것으로 행정청의 조치가 이루어져야 할 것이다. 위 ①의 경우를 염두에 두고 판시를 한 평석대상 판결의 판단은 일응 정당하다고 생각된다.

(나) 직권취소의 제한 여부

다만, 위와 같이 경원자관계의 거부처분 취소확정판결에 따라 재심사를 한 결과 경원자에 대한 수익적 처분을 직권취소하는 것에는 일정한 제약이 있지 않은지에 관해서는 조금 더 검토가 필요하다.

먼저, 일반적으로 위법한 수익적 행정행위라 하더라도 신뢰보호원칙에 위반되지 않아야 그 직권취소가 가능하다고 논의되고 있다.49) 이는 종전에 수익적 처분을 발급받은 다른 경원자에 대한 재심사에 있어서 의미 있게 작용한다. 즉, 예를 들어 이미 수익적 행정처분을 받은 경원자가 주유소 운영사업자 선정처분의 존속을 신뢰하고 상당금액을 투자하여 주유소시설 등의 설치비용을 투여하고 영업준비행위 등을 한 경우에는 그러한 신뢰보호이익의 존재로 인해 해당 수익적 행정행위의 직권취소를 제약하는 요소로 작용할 수 있을 것이다.

다음으로, 제소기간 도과로 인해 다른 경원자에 대한 수익적 행정처분에 불가쟁력이 발생한 경우에 직권취소가 불가능한 것이 아닌지 문

력에 배치되는 등 특별한 사정이 없는 한— 역시 위법하다고 할 수는 없을 것이다. 다만, 위 ②와 같은 행정청의 수익적 처분 발급에 관한 재량이 인정되는 '약한 경원자관계'의 사안이라 하더라도 행정청의 신청공고 등을 통해 '자기구속'이나 '신뢰보호'가 문제될 수 있는 경우라면, 행정청의 입장에서는 하자 없는 재량 행사의 의미에서라도 경원자관계에 있는 신청자들 전원에 대한 재심사가 이루어지는 것이 바람직할 수 있을 것이다.

49) H. Maurer, Allgemeines Verwaltungsrecht, 15. Aufl., München 2004, S. 290 ff. 참조.

제된다. 위와 같이 경원자관계의 거부처분 취소확정판결에 따라 재심사를 한 결과 원고의 신청을 인용해야 하는 경우라도, 경원자에 대한 수익적 처분이 이미 제소기간의 도과로써 불가쟁력이 발생한 경우에는 그 직권취소는 소송법상의 기속력에 의한 것이므로 불가쟁력을 배제할 수 없다는 유력한 견해가 있다.[50] 그러나, 원칙적으로 행정청에 의한 직권취소는 불가쟁력이 발생한 처분에 대해서도 가능하고, 불가쟁력만을 내세워 종전의 수익적 행정처분의 직권취소가 불가능하게 될 경우 원고에 대한 거부처분 취소확정판결의 취지를 살리지 못하게 됨은 물론, 보호가치가 상대적으로 더 작은 종전 수익적 행정처분을 발급받은 경업자를 원고보다 앞서서 보호하게 되는 불합리한 결과가 발생하는 경우도 있을 수 있으므로, 직권취소의 가능성을 열어두는 것이 타당하다고 생각한다.[51]

(다) 재심사의무

그리고 이러한 재처분의무를 이행하기 위하여 재심사의무가 거부처분 취소확정판결의 기속력의 직접적인 효과로 발생한다는 점을 설시한 평석대상 판결의 판시는 지극히 타당하다. 앞서 본 바와 같이 원고의 신청을 인용할 것인지를 결정하는 재심사의 내용에는 경원자들의 각 신청이 처분요건을 구비했는지 여부뿐만 아니라, 종전에 수익적 처분을

---

50) 박정훈, "취소소송의 소의 이익과 권리보호필요성", 행정소송의 구조와 기능, 2006, 박영사, 제299면 각주 18 참조.

51) 한편, 불가쟁력이 발생한 행정행위에 대해서도 독일 행정절차법 제51조 제1항 제1호는 당해 행정행위의 기초가 된 사실상태나 법상태가 사후적으로 이해관계인에게 유리하게 변경된 때에는 행정청이 행정절차를 재개하여 그 행정행위를 직권취소 또는 변경할지 여부를 결정하도록 규정하고 있다. 위 조항을 근거로 경원자관계에서 종전 수익적 행정처분에 대한 절차재개 및 직권취소가 가능할 수 있다는 견해도 있을 수 있지만, 독일 행정절차법 제51조의 '절차의 재개'(Wiederaufgreifen des Verfahrens)는 경원자관계에서의 거부처분 취소확정판결에 따른 재처분의무의 전제가 되는 재심사의무의 이행과는 성질이 다른 것이고, 그 요건이 꼭 들어맞는다고 단정할 수도 없으므로 소극적으로 봄이 타당하다고 생각된다.

발급받은 다른 경원자의 위 수익적 처분에 대한 신뢰보호가치가 있는지 여부에 관한 사항도 포함되어야 할 것이다.

다) '부정합처분 취소의무'의 내용과 소의 이익 인정근거 여부

(1) 기속력의 내용으로서의 '부정합처분 취소의무'

수개의 처분이 연속하는 구조로 되어 있는 경우 또는 수개의 처분에 강한 관련성이 있는 경우에 그 중 하나의 처분이 취소판결에 의하여 취소되면 행정청은 당해 취소판결과 모순·저촉이 발생하는 잔존처분도 (직권)취소하여 그 위법상태를 제거하여야 할 의무가 있는지가 문제될 수 있고, 이러한 의무를 일부 학설에서는 '부정합처분의 취소의무'라고 한다.[52] 예를 들면, 증여세 부과처분이 위법하여 취소판결이 확정되면, 부과처분의 유효를 전제로 한 압류처분도 위법하게 된다고 보아 행정청은 위 취소판결의 기속력에 의하여 압류처분을 취소하여야 할 의무(=부정합처분 취소의무)를 부담하는지가 문제될 수 있다.

이러한 취소판결의 기속력에 의하여 부정합처분 취소의무가 발생한다고 보는 것이 일본의 다수설로 보이고,[53] 부정합처분의 취소의무는 선행처분과 후행처분의 취소소송이 병합하여 제기된 경우에 후자의 소에서 소의 이익을 부정하는 근거가 되어 왔다고 한다.[54]

52) 김창조, "취소소송에 있어서 판결의 기속력", 법학논고 제42집(2013. 5.), 경북대학교 법학연구원, 제107-108면 참조.

53) 김창조, "취소소송에 있어서 판결의 기속력", 법학논고 제42집(2013. 5.), 경북대학교 법학연구원, 제108면 참조. 위 김창조 교수의 논문을 제외하고는, 우리나라 학설은 대체로 취소판결의 기속력의 내용으로서 ①소극적 효력으로 '반복금지효'를, ②적극적 효력으로서 '거부처분에 대한 재처분의무'를, ③그 밖의 효력으로서 '원상회복의무' 내지 '결과제거의무'를 논의하고 있을 뿐, 부정합처분의 취소의무를 논하고 있지는 않다.

54) 김창조, "취소소송에 있어서 판결의 기속력", 법학논고 제42집(2013. 5.), 경북대학교 법학연구원, 제108면 참조.

(2) 부정합처분 취소의무가 경원자관계에서 거부처분 취소의 소의 이익을 인정할 근거가 될 수 있는지 여부

경원자관계에서는 허가할당수가 한정되어 있는 관계로 일방에 대한 허가 등 수익적 행정처분이 곧바로 타방에 대한 불허가 등으로 귀결되는 '표리의 관계' 내지 '배타적 관계'에 있다는 점에 착안하여, ① 원고에 대한 거부처분과 ② 다른 경원자에 대한 수익적 행정처분이 앞서 본 부정합처분 취소의무의 발생조건이 되는 '수개의 처분이 강한 관련성이 있는 경우'에 해당되는 것은 아닌지 생각해볼 수 있다. 다시 말해서 [사안1]의 경우로서 원고가 ①의 거부처분에 대한 취소소송을 제기하여 취소판결이 확정된 경우, 행정청은 취소판결의 취지와 ②의 수익적 행정처분이 잔존하는 것이 모순·저촉된다고 보아 ②의 수익적 행정처분을 취소할 의무가 발생하는지 여부, 혹은 역으로 [사안2]의 경우로서 원고가 경원자소송으로서 ②의 수익적 행정처분에 대한 취소소송을 제기하여 취소판결이 확정된 경우, 행정청은 취소판결의 취지와 ①의 거부처분이 잔존하는 것이 모순·저촉된다고 보아 ①의 거부처분을 취소할 의무가 발생하는지 여부가 바로 그것이다.

생각건대, 경원자관계에서 일방에 대한 수익처분이 타방에 대한 불허가 등으로 귀결되는 특성은 반드시 부정합처분 취소의무에서 말하는 선행처분에 대한 취소판결과 잔존처분 사이의 모순·저촉 상황을 의미하는 것은 아니라고 할 것이다. 경원자관계의 특성은 허가할당수 등의 희소한 자원의 유한성에 근거하는 것이지만, 부정합처분 취소의무에서의 모순·저촉 상황은 선행처분과 잔존처분이 공통적으로 전제로 하는 처분요건 또는 효력발생의 전제요건 등을 가지고 있고, 그로 인해 어느 한 처분의 취소판결에 의해 다른 처분의 존부에 영향을 미칠 수 있는 실질적 관련성이 있는지 여부에 따라 결정되는 것이기 때문이다. 위에서 상정한 사안별로 구체적으로 살펴보면 다음과 같다.

먼저 [사안1]과 관련하여, 만약 위와 같은 「①의 거부처분에 대한 취소 확정판결 → 그 확정판결의 기속력에 의한 행정청의 부정합처분 취소의무 발생 → 행정청의 ②의 수익적 행정처분 (직권)취소」의 구도가 항상 인정된다면, 결국 ①의 거부처분 취소 확정판결의 기속력이라는 직접적인 효과로서 다른 경원자에 대한 ②의 수익적 행정처분의 효력 소멸이 인정되는 셈이 되어 기존의 거부처분 취소판결의 효력 범위를 넘어서는 강력한 효과를 인정하는 결과가 되어 타당하지 않다고 할 것이다. 또한 구체적으로 경원자관계에서 원고가 당해 거부처분에 위법사유가 있어 거부처분 취소소송에서 승소했지만 궁극적으로는 처분요건을 구비하지 못하여 행정청으로서는 앞선 거부처분사유에 존재하는 위법사유를 보완하여 재차 원고에 대한 거부처분을 할 수밖에 없는 상황이라고 한다면, 이러한 경우까지 행정청에게 부정합처분 취소의무가 발생한다고 단정할 수는 없을 것이다. 따라서 경원자관계에서의 거부처분 취소확정판결에 대해 그 기속력의 내용으로서 일률적으로 부정합처분 취소의무를 인정할 것은 아니다.

다음으로 [사안2]와 관련하여, 「②의 수익적 행정처분에 대한 취소 확정판결 → 그 확정판결의 기속력에 의한 행정청의 부정합처분 취소의무 발생 → 행정청의 ①의 거부처분 (직권)취소」 의 구도가 언제나 인정될 수는 없을 것이다. 마찬가지로 앞서 본 바와 같이 경원자관계에서 타방에 대한 수익처분이 취소되면 행정청이 반드시 자신의 신청을 인용하도록 기속되어 있는 것은 아니기 때문이다.[55)]

다만, 구체적인 사안에 따라 경원자관계에서 ① 또는 ②의 처분에

---

55) 즉, ②의 수익적 행정처분이 위법하여 취소되어야 한다는 확정판결과 모순·저촉되는 잔존처분은 정확히는 '원고의 신청이 처분발급 요건을 모두 구비하고 있음에도 원고에 대하여 이루어진 거부처분'이라 할 것이지만, 만약 원고의 신청마저 처분발급 요건 중 일부 흠결이 있다면, 원고에 대한 거부처분은 위 확정판결과 모순·저촉되는 잔존처분이라고 할 수는 없다. 그러나 원고와 다른 경원자 사이에는 허가할당수 등 총량이 한정된 희소한 자원에 대해 경쟁하는 관계에 있어서는 여전히 배타적 이해관계가 유지되고 있는 것이다.

대한 취소판결이 확정되어 어느 누구에게도 수익적 행정처분이 이루어지지 않고 각자의 신청만이 되어 있는 상태로 되돌아가게 되었고, 경원자들의 각 신청에 대하여 처분요건 구비 여부와 우열을 재심사한 결과 행정청에게 해당 신청관계를 다시 정리하여 기존의 처분들을 직권으로 취소해야만 할 상황에 이르게 된다면, 그러한 경우에 한하여 이와 같은 직권취소를 정당화하는 논거 중 하나로 위 부정합처분 취소의무가 원용될 수 있는 여지는 있어 보인다.

3) 협의의 소익 인정 기준과 경원자 관련 분쟁에서의 적용

가) 의의

일반적인 견해로는, 항고소송에서 소의 이익이란 ① 원고가 취소소송을 제기할 자격을 갖고 있는가의 문제인 '원고적격'과 ② 구체적 사안에 있어서 계쟁처분에 대하여 취소 또는 무효확인 등 판단을 행할 구체적·현실적 필요성이 있는가의 문제인 '권리보호필요성'의 문제를 포함하고, ②를 '협의의 소익'이라 일컫는다.[56] 달리 표현하면 협의의 소익은 원고가 소송상 청구에 대하여 본안판결을 구하는 것을 정당화시킬 수 있는 현실적 이익 내지 필요성을 말한다.[57] 행정소송법 제12조는 '원고적격'이라는 표제 하에 전문과 후문에 모두 '법률상 이익'이라는 표현을 사용하고 있지만, 제12조 전문은 원고적격에 관하여, 후문은 협의의 소익에 관하여 규정하고 있다고 보는 것이 다수의 학설이다.[58]

---

56) 박균성, 행정법론(상), 제14판(2015), 박영사, 제1151면; 박정훈, "취소소송의 소의 이익과 권리보호필요성", 행정소송의 구조와 기능, 2006, 박영사, 제289-290면 등 참조.

57) 박균성, 행정법론(상), 제14판(2015), 박영사, 제1180면.

58) 이에 대하여 박윤흔, 정형근 교수는 행정소송법 제12조 후문도 원고적격에 관한 조항으로 보고, 동 조항은 처분이 소멸된 경우에도 권리(법률상 이익)가 침해된 자는 취소소송의 원고적격을 갖는다는 조항으로 보며, 협의의 소익은 판례와 학설에 의해 인정되는 것으로 보는 견해를 제시하고 있다.

나) 원고적격과의 관계

일반적으로 원고적격이 있는 사람이 항고소송을 제기한 경우에는 원칙상 협의의 소익도 있는 것으로 보아야 할 것이다.[59] 즉, 원고적격이 인정되는 이상 협의의 소익은 충족된 것으로 추정된다 할 것이고,[60] 협의의 소익이 부정되는 경우는 예외적인 경우에 해당된다.

다) 인정 기준

(1) 학설

취소소송에서의 소의 이익은 계쟁처분의 취소를 구할 현실적 법률상 이익이 있는지 여부를 기준으로 판단된다.[61] 대체로 학설에서는 취소소송 등의 협의의 소익은 그것이 부정되거나 특히 문제되는 경우를 유형화하여 논의하고 있는 실정이고, 구체적인 사안에 있어서 소의 이익을 인정할 수 있는지 여부는 학설 간 견해가 일치되고 있는 것만은 아니나,[62] 대체적으로는 ① 처분의 효력이 소멸한 경우, ② 처분 후의 사정변경에 의해 권익침해가 해소된 경우, ③ 원상회복이 불가능한 경우, ④보다 실효적인 권리구제절차가 있는 경우 등이 논의되고 있다.[63]

(2) 판례

대법원 판례[64]는 취소판결로 인한 권리구제의 가능성이 확실한 경

---

59) 박균성, 행정법론(상), 제14판(2015), 박영사, 제1182면.

60) 박정훈, "취소소송의 소의 이익과 권리보호필요성", 행정소송의 구조와 기능, 2006, 박영사, 제294면에서는 독일에서는 일반적인 권리보호필요성은 대상적격과 원고적격이 인정되는 한 충족된 것으로 추정되고, 특단의 사정이 있는 경우에만 부정되므로 입증책임은 피고 행정청에게 귀속된다고 한다.

61) 박균성, 행정법론(상), 제14판(2015), 박영사, 제1182면.

62) 김철용·최광률 편집대표, 주석 행정소송법, 2004, 박영사, 제399면(백춘기 집필 부분) 참조.

63) 박균성, 행정법론(상), 제14판(2015), 박영사, 제1186-1202면; 하명호, 행정쟁송법, 제2판(2015), 박영사, 제113-117면 등 참조.

64) 대법원 1994. 4. 12. 선고 93누21088 판결(광업권 존속기간 경과 후라도 상공자원부장관의 허가를 받아 광업권의 존속기간이 연장될 수도 있으므로 협의의 소익 긍정); 대법원 2006. 7. 28. 선고 2004두13219 판결(파산결정이 확정되고 이미 파산절

우에만 소의 이익이 인정된다고 보고 있지는 않다. 다시 말해서 판례는 협의의 소익을 인정하기 위해 '권리구제의 확정적인 가능성'을 요구하지는 않고 있다.

라) 경원자관계에서 거부처분 취소소송의 협의의 소익 문제

(1) 국내 학설

경원자관계와 관련하여 학설은 대부분 '경원자소송'에서 제3자인 인·허가 등을 받지 못한 원고에게도 다른 경원자에 대하여 발급된 수익적 행정처분의 쟁송취소를 구할 원고적격이 있다는 점을 설명하면서, 연이어서 "다만, 명백한 법적 장애로 인하여 원고 자신의 신청이 인용될 가능성이 처음부터 배제되어 있는 경우에는 당해 처분의 취소를 구할 정당한 이익이 없다"는 취지의 관련 대법원 판례를 제시하고 있을 뿐, 나아가 경원자관계와 관련된 분쟁의 유형에 따른 협의의 소익의 인정 여부 등을 구체적으로 분석하거나 논증하고 있지는 않다.

특히 경원자관계에서 가능한 소송형태를 다룬 소수의 학설[65]에서도, 경원자관계에 있는 자는 ① 다른 경원자에 대한 허가처분의 취소를 구하거나, ② 자신에 대한 거부처분의 취소를 구할 수 있고, ③ 양자를 관련청구소송으로 병합하여 제기할 수도 있다는 정도의 설명을 할 뿐,

---

차가 상당부분 진행되고 있다 하더라도 그 가능성이 매우 적기는 하지만 동의폐지나 강제화의 등의 방법으로 원고가 영업활동을 재개할 가능성이 있다는 이유로 협의의 소익 긍정); 대법원 2008. 2. 14. 선고 2007두13203 판결(원고가 영치품 사용신청 불허처분이 있었던 교도소에서 다른 교도소로 이송된 후라도, 다시 먼저 교도소로의 재이송 가능성이 소멸하였다고 단정하기 어렵다는 이유로 협의의 소익을 긍정함) 등 참조.

65) 앞서 본 박균성, 행정법론(상), 제14판(2015), 박영사, 제1173면; 하명호, 행정쟁송법, 제2판(2015), 박영사, 제95면; 조정환, 행정법(상), 제5판(2012), 진원사, 제231면; 김중권, 김중권의 행정법, 제2판(2016), 법문사, 제661면 참조. 김중권 교수는 배타적 경쟁관계에서 원고가 그나마 다툼의 여지가 없는 지위 그 자체를 얻고자 한다면 원칙적으로 자신에 대한 수익처분의 거부를 대상으로 한 취소소송이 바른 소송방식이라고 하면서, 별도로 다른 경원자에 대한 수익적 행정처분의 취소를 추가적으로 요구하지는 않는다[김중권, 김중권의 행정법, 제2판(2016), 법문사, 제661면].

구체적으로 ②의 취소소송의 경우에 어떤 측면에서 협의의 소익이 문제될 수 있는지, 협의의 소익이 긍정되는지 여부 등에 관해서는 더 이상의 논의를 하지 않고 있다. ②의 소송형태를 긍정하고 있으므로, 일응 ②의 거부처분 취소소송의 협의의 소익을 긍정하고 있는 것으로 이해할 수 있다.[66)]

이와 반대로 ②의 거부처분 취소소송의 경우, 실제 행정현실에서 행정행위의 공정력과 불가쟁력에 의하여 재심사 등의 절차가 쉽지 않은 점을 감안할 때 자신의 거부처분에 대한 취소소송만을 제기하는 ②의 소송형태는 법적 안정성 면에서 옳지 않고, 다른 경원자에 대한 수익적 행정처분의 취소를 구하는 ①의 소송형태나 양자를 병합하여 제기하는 ③의 소송형태만 인정하는 것이 옳다는 반론이 있다.[67)]

(2) 판례

(가) 경원자소송에서의 종전의 판례

1992년 엘피지충전소 경원자 사건 판결(대법원 1992. 5. 8. 선고 91누13274 판결) 등 종전의 판례[68)]에서는 다른 경원자에게 발급된 인·허가 등의 위법을 다투는 '경원자소송'에 있어서 "다만, <u>구체적인 경우에 있어</u>

66) 이러한 학설의 견해보다는 조금 더 적극적으로 보아 "거부처분의 취소만을 구하는 경우 그 취소판결에 의하여 당연히 상대방의 면허가 취소되는 형성력은 발생하지 않지만, 취소판결의 구속력에 의하여 행정청은 판결의 취지에 따라 다시 이의신청에 대한 결정을 하지 않으면 안 되고, 그에 따른 재심사 결과 여하에 따라 상대방에 대한 면허가 취소되고 신청인에 대한 면허를 부여할 가능성도 있으며, 수익적 행정행위라 하여 그 철회, 취소가 불가능한 것도 아니므로, 경원관계를 둘러싼 소송대상의 부질없는 번잡화를 해소한다는 측면에서 경원자관계에서 불허가처분을 받은 원고가 자신에 대한 거부처분의 취소를 구하는 소송형태도 가능하다고 볼 것이다"라는 견해를 제시하는 글로는 왕정옥, "경원자의 원고적격과 소송형태", 행정재판실무편람 Ⅳ 자료집, 서울행정법원(2004), 제42면.

67) 이철환, "경원자의 원고적격", 법학과 행정학의 현대적 과제(유소 이방기 교수 정년기념논문집), 2000, 제490면.

68) 대법원 1998. 9. 8. 선고 98두6272 판결, 대법원 2007. 11. 15. 선고 2006두2596 판결 등 다수.

서 그 처분이 취소된다 하더라도 허가 등의 처분을 받지 못한 불이익이 회복된다고 볼 수 없을 때에는 당해 처분의 취소를 구할 정당한 이익이 없다고 할 것이다"라고 판시하여 소의 이익을 부정하였다.

이에 대해서는 위 불이익의 회복 여부는 본안의 심리가 종국적으로 이루어졌을 때 알 수 있는 것이라는 전제에서, 위 판시에 의할 때 본안 판단에서 판단할 사항이 소의 적법여부 판단에서 그대로 선취(先取)되는 결과가 되고,[69] 협의의 소익을 인정하기 위해 '권리구제의 확정적인 가능성'을 요구하지 않고 권리구제의 '가능성'만을 요구하는 판례의 태도와 배치되는 것이어서 부당하다는 비판이 가능했다.

(나) 경원자소송에서의 수정된 판례

그 후 법학전문대학원 예비인가처분취소사건 판결(대법원 2009. 12. 10. 선고 2009두8359 판결)에 이르러 위와 같은 학계의 비판을 수용하여, 다른 경원자에게 발급된 인·허가 등의 위법을 다투는 '경원자소송'에 있어서 "다만, 명백한 법적 장애로 인하여 원고 자신의 신청이 인용될 가능성이 처음부터 배제되어 있는 경우에는 당해 처분의 취소를 구할 정당한 이익이 없다"라고 판시하여, 그 경우에만 협의의 소익을 부정하였고, 이와 같은 설시가 현재까지 주류적인 판례[70]의 판시라고 할 수 있다.

(다) 자신에 대한 거부처분 취소소송의 경우

경원자관계에서 인·허가 등을 받지 못한 원고가 자신에 대한 거부처분의 취소소송을 제기한 경우 협의의 소익이 인정되는지에 관해서는 아직까지 명시적으로 판시한 대법원 판례가 있지는 않았던 것으로 보인다. 다만, 경원자관계에서 원고가 자신에 대한 거부처분의 취소만을 구한 사안에서 그 소의 적법성 여부를 문제 삼지 않고 본안판단을 한 판

69) 이원우, "현대 행정법관계의 구조적 변화와 경쟁자소송의 요건", 경쟁법연구 제7권 (2001), 한국경쟁법학회, 제185면 참조.

70) 대법원 2011. 7. 28. 선고 2011두3166 판결, 대법원 2013. 7. 11. 선고 2013두147 판결 등 다수.

결례[71]가 있었던 점에 비추어, 대법원 판례는 그간 이와 같은 거부처분 취소소송의 소의 이익을 암묵적으로나마 긍정해 왔던 것으로 보인다.

(3) 일본의 논의

일본에서도 경원자관계에서의 소송형태와 그에 따른 협의의 소익에 관한 문제가 이론상으로나 실무상으로 논란이 되었고, ① 신청이 거부된 자신에 대한 거부처분의 취소를 구하는 소송형태에 관하여는, 거부처분의 취소를 구하는 신청인이 승소한다고 하여도 그에 따라 당연히 상대방에 대한 면허의 효력이 상실되는 것이 아니고, 상대방에 대하여 이미 유효한 면허가 부여된 이상 신청인이 다시 면허를 받을 여지는 없기 때문에 위 ①의 소송형태는 불가능하다는 견해도 있었다고 한다.[72]

일본 최고재판소 판례[73]는 경원자관계에서 경원자에 대한 수익적 행정처분의 취소를 구하지 않고 신청이 거부된 자신에 대한 거부처분의 취소만을 구하는 경우에도 협의의 소익이 있다고 판시하였다. 일본 최고재판소는 텔레비전 방송국의 신설을 둘러싸고 甲과 乙이 경원자관계에 있는 경우에 甲의 면허신청이 거부되고 乙에게 면허가 부여된 때에는 乙에 대한 면허처분은 일견 甲에 대하여 효력을 미치지 않는 것이지만, 甲에 대한 거부처분과 표리의 관계에 있어 어느 쪽의 처분이 취소되어도, 행정청은 백지의 상태로 되돌아가 甲과 乙의 어느 쪽에 면허를 부여할 것인가를 다시 결정하지 않으면 안 되기 때문에 甲은 자기에 대한 거부처분의 취소소송을 제기할 수 있는 것 외에 乙에 대한 면허처분만의 취소소송을 제기하는 것도 가능하다고 판단하였다. 이 판결은 경원자관계에서 신청이 받아들여지지 않은 원고가 자신에 대한 거부처분의 취소를 구하는 소에서 협의의 소익을 인정하는 주요한 근거로 취소확정

---

71) 대법원 2005. 1. 14. 선고 2003두13045 판결, 대법원 2009. 12. 10. 선고 2009두14606 판결 등.

72) 왕정옥, "경원자의 원고적격과 소송형태", 행정재판실무편람 Ⅳ 자료집, 서울행정법원(2004), 제41-42면.

73) 最高裁判所 昭和 43. 12. 24. 判決 昭和 40年(行ツ) 73号.

판결의 기속력에 의하여 부여되는 '행정청의 재심사의무'를 제시하고 있다는 점에서 의미가 있다고 생각된다.

위 최고재판소 판례에 대하여 일본의 학설은 대체로 긍정적인 평가를 하고 있으며,[74] 특히 취소판결의 직접적 효력을 넘어서 간접적 효과에 기하여 원고의 이익이 구제될 수 있는 가능성이 있는 경우까지 소의 이익을 승인한 것으로서 협의의 소익을 확장한 획기적인 판결이라는 평가도 있다.[75][76]

(4) 독일의 논의

독일의 판례와 통설은 경원자관계에서 ① 허가가 거부된 신청인이 자신에 대한 거부처분을 대상으로 한 의무이행소송과 ② 다른 경원자에 대한 허가결정을 다투는 취소소송을 동시에 병합하여 제기해야만 한다고 보고, 이에 따라 위 ①의 의무이행소송만 제기하면 원고적격 자체가 부정되거나 아니면 본안에서 실제로 원고의 권리가 침해된 바 없다는 이유로 기각된다는 점은 앞서 살펴본 바와 같다.

---

74) 原田尚彦, 民商法雑誌61巻3号, 1969. 12. 147면; 高柳信一, 法学協会雑誌87巻 3 号, 1970. 3, 99면; 可部恒雄, 法曹時報21巻11号, 1969. 11, 134면 등.

75) 原田尚彦, 民商法雑誌61巻3号, 1969. 12. 153면 참조.

76) 위 일본 최고재판소 판결에 대하여, 위 판결은 신청인에 대한 거부처분과 상대방에 대한 면허처분이 '표리관계'에 있음을 중시하여 ①경원자관계에서 신청이 받아들여지지 않은 원고가 자신에 대한 거부처분의 취소를 구하는 소송형태나 ②다른 경원자에 대한 수익적 행정처분의 취소를 구하는 소송형태나 어느 쪽도 무방하다는 입장을 표시함으로써 그간 하급심에서 갈렸던 의견들에 대해 일응의 결말을 보았고, 위 최고재판소 판결은 거부처분의 취소만을 구하는 경우에도 그 취소판결에 의하여 당연히 상대방의 면허가 취소되는 형성력이 발생하지 아니하지만, 취소판결의 구속력에 의하여 행정청은 판결의 취지에 따라 다시 이의신청에 대한 결정을 하지 않으면 안 되며, 그에 따른 재심사 결과 여하에 따라 상대방에 대한 면허가 취소되고 신청인에 대한 면허를 부여할 가능성도 있다는 점에서 신청인의 소의 이익을 인정한 것으로서 경원자관계에 있는 면허의 성질에 착안하여 경원자관계를 둘러싼 소송대상의 부질없는 번잡화를 해소하였다는 점에서 그 의의가 높다고 평가하는 견해로는 이영진, "행정소송법상 취소소송의 원고적격", 법조 제45권 1호(1996. 1.), 제64면 참조.

마) 검토

(1) 이론적 측면

경원자관계에서 신청이 받아들여지지 않은 원고가 자신에 대한 거부처분 취소소송을 제기한 경우, 원고적격이나 대상적격이 긍정되는 이상 원칙적으로 협의의 소익도 긍정된다고 보는 것이 법이론적으로 정합적이라고 할 것이다.77)

협의의 소익을 인정하는 기준에 관한 일반적인 판례 이론에 의하더라도, 취소판결로 인한 권리구제의 '확정적'인 가능성이 아닌 권리구제의 '가능성'만 있어도 소의 이익이 인정되므로, 평석대상 판결이 원고의 거부처분 취소확정판결의 기속력에 의해 인정되는 재심사의무와, 그 재심사 결과에 따라 다른 경원자에 대한 수익적 행정처분이 직권취소됨으로써 원고가 목적하는 수익적 행정처분이 새로 발급될 수 있는 '가능성'에 착안하여 협의의 소익을 인정하는 것은 기존의 판례 이론에도 부합하는 타당한 논리라고 생각된다. 이러한 권리구제 가능성만으로 소송요건인 협의의 소익을 인정하는 태도는 특히 소송요건의 판단은 본안판단에 앞서 이루어지는 보다 개괄적인 심사라는 점과 함께 행정소송의 문호를 확대해나가야 한다는 방향에서도 바람직한 결론이라고 할 수 있다.

부가적으로, 다른 경원자에 대한 수익적 행정처분의 취소를 구하는

77) 결국 평석대상 판결을 통해 대법원은 환송 전 원심판결에 대하여 '본안 판단이 가능한 정도까지 심리가 이루어졌다면 거부처분 취소의 소의 이익을 쉽사리 부정할 것은 아니다.'라는 메시지를 전달한 것으로 보인다. 이에 더하여 私見으로는 원고적격이나 대상적격이 긍정되는 이상 원칙적으로 협의의 소익도 긍정되고, 협의의 소익이 없다는 점에 대한 입증책임이 피고 행정청에게 있다는 점이 잘 드러나도록 하기 위해, 판결요지에서의 표현을 "…특별한 사정이 없는 한 경원관계에서 허가 등 처분을 받지 못한 사람은 <u>자신에 대한 거부처분의 취소를 구할 소의 이익이 있다</u>."라고 하기보다는, "…특별한 사정이 없는 한 경원관계에서 허가 등 처분을 받지 못한 사람에게는 <u>거부처분의 취소를 구할 소의 이익이 없다고 볼 수 없다</u>."라고 하거나 "…특별한 사정이 없는 한 경원관계에서 허가 등 처분을 받지 못한 사람에 대하여 <u>쉽사리 거부처분의 취소를 구할 소의 이익이 없다고 보아서는 안 된다</u>."라고 판시하는 것이 더 바람직하다고 생각된다.

경원자소송에서의 협의의 소익을 부정하는 판례 이론("명백한 법적 장애로 인하여 원고 자신의 신청이 인용될 가능성이 처음부터 배제되어 있는 경우"에 협의의 소익이 부정됨)을 경원자관계에서의 거부처분 취소소송에도 적용해본다면, 원고에 대한 거부처분 취소확정판결만으로는 다른 경원자에 대한 수익적 행정처분의 효력이 소멸되지 않는다는 취소판결의 직접적 효력의 한계가 위 판례 이론에서 말하는 명백한 '법적 장애'에 해당한다고 이해할 수는 없을 것이다. 취소확정판결은 당해 처분의 효력만을 소멸시키는 형성력이 있다는 점은 법적 장애가 아니라 취소판결의 본질적인 효력이다. 그리고 취소확정판결에 따른 기속력의 내용으로서 부적합처분 취소의무가 발생하는지 여부, 불가쟁력이 발생하거나 신뢰보호원칙이 적용될 수 있는 경우에 직권취소가 가능한지 여부 등에 관하여는 견해가 갈리고 있으므로 이를 '명백한' 법적장애에 해당한다고 보기도 어려울 것이다.

(2) 실무적 측면

만일 환송 전 원심판결의 결론과 같이 경원자관계에서 신청이 받아들여지지 않은 원고가 자신에 대한 거부처분의 취소를 구하는 소가 부적법하다고 본다면, 원고로서는 반드시 다른 경원자에 대한 수익적 행정처분의 취소소송의 형태로만 경원자관계의 분쟁을 다툴 수밖에 없게 된다.[78] 앞서 본 바와 같이 원고는 다른 사람이 경원자관계에 있었는지 여부, 경원자에 대해 언제 수익적 행정처분이 발급되었는지 여부 등을 알기 어려울 뿐만 아니라, 자신이 겪은 사실관계가 아니어서 행정소송의 변론에서도 별도의 자료 입수방법이 없이는 위 수익적 행정처분의 위법사유를 주장하고 입증활동을 하는 데에 큰 지장이 있을 것으로 보인다. 이와 같이 경원자관계의 분쟁을 다툴 수 있는 소송형태를 엄격히

78) 자신에 대한 거부처분 취소소송을 다른 경원자에 대한 수익적 행정처분의 취소소송에 병합하는 것도 물론 가능할 것이지만, 핵심은 경원자에 대한 수익적 행정처분의 취소소송이 본류가 된다는 점이다.

제한하는 것은 재판청구권의 침해라는 문제를 야기할 수도 있을 것이고, 설령 이를 통해 기본권침해나 위헌문제까지 발생하지는 않는다고 보더라도 국민의 권익구제에 현저한 지장을 초래한다는 점에서 타당하다고 보기 어렵다.

원고의 입장에서는 자신에 대한 거부처분 취소소송으로 소송형태를 잘못 선택하였다는 점만으로 협의의 소익이 부정되어 권익구제가 차단되면서, 동시에 그로 인해 소비된 시간 사이에 다른 경원자에 대한 수익적 행정처분의 취소를 구할 수 있는 제소기간이 도과되어 버릴 위험도 커지게 되는 큰 불합리가 발생할 수도 있을 것이다.[79]

(3) 결론

따라서 평석대상 판결이 경원자관계에서 신청이 받아들여지지 않은 원고가 자신에 대한 거부처분의 취소를 구하는 경우, 취소확정판결의 기속력에 따른 재심사의무의 발생과 그에 의한 기존 수익적 행정처분의 직권취소 가능성을 근거로 위 거부처분의 취소를 구하는 소의 이익을 인정한 것은 매우 타당하다고 생각한다.

3. 판결의 의미와 전망

평석대상 판결은 경원자관계에서 신청이 받아들여지지 않은 원고가 자신에 대한 거부처분의 취소소송을 제기한 경우 협의의 소익이 인정된다는 점을 정면으로 설시한 최초의 판례로서 큰 의의를 가진다. 또

79) 이에 대하여 경원자관계에서 분쟁의 합리적 해결을 위하여, 행정법원은 자신에 대한 거부처분 취소소송을 구하는 원고에게 다른 경원자에 대한 수익적 행정처분의 취소소송을 관련청구 또는 별소로 제기할 필요성이 있다는 점에 관한 석명권을 적절히 행사하여야 한다는 견해가 있을 수 있다. 그러나 행정소송에서도 소의 제기, 심판의 대상이 당사자에 의하여 결정되는 처분권주의가 적용되고, 직권심리주의가 가미되었다고 하더라도 원칙적으로는 변론주의에 따라야 할 것이므로, 행정법원에는 원칙적으로 새로운 소송 형태나 청구취지를 제시하는 방식의 위와 같은 석명권 행사의 의무는 없다고 할 것이다.

한 이와 같은 거부처분 취소소송의 협의의 소익을 명시적으로 긍정함으로써, 경원자관계의 분쟁을 다투는 소송형태로서 ① 수익적 행정처분의 취소소송뿐만 아니라 ② 신청이 거부된 사람의 거부처분 취소소송도 유효한 권익구제 수단이 될 수 있다는 점을 분명히 하였다는 점에서도 평석대상 판결은 유의미하다고 생각된다. 특히 이와 같이 협의의 소익과 함께 가능한 소송형태를 확장하는 대법원 판례의 태도는 국민의 권익구제의 폭을 더 넓혀준다는 점에서 매우 바람직한 방향에 서 있다고 할 수 있다.

행정재판 실무를 살펴보면, 대법원 판례뿐 아니라 하급심 행정판결을 통해 판결문에 적시된 법규범의 해석·적용 내용과 법리판단이 곧바로 행정청에 전파되어 향후 행정청의 유권해석과 법집행의 실질적인 기준으로 작용하는 경우를 자주 보게 된다. 대법원 판례 뿐 아니라 하급심의 행정법관도 이와 같은 '행정부에 대한 행정판결의 지도적 역할과 기능'을 무겁게 인식하여 국민의 권익구제의 확대와 함께 행정의 자율성·책임성 존중과 투명성 강화라는 공익 목적을 실현할 수 있도록 종전 행정재판 법리의 탐구와 함께 새로운 법리의 개발과 정련에 힘써 나가야 할 것이다.

참고문헌

국내문헌

단행본

김남진·김연태, 행정법 Ⅰ, 제19판(2015), 법문사

김동희, 행정법 Ⅰ, 제21판(2015), 박영사

김중권, 김중권의 행정법, 제2판(2016), 법문사

김철용, 행정법 Ⅰ, 제12판(2009), 박영사

김철용·최광률 편집대표, 주석 행정소송법, 2004, 박영사

김향기, 행정법개론, 제11판(2014), 탑북스

류지태·박종수, 행정법신론, 제15판(2011), 박영사

박균성, 행정법론(상), 제14판(2015), 박영사

석종현·송동수, 일반행정법(상), 제15판(2015), 삼영사

장태주, 행정법개론, 제9판(2011), 법문사

조정환, 행정법(상), 제5판(2012), 진원사

하명호, 행정쟁송법, 제2판(2015), 박영사

한견우, 현대 행정법 강의, 제3판(2008), 신영사

홍정선, 행정법원론(상), 제24판(2016), 박영사

단행논문

김창조, "취소소송에 있어서 판결의 기속력", 법학논고 제42집(2013. 5.), 경북대학교 법학연구원, 제95-120면

박정훈, "인류의 보편적 지혜로서의 행정소송", 행정소송의 구조와 기능, 2006, 박영사, 제101-143면

박정훈, "취소소송의 소의 이익과 권리보호필요성", 행정소송의 구조와 기능, 2006, 박영사, 제289-327면

박정훈, "취소소송의 원고적격(2)", 행정소송의 구조와 기능, 2006, 박영

사, 제217－287면
왕정옥, “경원자의 원고적격과 소송형태”, 행정재판실무편람 Ⅳ 자료집, 서울행정법원(2004), 제39－43면
이영진, “행정소송법상 취소소송의 원고적격”, 법조 제45권 1호(1996. 1.), 제30－66면
이원우, “현대 행정법관계의 구조적 변화와 경쟁자소송의 요건”, 경쟁법연구 제7권(2001), 한국경쟁법학회, 제139－186면
이철환, “경원자의 원고적격”, 법학과 행정학의 현대적 과제(유소 이방기 교수 정년기념논문집), 2000, 제483－493면

외국문헌
단행본

Peter－M. Huber, Konkurrenzschutz im Verwaltungsrecht, 1991
H. Maurer, Allgemeines Verwaltungsrecht, 15. Aufl., München 2004
Schoch/Schmidt－Aßmann/Pietzner, Verwaltungsgerichtsordnung. Kommentar, 2003, Bd. Ⅰ

단행논문

Ulrich Hösch, Probleme der wirtschaftsverwaltungsrechtlichen Konkurrentenklage, Die Verwaltung 1992
Wolf－R. Schenke, Rechtsprobleme des Konkurrentenrechsschutzes im Wirtschaftsverwaltungsrecht, NVwZ 1993, S. 718 ff.
R. Scholz, Die öffentlich－rechtliche Konkurrentenklage in der Rechtsprechung der Verwaltungs－ und Zivilgerichte, in: Wirtschaftsrecht Ⅰ, 1972
原田尚彦, 民商法雜誌61卷3号, 1969. 12. 147－158면
可部恒雄, 法曹時報21巻11号, 1969. 11, 134－149면
高柳信一, 法学協会雑誌87巻３ 号, 1970. 3, 99－114면

국문초록

지금까지 경원자관계(競願者關係)에 관한 학설의 논의는 신청을 거부당한 제3자에게도 원고적격이 인정된다는 점에 초점이 맞춰져 있었을 뿐, 경원자관계에서의 분쟁을 다룰 적절한 소송형태가 구체적으로 논의되지는 않았다. 경원자관계에서 신청을 거부당한 사람이 자신에 대한 거부처분 취소소송만을 제기할 경우, 설령 승소하더라도 다른 경원자에게 발급된 수익적 처분이 별도로 취소되지 않고서는 자신에 대한 수익적 처분의 발급이라는 원고의 목적을 달성할 수 없다는 점에서, 그러한 소의 협의의 소익이 인정될 수 있는지에 관해 문제가 될 수 있다.

평석대상 판결인 대법원 2015. 10. 29. 선고 2013두27517 판결은 경원자관계에서 신청이 받아들여지지 않은 원고가 자신에 대한 거부처분의 취소소송을 제기한 경우 협의의 소익이 인정된다는 점을 정면으로 설시한 최초의 판례로서 큰 의미를 가진다. 평석대상 판결은 협의의 소익을 인정하는 근거로 거부처분 취소확정판결의 기속력에 의하여 부여되는 행정청의 재심사의무와 이에 따른 기존 수익적 처분의 직권취소 가능성을 제시하고 있다.

먼저 이론적 측면에서는, 원고적격이나 대상적격이 긍정되는 이상 원칙적으로 협의의 소익은 긍정된다고 보는 것이 타당하고, 취소판결로 인한 권리구제의 '가능성'만 있더라도 협의의 소익이 인정된다고 보아 온 기존 판례이론의 흐름에 비추어 보더라도 경원자관계에서의 거부처분 취소의 소의 협의의 소익은 긍정되어야 할 것이다. 만약 이러한 거부처분 취소의 소가 협의의 소익이 없어 부적법하다고 본다면, 결국 경원자관계에서의 분쟁은 오직 제3자의 수익적 행정처분에 대한 취소소송의 형태로만 다툴 수 있다는 결론에 이르게 되어, 국민의 권익구제에 현저한 지장을 초래하게 되고 재판청구권의 침해 상황까지도 야기할 수 있어 타당하지 않다. 또한 실무적으로는 신청을 거부당한 사람은 다른 신청인들이 누구인지 여부, 경원자에 대해 언제 수익적 행정처분이 발급되었는지 여부를 알기 어려울 수 있을 뿐만 아니라, 자신이 겪은 사실관계를 다투는 것이 아니어서 행정소송의 변론에서 수익적 행정처분의 위법사유를 주장하고 입증하는 데에 적지 않은 어려움이 있을 것이므로, 다른 경원자에 대한 수익적 행정처분의 취소소송의 형태로만 다투도록 하는 것도 바람직하지 않다. 따라서 경원자관계에서 거부처분 취소의 소에 대한 협의의 소익을 긍정한 평석대상 판결은 이론적, 실무적 측면에서도 매우 타당하다.

주제어: 경원자, 경원자관계, 경원자소송, 소송형태, 협의의 소익, 거부처분 취소소송, 취소판결의 기속력, 재처분의무, 재심사의무, 부정합처분 취소의무

Abstract

A study on the type and interest in lawsuit for revocation of the refusal disposition in competitive relations: Supreme Court Decision 2013Du27517, Decided October 29, 2015

Eun-Sang RHEE*

In competitive relations in administrative law, if the administrative agency approves one's application, the agency have no choice but to disapprove the others' applications among the competitive applicants. Before the decision of Korean Supreme Court in 2015, the discussion in theory on the competitive relations mainly focused on the applicants' standing to sue. According to the theory, the applicant who did not gain the approval has the standing to lawsuit for revocation of the refusal disposition. However, there has been no thoughtful study on the type of that lawsuit.

The recent decision of Korean Supreme Court in 2015 (Supreme Court Decision 2013Du27517, Decided October 29, 2015) proposedly dealt with the issue of the interests in lawsuit in which the applicant argues for revocation of the refusal disposition. This decision, for the first time, ruled that the applicant who did not gain the approval in competitive relations has the interest in litigation for revocation of the refusal disposition by the administrative agency. This decision shows the possibility that the administrative agency is required to review the

* Seoul Central District Court

applications and ex officio revoke the former beneficial approval.

This decision is reasonable from both the academic aspects and practice. This thesis discussed and supported the rationality and justification of this decision.

Key words: type in lawsuit, interest in lawsuit, revocation of the refusal disposition

투 고 일: 2016. 11. 21
심 사 일: 2016. 12. 9
게재확정일: 2016. 12. 15

公物・營造物法

期成會費의 法的 性格 (李光潤)

期成會費의 法的 性格

李光潤*

대법원 2015.6.25. 선고 2014다5531 전원합의체 판결[부당이득금등]

I. 사건개요

국내 각 대학은 우리나라 건국 이후 국가재정이 부족한 국립대학의 시설투자를 지원하기 위하여 국립대학별로 지역유지나 상공인 등의 개별 찬조금을 재원으로 하는 후원회를 구성하여 운영하여 오다가 재원의 부담 주체가 학부모 위주로 전환되기 시작한 1963년부터 후원회의 명칭이 기성회로 바뀌었다. 기성회는 설립자가 감당하지 못하는 긴급한 교육시설을 갖추거나 학교운영을 지원함으로써 교육여건을 개선하고 면학 분위기를 조성하는 데 기여하여 왔다.

기성회가 처음 만들어질 당시에는 국립대학에 교육재원을 충분히 지원하거나 보조할 수 있는 상황이 아니었고, 한편 당시 국립대학의 수

* 성균관대학교 법학전문대학원 교수

업료 징수의 근거 법령이었던 구 교육법(1997.12.13.법률 제5437호로 폐지되기 전의 것)제86조 와 구 「학교 수업료 및 입학금에 관한 규칙」(1982.2.26.문교부령 제500호로 개정되기 전의 것)제2조 에 의하면 수업료 및 입학금은 그 액수가 이미 규칙에 정하여져 있어서 국립대학이 기성회비에 해당하는 돈을 징수할 법적 근거가 갖추어져 있지 아니하였다.

국가는 1963년 문교부 훈령으로 「대학, 고·중학교 기성회 준칙」을 제정하여 기존의 수업료、입학금 외에 기성회비를 징수하여 학교시설의 확충과 수리 및 운영에 필요한 비용 등으로 사용할 수 있도록 근거를 마련하였고, 1977년 1월에는 징수한 기성회비의 관리·운영 등에 관하여 필요한 사항을 규정한 문교부 훈령인 「국립대학(교)비국고회계관리규정」을 제정하여 국립대학으로 하여금 국고회계와 별도로 기성회 회계를 운영하도록 함으로써 전체 국립대학을 대상으로 기성회비를 행정적인 절차에 따라 징수·관리하게 하였다.

이에 따라 이 사건 각 국립대학은 부족한 교육재원을 마련하기 위하여 기성회비를 통하여 학생이나 학부모에게 비용을 부담하도록 하였고, 이와 같이 받은 기성회비를 전액이 사건 각 국립대학의 회계에 편입하여 학교시설 확충과 학교 교직원 연구비 지급 등의 교육재원으로 사용하였다.

피고 기성회들의 규약은 이 사건 각 국립대학 학생의 보호자를 기성회의 보통회원으로 한다고 규정하고 있고(피고 국립 대학교 기성회, 국립대학교 기성회의 규약은 일정한 경우 학생 본인이 보통회원이 될 수 있다고 규정하고 있다), 그 가입절차에 관하여는 특별한 규정을 두고 있지 아니하다. 피고 기성회들의 설립 목적 자체가 이 사건 각 국립대학에 대한 교육재정 지원을 위한 편무적인 재산 출연이고, 그 사업목적 수행을 위한 재원 대부분을 회원의 회비로 충당할 것을 예정하고 있다.

구 「국립대학 비국고회계 관리 규정」(2013.2.25.교육과학기술부훈령 제283호로 개정되기 전의 것)제4조는 "기성회 회계는 당해 학교의 기성회장이 주관한다."고 규정하고 있다. 다만 실질적으로는 이 사건 각 국립대학의 담당부서가 각 부서의 예산소요를 수집한 다음, 이 사건 각 국립대학 총장이 기성회비 및 그 예산집행 안을 사실상 결정하여 기성회 이사회에 제출하고, 기성회로부터 이를 승인받는 절차를 거쳐 기성회비를 받아 기성회 예산을 집행하여 왔다.

피고 기성회들의 규약에는 기성회비의 징수 방식에 관하여 별다른 규정을 두고 있지 아니하나(다만 피고 국립 대학교 기성회의 규약은 총장에게 위임한다고 되어 있다), 실제로는 이 사건 각 국립대학 소속 수입징수관이 수업료 및 입학금과 함께 기성회비를 납부 받았고, 기성회비를 수업료와 분리하여 납부하는 것을 허용하지 아니하였으며, 학생이 기성회비를 납부하지 아니하는 때에는 수업료를 납부하지 아니한 것과 마찬가지로 그 학기 등록이 거부되었다. 이 사건 각 국립대학에 입학하여 교육역무와 교육시설 이용 등을 제공받은 원고들은 자기 앞으로 발급된 등록금 고지서에 기재된 기성회비를 수업료와 함께 납부하였고, 그 과정에서 별다른 이의를 제기하지 아니하였다.

피고 기성회들의 규약에 의하면 각 사업으로 조성된 일체의 재산은 그때마다 설립자인 국가에 기부한다고 규정되어 있고, 「국립대학 비국고 회계 관리 규정」 제27조 에도 기성회 회계로 취득한 시설과 물품은 국가에 기부 채납하여야 하며 기부채납 전까지는 국유재산법과 물품관리법을 준용하여 관리한다고 규정되어 있다.

1997.12.13.제정된 구 고등교육법(2001.1.29.법률 제6400호로 개정되기 전의 것)제11조 제1항 에 "학교의 설립·경영자는 수업료와 기타 납부금을 받을 수 있다."는 규정이 신설되어 이 사건 각 국립대학이 기성회비에 해당하는 비용을 '기타 납부금'으로 등록금의 납부 형식과 절차에 따라 징수할 수 있는 법률상 근거가 마련되었으나, 이 사건 각 국립대학은 여전히 학생 측으로부터 기성회비를 납부 받아 교육재원에 필요한 비용을 충당하여왔다.

한편 2003년부터는 국립대학 총장이 수업료 및 입학금을 정하게 되었고, 기성회비는 기성회 규약에서 기성회 이사회가 결정하도록 하였다. 그러나 실제로는 국립대학 총장이 수업료 및 입학금과 기성회비의 규모를 함께 정하고 기성회비에 관하여는 기성회 이사회의 승인을 받는 절차를 취하여 왔으며, 2010년부터는 고등교육법 제11조 제2항 에 따라 교직원, 학생, 관련 전문가 등으로 구성된 등록금심의위원회가 수업료 및 입학금 외에도 기성회비의 증감 여부 및 액수까지 함께 심의하였다.

국립대학 학생이 납부하고 있는 수업료와 기성회비 중에서 기성회비가 차지하는 비중은 2002학년도부터 2007학년도까지는 약 80% 내외였고, 2010학년도에는 84.6%에 이르렀다.

한편 국립대학 재정 운영의 자율성과 효율성을 높여 국립대학의 공공성과 사회적 책임성을 확립하고 나아가 학문 발전과 인재 양성 및 국가 균형 발전에 이바지함을 목적으로 하는 「국립대학의 회계 설치 및 재정 운영에 관한 법률」(이하 '국립대학회계재정법'이라 한다)이 2015.3.13. 법률 제13217호로 제정·시행되었다. 국립대학회계재정법의 제정·시행으로 종래 국고회계와 기성회회계로 분리 운영되던 국립대학의 회계 대신 국가 및 지방자치단체의 지원금과 학생의 수업료 등 대학 자체 수입금을 통합하여 국립대학회계가 새롭게 설치됨으로써, 국립대학은 더 이상 기성회비를 따로 징수하지 아니하고 이를 포함한 수업료로 등록금을 징수하여 국립대학의 대학회계에서 직접 운영할 수 있게 되었다.

II. 판결요지

1. 다수의견

(가) 고등교육법 제11조 제1항 ,대학 등록금에 관한 규칙(2007.3.23.

교육인적자원부령 제903호로 제정될 당시에는 '대학 수업료 및 입학금에 관한 규칙'이었다가 2010.12.2.교육과학기술부령 제83호로 개정되면서 명칭이 변경되었다) 등에서 국립대학이 학생으로부터 받을 수 있는 수업료와 그 밖의 납부금(이하 '등록금'이라 한다)은 국립대학이 학생에게 강의, 실습, 실험 등 교육활동을 실시하는 국립대학의 목적에 부합하는 교육역무를 제공하고 이러한 교육역무에 필요한 교육시설 등을 이용하게 하는 것에 대한 대가, 즉 영조물인 국립대학의 이용에 대한 사용료를 의미하는 것이다.

따라서 국립대학이 납부 받은 돈이 등록금에 해당하는지는 납부금의 명칭이나 납부방식 등 형식적 기준에 의하여만 정할 것이 아니고, 국립대학이 납부금을 받게 된 경위, 필요성, 사용처, 납부금액, 납부방식, 학생들이 동일한 수준의 금액을 획일적으로 납부하고 있는지 여부, 납부자인 학생이나 학부모의 의사 등을 종합적으로 고려하여 납부금의 실질이 국립대학의 교육역무 제공과 교육시설 이용 등에 대하여 대가관계에 있는지, 다시 말하면 영조물인 국립대학의 사용료의 의미를 갖는지에 따라 판단하여야 한다.

그리고 이와 같은 교육 관련 법령의 취지 및 법적 성격 등에 비추어 보면, 국립대학이 영조물인 국립대학의 사용료로서의 실질을 가지는 비용을 직접 납부 받지 아니하고 영조물 이용자인 학생이나 학부모로 구성된 단체로부터 자금을 국립대학의 목적에 부합하는 교육역무와 교육시설의 제공에 사용하더라도 교육 관련 법령의 취지에 위배된다고 할 수 없다.

(나) 국가유공자 등 예우 및 지원에 관한 법률 제25조 제1항, 5·18 민주유공자예우에 관한 법률 제13조, 북한이탈주민의 보호 및 정착지원에 관한 법률 시행령 제46조 제3항 , 특수임무유공자 예우 및 단체설립에 관한 법률 제12조 등은 교육지원의 내용으로 '수업료·입학금·기성회비'를 면제 또는 지원한다고 규정하고 있고, 사립학교법 제28조 제3항은 "고등교육법 제11조 의 규정에 의한 수업료 기타 납부금(입학금·학교

운영지원비 또는 기성회비를 말한다)을 받을 권리는 이를 압류하지 못한다." 고 규정하고 있는데, 이러한 규정들은 기성회비가 수업료와 유사한 실질을 가지고 있음을 고려하여 수업료와 마찬가지로 취급하도록 한 것으로서, 고등교육법 제11조 제1항 에서 국립대학이 받을 수 있도록 정한 '그 밖의 납부금'에 기성회비가 포함됨을 전제로 한 것이다.

(다) 국립대학의 기성회비는 기성회에 가입한 회원들로부터 기성회 규약에 따라 받는 회비라는 법률적인 성격을 가짐과 아울러, 실질에서 국립대학이 기성회를 통하여 영조물 이용관계에서의 사용료를 학생이나 학부모로부터 납부 받은 것으로서 고등교육법 제11조 제1항 에 의하여 국립대학의 설립자、경영자가 받을 수 있는 '그 밖의 납부금'을 납부 받은 것과 마찬가지로 볼 수 있다. 그리고 1997.12.13.고등교육법이 제정된 이래 고등교육법 제11조 제1항 에 수업료 외에 그 밖의 납부금을 받을 수 있는 근거가 규정되어 있으므로, 고등교육법 제정 이후에 기성 회장 명의로 기성회비 납부고지를 하면서 실질적으로는 국립대학이 수업료와 함께 기성회비를 납부 받은 것을 가지고 국립대학 기성회가 '법률상 원인 없이' 타인의 재산으로 인하여 이익을 얻은 경우에 해당한다고 볼 수는 없다.

2. 반대의견

대법관 박보영, 대법관 고영한, 대법관 김신, 대법관 김소영, 대법관 조희대, 대법관 권순일의 반대의견

(가) 고등교육법 제11조 제1항 에 의하여 '그 밖의 납부금'을 받을 수 있는 자는 '국립대학의 설립자·경영자'이므로 이에 해당하지 않는 '기성회'가 회비명목으로 학생 또는 학부모로부터 영조물인 국립대학의 사용료에 해당하는 '그 밖의 납부금'을 받는 것은 법률유보원칙에 어긋나는 것으로 허용되지 아니한다.

(나) 기성회비는 기성회 회원들이 납입하는 회비이므로 학생이 국립대학의 이용대가로 납부하는 '수업료 그 밖의 납부금'과는 법적 성질이 다르다. 국립대학 비국고회계 관리 규정 제4조, 제5조 제1항, 제11조에 따르면, 국가는 기성회비를 고등교육법 제11조 제1항 에 의해 '그 밖의 납부금'으로서 받는 것이 아니라 독립된 단체인 기성회가 회원의 회비로서 받는 것임을 분명하게 인식하고 있으며, 그에 따라 국립대학의 등록금 중 입학금과 수업료는 국고회계로 편입시키는 반면, 기성회비는 비국고회계인 기성회회계로 편입시켜 기성회장이 주관하고, 국립대학 총장이 기성회로부터 기성회의 예산、회계 사무를 위임받아 집행하도록 집행절차를 마련한 것으로 볼 수 있다.

한편 국가유공자 등 예우 및 지원에 관한 법률이나 북한이탈주민의 보호 및 정착지원에 관한 법률 시행령, 사립학교법 국립대학이나 기성회가 기성회비를 등록금처럼 의무적으로 부과하고 있는 현실을 반영하기 위한 부차적인 규정일 뿐, 고등교육법 제11조 제1항 의 '수업료와 그 밖의 납부금'중 '그 밖의 납부금'에 기성회비가 국립대학이 기성회비를 직접 받을 수 있다거나 국립대학의 이용대가를 부과할 수 있다는 근거는 될 수 없다.

(다) 법인 아닌 사단인 국립대학 기성회가 학생들에게 일률적으로 수백만 원의 회비를 부과하면서 가입을 강제하고 탈퇴를 불허하는 것은 헌법상 결사의 자유를 침해하는 것으로서 법적으로 용인될 수 없다. 따라서 학생의 부모 또는 보호자를 당연회원으로 하는 기성회의 규약과 학생에 대한 기성회비의 강제적인 부과는 법률상 효력이 없다.

III. 사건의 쟁점

우선 이 사건에서 규명되어야 할 것은 기성회비를 징수한 기성회의 법적 지위를 파악하는 것이다. 즉, 기성회비의 징수 주체의 법적 성격을 파악하여 야 그 행위 주체가 행한 행위의 성격을 파악할 수 있다.

다음으로는 기성회비가 이용료인지 아니면 사용료인지를 파악하기 위하여 대학 재학 관계의 법적 성격을 규명할 필요가 있다.

그리고 이 사건에서 가장 문제가 되는 것은 기성회비가 '수업료와 그 밖의 납부금'중 '그 밖의 납부금'에 해당되는 지의 여부이다. 만약 기성회비가 '그 밖의 납부금'에 해당하지 않는 다면 '법률상 원인 없이' 타인의 재산으로 인하여 이익을 얻은 경우에 해당되어 부당이익이 되기 때문이다.

IV. 평석

1. 기성회의 법적 성격

기성회의 법적 성격에 관하여 이 사건에서 대법원의 다수의견은 "학부모로 구성된 단체" 라고 표현하면서 "피고 기성회들은 국립대학을 재정적으로 지원하기 위한 법인 아닌 사단" 이라고 법인격을 부인하고 있다. 그리고 "피고 기성회들은 국고에서 부담하여야 하는 대학 교육재정의 부족분을 보충하는 기능을 수행하여 왔다"고 하였다. 또 "피고 기성회들의 기성회비의 결정 및 납부 절차를 실질적으로 이 사건 각 국립대학의 총장이 주관하였고, 국고회계를 통한 지출대상 경비와 기성회회계를 통한 지출대상 경비가 동일하였으며, 등록금 책정절차에서도 수업료뿐만 아니라 기성회비도 등록금심의위원회의 심의대상으로 삼았다"고 하고 있으므로 대법원의 다수의견은 기성회의 실질적 기능에 착안하여 기성회의 법적 성격을 "공법상의 비법인 사단"으로 보고 있다고 할 수 있다. 이에 대하여 반대의견은 형식적 요건에 착안하여 "피고 기성회들은 법인 아닌 사단으로서 국립대학을 설립·경영하고 있는 주체와는 엄연히 별개의 단체"라고 하여 사법상의 비법인 사단으로 보고 있다. 원심도 "피고 기성회들은 이 사건 각 ○○대학교에 대한 재정 지원이라는 비영리사업을 공동 목적으로 하는 비법인 사단"이라고 하면서 "제3자인 보호자의 의사와 무관하게 보통회원 가입을 간주하여 기성회비를 부과, 징수하는 것은 피고 기성회들의 자치규범인 각 규약의 제정 한계를 벗어나고(회원으로 가입한 후에야 비로소 규약의 효력이 미치는 것인데, 자치규범인 규약의 효력이 아직 미치지 않는 제3자의 당연가입을 간주하는 것은 논리적인 모순이다), 개인의 기본권을 침해하는 사항은 법률로 특별히 정하지 않는 한 사적 자치의 원칙에 반한다는 점 등을 고려하면"이라고 하여 기성회를 사법상의 비법인 사단으로 보고 있다. 원심은 기성회를 "사적 임의단체에 불과"하다고 까지 표현하고 있다. "사단은 단체의 구성원의 변동과 상관없이 단체의 존속이 가능하다"[1]고 하며 "법인 아닌 사단은 단지 법인격을 취득하지 못했을 뿐 사단법인과 같이 단체로서의 단일성이 강하게 나타나며, 이 점에서 입법자가 법인 아닌 사단의 법적 규율에 대하여 침묵하고 있지만, 사단과 사단법인의 대등적 측면에서 임의규정성을 가지는 조합에 관한 규정보다는 사단법인에 관한 규정이 준용되어야 한다는데 학설이 일치하고 있다"[2]고 한다. 또 다른 학설상의 의견으로는 "기성회는 열악한 국립대학교의 재정을 지원하기 위하여 조직된 실체가 존재하는 비영리 봉사단체가 아니라 국립 대학교에 등록할 학생들로부터 금원을 강제로 징수하기 위해 사용되는 형식상 징수 명의자에 불과할 뿐 단체 고유의 존립목적이 없고, 기성회의 구성원은 국립대학교의 재정 지원이라는 목적에 참여하는 단체의 회원이 아니라 국립 대학교 등록과 동시에 형식적으로 구성원이 되기 때문에 목적에 대한 구성원의

1) 송오식 (2013). 법인 아닌 사단의 법적 지위와 규율. 동아법학, (58), 동아대학교 법학연구소, 457-508.
2) 같은 글

합의의사가 존재하지 않으므로 기성회는 사단이나 조합과 같은 실질적 단체가 아니"[3]고 행정위원회로 보아야 한다는 견해가 있다.[4] 그러나 기성회장이 존재하는 기성회를 대학 총장이 설치한 행정기관으로 볼 수는 없기 때문에 행정위원회로 볼 수는 없다고 본다. 다른 한편 가입이 강제된다는 점에서 사법상의 비법인 사단으로 볼 수는 없고, 공법상의 비법인 사단으로 보는 것이 합리적이라고 생각된다.

2. 대학 재학 관계의 법적 성격

(1) 판례태도

대법원의 다수의견은 "국립대학(고등교육법 제2조, 제3조)은 대학교육이라는 특정한 국가목적에 제공된 인적·물적 종합시설로서 공법상의 영조물에 해당한다." 고 하면서 "이러한 국립대학과 학생 사이의 재학관계는 국립대학이 학생에게 강의, 실습, 실험 등 교육활동을 실시하는 방법으로 대학의 목적에 부합하는 역무를 제공하고 교육시설 등을 이용하게 하는 한편, 학생은 국립대학에 그와 같은 역무제공에 대한 대가를 지급하는 등의 의무를 부담하는 영조물 이용관계에 해당 한다"고 하고 있다. 반대 의견 역시 "국립대학은 공법상의 영조물에, 국립대학과 해당 대학의 학생 사이의 재학관계는 영조물 이용관계에 해당한다는 점은 다수의견이 설시하는 바와 같다"고 하여, 국립대학과 해당 대학의 학생 사이의 재학관계를 영조물 이용관계로 보고 있다.

헌법재판소도 헌재 1992. 10. 1, 92헌마68、76 병합 결정에서 "국립대학인 서울대학교는 특정한 국가목적인 대학교육에 제공된 인적、물

3) 정승윤 (2012). 국립 대학교 기성회비의 법적 성격에 대한 소고. 법학논총, 32(1), 전남대학교 법학연구소, 375 쪽

4) 정승윤의 위의 글은 기성회의 법적 성격에 대하여 결론을 내리지 아니하고 견해들만 소개하고 있다.

적 종합시설로서 공법상의 영조물이다. 그리고 서울대학교와 학생과의 관계는 공법상의 영조물이용관계로서 공법관계이며, 서울대학교가 대학입학고사 시행방안을 정하는 것은 공법상의 영조물이용관계설정을 위한 방법, 요령과 조건 등을 정하는 것이어서 서울대학교 입학고사에 응시하고자 하는 사람들에 대하여 그 시행방안에 따르지 않을 수 없는 요건·의무 등을 제한설정하는 것이기 때문에 그것을 제정、발표하는 것은 공권력의 행사에 해당된다."[5] 고 하였다.

(2) 오토마이어의 영조물 이론

오토 마이어는 "영조물(entreprise publique; établissement public; öffentlich Anstalt)을 공행정의 주체가 영속적으로 특정된 공익에 봉사하는 물적, 인적 수단의 총합체"로 보았다.[6] 이 견해에 의하면 국립대학은 "국가가 고등교육을 진흥하기 위하여 설치·운영하는 교직원과 각종 시설의 종합체"가 된다.[7] 더 나아가, 이 견해는 법인격 부여와 관련하여 법인격이 부여되면 설치주체의 감독을 받지만 법률상 독립한 행정주체가 되며, 법인이 되지 못한 국립대학은 상대적으로 일반 행정조직보다는 독립적이라 하더라도 행정조직의 일부일 수밖에 없다고 한다. 따라서 법인격이 없는 영조물의 경우 일반 행정조직에서의 법적 규율이 거의 그대로 적용되므로 그 효율적 운영에 대하여 제약요인으로 작용하고 따라서 대학의 자율보장을 위해서라도 영조물적 구성에는 법인격 인정 필요성이 결합된다고 한다.[8]

---

5) 헌재 1992. 10. 1, 92헌마68、76 병합

6) "Une entreprise publique(établissement public) est un ensemble de moyens, matériels ou personnels, qui, entre les mains d'un sujet d' administration publique, sont destinés à servir, d'une manière permanente, à un intérêt public déterminé" Otto Mayer, Le Droit Administratif Allemand, T4 1906 p.184.

7) 이기춘 (2015). 국립대학의 법적 지위에 관한 전통적 행정법이론의 비판적 고찰. 공법학연구, 16(4), 277−308.

8) 이경운, 대학의 법적 지위와 국립대학의 법인화, 교육법학연구 제16권 제2호, 대한

오토 마이어의 영조물 개념은 프랑스행정법의 산물인 '공역무(service public)' 개념에서 가져와서 정립했다[9]는 설명[10]도 있다. 오토마이어의 영조물에 대한 정의에 대하여 Ernst Forsthoff 교수는 영조물과 국가행정의 구분을 완전히 무시하고 있다고 평가한다.[11] 그런데 오토마이어는 독일어의 öffentlich Anstalt(영조물)을 프랑스어의 "entreprise publique"(직역 하면 공기업)라고 표현하면서 괄호 속에 "établissement public"(영조물법인)이라고 표현하고 있다. 그러면서 오토마이어는 계속해서 "entreprise publique"(공기업[12])이라는 표현[13]은 또한 특정한 상태를 창설하는데 국한된 활동을 포함할 수 있다. 예를 들면- 간척사업 같은 것이다. "öffentlich Anstalt"라는 단어가 공적 필요성을 추구하는 행정의 영속적 사업을 더 잘 표현한다. 그러나 "öffentlich Anstalt"라는 독일어 단어는 많은 학자들도 그렇고 상용어로는 영속적인 사업을 하는 법인을 지칭하기 위하여도 사용되기 때문에 불편하다. 불어의 해당어인 "établissement public"은 공법상의 법인이라는 생각을 더욱 정확하게 함축하고 있다. 여기서 우리가 이 두 가지 표현에 의하여 말하고자 하는 바를 명확히 하였으므로 둘 다 사용할 수 있다."[14] 고 설명하고 있다.[15] 이에 대하여 국제사법재판소 재판관이자 교토대학 교수였던 Yorodzu ODA 교수는 "오토 마이어는 "öffentliches Unternehmen"을 번역하기 위하여 불어 단어인 "entreprise publique"과 "établissement public"을

교육법학회, 2004, 166쪽, 167쪽 참고.

9) Jecht, a. a. O., S. 11ff. 특히 S. 17f.("2. Fortbildung des service public als öfentliche Anstalt bei Otto Mayer") 이상덕 (2010). 營造物에 관한 硏究. 행정법연구. 재인용

10) 이상덕 상기 논문

11) Ernst Forsthoff, Traité de Droit Administratif Allemand, Traduit par Michel Fromont, Brulant 1969, p.709

12) 역자 번역

13) Otto Mayer, op.cit. p.184

14) ibid.

15) 오토마이어는 명확하게 설명하였다고 하나 말하고자 하는 바가 무엇인지 명확하게 이해되지 않는다.

선택하였다"고 각주[16]를 달면서 "entreprise publique"(공기업)이라고 하면 공동체 구성원들의 물질적, 도덕적, 지적인 생활의 발전과 향상, 한마디로 공익(intérêts généraux)을 위한 공행정의 모든 행위로 이해되므로 엄격한 의미에서 "services publics"(공공서비스) 이외에 다른 것이 아니다"[17]고 하였다. 그러면서 공공서비스(services publics) 개념은 아직 완전히 정착된 개념이 아니므로 "entreprise publique"(공기업)이라는 표현을 사용하겠다[18]고 하면서 "공기업(entreprise publique)은 공익 임무를 수행하기 위하여 사용되는 물질적, 인적 수단의 총체로 구성되는 국가와 기타 행정의 주체들의 행위"[19]라고 하였다.

이상덕에 의하면 오토 마이어는 독일행정법 체계서 에서 – 공기업의 일종인 영조물을 차치한다면 – 공기업 개념과 관련하여 두 가지 법제도를 서술하였는데, 하나는 공용수용 제도이고, 다른 하나는 공기업 특허 제도이다. 오토 마이어는 공기업을 명확하게 정의내리지 않은 채 "그것의 특별한 목적에 의해서 나머지와 구분되는 공행정의 일부분"이며, 이에는 "어떤 결합체, 지속성 있는 시설의 형태로 나타나는" 공영조물뿐만 아니라 "일시적인 활동"이 포함된다고 서술하였을 뿐이라[20]고 한다. 이상덕의 박사학위 논문[21]에 의하면 "오토 마이어의 공기업특허는 현대적으로 표현하자면 '행정의 기능 민영화'[22]라고 하고, 오토 마이어는 공기업특허의 중요한 적용영역으로 공공도로, 인공운하, 교량, 철도, 시가전차, 유선전신, 무선전신, 중앙은행을 거론하고 있다."[23]고 한

16) Yorodzu ODA, Principes de Droit Administratif du Japon, Sirey, 1928, p.275
17) ibid.
18) ibid. pp. 275－277
19) ibid. p.277
20) 이상덕의 박사학위 논문 — 공공성 구현 단위로서 '영조물' 개념의 재정립 — (2010, 서울대학교) 주622) Otto Mayer, Verwaltungsrecht Ⅱ, S. 269 f.
21) 이상덕의 박사학위 논문 — 공공성 구현 단위로서 '영조물' 개념의 재정립 — (2010, 서울대학교)
22) 상게 논문 주90) Ebd., S. 252, FN 10.
23) 상게 논문 주91) Ebd., S. 245 ff.

다. 오토 마이어가 공기업 특허를 '행정의 기능 민영화'라고 이해한다면 공기업을 공공서비스로 이해하면서 공공서비스 특허의 예로 든 것을 보면 중앙은행을 제외하고는 행정적 공공서비스가 아닌 상공업적 공공서비스를 예로 들고 있는데, 상공업적 공공서비스는 행정기능이 아니기 때문에 오토미이어의 공기업 개념 자체가 덜 성숙된 개념임을 알 수 있다. 오토마이어의 영조물 개념은 아직 성숙되지 아니한 상태에서 때로는 공기업(즉, 공공서비스) 개념과 혼용되고 있다. 그리고 프랑스에서 "公企業"(entreprises publique)이라고 하면 일반적으로 "전체적 혹은 부분적으로 私的인 소유나 경영의 지배를 피하여 국가나 지방자치단체의 다소 밀접한 감독을 받는 法人體의 회사"[24]를 말하는 것으로, 세계 1차 대전으로 촉발된 국가의 경제 간섭에 의해 나타난 것이기 때문에 오토마이어 시대에는 프랑스에서는 일반적인 개념이 아니었고, 더구나 "사업"으로서의 개념이 아니었다는 점에 유의 할 필요가 있다.[25]

(3) 공공서비스 개념에 대한 검토

프랑스에서 Service Public(공공서비스) 개념이 나타나기 시작한 것은 프랑스 혁명기였다.[26] 때로는 공무원의 개념에 때로는 공익 개념에 또 때로는 기관에 의하여 시민에게 대한 급부 개념에 대한 유사개념으로 나타났다. 이 시기에 공공기관의 총체가 공공서비스를 구성한다는

---

24) Lexique, Droit administratif, P. U. F., paris, 1979.

25) 국내에서는 오래 동안 공기업을 공익성과 결부시켜 논의해 왔고 필자는 이에 대해 공익성을 공기업 개념에서 제거해야 한다는 견해를 1990년대 초반부터 주장하여 왔으나(필자의 '행정법 이론' 2000. 성균관대 출판부 참조) 학계에 반영되지 아니하여 오다가 늦었기는 하지만 최근에 공기업의 개념은 "국가 또는 지방자치단체가 지배적인 영향력을 갖는 기업으로서 일정한 영리성 또는 기업성을 가지는 사업을 운영하는 기업"으로 정의하는 것이 바람직하다는 견해가 등장한 것은 고무적인 현상으로 볼 수 있다. 김대인, '공기업 개념에 대한 재고찰'. 행정법연구 33호(2012.08) 행정법이론실무학회 참조

26) Gilles J. Gugliemi, Geneviève Koubi, "Droit du service public", Montchrestien 2000, p.32 이하

생각이 형성되었다.[27] 즉 이 시기에는 공공서비스 개념이 조직적 의미, 기능적 의미, 영역적 의미(복지 분야)가 혼용되어 있었다. 1873년의 블랑코 판결은 공공서비스를 조직적 의미로 해석한 대표적인 판결이다. 따라서 오토 마이어가 1886년 '프랑스 행정법'을 저술한 당시에 이해한 Service Public 개념은 혼용된 개념 내지는 조직적 개념의 의미로 이해하였으리라 믿어진다. 오토 마이어가 공공서비스 개념을 영조물(Anstalt)로 번역하여 소개[28]하였다면 이때의 영조물 개념은 이렇게 혼용된 개념으로 볼 수 있다. 그 후 1913년부터 레옹뒤기는 독일의 국가이론에 반대하며 객관주의적 입장에서 공공서비스 개념을 행정법의 중심 개념으로 채택 하는데[29], L. Duguit는 "공공서비스란 집권자에 의하여 달성이 보장되어야 하고 규율되어야 할 모든 활동을 가리킨다."고 하며, 이것은 "사회의 相互緣起(interdépendance)에 따라 반드시 이러한 필요성들이 달성되어야 하고, 또 정권의 힘을 통해서만 완전히 달성될 수 있는 것"이라고 하면서 "공공서비스는 필요한 국가의 간섭으로서 출현한다."고 하였다.[30] 즉 Duguit에게 있어서 공공서비스라고 하는 것은 可視的이고 事實的인 것이 아니라 국가에 의해 보장되고 규율되어야 할 업무가 공공서비스이다. 그러므로 공공서비스는 行政制度(Régime administratif)[31]의 要請이 아닌 단순한 국가의 공공서비스의 필요성에 적응하여야만 하였다.

프랑스혁명 이후 19C 중반까지는 영조물의 개념이 혼동되었으며,

---

27) https://fr.wikipedia.org/wiki/Service_public (최종접속 2016.11.18)
28) 이상덕 (2010). 營造物에 관한 硏究. 행정법연구, (26)
29) Gilles J. Gugliemi, Geneviève Koubi, op.cit. p.53
30) 이광윤, "행정법이론 －비교적 고찰－" 성균관대학교 출판부 2000, 522 쪽
31) M. Hauriou는 전문화된 행정재판의 존재와 사법과 구분되는 특수법칙에 행정이 기속되는 것을 가리켜 행정체제라 불렀다. 이 행정체제의 내용은 ① 행정에 대한 사법적 통제, ② 행정법원의 행정부 내의 존재, ③ 행정판사에 의한 민법전의 전면적 배제와 자치적인 새로운 법칙들의 창조로써 핵심은 새로운 공법법원으로서의 행정법과 독립된 행정법원의 존재이다.

19C후반에 이르러 비로소 정착이 되었으나 이미 19C 말의 판례는 공공서비스를 수행하지 아니하는 영조물의 존재를 인정하였다(T.C., déc., 1899, Canal de Gignac). 기능적 공공서비스 이론이 C.E.의 판례에 의하여 정착이 되는 것은 1942년 7월 31일의 Monpeurt 판결과 1943년 4월 2일의 Bouguen 판결에 와서이다. 현재에는 공공서비스(Montpeurt 판결과 Bouguen 판결에 의해 기능적 의미로 정착된)를 수행하지 않는 영조물이 존재한다. 여기서 영조물의 개념을 좀 더 명확히 할 필요가 있다. 우선 영조물(établissement public; 보다 정확히는 公營造物로 번역해야 할 것 같음)과 公用造物(établissement d'utilité publique)[32]과의 구별이다. 영조물은 공법인으로서 행정의 일부분인데 반하여 공용조물(établissement d'utilité publique)[33]은 1959년까지 국립파리 법과대학의 감독을 받던 이집트의 사립 카이로 프랑스 법학교(Ecole française de droit du Caire)[34]와 같이 행정청의 일정한 호혜를 받으나 단순한 私的集團에 불과하다.

다음으로는 영조물과 공공서비스 개념을 구별할 필요[35]가 있다. 영조물과 공공서비스는 그 개념바탕이 다르고, 영조물은 조직체(un organisme)인 데 반하여 공공서비스는 활동(activité)을 가리킨다. 과거에 있어 공공서비스를 조직의 의미로 사용하였던 것은 하나의 "언어 남용"(abus de langage)[36]에 불과하다고까지 한다. 즉, 조직체의 의미에서의 공공서비스는 당연히 영조물개념으로 대치되어야 하며 영조물 개념이 정립되는 19C 후반에는 이미 공익과는 상관없는 공법인이 판례를

32) 이상덕의 박사학위 논문 — 공공성 구현 단위로서 '영조물' 개념의 재정립 — (2010, 서울대학교) 주) 450은 "이러한 번역어는 그것의 사법인으로서의 성격을 적절히 전달하지 못할 뿐 아니라 영조물 개념과 혼란을 야기할 수 있다는 점에서 부적절하다." 고 필자의 번역을 비판하고 있는데 대체번역은 제시하지 않고 있다.

33) C.E. 22 Mai 1903, Caisse des Ecoles du 6e arrondissement, S., 1905. 3.33, note Hauriou, concl, Romieu Pichot, 21 juin 1912, S., 1913. 3. 43, Concl. Léon Blum.

34) C.E. 24 décembre 1937, de la Bigne de Villeneuve, D., H., 1938, 1850.

35) A. de Laubadère, op.cit., p.218.

36) E. Fatome, J.Moreau et J.L. Nimu, Etablisse.

통해 인정되었으며(T.C., 9 déc., 1899, Canal de Gignac), 20C 초기에는 상공업적 영조물의 등장으로 공익과 공법상의 법인은 별개문제로 분리[37]되었기 때문에 공공서비스는 "공익을 만족시킬 목적으로 공공단체에 의하여 수행되는 활동"으로 영조물은 '국가 및 지방자치단체를 제외한 공법상의 법인체'로 해석하는 것이 바람직하다.[38] 한편, 오토 마이어의 영조물 개념은 조직적 준거와 기능적 준거가 분화되지 않고 혼용된 상태에서 사용된 것이고, 법인격체가 아니기 때문에 기능적 준거에서 주체가 될 인적 요소는 행정의 주체의 구성원으로, 조직적 준거로서의 물적 요소는 공물로 분화 되어야 할 과제를 안고 있다. Gaston Jèze는 학교의 경우, 건물이 주 역할을 하는 것이 아니고 교원이 주 역할을 하는 것이기 때문에 공물에서 제외 된다[39]고 하였다. 화재로 학교 건물이 소실되어 천막 수업을 하더라도 학교는 학교이다.

(4) 해당 판결에 대한 검토

대법원의 다수의견은 "국립대학(고등교육법 제2조, 제3조)은 대학교육이라는 특정한 국가목적에 제공된 인적·물적 종합시설로서 공법상의 영조물에 해당한다."고 하면서 "이러한 국립대학과 학생 사이의 재학관계는 국립대학이 학생에게 강의, 실습, 실험 등 교육활동을 실시하는 방법으로 대학의 목적에 부합하는 역무를 제공하고 교육시설 등을 이용하게 하는 한편, 학생은 국립대학에 그와 같은 역무제공에 대한 대가를 지급하는 등의 의무를 부담하는 영조물 이용관계에 해당 한다"고 하여 영조물이용관계를 교육이라는 역무제공에 대한 이용과 교육시설에 대한 이용을 합쳐서 설명하고 있는데, 역무제공에 대한 이용은 공공서비스 이

37) C.E. 4 juin 1926, Cie des Houillères Lyonnaises, leb. p.563; C.E. 16 juin 1933, Ville de Liévin, leb. p.653.

38) 이광윤, 전게서 508－509쪽

39) Gaston Jèze, Revue de droit public, 1910－1911

용관계로, 교육시설에 대한 이용은 공물 이용 관계(사실은 사용관계)로 분화시켜 설명하는 것이 현대적 해석에 맞고, 학교는 역무제공 이용에 초점이 있기 때문에 공물 이용관계에 중점을 두지 말고 공공서비스 이용관계로 보아야 할 것이다. 그리고 사립학교 건, 공립학교 건 모두 공교육을 실시하는 공공서비스 이용관계 라는 점에서 동일한 이용관계이기 때문에[40] 국공립학교 재학관계는 특별권력관계로, 사립학교 재학관계는 사법상의 계약 관계로 분류하던 원시적이고 비논리적인 구별은 지양되어야 할 것이다.

3. 기성회비의 법적 성격

(1) 사용료와 수수료의 구분

두산백과[41]에 의하면 '사용료는 "물건 또는 권리의 사용대가로서 지급되는 돈'으로 특정의 사무·서비스의 대가인 수수료(手數料), 특정한 공공사업에서 이익을 얻는 자에게 그 소요경비를 부담시키는 분담금(分擔金)과는 구별된다. 수수료는 국가·공공단체가 타인을 위하여 공적(公的) 사무를 제공한 보상으로 징수하는 요금. 가격의 성격을 가진다. 예) 하수도 요금. 상수도 요금. 엄격히 말하면 공물(公物) 이용에 대한 반대급부(反對給付)를 사용료라 하고, 인적(人的) 사무에 대한 반대급부를 수수료라 할 수 있으나, 공기업의 이용과 같이 인적 사무와 시설의 이용이 병합된 경우의 반대급부도 수수료라고 한다."[42]고 설명한다.

---

40) 따라서 기존의 판례들과는 달리 사립학교는 사법상의 행위주체가 아니라 공부수탁사인으로 보는 것이 타당하다.

41) http://terms.naver.com/entry.nhn?docId=1107685&cid=40942&categoryId=31721 (최종접속 2016.11.18)

42) http://terms.naver.com/entry.nhn?docId=1115519&cid=40942&categoryId=31840 (최종접속 2016.11.18)

행정학 사전[43]에서는 “수수료(手數料)는 관청의 행위의 이용에 대한 보상이고 사용료는 국가공공단체의 시설, 즉 영조물(營造物)을 이용한 개인으로부터 징수하는 보상적인 공과(公課)를 말한다.”고 하여 영조물을 공물의 의미로 사용하면서 사용료라는 표현을 하고 있다.

국립학교 각종 증명 수수료 규칙 제1조(목적)는 “이 규칙은 교육부 소관 국립의 각 급 학교에서 발급하는 각종 증명의 수수료에 관하여 필요한 사항을 규정함을 목적으로 한다.”고 하여 증명발급이라는 인적 서비스에 대한 대가를 수수료라고 하고 있다.

지방자치법 제137조(수수료)는 “① 지방자치단체는 그 지방자치단체의 사무가 특정인을 위한 것이면 그 사무에 대하여 수수료를 징수할 수 있다.

② 지방자치단체는 국가나 다른 지방자치단체의 위임사무가 특정인을 위한 것이면 그 사무에 대하여 수수료를 징수할 수 있다.

③ 제2항에 따른 수수료는 그 지방자치단체의 수입으로 한다. 다만, 법령에 달리 정하여진 경우에는 그러하지 아니하다” 고 하여 인적 서비스인 사무에 대한 대가를 수수료라고 부르고 있다.

한편, 도시 및 주거환경정비법 제67조의2(공동이용시설 사용료의 면제) ①은 “지방자치단체의 장은 마을공동체 활성화 등 공익 목적을 위하여「공유재산 및 물품 관리법」제20조에 따라 주거환경관리사업구역 내 공동이용시설에 대한 사용 허가를 하는 경우 같은 법 제22조에도 불구하고 그 사용료를 면제할 수 있다.”고 하여 공물 사용의 대가를 사용료라고 표현하고 있고, 지방자치법 제136조(사용료)는 “지방자치단체는 공공시설의 이용 또는 재산의 사용에 대하여 사용료를 징수할 수 있다.”고 하여 또한 공물의 사용에 대하여 사용료라는 표현을 하고 있다.

---

43) [네이버 지식백과] 사용료 [使用料, rents] (행정학사전, 2009. 1. 15., 대영문화사) http://terms.naver.com/entry.nhn?docId=1115519&cid=40942&categoryId=31840 (최종접속 2016.11.18.)

(2) 대법원의 용어 선택의 문제점

대법원은 "이 사건 각 국립대학에 입학하는 원고들이나 그 학부모들에게 국립대학이 제공하는 교육역무와 교육시설에 필요한 비용으로 기성회비를 납부하도록 요구하였고, 원고들이나 그 학부모들이 이를 받아들여 기성회비를 납부한 후 교육역무를 제공받고 교육시설을 이용하였다."고 하면서 "따라서 국립대학이 납부 받은 돈이 등록금에 해당하는지는 그 납부금의 명칭이나 납부방식 등 형식적 기준에 의하여만 정할 것이 아니고, 국립대학이 그 납부금을 받게 된 경위, 필요성, 사용처, 납부금액, 납부방식, 학생들이 동일한 수준의 금액을 획일적으로 납부하고 있는지 여부, 납부자인 학생이나 학부모의 의사 등을 종합적으로 고려하여 납부금의 실질이 국립대학의 교육역무 제공과 교육시설 이용 등에 대하여 대가관계에 있는지, 다시 말하면 영조물인 국립대학의 사용료의 의미를 갖는지에 따라 판단하여야 한다."[44] 고 하고 있다. 또 "이 사건 각 국립대학의 기성회비는 피고 기성회들에 가입한 회원들로부터 기성회 규약에 따라 받는 회비라는 법률적인 성격을 가짐과 아울러, 그 실질에 있어 국립대학이 기성회를 통하여 영조물 이용관계에서의 사용료를 학생이나 학부모로부터 납부 받은 것으로서 고등교육법 제11조 제1항에 의하여 국립대학의 설립자·경영자가 받을 수 있는 '그 밖의 납부금'을 납부 받은 것과 마찬가지로 볼 수 있다."고 하여 기성회비를 등록금과 마찬가지로 영조물 이용관계에서의 사용료로 보고 있다. 즉 기성회비를 국립대학이 학생에게 강의, 실습, 실험 등 교육활동을 실시하는 방법으로 대학의 목적에 부합하는 교육역무를 제공하고 이러한 교육역무에 필요한 교육시설 등을 이용하게 하는 것에 대한 대가인 사용료라는 것인데 '교육역무, 즉 교육공공서비스 제공에 대한 대가는 인적수단에 대한

44) 대법원 2015.06.25. 선고 2014다5531 전원합의체 판결[부당이득금등]

대가이므로 "수수료"라고 불러야 하며, 교육시설 등을 이용한 대가는 물적 수단에 대한 대가이므로 "사용료" 라고 불러야 하는데, 대학은 시설이 주가 아니므로 영조물의 물적 수단인, 공물에서 제외하는 것이 타당하다. 따라서 기성회비를 등록금과 같은 성격으로 본다면 "사용료"로 볼 것이 아니고 오히려 공공서비스 이용에 대한 수수료로 보는 것이 타당하다.

4. 결론

대법원의 다수의견이나 소수의견 모두 "국립대학은 공법상의 영조물에 해당하고, 이러한 국립대학과 학생 사이의 재학관계는 국립대학이 대학의 목적에 부합하는 교육역무를 제공하고 이러한 교육역무에 필요한 교육시설 등을 이용하게 하는 한편, 학생은 영조물인 국립대학의 이용에 대한 사용료를 지급하는 등의 의무를 부담하는 영조물 이용관계에 해당한다."고 보는 점에서 동일하다. 이러한 학생의 재학관계에 대한 인식은 오토 마이어의 "영조물 이용관계"의 관념을 그대로 계승하고 있는데 오토 마이어의 영조물에 대한 관념은 프랑스의 공공서비스 개념을 표현한 것으로 1886년 당시의 공공서비스 개념이 "사업"의 개념을 혼용하여 사용하였다 하더라도 1873년의 블랑코 판결에서 보듯이 조직적 의미에 초점이 있었던 것이기 때문에 오늘날 기능적 의미에 초점이 있는 공익활동으로서의 공공서비스 개념과는 거리가 있고,[45] 교육역무 제공

---

45) 따라서 "Otto Mayer가 프랑스의 service public이나 독일의 Öffentliche Anstalt가 대중의 이익과 복지를 위하여 서비스(Dienst)를 제공하는 활동임을 제대로 이해하고 있었고, 자신의 '영조물이용관계 이론'이나 '공기업특허 이론'을 통해 공역무의 실체법적 기본원칙(계속성의 원칙, 적응성의 원칙, 평등의 원칙)에 상응하는 법효과를 만들어내고자 노력하였다는 점에서"라고 하면서 필자의 해석을 비판하고 있는 이상덕의 박사학위 논문 — 공공성 구현 단위로서 '영조물' 개념의 재정립 — (2010, 서울대학교) 주)43 이 오히려 성급한 해석을 하고 있다는 생각이 든다.

에 대한 대가와 교육시설 이용에 대한 대가는 성격이 다르므로 분리하는 것이 옳다고 본다. 즉, 오토 마이어의 영조물 개념은 버릴 때가 지났다. 따라서 다수 의견과 같이 기성회비를 등록금으로 본다면 "영조물 이용에 대한 사용료"라고 표현할 것이 아니라 '공공서비스 이용에 대한 수수료'라고 표현하는 것이 타당하다.

끝으로, 기성회비의 징수를 부당이득으로 볼 것인가에 대한 다수의견과 소수의견의 대립은 기성회비의 성격을 이론적 준거에 따라 기능적 기준으로 볼 것인가 형식적 기준으로 볼 것인가의 대립이라기보다는 기성회비의 실질적 기능을 중시하여 납부금으로 보는 실용적 입장과 법률유보에 어긋나는 편법을 근절시키겠다는 사법 정책적 입장에서의 가치판단의 차이로 보인다. 우리나라 행정의 많은 부분이 편법적으로 운영되는 현실에 대하여 경종을 울릴 필요가 있다고 한다면 소수의견을 택하는 것이 맞다 고 보겠다.

참고문헌

국내논문

송오식, 「법인 아닌 사단의 법적 지위와 규율」, 『동아법학』 동아대학교 법학연구소, 2013.

정승윤, 「국립 대학교 기성회비의 법적 성격에 대한 소고」, 『법학논총』 전남대학교 법학연구소, 2012

이기춘, 「국립대학의 법적 지위에 관한 전통적 행정법이론의 비판적 고찰」, 『공법학연구』, 2015

이경운, 「대학의 법적 지위와 국립대학의 법인화」, 『교육법학연구 제16권 제2호』 대한교육법학회, 2004

이상덕, 「營造物에 관한 硏究」, 『행정법연구』, 2010

단행본

이광윤, 『행정법이론 -비교적 고찰-』, 성균관대학교 출판부, 2000

학위논문

이상덕, 「공공성 구현 단위로서 '영조물' 개념의 재정립」 서울대학교, 2010

인터넷 자료

Wikipedia, "Service public" https://fr.wikipedia.org/wiki/Service_public

네이버 두산백과, "사용료"

http://terms.naver.com/entry.nhn?docId=1107685&cid=40942&categoryId=31721

네이버 두산백과, "수수료"
http://terms.naver.com/entry.nhn?docId=1115519&cid=40942&categoryId=31840

국외단행본

Otto Mayer, Le Droit Administratif Allemand, Nabu Press, 1906

Ernst Forsthoff, Traité de Droit Administratif Allemand, Traduit par Michel Fromont, Brulant, 1969

Yorodzu ODA, Principes de Droit Administratif du Japon, Sirey, 1928

Lexique, Droit administratif, P. U. F.(Presses universitaires de France), 1979.

Gilles J. Gugliemi, Geneviève Koubi, Droit du service public, Montchrestien, 2000

Yves GAUDEMET, Droit administratif des biens, LGDJ, 2014

인터넷 자료

C.E.(Conseil d'Etat) 22 Mai 1903, Caisse des Ecoles du 6e arrondissement, Retrieved from
http://www.revuegeneraledudroit.eu/blog/decisions/conseil-detat-22-mai-1903-caisse-des-ecoles-du-6-arrondissement-de-paris/

C.E. 24 décembre 1937, De Voir à propos de l'école française de droit du Caire Retrieved from https://www.u-picardie.fr/curapp-revues/root/2/chevallier.pdf

Gaston Jèze, Revue de droit public, 1910-1911, Retrieved from http://gallica.bnf.fr/ark:/12148/cb343491628/date.r=.langFR

국문초록

대법원의 다수 의견은 기성회의 실질적 기능에 착안하여 기성회의 법적 성격을 "공법상의 비법인 사단" 으로 보고 있다. 이에 대하여 반대의견은 형식적 요건에 착안하여 사법상의 비법인 사단으로 보고 있다. 또 기성회는 사단이나 조합과 같은 실질적 단체가 아니고 행정위원회로 보아야 한다는 견해가 있다. 그러나 기성회장이 존재하는 기성회를 대학 총장이 설치한 행정기관으로 볼 수 는 없기 때문에 행정위원회로 볼 수는 없다고 본다. 다른 한편 가입이 강제된다는 점에서 사법상의 비법인 사단으로 볼 수는 없고, 공법상의 비법인 사단으로 보는 것이 합리적이다.

오토 마이어는 "영조물을 공행정의 주체가 영속적으로 특정된 공익에 봉사하는 물적, 인적 수단의 총합체"로 보았다. 대법원 다수의견은 "국립대학은 대학교육이라는 특정한 국가목적에 제공된 인적·물적 종합시설로서 공법상의 영조물에 해당한다."고 하면서 "이러한 국립대학과 학생 사이의 재학관계는 국립대학이 학생에게 강의, 실습, 실험 등 교육활동을 실시하는 방법으로 대학의 목적에 부합하는 역무를 제공하고 교육시설 등을 이용하게 하는 한편, 학생은 국립대학에 그와 같은 역무제공에 대한 대가를 지급하는 등의 의무를 부담하는 영조물 이용관계에 해당 한다"고 하고 있다. 반대 의견 역시 국립대학과 해당 대학의 학생 사이의 재학관계를 영조물 이용관계로 보고 있다.

프랑스에서 Service Public(공공서비스) 개념이 나타나기 시작한 것은 프랑스 혁명기였다. 이 시기에는 공공서비스 개념이 조직적 의미, 기능적 의미, 영역적 의미(복지 분야)가 혼용되어 있었다. 1873년의 블랑코 판결은 공공서비스를 조직적 의미로 해석한 대표적인 판결이다. 따라서 오토 마이어가 1886년 '프랑스 행정법'을 저술한 당시에 이해한 Service Public 개념은 혼용된 개념 내지는 조직적 개념의 의미로 이해하였으리라 믿어진다. 오토 마이어의 영조물 개념은 조직적 준거와 기능적 준거가 분화되지 않고 혼용된 상태에서 사용된 것이고, 법인격체가 아니기 때문에 기능적 준거에서 주체가 될 인적 요소는 행정의 주체의 구성원으로, 조직적 준거로서의 물적 요소는 공물로 분화 되어야 할 과제를 안고 있다. 대법원 다수의견은 영조물이용관계를 교육이라는 역무제공에 대한 이용과 교육시설에 대한 이용을 합쳐서 설명하고 있는데, 역무제공에 대한 이용은 공공서비스 이용관계로, 교육시설에 대한 이용은 공물 이용 관계(사실은 사용관계)로 분화시켜 설명하는 것이 현대적 해석에 맞고, 학교는 역무제공 이용에 초점이 있기 때문에 공물 이용관계에 중점을 두지 말고 공공서비스 이용관계로 보아야 할 것이다.

대법원은 기성회비를 국립대학이 학생에게 강의, 실습, 실험 등 교육활동을 실시하는 방법으로 대학의 목적에 부합하는 교육역무를 제공하고 이러한 교육역무에 필요한 교육시설 등을 이용하게 하는 것에 대한 대가인 사용료라고 하는데 '교육역무, 즉 교육공공서비스 제공에 대한 대가는 인적 수단에 대한 대가이므로 "수수료"라고 불러야 하며, 교육시설 등을 이용한 대가는 물적 수단에 대한 대가이므로 "사용료" 라고 불러야 한다. 대학은 시설이 주가 아니므로 영조물의 물적 수단인, 공물에서 제외하는 것이 타당하다. 따라서 기성회비를 등록금과 같은 성격으로 본다면 "사용료"로 볼 것이 아니고 오히려 공공서비스 이용에 대한 수수료로 보는 것이 타당하다.

기성회비의 징수를 부당이득으로 볼 것인가에 대한 다수의견과 소수의견의 대립은 기성회비의 성격을 이론적 준거에 따라 기능적 기준으로 볼 것인가 형식적 기준으로 볼 것인가의 대립이라기보다는 기성회비의 실질적 기능을 중시하여 납부금으로 보는 실용적 입장과 법률유보에 어긋나는 편법을 근절시키겠다는 사법 정책적 입장에서의 가치판단의 차이로 보인다. 우리나라 행정의 많은 부분이 편법적으로 운영되는 현실에 대하여 경종을 울릴 필요가 있다고 한다면 소수의견을 택하는 것이 맞다 고 보겠다.

주제어: 기성회비, 영조물 이용관계, 공공서비스 이용관계, 수수료, 사용료

The legal nature of the established membership fee

LEE Kwangyoun*

The majority opinion of the Supreme Court considers the legal nature of the founding society to be the "unincorporated body of the public law" in view of the actual function of the founding society. On the contrary, the opposing views considers to be unincorporated body of the private law, taking into account formal requirements. In addition, there is an opinion that the initiative should be seen as an administrative committee, not a substantive organization such as a corporation or union. However, it can not be seen as an administrative committee because it can not be regarded as an administrative institution established by the university president. On the other hand, it can not be seen as a unincorporated body in private law that membership is compulsory, and it is reasonable to regard it as an unincorporated body in the public law.

OTTO MAYER regarded the Public Establishment as "a total union of material and human means of serving the public interest permanently specified by the subject of government administration." Many of the Supreme Court's comments are that "National universities are universal human and physical facilities provided for a specific national purpose, such as university education," and that "The purpose of this training is to provide services that meet the purpose of the university and to use educational facilities, etc., while students are obliged to pay the cost of providing such services to the national university. It corresponds to the relationship of use of the Establishment to bear. The opposing view also sees the relationship between the

---

* Professor, University of SUNGKYUNKWAN. Law school

national college and the student at the university as a relationship using the Establishment.

The concept of Service Public began to emerge in France during the French Revolution. In this period, the concept of public service was mixed with organizational meaning, functional meaning, and regional meaning (welfare field). The Blanco judgment in 1873 is a representative judgment that interprets public services in an organized sense. Therefore, it is believed that the concept of Service Public understood at the time of Otto Mayer's writing of the French administrative law in 1886 understood it as a mixed concept or an organizational concept.

The human factor that becomes the subject in the functional criteria is the member of the subject of administration, It has a task to be differentiated as a tribute. The majority of the Supreme Court's comment explains the use of the Establishment as the use of educational services and the use of educational facilities. The use of educational services is related to the use of public services, And the use of the service is focused on the utilization of the service. Therefore, it should be regarded as the relation of use of the public service, not the focus on the tribute use relationship.

The Supreme Court has decided that the National University will provide students with educational services in accordance with the purpose of the university by conducting lectures, exercises, experiments, and other educational activities, The fee for educational services, that is, the provision of education and public services, should be called "fees" because it is a price for human resources, and the cost of using educational facilities should be called "the fee for use" Since the facility is not a state, it is reasonable to exclude it from tribute, which is a physical means of Establishment's purpose. Therefore, it is reasonable to consider the out-of-pocket fee as a fee for the public services rather than as a "fee for use" if the fee is the same.

The question of whether or not the collection of out-of-pocket dues should be regarded as unfair gain and the confrontation between majority opinions and minority opinions is not based on the theoretical basis, as a functional standard or a formal standard. It seems that there is a difference in value judgments from the practical position of viewing as a payment, and the judicial policy standpoint to eradicate and the illegal method contrary to the Rule of law. If I think it is necessary to ring a wake-up call on the reality that many parts of Korea's administration are operated in parallel, I would say that it is right to choose a minority opinion.

Key words: established membership fee, fee for use, fee for the public services, public establishment, public service

투 고 일: 2016. 11. 21
심 사 일: 2016. 12. 9
게재확정일: 2016. 12. 15

環境行政法

大規模 開發事業(4大江事業)에 따른 河川工事施行計劃
及 實施計劃承認處分의 違法性 (裵柄皓)

大規模 開發事業(4大江事業)에 따른 河川工事施行計劃 및 實施計劃承認處分의 違法性

裵柄皓*

대상판결: 대법원 2015.12.10. 선고 2012두6322판결
(하천공사시행계획취소)

Ⅰ. 사실관계

1. 4대강 살리기 사업의 개요 및 추진과정

가. 대상판결은 4대강 살리기 사업(이하 '4대강 사업'이라 한다) 중 낙

---

* 성균관대 법전원 교수

동강 살리기 사업과 관련된 것이다.[1] 다른 강 사업과 관련된 사건과 원고들의 소송대리인이 부분적으로 중복되고 있으며, 그 주장 내용도 비슷하고 판결의 내용도 유사하다.[2] 또한 한강살리기 사업과 관련된 1심 판결(서울행정법원 2009구합50909 하천공사시행계획취소청구등 사건)의 선고시까지 피신청인 국토해양부장관이 2009.9.경 한 4대강 정비사업에 대한 정부기본계획과 각 공구별 사업실시계획승인등과 서울지방국토관리청장의 각 하천공사시행계획 등의 효력을 정지하라는 집행정지신청 사건이 있었으나 서울고등법원은 정부기본계획의 효력정지부분은 각하하고, 나머지 부분은 기각하는 결정을 하고, 2011.4.21. 대법원은 6,180명의 신청인 겸 재항고인의 재항고를 모두 기각하였다.[3]

나. 4대강 사업은 하천법에 따른 유역종합계획 및 하천기본계획, 그 밖의 관계법령에 따라 한강, 낙동강, 금강, 영산강 등 4대강에 대하여 시행되는 사업 중 홍수·가뭄을 방지하여 물 문제를 해결하고, 하천생태계를 복원 · 활용하며, 지역균형발전과 지역경제 및 문화 · 관광을 활성화하기 위하여 체계적·중점적으로 관리·시행하는 사업이다.

---

1) 이외에도 한강 살리기 사업과 관련된 것으로 원고 6,129명이 제기한 하천공사시행계획취소청구등 사건이 서울행정법원 2010.12.3.선고 2009구합50909판결(원고패소), 서울고등법원 2011.11.25. 선고 2011누5775판결(항소기각), 대법원 2015.12.10. 선고 2011두32515판결(상고기각)이 있고, 금강 살리기 사업과 관련하여 원고 329명이 제기한 하천공사시행계획취소 등 사건이 대전지법 2011.1.12.선고 2009구합4557판결(원고 패소), 대전고법 2012.1.19. 선고2011누288판결(항소기각), 대법원 2015.12.10. 선고 2012두4531판결(상고기각)의 판결이 있고, 영산강 살리기 사업과 관련하여 원고 664명이 제기한 4대강종합정비기본계획 및 하천공사시행계획취소청구등 사건이 전주지법 2011.1.18.선고 2009구합2785판결(원고 패소), 광주고법(전주) 2012.2.15.선고 2011누94판결(항소기각), 대법원 2015.12.10.선고, 2012두7486판결(상고기각) 등이 있다.

2) 언론에서는 국민소송단이라고 표현하기도 하였다.

3) 1심결정은 서울행정법원 2009.3.12.자 2009아3749결정, 2심결정은 서울고등법원 2010.6.25.자2010루121결정, 대법원은 2011.4.21.자 2010무111 전원합의체결정에서 신청인, 재항고인의 재항고를 모두 기각하였다.

다. 국가균형발전위원회는 2008.12.15. 한국형 녹색뉴딜사업으로 4대강 사업 추진을 결정하였다. 한국건설기술연구원의 주관아래 문화관광연구원 등이 참여하여 2008.12.15. 4대강 마스터플랜 수립에 착수하였다. 4대강 사업의 추진을 위하여 4대강 살리기 기획단이 2009.2. 경 국토해양부장관 소속으로 설치되었다가, 2009.4.경 4대강 살리기 추진본부로 확대 개편되었다. 지역발전위원회, 녹색성장위원회, 국가건축위원회 및 국토해양부, 환경부, 문화체육관광부, 농림수산식품부는 2009. 4.경 4대강 살리기 마스터플랜 합동보고대회를 개최하였다. 국토해양부, 환경부, 문화체육관광부, 농림수산식품부 등 4개부는 2009. 6. 8. 4대강 정비사업의 기본방향을 제시하기 위하여 4대강 살리기 마스터플랜을 확정·발표하였고, 4대강 살리기 추진본부는 2009. 8. 24. 4대강 살리기 마스터플랜의 최종보고서를 발간·배포하였다.

2. 4대강 살리기 마스터플랜의 내용

가. 4대강 사업은 ① 기후변화의 영향과 200년 빈도 이상의 홍수에 대비한 홍수조절능력 9.2억㎥ 증대를 목표로 하는 '수해 예방을 위한 유기적 홍수방어 대책', ② 장래 물부족(2011년 8억㎥, 2016년 10억㎥)과 가뭄에 대비하여 용수확보량 13억㎥ 증대를 목표로 하는 '물부족 대비 풍부한 수자원 확보', ③ 2015년까지로 목표했던 수영 가능한 좋은 물(Ⅱ급수, BOD[4] 3㎎/ℓ)의 2012년 조기 달성을 목표로 하는 '수질개선 및 생태복원', ④ 주변지역으로 방치되었던 수변공간을 국토의 중심이 되는 삶의 공간으로 적극 활용하는 것을 목표로 하는 '지역주민과 함께 하는 복합공간 창조', ⑤ '강 중심의 지역발전'을 사업의 5대 과제로 삼고 있다.

4) Biochemical Oxygen Demand(생물화학적 산소요구량), 미생물이 물속의 유기물질을 분해하는 과정에서 사용하는 산소의 양. 통상 수치가 낮을수록 수질이 좋다고 평가된다.

나. 4대강 사업은 위 과제별로 세부적인 추진계획을 수립하고 있는데, ① '수해 예방을 위한 유기적 홍수방어 대책'을 위한 5.7억㎥의 퇴적토 준설(한강 0.5억㎥, 낙동강 4.4억㎥, 금강 0.5억㎥, 영산강 0.3억㎥), 5개의 홍수 조절지 및 강변 저류지 설치, 620㎞의 노후제방 보강, 하구둑 배수문 증설, 96개의 농업용저수지 증고, 3개의 중소규모 댐 건설, 도류제 건설 등, ② '물부족 대비 풍부한 수자원 확보'를 위한 16개의 다기능 보(洑) 설치(한강 3개, 낙동강 8개, 금강 3개, 영산강 2개), 위 퇴적토 준설, 중소규모 댐 건설, 농업용저수지 증고 등, ③ '수질개선 및 생태복원'을 위한 오염도가 높은 34개 유역의 체계적 관리, 환경기초시설 방류기준 선진화, 353개의 TP[5]처리시설 등 환경기초시설 확충 및 고도화, 비점오염원 저감대책 추진, 929㎞의 생태하천 조성, 수변생태벨트 조성 등, ④ '지역주민과 함께 하는 복합공간 창조'를 위한 편의시설, 휴게시설, 위락/체육시설, 자연관찰시설 등 여가 공간 조성, 1,728㎞의 자전거도로 조성, 수변 접근성 개선, 수변 공간 창출 등, ⑤ '강 중심의 지역발전'을 위한 지천살리기, 문화관광콘텐츠 개발, 4대강 상류유역 산림정비, 저수지 수변개발, 4대강을 활용한 녹색성장산업 활성화 등이 그 구체적인 내용이다.

다. 4대강 사업은 크게 본 사업[6], 직접연계사업[7], 연계사업[8]으로 구분된다. 한강은 본류(남한강)·북한강·섬강이, 낙동강은 본류·남강·금

5) Total Phosphorus(총인), 무기인과 유기인의 총량. 통상 수치가 낮을수록 수질이 좋다고 평가된다.

6) 본 사업은 홍수조절·물확보 등을 위해 4대강 본류에 시행하는 사업으로 국토해양부·농림수산식품부·환경부가 시행하되, 2011년(댐·저수지 등은 2012년) 완료를 목표로 한다.

7) 직접연계사업은 섬진강과 13개 주요 지류 국가하천정비와 하수처리시설 등의 확충을 위한 사업으로 2012년 완료를 목표로 한다.

8) 연계사업은 강살리기로 확보되는 수변경관 등의 인프라를 활용하는 사업으로 국토해양부·농림수산식품부·문화체육관광부·행정안전부·지식경제부·방송통신위원회 등 해당부처 계획에 따라 연차별로 시행한다.

호강·황강·서낙동강·맥도강·평강천이, 금강은 본류·미호천·갑천·유등천이, 영산강은 본류·황룡강·함평천·섬진강이 각 사업의 공간적 범위이다.

라. 4대강 사업의 전체 사업비는 약 22조 2,000억 원(본 사업 16조 9,000억 원, 직접연계사업 5조 3,000억 원)에 이르며, 4대강 정비사업 전체 구간은 공사의 규모, 행정구역, 추후 통합관리의 편의성 등을 고려하여 267개 공구로 분할된다.

마. 4대강 살리기 마스터플랜은 강과 주변 지역의 관련 사업을 체계적으로 추진하기 위하여 수립하는 종합계획이자 4대강 정비사업의 기본방향을 제시하는 계획으로서, 구체적인 내용은 설계 및 시공과정에서 조정될 수 있고, 4대강 살리기 마스터플랜과 유기적으로 연계될 수 있도록 필요시 관계부처가 관련 법정계획을 조정할 것을 당부하고 있다.

3. 대상판결의 소송경과

가. 부산지방법원 2010.12.10. 선고 2009구합5672판결

원고 1,789명이 국토해양부장관과 부산지방국토관리청장 등을 상대로 한 낙동강살리기 사업에 대한 하천공사 시행계획 취소사건은 다른 4대강 사건과 유사하게 일부 각하되고 나머지 원고들 청구를 기각하였으나, 사법판단의 한계를 언급하고 있는 부분은 다르다.

먼저 소의 적법여부 부분에는 미성년자의 소송능력 흠결 보완 불이행, 정부기본계획의 대상적격 부인, 청구취지 변경에 따른 제소기간 도과, 환경영향평가 대상지역 및 식수원수 음용지역 내 거주자들의 원고적격 인정과 나머지 다른 지역 거주자들의 헌법상 환경권과 환경정책기본법상 그리고 하천법 33조, 제1조에 의한 원고적격 부인 등을 판단하였다.

이후 1심법원은 본문만 89면에 이르는 판결문에서 원고적격이 있는 원고들의 이 사건 각 처분의 위법 주장의 근거인 하천법, 국가재정법, 환경영향평가법, 건설기술관리법, 문화재보호법, 수자원공사법 위반 등을 배척하고, 재량권 일탈·남용에 관한 주장도 배척하였다. 재량권일탈·남용부분은 행정계획과 계획재량의 한계, 이 사건 사업목적의 정당성[9], 이 사건 사업수단의 적절성[10], 보건설로 예상되는 침수피해[11], 보건설로 예상되는 수질악화[12], 준설로 예상되는 수질악화[13] 등으로 나누어져 있고, 마지막으로 피고들의 이 사건 사업에 대한 경제성분석이 잘못되었다는 주장도 원고들이 제출하는 증거들만으로는 비용과 편익에 대한 피고들의 예측이 오류라고 단정하기에 부족하다고 판단하였다. 그러면서 "… 홍수예방과 수자원확보라는 사업목적의 정당성이 인정되고 이를 위한 사업수단의 유용성이 인정되는 만큼, 사업시행에 따른 문제점이 인정된다고 하더라도 사업시행의 계속 여부, 그 범위를 판단하는 문제는 사법부가 감당하기에 버거운 주제임에 틀림없다. 왜냐하면, 사법부는 적법성 여부를 심사하는 데 적합한 구조를 가지고 있고 판례와 경험의 축적으로 이를 충분히 감당할 수 있지만, 적절성 여부를 심사하는 데는 구조적 · 경험적 한계를 가지고 있고, 설령 사업시행의 적절성에 문제가 있다고 하더라도 정치 및 행정의 영역에서 대화와 토론을 통하여 대안을 찾는 것이 사법의 영역에서 일도양단식으로 해결하는 것보다 더 효과적이기 때문이다."라고 언급하고 있다.

---

9) 홍수예방의 필요성과 용수확보의 필요성으로 나누어 판단하고 있다.

10) 홍수예방을 위한 수단의 적절성, 용수확보를 위한 수단의 적절성, 수질개선을 위한 수단의 적절성 등으로 나누어 판단하고 있다.

11) 지하수유동모델링 비교 · 검토, 이 사건 사업시행으로 예상되는 침수피해의 정도, 침수피해대책의 적절성 여부로 나누어 판단하고 있다.

12) 수질예측연구결과의 검토, 보건설로 인해 예상되는 수질악화의 정도, 수질개선대책의 적절성 여부 등으로 나누어 판단하고 있다.

13) 준설로 인해 예상되는 수질악화의 정도, 수질개선대책의 적절성여부로 나누어 판단하고 있다.

1) 부산고등법원 2012.2.10.선고 2011누228판결

원심인 부산고등법원은 처분의 적법성 부분에 대해서는 달리 판단하였다. 즉 "피고 국토해양부장관이 한 '별지 3 처분별 원고적격자 명단 ㉢란' 기재 처분 중 순번 제①번 내지 제⑫번 처분 및 피고 부산지방국토관리청장이 한 '같은 명단㉢란' 기재처분 중 순법 제13번 내지 제27번 처분은 모두 위법하다"고 판단하면서 사정판결을 하였다.

먼저 행정계획과 계획재량에 대한 적법성 판단에 관한 법리와 그 의미에서 계획재량의 통제 법리 및 절차적 통제의 중요성을 강조하고 대규모 재정이 투입되는 국책사업에 관한 계획은 정치적 프로세스가 내포되어 있어 사법부가 계획재량 통제 법리를 통하여 행정주체의 판단을 대체한다면 궁극적으로 '사법의 정치화'가 초래되어 '사법권 독립의 원칙'이 정치에 의하여 훼손될 수 있음을 우려하면서 역설적으로 행정계획 수립과정 전체에 걸쳐 단계적으로 요구되는 절차적 규정을 통한 행정계획 통제의 중요성의 의의를 강조하고 있다. 구체적으로 행정계획이 예비타당성 조사대상이어서 예비타당성 조사절차를 거치도록 명문화한 취지에 비추어 당해 계획이 달성하고자 하는 공익과 당해 계획의 시행으로 행정주체가 다른 공익사업을 추구할 여력이 없어진다면 이는 공익과 다른 공익과의 이익형량의 문제가 된다는 것과, 당해 계획을 시행하기 전에 환경영향평가법에서 정한 환경영향평가를 거쳐야 한다면 그 사업 시행으로 환경에 가해지는 영향을 사전에 예측하고 이에 대한 대책과 대안을 제시하는 절차를 거치게 하는 환경영향평가의 입법취지 자체가 당해 계획이 달성하고자 하는 공익과 당해 계획으로 침해받을 수 있는 자연환경에 대한 악영향에 대책을 마련하는 자체가 다른 공익과의 이익형량의 문제가 되며, 또한 당해 계획의 시행으로 인하여 구체적으로 침해받을 수 있는 사익에 대한 검토 및 대책 마련이 당해 계획이 달성하고자 하는 공익과 사익 또는 사익 상호간의 이익형량의 문제라고 볼 수

있다는 것을 강조하였다. 행정계획 입안과 수립에 대한 관계법령상의 절차적 규정의 중요성은 더해지고, 그에 대한 해석과 적용에 있어서 엄격성이 필요하다고 판시하고 있다. 22조 2,000억 원 이상의 국가재정이 투입되는 대형국책사업으로서 목적 자체가 정당해야 할 뿐만 아니라 절차적으로 정당해야 하므로 이 사건 각 처분의 적법성을 판단하기 위해서는 이 사건 각 처분의 적법성을 판단하기 위해서는 단계별로 관계 법령에서 요구하는 절차규정을 위반한 점이 있는지, 행정주체가 그 내용에 있어서 재량권을 일탈·남용하였는지를 살피고 있다.

이러한 입장에서 원고들의 하천법위반, 건설기술관리법 위반, 한국수자원공사법 위반, 문화재보호법 위반, 환경영향평가법 위반 주장[14] 및 재량권 일탈·남용 등에 관하여 배척이유를 구체적으로 밝히고 있다.

그러나 원심법원은 이 사건 각 처분이 국가재정법 제38조 제1항에서 요구하는 절차규정인 예비타당성 조사를 거치지 않은 하자가 있어 위법하다고 판단하면서 사정판결을 선고하고 있다. 4대강 마스트플랜이 구체적으로 검토되던 중인 2009.3.25. 국가재정법 시행령 13조 제2항[15]

---

14) 환경영향평가가 3개월여 만에 이루어져 그 내용이 일부 부실하다고 하더라도, 그 부실의 정도가 환경영향평가제도를 둔 입법취지를 달성할 수 없을 정도이어서 환경영향평가를 하지 아니한 것과 다를 바 없는 정도에 이른다고 볼 수는 없다. 따라서 원고들의 이 부분 주장은 이유 없다. 다만 위와 같은 부실한 예측과 대책(침수피해 도는 수질악화의 가능성)은 이 사건 각 처분의 재량권 일탈·남용의 위법을 판단하는 하나의 요소가 될 수 있으므로, 보 건설 또는 준설로 인한 피해의 정도와 그에 대한 대책의 적절성 판단 시 이를 함께 고려할 수 있다고 판단하고 있다.

15) 개정전 국가재정법 시행령 제13조 (예비타당성조사) ① 법 제38조제1항에서 "대통령령이 정하는 대규모 사업"이란 총사업비가 500억원 이상이고 국가의 재정지원 규모가 300억원 이상인 신규 사업으로서 다음 각 호의 어느 하나에 해당하는 사업을 말한다. 다만, 제4호의 사업은 법 제28조에 따라 제출된 중기사업계획서에 의한 재정지출이 500억원 이상 수반되는 신규 사업을 말한다.

1. 건설공사가 포함된 사업
2. 「정보화촉진기본법」 제11조에 따른 정보화 사업
3. 과학기술기본법 제11조에 따른 국가연구개발사업
4. 그 밖에 사회복지, 보건, 교육, 노동, 문화 및 관광, 환경 보호, 농림해양수산, 산

이 개정되어 '재해예방'사업이 예비타당성 조사 제외 대상사업으로 추가된 것과 개정시행령에 따른 개별사업별 예비타당성 조사에서, 보의 설치, 준설, 강변저류지, 홍수조절지, 하구둑 배수문 증설 등은 생태하천 조성 등 다른 개별 사업과 달리 예비타당성조사를 하지 않은 문제를 지적하고 있다. 기획재정부장관이 국가재정법 제38조 제4항에 따라 수립한 2009년도 예비타당성 운용지침 제9조[16]에 의하면 대상사업의 단위

업·중소기업 분야의 사업

② 제1항에 불구하고 다음 각 호의 어느 하나에 해당하는 사업은 예비타당성조사 대상에서 제외한다.

1. 공공청사의 신·증축 사업
2. 문화재 복원사업
3. 국가안보에 관계되거나 보안을 요하는 국방 관련 사업
4. 남북교류협력에 관계되는 사업
5. 그 밖에 재해복구 지원 등 사업추진이 시급하거나, 법령에 의해 설치가 의무화된 필수시설에 해당되는 경우 등과 같이 예비타당성조사의 실익이 없는 사업

16) 2009년도 예비타당성 운용지침 제9조(대상사업의 단위)

① 예비타당성조사 대상사업의 단위는 원칙적으로 현행 예산 및 기금의 과목구조상 '세부사업'을 기준으로 한다. 다만, 세부사업이 독립적인 하위사업들로 구성되어 있고, 동 하위사업 중 예비타당성조사 대상사업 요건에 해당하는 사업이 있는 경우에는 해당 하위사업을 예비타당성조사 대상으로 한다.

(주) 예산 및 기금의 과목구조 : 분야－부문－프로그램－단위사업－세부사업

(예시) 하위사업에 대한 예비타당성조사 실시 사례 : 미래기반기술개발사업(단위사업)－신약개발사업(세부사업)의 독립적인 하위사업인 '질환후보물질발굴사업' → '08년 예타 실시

② 출연연구기관, 특정연구기관 등의 경우에는 기관운영비, 특수사업비, 주요사업비 등의 항목에 포함된 독립적인 하위사업이 예비타당성조사 대상사업 요건에 해당하는 경우 해당 하위사업을 예비타당성조사대상으로 한다.

③ 지역개발, 관광지 개발 등 여러 개의 개별 단위사업으로 구성된 집단사업(Package Project)의 경우에는 원칙적으로 개별 단위사업별로 예비타당성조사를 실시한다.

④ 제3항의 규정에도 불구하고 사업의 특성, 목적, 추진 방식 등을 고려하여 2개 이상의 단위사업을 묶어서 단일사업으로 평가하는 것이 보다 적절하고 단위사업들의 총사업비 합계가 예비타당성조사 대상 요건에 해당하는 경우에는 2개 이상의 단위사업을 단일사업으로 묶어서 예비타당성조사를 실시할 수 있다.

는 원칙적으로 현행 예산 및 기금의 과목 구조상 세부사업을 기준으로 한다. 원심은 개정국가재정법 시행령 제13조 제2항 제6호의 '재해예방' 부분이 예비타당성조사 대상에서 제외된다면 모법의 입법취지에 위반되고 위임범위를 벗어난 해석으로 효력을 인정할 수 없고, 설사 효력을 인정한다고 하더라도 보의 설치는 재해예방사업이라고 볼 수 없고, 보의 설치, 준설 등의 사업이 예비타당성 조사를 면제시킬 정도로 시급성이 인정되는 사업이라고 할 수 없으므로 이는 국가재정법 제38조 제1항을 위반한 것이다. 예비타당성 조사를 하지 않은 절차상의 하자는 이 사건 각 처분 자체에 내재된 하자로서 이를 단순히 이 사건 각처분과는 별개인 예산편성의 하자에 불과하다고 볼 수 없고, 그 후의 절차단계로 넘어가기 위한 선행절차의 하자일 뿐이라고 축소해석할 여지도 없으므로 이 사건 각 처분은 위법하다[17]고 판단하였다.

그러나 이 사건 사업의 대부분의 공정이 90%이상 완료되어 원상회복이 사실상 불가능하고 이미 수용절차의 완료 등으로 새로운 법률관계가 형성되었으므로 이를 취소한다는 것이 적절하지 않다는 이유 등으로 사정판결을 선고하였다.

2) 대법원 2015.12.10. 선고 2012두6322판결의 요지

대법원은 원심법원에서 위법하다고 선고한 부분을 파기하고 그 부분에 관한 원고들의 항소를 모두 기각하였다. 나머지 정부기본계획의 처분성 불인정과 환경영향평가 대상지역 및 식수원수 음용지역 외 거주자

17) 이를 위한 판단의 근거로 원심법원은 판결문 제65면에서 74면에 걸쳐 예비타당성 조사제도 일반론에서 의의 및 필요성, 예비타당성 조사방법, 예비타당성 조사의 한계, 예비타당성 조사의 성과를 검토하고 이 사건 사업 내용이 예비타당성 조사 제외사업인지 여부를 개정시행령의 효력, 보의 설치가 재해예방사업인지 여부, 이 사건 사업 내용 중 보의 설치, 준설의 시급성이 인정되는지 여부 등을 검토하면서 예비타당성 조사대상이 되는 사업계획을 수립함에 있어 예비타당성 조사절차를 누락하는 것은 그 자체로 법률이 정한 절차를 누락한 것으로 관계 법률에 위반될 뿐 아니라 절차적으로 행정계획과 관계되는 이익형량을 누락한 것으로 위법하다고 판단하고 있다.

들의 원고 적격 부인과 그들의 환경권과 환경정책기본법상 그리고 하천법 33조, 제1조에 의한 원고적격 부인에 관한 원심 판단을 인정하였다.

대법원은 원고들의 하천법 위반, 건설기술관리법 위반, 한국수자원공사법 위반, 문화재보호법 위반, 환경영향법 위반, 재량권 일탈·남용 위반 관련 상고 이유를 모두 배척하였다. 그리고 피고들의 국가재정법 위반 관련 상고에 대하여 ① 예산은 1회계연도에 대한 국가의 향후 재원 마련 및 지출 예정 내역에 관하여 정한 계획으로 매년 국회의 심의·의결을 거쳐 확정되는 것으로서, 이 사건 각 처분과 비교할 때 그 수립절차, 효과, 목적이 서로 다르고, ② 이 사건 각 처분의 집행을 위한 예산이 책정되어 있지 않더라도 피고들은 그와 무관하게 이 사건 각 처분을 할 수 있는 한편, 정부는 이 사건 각 처분이 없더라도 이 사건 각 처분 내용의 집행을 위한 예산을 책정할 수 있는 등 예산과 이 사건 각 처분은 단계적인 일련의 관계가 아닌 독립적인 관계에 있으며, ③ 예산은 관련 국가 행정기관만을 구속할 뿐 국민에 대한 직접적인 구속력을 발생한다고 보기 어려운 사정 등을 종합하여 보면, 국가재정법령에 규정된 예비타당성조사는 이 사건 각 처분과 형식상 전혀 별개의 행정계획인 예산의 편성을 위한 절차일 뿐 이 사건 각 처분에 앞서 거쳐야 하거나 그 근거 법규 자체에서 규정한 절차가 아니므로, 예비타당성조사를 실시하지 아니한 하자는 원칙적으로 예산 자체의 하자일 뿐, 그로써 곧바로 이 사건 각 처분의 하자가 된다고 할 수 없다. 따라서 예산이 이 사건 각 처분 등으로써 이루어지는 이 사건 사업을 위한 재정 지출을 그 내용으로 하고 있고, 그 예산의 편성에 절차상 하자가 있다 하더라도, 이러한 사정만으로 곧바로 이 사건 각 처분에 취소사유에 이를 정도의 하자가 존재한다고 보기는 어렵다. 다만 위와 같은 예산 편성 절차상 하자로 말미암아 피고들이 이 사건 각 처분을 하면서 구 하천법에서 요구하는 타당성이나 사업성 등에 관한 이익형량을 전혀 하지 아니하거나 그에 관한 이익형량의 고려 대상에 마땅히 포함시켜야 할 사항을 누락한 경우 또는 그에 관한 이익형량을 하였으나 정당성과 객관성이 결여된 경우에 해당한다고 볼 수 있는 구체적 사정이 있고, 그로 인하여 이 사건 사업에 이익형량의 하자가 있다고 인정될 수 있는 때에는, 이 사건 각 처분이 재량권을 일탈·남용하여 위법하다고 평가할 수 있을 것이다. 원심의 판단이 국가재정법상 예비타당성 조사 절차 위반 등에 관한 법리를 오해하여 판결에 영향을 미친 잘못이 있다고 판시하였다.

Ⅱ. 평석

1. 쟁점의 소재

가. 4대강 사업과 같은 대규모 개발사업과 국민소송

행정부의 대규모 사업(4대강사업)에 대한 정책결정을 반대하는 수천명의 국민이 여러 이유를 제시하면서 정책집행을 중지해달라고 법원에 호소하였다. 행정부가 국가재정법을 바꾸지 않고 시행령을 개정한 후 정책을 추진하자, 원고들은 이를 제지하기 위하여 정책결정과정의 법적 하자를 이유로 위법을 주장하며 행정소송을 제기하였다.

4대강 사업은 대통령 선거 공약과 무관하지 않다. 선거공약 중 하나는 대운하사업으로 국토 정책을 획기적으로 변경하는 것이었다. 현대 민주국가에서 주권자인 유권자는 장밋빛 선거공약의 타당성을 선거과정에서 충분히 검토하지 못하고 그 덫에 걸려 최선의 판단을 못하는 경우가 많다. 예산을 수반하는 선거공약은 국가재정법 제16조의 재정지출 및 조세지출의 성과 제고 원칙 입장에서 충분히 검토되어야 한다.[18]

새만금 개발사업이나 행정수도이전사업은 모두 대통령 선거공약에

---

18) 국회예산정책처, 국가재정법, 2014. 160면.

기인하고, 법원이나 헌법재판소의 판단을 받았으나, 지금도 반대하거나 그 문제를 지적하는 의견이 적지 않다. 공사가 완료된 4대강사업에 대하여 4대강 책임자 처벌과 4대강 재자연화를 촉구하는 견해[19]도 있다. 이명박 정부는 '국제과학비즈니스도시 조성'과 '한반도 대운하 건설' 중 대운하건설이 국민의 반대로 실패로 돌아가자, 세계 금융위기 해법으로 4대강 사업을 추진하였다.[20] 이는 금융위기가 발생하지 않았다면 채택하지 않았다는 것과 그만큼 충분한 검토 없이 결정된 것을 의미한다. 22조원 이상의 돈이 들어가는 4대강 사업이 대통령 임기인 5년 내에 끝내야 할 정도로 시급하였는지, 문제가 제기된 영산강 구역의 사업을 시범적으로 우선 시행하면서 그 결과를 분석하고 다른 지역으로 확대하는 보편적인 방법을 택하지 않은 특별한 사정이 있었는지, 이러한 중대한 문제를 사법부는 독자적인 입장에서 판단할 수 없는지 등의 문제를 제기할 수 있다. 국가의 중요 정책 결정을 정치과정에서 원만한 해결하지 못하여 사법과정으로 해소하는 현상을 정치의 사법화[21]라고 하는바, 그 변화를 무시할 수 없다.

5년 단임제 대통령제의 정부형태에서는 장기정책보다는 단기성과에 집착할 수밖에 없다.[22] 현행 헌법 아래에서 새로 출범하는 대통령당선자의 인수위원회는 새로운 것만 추구할 뿐 같은 정당이라도 전임 정부의 연속성을 인정하지 않았다. 이명박 정부 임기 내내 강조되던 녹색성장은 임기만료와 함께 사라지고 창조경제로 바뀌었다. 비록 대규모 국책사업의 수립과 집행이 행정부와 입법부 소관임을 인정하더라도, 위

19) 환경단체들의 2015.4.13. '제7회 세계물포럼'이 열리는 대구 엑스포 앞에서의 기자회견. 에코저널.2015.4.13.자.
20) 이명박, 대통령의 시간, 알에이치코리아, 2015. 559－560면.
21) 김종철, "'정치의 사법화'의 의의와 한계", 공법연구 제33집 제3호, 2005.5. 230면.
22) 미국의 대통령제하에서도 모든 대통령이 단기정책안과 장기정책안의 선택의 압박에 시달렸고, 장기적인 정책으로 전환하기 위해서는 국민의 인내심이 약해지는 것을 극복해야 한다는 견해가 있다. Paul C. Light, 차재훈 역, 대통령학, 한울아카데미, 2009. 397면.

와 같은 분위기라면 정치적 해결이 되지 않고 그 정책에 대한 사법판단을 요구하게 된다. 정책의 합헌성에 대한 최종적인 결정권을 법원에 부여하지 않는다고 하더라도 사법심리를 통하여 행정부와 의회로 하여금 토론과 숙의를 하도록 할 수 있다는 것이다.[23] 기능적인 삼권분립의 이념에 비추어 사안에 따라서는 사법부의 견제 기능도 부각될 필요가 있다. 국민에 의해 직접 선출되는 대통령과 의회에게 민주적 정당성을 부여하는 대통령제하에서 정당의 역할로 인하여 대통령 · 집권당과 야당과의 관계로 발전하면서, 경우에 따라서는 대결구도의 장기화로 교착상태 또는 분점정부로 되기도 하나 그 반대로 일방통행의 형태로 국정이 운영될 수도 있다.[24] 이러한 상황에서 대규모 사업의 합리성이나 그 계속성에 대한 정책 판단 체계가 제대로 작동되지 아니 한 경우라면 대규모 국책사업에 대한 사법심사의 적극성이 필요하다고 할 것이다.

1심 소장이 접수된 2009년부터 2015년 12월 10일 대상 판결 선고까지 만6년 이상의 기간 이 걸렸고, 그 사이 대법원의 2011.4.21.자 사업의 집행정지신청 기각 결정과 원심법원의 2012.2.10.자 예비타당성조사의 하자를 이유로 한 위법 판단과 사정판결이 있었다. 또한 2014.1.1. 국가재정법 제38조가 개정되어 예비타당성 조사의 예외인 재해예방에 관한 같은 조 제2항 중 제7호가 "7. 재난예방을 위하여 시급한 추진이 필요한 사업으로서 국회 소관 상임위원회의 동의를 받은 사업"으로 변경되었고, 기획재정부 장관이 예비타당성조사 실시 결과를 요약하여 국회 소관 상임위원회와 예산결산특별위원회에 제출하도록 되었으며,[25]

---

23) 강승식, "사법심사의 정당성 논란에 대한 관견", 동아법학, 제50호. 2011. 2면.

24) 음선필, "개헌대상으로서의 대통령임기와 선거주기", 제도와 경제 제2권 제1호, 2008.2. 155-156면; 김종철, 위의 글, 233면; Thomas E. Mann & Norman J. Ornstein, The Broken Branch, oxford, 2008, p. 17, 44, 212; John W. Dean, Broken Government, viking, 2007. p. 189.

25) 제38조(예비타당성조사) ① 기획재정부장관은 총사업비가 500억원 이상이고 국가의 재정지원 규모가 300억원 이상인 신규 사업으로서 다음 각 호의 어느 하나에 해당하는 대규모사업에 대한 예산을 편성하기 위하여 미리 예비타당성조사를 실

또한 제38조의2가 신설되어 예비타당성조사 결과 관련 자료를 공개하도록 하였다.

나. 쟁점의 분류

사법부가 대규모 국책사업에 대한 적법성과 적절성에 대하여 판단할 수 있는가, 재정법령상 예비타당성검사와 환경영향평가법상 환경영향평가 등 법적 절차를 제대로 이행하지 않은 경우 어느 정도에서 위법하다고 인정할 것인가 그리고 상당부분 진척된 사업의 위법성 판단에 한계를 인정할 것인가 등의 문제가 제기된다.

여기서는 환경문제와 관련된 소송에서 환경가치와 사법심사의 적극성을 검토하고, 취소소송에서 계쟁처분의 위법성에 관한 논의를 살펴본 후 예비타당성 조사와 환경영향평가의 하자와 위법 인정 기준에 관하여 알아보고 대상판결의 타당성을 언급하고자 한다.

2. 환경가치와 사법심사

가. 원고적격 인정 문제

(1) 대상판결은 원고적격 관련 상고 이유에 대하여, 종래의 새만금소송의 판례에 따라 "행정처분의 직접 상대방이 아닌 사람으로서 그 처분에 의하여 자신의 환경상 이익이 침해받거나 침해받을 우려가 있다는

시하고, 그 결과를 요약하여 국회 소관 상임위원회와 예산결산특별위원회에 제출하여야 한다. 다만, 제4호의 사업은 제28조에 따라 제출된 중기사업계획서에 의한 재정지출이 500억 원 이상 수반되는 신규 사업으로 한다. <개정 2008.2.29., 2010.5.17., 2014.1.1.>

1. 건설공사가 포함된 사업
2. 「국가정보화 기본법」 제15조제1항에 따른 정보화 사업
3. 「과학기술기본법」 제11조에 따른 국가연구개발사업
4. 그 밖에 사회복지, 보건, 교육, 노동, 문화 및 관광, 환경 보호, 농림해양수산, 산업·중소기업 분야의 사업

이유로 취소소송을 제기하는 제3자는, 자신의 환경상 이익이 그 처분의 근거 법규 또는 관련 법규에 의하여 개별적 · 직접적 · 구체적으로 보호되는 이익, 즉 법률상 보호되는 이익임을 증명하여야 원고적격이 인정된다. 그런데 그 행정처분의 근거 법규 또는 관련 법규에 그 처분으로써 이루어지는 행위 등 사업으로 인하여 환경상 침해를 받으리라고 예상되는 영향권의 범위가 구체적으로 규정되어 있는 경우에, 그 영향권 내의 주민들은 해당 처분으로 인하여 직접적이고 중대한 환경피해를 입으리라고 예상할 수 있고, 이와 같은 환경상의 이익은 주민 개개인에 대하여 개별적으로 보호되는 직접적·구체적 이익으로서 그들에 대하여는 특단의 사정이 없는 한 환경상 이익에 대한 침해 또는 침해 우려가 있는 것으로 사실상 추정되어 법률상 보호되는 이익으로 인정됨으로써 원고적격이 인정된다. 그리고 그 영향권 밖의 주민들은 당해 처분으로 인하여 그 처분 전과 비교하여 수인한도를 넘는 환경피해를 받거나 받을 우려가 있다는 자신의 환경상 이익에 대한 침해 또는 침해 우려가 있음을 증명하여야만 법률상 보호되는 이익으로 인정되어 원고적격이 인정된다(대법원 2006. 3. 16. 선고 2006두330 전원합의체 판결, 대법원 2010. 4. 15. 선고 2007두16127 판결 등 참조)."는 것을 확인하고 있다.

또한 헌법상 환경권과 구 환경정책기본법(2011.7.21. 법률 제10893호로 전부 개정되기 전의 것) 제6조 등에 의하여 곧바로 위 원고들에게 이 사건 각 처분의 취소를 구할 법률상 이익을 인정할 수 없으며, 구 하천법(2012. 1. 17. 법률 제11194호로 개정되기 전의 것, 이하 같다) 제1조, 제33조 등에서 보호하는 위 원고들의 생활상의 이익은 공익 보호의 결과로 인하여 국민 일반이 가지는 추상적 · 평균적 · 일반적 이익에 불과하다는 이유를 들어 환경상 이익의 침해를 이유로 이 사건 각 처분의 취소를 구할 법률상 이익이 없다고 판시하였다.

(2) 생각건대, 환경소송에서 원고적격문제를 확대하여야 한다는 주장과 함께 입법론도 제기되고 있고 비교법적 연구도 있지만, 대상판결

의 태도는 타당하다고 할 것이다. 왜냐하면 대규모 국책사업을 비롯한 환경침해 사건에서 원고적격이 인정되지 않아 문제되는 경우가 없을 것이기 때문이다. 만약에 구체적인 사건에서 종래의 판례가 적절하지 않은 경우가 발생한다면 법원은 '법률상 이익의 확대해석'으로 해결 가능할 것이다.

나. 대규모 국책사업과 환경영향평가의 절차적 엄정성

(1) 새만금 사건과 4대강 사건의 집행정지사건에서 대법원은 다수의견과 반대의견으로 나뉘어졌다. 대상판결에서 1심법원은 대규모 국책사업의 적법성이 아닌 적절성 판단에 대하여 사법부의 소극적인 입장을 언급하였고, 원심법원은 행정계획의 단계별 절차적 중요성을 강조하면서 종래의 사법부의 입장에 대한 보다 적극적인 자세 확립을 강조하였다. 원심법원에서 비록 환경영향평가에 대한 종래의 판례를 원용하였지만, 절차의 엄격함을 강조하는 전체적인 맥락을 보면 문제를 지적하고 있는 느낌을 가지게 된다.

(2) 사실 대상판결에서도 인정되고 있는 "환경영향평가법령에서 정한 환경영향평가절차를 거쳤다면, 비록 그 환경영향평가의 내용이 다소 부실하다 하더라도, 그 부실의 정도가 환경영향평가제도를 둔 입법취지를 달성할 수 없을 정도이어서 환경영향평가를 하지 아니한 것과 다를 바 없는 정도가 아닌 이상, 그 부실은 당해 승인 등 처분에 재량권 일탈·남용의 위법이 있는지 여부를 판단하는 하나의 요소로 됨에 그칠 뿐, 그 부실로 인하여 당연히 당해 승인 등 처분이 위법하게 되는 것이 아니다"는 종례의 판례[26]는 행정부의 업무수행과 판단을 존중하는 것으로 이해될 수 있으나 환경영향평가제도의 취지에 비추어보면 거부감이 적지 않다. 법령에서 규정한 환경영향평가절차를 거치기만 하면 제대로

---

26) 대법원 2006.3.16. 선고 2006두330 전원합의체 판결 등.

하지 않아도 된다는 식의 면죄부를 부여하는 의미가 강하기 때문이다. 환경영향평가의 절차와 효력이 사법부의 판단이 되는 이상 "환경영향평가는 법령에 따라야 하고 정당한 사유가 없는 한 부실한 내용은 허용되어서는 안 된다"는 입장으로 바뀌어야 한다. 필요하다면 처분의 적법성을 판단하기 위하여 감정평가를 하는 것과 같이 법원에서 다시 환경영향평가를 실시할 수 있도록 하여야 할 것이다. 이해관계인이 많은 환경영향평가의 취지에 따라 절차적 정의는 존중되어야 하므로 행정절차법상 불이익처분의 절차의 준수처럼 강조되어야 할 것이다.

다. 환경가치와 사법적극주의

(1) 법원의 환경가치에 대한 인식의 차이를 강조하면서 사법적극주의를 강조하는 견해[27]가 있다. 즉 새만금 사건에 나타난 다수의견과 반대의견의 차이는 환경이익과 개발이익에 대한 접근방법인 사법관의 차이로 나타나고, 한강 사업에 대한 집행정지사건의 다수의견과 반대의견으로 표현되었다는 것이다.[28] 민주적 의사형성 권한의 입법부 및 행정부에의 전속성을 비판하고 사법심사는 대의정치시스템의 민주성과 대의성을 높이기 위한 것으로 이해해야 한다는 입장에서 법원의 인적·물적 자원 부족에 따른 심사능력의 제한성과 대안탐색 및 문제해결에서의 비효율성은 구체적인 사안에 따라 해결가능하다는 것이다.

이에 대해 환경문제는 가치의 문제로 가치의 특성상 통약불능과 비교불능으로 법원에서 판단하기 어렵고 기술낙관주의의 오류가 있으므로 의회 등 공론의 장에서 해결되어야 한다면서 사법적극주의의 한계를 강조하는 견해[29]가 있다. 즉 사법부는 "다수자의 횡포로부터 개인과 소수

27) 박태현, "환경가치, 민주주의 그리고 사법심사", 민주법학 제50호. 2012. 450-452면.
28) 앞의 글, 453면.
29) 조홍식, "환경법의 해석과 자유민주주의", 서울대학교 법학 제51권 제1호. 2010. 256면.

자를 보호하는 전통적인 비민주적 역할"에 머무르고, "다수자의 이익에 제공하기 위하여 입법부와 행정부가 어떻게 기능하여야 하는지에 대한 처방을 내리는 더욱 비민주적인 역할"을 자임해서는 안 된다는 역할론을 강조하고 있다.[30)]

(2) 생각건대 구체적인 법적 분쟁 사건을 전제로 하는 사법부의 본질적 한계는 부인할 수 없다. 그러나 국민의 권리구제의 보루이면서 헌법과 법률이 보장하고 있는 광의의 공익 수호의 최후의 보루인 사법부의 역할은 제대로 인정되어야 할 것이다. 5년 단임제 대통령이 선거공약인 '한반도 대운하 건설'을 국민여론의 반대로 포기하면서, 때마침 발생한 세계 금융위기의 해법으로 4대강 사업을 계획하고 추진하자 야당이 하천법 등 관련법에서 전혀 예상하지 못한 대규모 국책사업의 타당성을 반대하였으나 관철되지 못하자 국민이 국민소송단 이름으로 소송을 제기하였다. 민주적 정당성이 약한 사법부는 논란이 된 대규모 정책사업에 대한 적극적인 심리를 할 수 없는가? 민주적 정당성에 과도하게 집착하여 사법심사의 정당성을 부인하는 것은 헌법 질서를 무시하는 미시적인 태도라고 할 것이다.[31)] 국민소송단의 전국적인 소송 제기가 아니더라도 사법부는 원상회복이 어려운 대규모 국책사업에 대한 판단을 사안에 따라 보다 적극적으로 할 수 있다고 할 것이다.[32)] 사법심사는 행정부로 하여금 대안 탐색과 효율적 문제 해결을 유도할 수 있을 것이다.[33)]

1심법원에서 토로한 정책의 적절성에 대한 사법판단의 어려움과 일도양단식의 판결의 문제점은 사회변화에 대한 법원의 소극주의 역할론의 핵심이다. 공립학교에서의 인종분리정책을 위헌으로 판단한 1954년의 Brown 판결 이래 사회변화의 지원세력으로서의 미국 연방대법원

30) 앞의 글, 264면.
31) 강승식, 위의 글, 7면.
32) 박태현, 위의 글, 462면.
33) 강승식, 위의 글. 3면.

의 역할에 대한 논의는 오래전부터 있어 왔고, 법원 또는 법의 기능주의적 논의는 지금도 중요한 의의를 가지고 있다.[34] 정당 기능 변화로 인하여 엄격한 권력분립을 전제로 하는 대통령제가 아닌 대통령 · 집권여당과 야당 체제로 바뀐 상황에서 사회변화나 대규모 정책에 대한 사법심사는 이제 수용될 수밖에 없으나, 그 기준과 범위가 문제된다. 헌법과 법령에서 규정하고 있는 절차가 대규모 정책수립과정과 집행과정에서 충실히 존중되고 있는지는 사법심사의 대상으로 보아야 할 것이다. 환경소송에서 기속행위와 재량행위에 대한 사법심사를 구분하고, 재량에 대한 실체적 통제 방법과 절차적 심사방법으로 나누어 구체적인 사안에서 적극적으로 양자를 적절히 조화시켜야 할 것이다.[35] 제한된 예산을 특정 분야에 지출하면 다른 곳에 사용할 수 없는 상황에서 최선의 효과를 도출하기 위한 방법으로 도입된 국가재정법령상 예비타당성 조사를 제대로 하지 않은 절차상의 하자의 의미를 강조하면서 위법성을 인정한 원심법원의 판단은 그 의미가 크다고 할 것이다.

3. 취소소송에서 계쟁처분의 위법성에 관한 논의

가. 원고들이 본안에서 환경영향평가법상의 위법 외에 국가재정법상 예비타당성 조사의 하자나 문화재보호법상 지표조사를 제대로 이루어지지 않았다는 것 등을 위법사유로 주장하였고, 법원은 개별법적으로 위법성을 판단하고 재량권의 일탈·남용에 대하여도 판단하였다. 이러한 법원의 판단에 대하여 견해의 대립이 있다.[36]

---

34) 권혜령, "사회변화과정에서 미 연방대법원의 역할과 한계", 공법연구 제43집 제4호, 2015.6. 79면.

35) 이영창, "환경소송에서 행정청의 재량에 대한 사법심사의 방법과 한계", 사법논집 제49집, 2009. 290면.

36) 최계영, "항고소송에서 본안판단의 범위", 행정법연구 제42호. 행정법이론실무학회. 2015.7.;김중권, "취소소송에서 계쟁처분의 위법성의 권리침해견련성에 관한 소

나. 먼저 반대하는 입장에서는 원고들이 환경영향평가법상의 위법 외에 국가재정법상 예비타당성 조사의 하자나 문화재보호법상 지표조사를 제대로 이루어지지 않았다는 것을 위법사유로 주장하는 것이 허용되는가라는 의문을 제기한다.[37] 즉 취소소송에서 처분의 위법성만을 소송물로 보고 원고의 권리침해는 소송물의 요소로 보지 않는 입장과 처분의 위법성 외에 그로 인한 원고의 권리침해까지 소송물에 포함시켜야 한다는 입장을 소개하면서 우리나라의 경우에는 독일과 일본과 같이 명문의 규정이 없기에 전자로 해석하는 것이 타당하다는 것이다. 그렇게 해야 본안심리의 범위를 제한할 경우 발생하는 문제를 해결할 수 있다는 것이다.[38] 즉 오로지 공익 보호를 위한 규정을 준수하도록 강제할 수 있는 실효성 있는 수단이 되고, 행정계획의 경우 이익형량의 구조에 부합하며, 처분의 상대방과 제3자가 주장할 수 있는 위법사유의 범위를 동등하게 하며, 지위가 다른 제3자의 심리범위를 달리하지 않을 수 있을 뿐 아니라 원고적격을 지속적으로 확대해온 판례의 경향과 원고적격을 확대하고자 하는 입법적 경향에도 부합한다는 것이다.

다. 이에 대해 찬성하는 입장에서는 위법성의 권리침해견련성의 부정이 확립된 판례나 학계의 통설의 입장이 아니고, 반대 입장에서 제시하는 대법원 1989.4.11.선고 87누647판결 및 대법원 1997.5.15. 선고 96누8796판결 등에서 객관적 위법성이란 표현을 하지 않았다는 점을 강조한다.[39] 즉 위 사안에서 위법성이 권리침해가능성과 무관한 것이 아니고 오히려 위법성은 권리침해를 전제로 한 주관적 위법성이지 결코 객관소송의 빌미를 제공하는 객관적 위법성은 아니며,[40] 위 87누647판결은 조세사건으로 과세처분의 위법사유를 망라한다는 의미에서 위법성

고", 행정판례연구 제20집 제2호. 2015.

37) 최계영, 위의 글, 110－111면.

38) 최계영, 위의 글, 126면 이하.

39) 김중권, 위의 글, 87면

40) 김중권, 위의 글, 93면.

일반의 차원으로 접근한 것이라는 입장이다.[41] 위법성의 권리침해견련성이 부정될 경우 항고소송의 객관소송화를 초래할 위험, 보호규범이론 및 원고적격 차원에서 문제, 현행 사법시스템의 임무와 기능 차원에서 문제, 기왕의 공법체계가 근본적으로 붕괴되는 문제, 국가배상법 차원에서의 문제 등을 제기하고 있다.[42]

라. 생각건대 법원은 원고들이 주장한 개별법상 위법사유와 그로 인한 원고들의 권리침해에 대하여 판단한 것으로 보인다. 원심법원이 원고적격 부분에서 피고의 개별법 위반을 이유로 한 원고적격 인정부분을 배척한 것은 타당하다고 할 것이다. 원고적격이 인정되는 원고들은 이 사건 각 처분의 하천법 위반, 건설기술관리법 위반, 한국수자원공사법 위반, 문화재보호법 위반, 환경영향평가법 위반 등을 주장하면서 각 개별법에 정한 절차와 내용을 지키지 않은 위법사유와 함께 여러 위법사유를 종합하여 재량권의 일탈·남용을 주장하였던 것이다. 원심인 부산고등법원이 국가재정법상 예비타당성 조사의 하자를 인정하고 강조한 것은 피고의 국가재정법시행령 개정이라는 편법의 위법성을 제재하기 위한 것으로 '사법의 정치화'라는 부담과는 무관하다고 할 것이다.

4. 예비타당성 조사와 환경영향평가 등의 하자와 위법 인정 기준

가. 국가재정법상 예비타당성 조사

(1) 예비타당성 조사의 의의와 연혁

예비타당성 조사는 대규모 공공투자사업에 대한 사전검증을 강화하여 무분별한 투자로 인한 예산낭비를 방지하기 위해 1999년에 도입된 제도이다.[43] 당초 이 제도는 법적 근거 없이 구 기획예산처의 내부기준

41) 김중권, 위의 글, 101면.
42) 김중권, 위의 글, 102-113면.
43) 국회예산정책처, 국가재정법, 2014. 303면.

인 '예비타당성 운용지침'에 따라 운용되었다. 이 제도의 도입 성과가 적지 않고 다른 나라의 모범이 된다는 평가가 있다.[44] 그러나 앞에서 본 바와 같이 예비타당성 조사는 2006년 국가재정법 제정 시에 도입되었다가 그 후 3차례 개정되었고, 2014년 개정을 통하여 예비타당성 조사 실시대상 및 면제대상을 직접 법률에 규정하고 면제대상의 내역 및 사유를 국회에 제출하도록 하였다.

(2) 예비타당성 조사와 타당성 조사의 주체 및 방법

예비타당성 조사는 예산반영 여부 및 투자우선순위를 결정하기 위한 개략적인 조사로서 사업의 경제적·정책적 타당성을 검토하는 반면, 타당성 조사는 예비타당성 조사를 통과한 사업을 대상으로 본격적인 사업착수를 위한 기술적 측면을 검토하는 것이다. 전자는 상대적으로 단기간 동안(6개월) 1억원 미만의 소규모예산으로 기획재정부가 일괄하여 추진하며, 후자는 사업을 시행하는 주무부처가 적정한 예산을 투입하여 추진한다. 전자의 예산은 예비타당성 조사 전문기관인 한국개발연구원(KDI)의 재정평가사업을 위한 출연금으로 편성되며, 후자의 예산은 각 부처의 개별사업예산의 기본조사설계비로 편성된다. 타당성조사는 건설기술관리법 시행령 제57조와 국가통합교통체계효율화법 제38조 등에 따라 실시한다.

현재 예비타당성조사는 기획재정부장관의 요청에 의해 한국개발연구원, 공공투자관리센터(PIMAC)에서 총괄하여 수행한다. 다만 순수 국가연구개발사업의 경우는 한국과학기술기획평가원(KISTEP)에서 총괄하여 수행한다(예비타당성조사 운용지침 제28조). 예비타당성조사는 크게 경제적 분석, 정책적 분석 그리고 다기준분석인 종합평가로 이루어진다. 경제적 분석은 사업의 경제적 가치에 대한 분석으로 비용편익분석의 현재가치의 비율을 도입하여 조사를 수행하며, 일반적으로 편익/비용≥1이면 경

44) 김강수, "예비타당성 조사 도입 15년의 성과와 과제, 월간조선 2015.1. 358면.

제적 타당성을 확보한 것으로 본다(예비타당성조사 운용지침 제34조). 정책적 분석은 사업시행에 따른 비용 및 편익을 계량화할 수 없어 비용편익분석에 포함되지 않지만 평가해야 할 요소로 지역균형발전(지역낙후도, 지역경제파급효과), 정책의 일관성 및 추진의지(관련계획 및 정책방향의 일치성, 사업추진의지 및 선호도), 사업추진상의 위험요인(재원조달가능성, 환경성 평가) 등이 포함된다(예비타당성조사 운용지침 제35조). 종합평가는 경제적 타당성, 정책적 분석항목 등을 종합적으로 고려하여 AHP(Analytic Hierarchy Process)분석으로 제시하는 것이며 통상 AHP≥0.5이면 사업시행이 바람직한 것으로 본다. AHP 분석 수행시 각 평가항목별 가중치는 특별한 사유가 없는 한 사업유형별로 다음 각 호의 가중치 범위 내에서 적용한다.[45](예비타당성조사 운용지침 제38조제2항)

각 중앙관서의 장은 예비타당성조사결과 타당성이 확보된 사업(예 : AHP ≥ 0.5)의 추진을 위해 사업의 시급성, 재원여건, 지자체 협의 등 사업 추진여건을 감안하여 기획재정부장관에게 해당 사업에 대한 예산 등을 요구할 수 있다(예비타당성조사 운용지침 제43조).

(3) 예비타당성 조사의 구속력

대법원은 행정계획의 수립 단계에서 사업성 또는 효율성의 존부나 정도를 정확하게 예측하는 것은 과학적·기술적 특성상 한계가 있을 수 밖에 없으므로 사업성에 관한 행정주체의 판단에 정당성과 객관성이 없지 아니하는 이상 이를 존중할 필요가 있다고 판시하였다. 그러나 법원은 보다 적극적인 판단을 할 필요가 있다고 할 것이다. 법원이 예비타당

---

45) 1. 건설사업 : 경제성 40~50%, 정책성 25~35%, 지역균형발전 20~30%
2. R&D, 정보화 사업
•B/C 분석시: 경제성 40~50%, 기술성 30~40%, 정책성 20~30%
•E/C 분석시: 경제성 30~40%, 기술성 40~50%, 정책성 20~30%
3. 기타 재정사업
•B/C 분석시: 경제성 25~50%, 정책성 50~75%
•E/C 분석시: 경제성 20~40%, 정책성 60~80%

성 조사의 정당성과 객관성의 판단에 보다 엄격하여야 행정주체도 많은 예산이 투입되는 행정계획을 보다 신중하게 처리할 것이다. 사안에 따라서는 행정청이 최선의 방법으로 예비타당성 조사를 하지 않거나 국정과제의 순위에 밀려 충실하게 조사하지 않으면 그것 자체를 이유로 위법하다고 판단하여야 하며, 조사의 결과의 구속력을 인정하여 처분의 위법성을 인정하는 기준으로 삼아야 할 것이다. 그렇지 아니하면 예비타당성 조사를 할 필요가 없기 때문이다.

나. 환경영향평가법상 환경영향평가의 하자

(1) 환경영향평가의 의의와 기능

"환경영향평가"란 환경에 영향을 미치는 실시계획 · 시행계획 등의 허가 · 인가 · 승인 · 면허 또는 결정 등(이하 "승인등"이라 한다)을 할 때에 해당 사업이 환경에 미치는 영향을 미리 조사·예측·평가하여 해로운 환경영향을 피하거나 제거 또는 감소시킬 수 있는 방안을 마련하는 것을 말한다(환경영향평가법 제2조제2호). 환경부장관은 친환경적이고 지속가능한 발전과 건강하고 쾌적한 국민생활을 도모하기 위하여 환경영향평가 등의 객관성, 과학성 및 예측 가능성 등을 높이기 위하여 환경영향평가 등의 평가지침, 작성기준 및 점검목록 등을 작성 · 보급하여야 한다(환경영향평가법 제3조 제3항). 그러나 환경영향평가의 구속력과 절차적 하자의 유형 및 위반 효과 등을 규정한 조항은 없다.

4대강 사업은 제방을 보완하거나 높아진 하상을 손보는 것이 아니라 수중보를 만들고 자연적인 상태를 훼손하는 것으로 자연에 대한 공격[46]에 해당한다. 생물학적 의무로서 자연법칙을 존중하고 지구에서 생존 가능하게 사는 법을 배워야 한다는 입장에서 보면 환경영향평가의 중요성은 아무리 강조하여도 지나치지 않다.

---

46) 조노선 포릿 지음, 안의정 역, 성장자본주의의 종말, 바이북스, 2012. 30면.

(2) 환경영향평가의 구속력

법원은 환경영향평가를 한 형식만 갖추면 그 실질이 환경영향평가를 하지 않은 것과 같은 경우가 아닌 한 그 하자는 중요하지 않다고 평가한다. 즉 대법원은 대상판결에서도 종래의 판례를 거듭 확인하였다. 환경영향평가가 3개월여 만에 이루어져 그 내용이 일부 부실하다 하더라도, 그 부실의 정도가 환경영향평가제도를 둔 입법 취지를 달성할 수 없을 정도이어서 환경영향평가를 하지 아니한 것과 다를 바 없는 정도의 것이라고 할 수 없다고 하면서 그 효력의 하자를 인정하지 않았다. 법원의 환경영향평가상의 하자에 대한 접근방법은 결과적으로 환경영향평가제도를 유명무실하게 만들어 환경보호에 이바지 못하게 한다.[47]

대법원 판례의 기준은 고도의 전문성과 기술성이 요구되는 환경영향평가의 심리에 따르는 원칙적인 사법부의 심사의 한계를 감안하더라도 지나치게 완화된 것으로 환경영향평가제도의 도입 취지를 무시하는 것으로 평가된다. 행정절차법상 절차의 하자에 대하여 위법성을 인정하는 것에 비하면 엄중한 자연법칙이 내재되어 있는 환경의 중요성을 지나치게 가볍게 평가하고 있다.

다. 국가재정법상 예비타당성 조사의 하자와 예산의 효력

예산은 국가의 세입·세출에 관한 예정계획으로 국회의 의결로써 성립하는 법규범의 일종이다.[48] 이는 국회의 의결을 통하여 확정된 중앙정부의 한 회계연도에 걸친 수입·지출 계획으로 표현할 수 있다.[49] 예산법률주의가 아닌 우리나라의 경우 예산은 법률과 달리 정부만 제안하

47) 이비안, "하자있는 환경영향평가의 효력－미국 NEPA 소송 관련 하자있는 EIS의 효력을 중심으로－", 공법학연구 제17권 제1호. 한국비교공법학회. 2016.2. 273면.

48) 배병호, "예산편성과정과 행정법", 행정법연구 제43호. 행정법이론실무학회. 2015.11. 170면.

49) 김춘순, "비교예산제도론", 대명출판사, 2014.17면.

고, 정부의 동의 없이 국회가 증액 또는 새 비목을 설치할 수 없다. 국가재정법상 여러 절차를 거친 기획재정부의 예산안이 재정정책자문회의와 국무회의의 심의를 거친 후 대통령의 승인을 얻으면 정부 예산안으로 확정되고, 정부예산안이 국회에 회부되면 국회법에 따른 여러 심의를 거쳐 최종적으로 의결되므로 대통령도 국회에서 의결된 예산에 대하여 거부권을 행사할 수 없다. 예산은 국가기관만을 구속할 뿐 국가와 국민 간의 법적 관계를 규율하지 않는다.

예비타당성조사는 기획재정부 장관의 국가재정운용계획수립지침 통보와 거시전망, 각 중앙관서의 장의 중기사업계획서 제출, 기획재정부 장관의 예산안편성지침의 통보, 중앙관서의 예산요구서 제출 등의 흐름 중에 사용되는 것으로 그 하자가 있다면 기획재정부의 예산사정단계에서 걸러질 것이다. 정부의 예산안이 편성되어 국회에 제출된 후 국회의 예산안 심사단계(본회의 시정연설, 상임위원회 예비심사, 예산결산특별위원회 종합심사, 본회의 최종의결)에서 예비타당성 조사의 하자가 지적되어 그에 따른 예산안조정이 될 수 있다.

그러나 예비타당성 조사의 하자에 대한 적절한 조치 없이 통과되어 예산이 확정되면 세출예산은 지출의 목적·금액·시기 등에 관하여 정부를 구속한다. 따라서 예비타당성 조사의 하자는 예산 확정 후 거론될 수도 없다.

라. 예산 확정과 국토 해양부장관 또는 지방국토관리청장의 이 사건 각 처분과의 관계

4대강 사업을 시행하기 위한 예산확보와 각 공구별 사업실시계획 승인과 각 하천공사시행계획 등의 처분은 수립절차와 효과 등에서 별개의 것이다. 사업시행계획과 실시에 예산이 필요하다고 하더라도 사업시행 계획의 주체와 예산안 작성의 주체가 다르고 그 예산안편성 과정에서도 많은 변수가 작용하고 국회에서의 심의·의결을 감안한다면 이 사건 처분과의 관계를 논할 수 없다. 결국 이 사건 처분을 시행하기 위한 과정에서 예산의 확보를 위한 예비타당성 조사에 하자가 있어도 그 하자가 이 사건 각 처분의 시행을 못하게 할 수 있는 것은 아니다.

만약에 재정의 기능을 강조하여 적절한 민주적 통제와 법적 통제의 필요성을 인정하여 '경제성'을 법원칙으로 승인하면 이를 매개로 사법이 재정에 관여할 수 있게 되고, 그러면 재정법치주의의 내용은 보다 충실할 수 있을 것이다.[50)]

5. 대상판결에 대한 평가

대상판결에 대한 대법원의 결론은 타당하다. 예산으로 성립된 후 그 집행단계에서 예산성립과정의 하자, 즉 예비타당성 조사를 이유로 다투는 것은 인정되기 어렵다. 그러나 1심법원과 원심법원의 판결은 나름대로 의미가 있다. 대규모 국책사업의 실시와 관련한 국민들의 호소를 법원에서 해결하려 노력하였기 때문이다. 원심법원인 부산고등법원에서 국가재정법상 예비타당성 조사의 하자를 이유로 관련된 처분이 위법하다고 하였으나, 대법원에서 국가재정법령에 규정된 예비타당성조사는 이 사건 각 처분과 형식상 전혀 별개의 행정계획인 예산의 편성을 위한 절차일 뿐 이 사건 각 처분에 앞서 거쳐야 하거나 그 근거 법규 자체에서 규정한 절차가 아니므로, 예비타당성조사를 실시하지 아니한 하자는 원칙적으로 예산 자체의 하자일 뿐, 그로써 곧바로 이 사건 각 처분의 하자가 된다고 할 수 없다고 판시하였다. 예산편성과정에서의 예비타당성 조사의 하자는 국회를 통과한 예산의 집행인 사업시행처분에 연결되지 않는다는 것은 타당하다. 그러나 엄청난 효과를 가진 행정 계획의 절차상 엄격성을 강조한 원심법원의 예비타당성 조사의 하자 판단

---

50) 일본재정법학회편, 김경덕역, 재정법의 기본과제, 한국법제연구원. 2008.12. 51면.

은 경청할 가치가 있다.

4대강 사업이 이명박 전 대통령의 표현대로 세계적 금융위기의 해법으로 제시되었다고 하더라도 그 필요성과 사업의 대상 및 범위에 관한 논의는 충분하지 않았다. 사업의 우선성과 그 일괄 공사의 효과에 대한 반대가 많았지만 사업은 시행령 개정 등을 통하여 관철되었고 사업은 수행되었다. 수천 명의 국민들이 국민소송단이란 이름으로 4대강 사업에 대하여 사업 초기부터 이를 다투는 소송을 제기하였고 대법원 판결까지 6년 이상 걸렸지만 그 사이 사업은 거의 완료되었다. 원고들의 청구는 기각되었지만, 지금도 수중보의 설치 등에 대한 시비와 사업의 효과에 대한 문제 제기가 있다.

국민소송단의 문제제기로 국회는 국가재정법 시행령에 있던 예비타당성 조사에 관한 부분을 법률로 격상하고, 재난예방을 위한 사업은 국회 소관 상임위원회의 동의를 받도록 개정한 성과는 있다. 개정된 국가재정법 하에서는 재난예방을 이유로 한 4대강 사업의 국회 동의가 쉽지는 않을 것이다. 그러나 여당이 과반수를 넘고 대통령의 정책 수행 의지가 강하면 여전히 대규모 국책사업의 계획과 시행은 가능할 것이다. 그러한 경우 사법부의 역할은 강조될 것이다.

환경문제와 직접 관련된 대규모 개발 사업은 일단 시작하면 중간에 멈추기가 어렵다. 막대한 예산을 집행하는 대규모 사업은 투입된 비용을 포기할 수 있을 정도의 초기 단계가 아니라면 사실상 중단하기에는 그 위험도 적지 않다. 정치적 해결이 되지 않을 경우 국민은 대규모 국책 사업의 수립의 절차상의 하자와 환경침해 등을 이유로 행정소송을 제기할 수 있다. 사업기간이 장기간이고 그 사업 효과에 대하여 국민의 공감대가 형성되지 않았다면 법원은 사안에 따라 사업시행을 중지한 후 여유를 가지고 본안 검토를 할 필요가 있다. 적절성에 대한 심사가 어렵다면 관련되는 개별법에서 요구하는 절차와 과정의 하자 등 적법성에 대하여 보다 엄격한 심사를 하여야 할 것이다.

참고문헌

이명박, 대통령의 시간, 알에이치코리아, 2015.

국회예산정책처, 국가재정법, 2014.

일본재정법학회편, 김경덕역, 재정법의 기본과제, 한국법제연구원. 2008.12.

조노선 포릿 지음, 안의정 역, 성장자본주의의 종말, 바이북스, 2012.

Paul C. Light, 차재훈 역, 대통령학, 한울아카데미, 2009.

John W. Dean, Broken Government, viking, 2007.

Thomas E. Mann & Norman J. Ornstein, The Broken Branch, oxford, 2008.

강승식, "사법심사의 정당성 논란에 대한 관견", 동아법학, 제50호. 2011.

권혜령, "사회변화과정에서 미 연방대법원의 역할과 한계", 공법연구 제43집 제4호, 2015.6.

김강수, "예비타당성 조사 도입 15년의 성과와 과제, 월간조선 2015.1.

김중권, "취소소송에서 계쟁처분의 위법성의 권리침해견련성에 관한 소고", 행정판례연구 제20집 제2호. 2015.

김종철, "'정치의 사법화'의 의의와 한계", 공법연구 제33집 제3호, 2005.5.

박태현, "환경가치, 민주주의 그리고 사법심사", 민주법학 제50호. 2012.

배병호, "예산편성과정과 행정법", 행정법연구 제43호. 행정법이론실무학회. 2015.11.

음선필, "개헌대상으로서의 대통령임기와 선거주기", 제도와 경제 제2권제1호, 2008.2.

이비안, "하자있는 환경영향평가의 효력-미국 NEPA 소송 관련 하자있는 EIS의 효력을 중심으로-", 공법학연구 제17권 제1호. 한국비교공법학회. 2016.2.

이영창, “환경소송에서 행정청의 재량에 대한 사법심사의 방법과 한계”, 사법논집 제49집, 2009.

조홍식, “환경법의 해석과 자유민주주의”, 서울대학교 법학 제51권 제1호. 2010.

최계영, “항고소송에서 본안판단의 범위”, 행정법연구 제42호. 행정법이론실무학회. 2015.7.

국문초록

세계적 금융위기의 해법으로 제시되었다는 4대강 사업은 그 필요성과 사업의 대상 및 방법에 관한 충분한 논의를 거치지 않았다. 사업의 우선성은 고사하고 그 효과에 대한 반대가 많았지만 사업은 수행되었다. 국민소송단이란 이름으로 수천 명의 국민들이 4대강 사업의 초기부터 이를 다투는 소송을 제기하였으나 모두 패소하였다. 대법원 판결까지 6년이 걸렸고 그 사이 사업은 거의 완료되었다. 지금도 수중보의 설치와 녹조현상 등에 대한 시비와 사업의 효과에 대한 문제 제기가 있다. 국민소송단의 문제제기로 국회는 국가재정법 시행령에 있던 예비타당성 조사에 관한 부분을 법률로 격상하고, 재난예방을 위한 사업은 국회 소관 상임위원회의 동의를 받도록 개정하였다. 개정된 국가재정법 하에서는 재난예방을 이유로 한 4대강 사업이 국회의 동의를 받기가 쉽지는 않을 것으로 보인다. 그러나 여당이 과반수를 넘는 다수당이고 대통령의 정책 수행 의지가 강하면 여전히 대규모 국책사업의 계획과 시행은 가능할 것이다.

환경문제와 직접 관련된 대규모 개발 사업은 일단 시작하면 중간에 멈추기가 어렵다. 막대한 예산의 집행과 관련된 대규모 사업에서 투입된 비용을 포기할 수 있을 정도의 초기 단계가 아니라면 사실상 중단하기에는 그 위험도 적지 않다. 대규모 사업을 위한 정책 수립에 대한 국민의 반대가 심하고 환경상 중요한 문제가 직접 관련된다면, 경우에 따라 법원은 보다 적극적으로 사업시행을 중지한 후 충분한 시간을 가지고 본안 검토를 할 필요가 있다. 적절성에 대한 심사가 어렵다면 관련되는 개별법에서 요구하는 절차와 과정상의 하자 등 적법성에 대하여 보다 엄격한 심사를 하여야 할 것이다.

대규모 개발사업인 4대강사업의 시행과 관련된 대상판결은 그 결론이 일치하고, 쟁점도 유사하다. 수천 명의 원고들이라 원고적격과 대상적격 문제가 판단되었고, 각 개별법위반 등의 주장을 모두 기존의 판례에 따라 기각하였다. 대상판결의 원심법원인 부산고등법원에서 국가재정법상 예비타당성 조사의 하자를 이유로 관련된 처분이 위법하다고 하면서 사정판결을 선고하였으나, 대법원에서 국가재정법령에 규정된 예비타당성조사는 이 사건 각 처분과 형식상 전혀 별개의 행정계획인 예산의 편성을 위한 절차일 뿐 이 사건 각 처분에 앞서 거쳐야 하거나 그 근거 법규 자체에서 규정한 절차가 아니므로, 예비타당성조사를 실시하지 아니한 하자는 원칙적으로 예산 자체의 하자일 뿐, 그로써 곧바로 이 사건 각 처분의 하자가 된다고 할 수 없다고 판시하였다.

대통령이 우선 국정 과제로 선정하고 행정부가 적극 지원하는 대규모 국책사업을 국회도 아닌 법원에서 적극적으로 통제하는 것이 쉽지는 않다. 그러나 환경문제의 비중이 큰 대규모 개발사업에 대해서는 법원이 보다 적극적으로 적법성 또는 적절성 심사를 할 필요가 있다는 것을 생각하게 하는 판결이다,

주제어: 4대강 사업, 예비타당성 조사, 환경영향평가, 사법적극주의,
적절성 심사의 한계

Abstract

Legal Issue of the river construction enforcement plan and implementation plan approval disposition from the Four-River Project
Focusing on the Supreme Court's Decision No.2012Du6322 dated December 10. 2015 -

Bae, Byung Ho*

The four-river project is a large refurbishing project that is meant to restore the rivers and prevent flooding in President Lee Myung-bak's Administration. The government was also focusing on four rivers - the Han, Nakdong, Geum and Yeongsan Rivers. Many people, the opposition Party and Environmentalist opposed the large-scale development project.

The National Lawsuit Group that is composed of thousands of people instituted four administrative litigations and the request for suspension of executions at four district courts. But each plaintiff was defeated in all administrative litigations. Because each Court admitted that the river construction enforcement plan and implementation plan approval disposition had the reasonable purpose and went through the legal process.

Busan High Court and Busan District Court pointed out that the preliminary feasibility survey on State Finance Act was not implemented

* Sungkyunkwan University Law School

legally and the effect of illegal implementation was counted as violation of State Finance Act. But the Supreme Court reversed and rendered judgement for the lawsuit on the ground that the illegality of the preliminary feasibility survey in Budget formulation process could not influence the river construction enforcement plan and implementation plan approval disposition.

The status or function of Judicial Branch in Constitution is not active and positive in general litigation. But in case of Public Interest Lawsuit, Court's Review should be positive in the application of a law and in the relevance review unless the legislative branch does not check or control the administrative branch.

Keywords: Four－River Project, preliminary feasibility survey, environmental impact assessment, judicial activism, limit of relevance review.

투 고 일: 2016. 11. 21
심 사 일: 2016. 12. 27
게재확정일: 2016. 12. 29

租稅行政法

變額保險 特別計定의 保險料 및 運用收益金額 등이 教育稅法上 收益金額에 해당하는지 여부 (金世鉉)

變額保險 特別計定의 保險料 및 運用收益金額 등이 教育稅法上 收益金額에 해당하는지 여부
-大法院 2015. 2. 12. 선고 2014두13140 判決을 中心으로-

金世鉉*

Ⅰ. 글을 시작하며

교육세는 1982년 학교교육의 정상화를 기하는데 필요한 재원을 확보하기 위하여 신설되었고 1986년까지 5년간 한시적인 목적세로 운영하도록 하되 그 세수는 교육기반의 확충을 위한 학교시설과 교원처우개선에 우선적으로 충당하도록 제정되었으나 현재까지도 폐지되지 않고 있

* 서울行政法院 判事

다. 신설 당시 교육세는 과세주체가 중앙정부인 국세로서 부가세였으며 한시적인 성격을 가진 임시세였고 사용 목적은 학교시설과 교원처우개선의 두 영역으로 국한되어 있었다.[1] 그러나 최근 본래의 목적에서 벗어난 과세원칙이 현재 국세청과 금융·보험업자의 교육세와 관련된 논쟁이 되고 있다.

대법원은 최근 변액보험의 특별계정이 금융보험업자의 수익금액인지 여부와 관련된 의미 있는 판결을 선고하였는바(이하 '대상판결'이라 한다), 이는 다음과 같은 점에서 매우 흥미롭다. 위 판결의 제1심은 변액보험으로 인한 수익을 보험계약자의 것으로 보았는데 그럴 경우 보험회사의 교육세 부담은 줄어들지만 변액보험이 투자신탁과 동일한 것으로 처리되어 다른 보험상품처럼 각종 세제혜택(예컨대, 보험기간 10년 이상인 저축성보험의 경우는 소득세가 비과세됨)을 받아왔던 변액보험이 보험상품으로서 세제혜택을 받지 못할 수도 있게 되고, 이렇게 된다면 변액보험에 가입한 많은 계약자들이 위 보험을 해약할 가능성도 있어 보험수입료의 감소도 예상된다. 위 판결의 제2심은 위 수익을 보험회사의 것으로 보았는데 이럴 경우 보험회사는 교육세를 부담하여야 하지만 보험계약자들이 이를 이유로 보험을 해약하지는 않을 것이어서 결과적으로 제1심의 결론보다는 보험회사에게 유리하여 보험회사들이 위와 같은 견해를 선호할 수도 있다. 대체로 대형 보험회사의 경우 변액보험의 특별계정을 교육세의 수익금액에 포함하는 것에, 중소형 보험회사의 경우 포함되지 않는 것에 동의하고 있다고 한다[2]. 이하에서는 최근에 논란이 된 대상판결을 분석해 보고자 한다.

---

1) 이용호·박용일·전형준, "금융산업에 대한 교육세 부과 개선방안에 대한 연구", 세무학 연구, 제23권 제3호, 한국세무학회(2006), 192.

2) 심태섭·구자은·장연호, "보험회사 특별계정의 성격에 대한 검토 - 변액보험을 중심으로-", 세무학연구, 제32권 제2호, 한국세무학회(2015), 71-72 참조.

Ⅱ. 대상판결(대법원 2015. 2. 12. 선고 2014두13140 판결)

1. 사실관계

가. 원고는 보험업법 소정의 보험업을 영위하는 보험회사이다.

나. 원고는 2006년 1, 2기, 2007년 1, 4기, 2008년 1 내지 4기까지의 교육세 과세기간에 걸쳐 변액보험 특별계정의 보험료 및 운용수익(수입이자, 배당금 수익, 유가증권 매매익, 외환매매익, 기타 영업외수익, 이하 변액보험 특별계정의 보험료 및 운용수익금액을 통틀어 '이 사건 수익금액'이라 한다)과 가수보험료 관련 보험료 과다 계상액(보험계약의 효력이 발생하기 전 고객으로부터 수령한 보험금을 가수보험료로 처리하지 않고, 보험료 수익으로 인식한 것)을 과세표준에 포함한 교육세를 법정신고 기한 내에 신고·납부하였다.

다. 원고는 2009. 5. 29.경 피고에게 이 사건 수익금액과 가수보험료 관련 보험료 과다 계상액이 교육세 과세표준에 포함되지 아니함에도 이를 포함하여 교육세를 신고·납부하였다고 주장하면서 이를 과세표준에 포함시키지 않는 것으로 하여 교육세 경정청구를 하였다.

라. 피고는 2009. 7. 16. 이 사건 수익금액은 교육세의 과세표준이 되는 보험업자의 수익금액에 해당한다는 이유로 원고의 경정청구를 거부(이하 '이 사건 처분'이라 한다)하였다(가수보험료 관련 보험료 과다 계상액 부분에 대하여는 원고의 경정청구가 받아들여졌으므로 논의에서 제외한다).

마. 원고는 이에 불복하여 2009. 9. 30. 조세심판원에 심판청구를 하였으나, 2010. 12. 20. 기각되었다.

2. 원고의 주장

가. 구 교육세법(2010. 12. 27. 법률 제10407호로 개정되기 전의 것) 제5조 제1항 제1호는 보험업자에 대한 교육세 과세표준을 보험업자의 수익금액으로 규정하고 있고, 같은 조 제3항은 보험업자의 수익금액을 보험업자가 수입한 이자, 배당금, 보험료 등으로 규정하고 있는바, 실질과세원칙에 따라 보험업자에게 실질적으로 귀속되는 수익만이 교육세 과세표준에 포함된다고 할 것이다. 그런데 이 사건 수익금의 실질적 귀속자는 원고가 아니라 보험계약자이다(이하 '제1주장'이라 한다).

나. 자본시장과 금융투자업에 관한 법률(이하 '자본시장법'이라 한다) 제251조 제1항은 보험회사가 자본시장법 제12조에 따라 집합투자업에 관한 금융투자업인가를 받은 경우에는 보험회사의 변액보험 특별계정을 집합투자업자가 운용하는 집합투자기구 중 하나인 투자신탁으로 보고 있다. 그런데 기업회계기준서에 의하면 집합투자업자가 고객으로부터 받은 예탁금을 예수부채로 계상하도록 함으로써 이를 수익이 아닌 부채로 인식하도록 하고 있다. 또한, 집합투자기구에서 발생한 운용수익의 수익자는 집합투자업자가 아니라 투자자이므로, 집합투자업자는 운용수익을 수익으로 인식하지 않고 있다. 따라서 구 교육세법 제5조 제1항 제1호에 따라 교육세의 과세표준이 되는 '수익금액'에는 집합투자업자와의 과세형평을 고려하여 변액보험 특별계정의 보험료와 그 운용수익은 포함되지 않는다고 해석하여야 한다(이하 '제2주장'이라 한다).

다. 구 교육세법 제5조 제3항, 구 교육세법 시행령(2009. 2. 4. 대통령령 제21296호로 개정되기 전의 것) 제5조에 의하면, 교육세 과세표준에 포함되는 보험료는 당기에 수취한 보험료에서 당기 중 증가한 책임준비금(보험회사가 계약자 또는 보험수익자에 대하여 장래에 지급하는 보험금, 환급금, 배당금 등에 충당하기 위하여 계약자로부터 받은 순보험료의 일부를 적립해 놓은 금액이고, 책임준비금의 대부분을 차지하는 것은 보험료적립금이므로 통상 책임준비금이란 보험료적립금을 지칭한다) 등 적립액을 공제하여 산정된다. 그런데 변액보험 특별계정의 보험료와 운용수익이 교육세 과세표준에 포함된다고 볼 경우, 운용손실이 증가할수록 책임준비금이 감소되어 교육세 과세표준이 증가되는 모순이 발생하여 응능부담의 원칙에 반할 뿐만 아니라 교육세 납세의무자의 재산권을 침해하여 헌법에 반한다(이하 '제3주장'이라 한다).

라. 따라서 이 사건 수익금액은 교육세 과세표준에서 제외되어야 하므로, 이와 다른 전제에서 이루어진 이 사건 처분은 위법하다.

3. 소송의 경과

가. 1심: 서울행정법원 2013. 11. 8. 선고 2011구합9041 판결, 원고 승소

1심은 구 교육세법 관련 규정의 내용, 취지 및 체계 등에 비추어 보면, 금융·보험업자의 교육세 과세표준으로 규정하고 있는 수익금액은 금융·보험업자의 순자산을 증가시키는 거래로 인하여 발생하는 수익금액만을 의미한다는 대법원 2012. 11. 29. 선고 2010두10013 판결을 참조 판결을 전제로, 다음과 같은 내용을 근거로 이 사건 수익금액은 실질적으로 보험계약자에게 귀속되는 것으로서, 원고의 순자산을 증가시키는 거래로 인하여 발생하는 수익금액이 아니므로, 교육세 과세표준에 해당하지 아니한다고 판단하였다.

① 변액보험은 보험금이 자산운용의 성과에 따라 변동하는 보험계약{구 보험업법(2010. 7. 23. 법률 제10394호로 개정되기 전의 것, 이하 같다) 제108조 제1항 제3호}, 즉 보험계약자가 납입한 보험료의 일부로 자금을 조성하여 특별계정으로 운영하고, 그 특별계정의 운용실적에 따라 계약자에게 투자이익을 배분함으로써 보험기간 중에 보험금, 적립금이 변동하는 보험계약으로서{구 보험업법 제95조 제1항 제2호는 보험모집

을 위한 보험안내자료에 '보험가입에 따른 권리·의무에 관한 주요사항'을 명료하고 알기 쉽게 기재하여야 한다고 규정하고 있고, 구 보험업법 시행령(2009. 12. 29. 대통령령 제21911호로 개정되기 전의 것, 이하 같다) 제42조 제1항 제1호는 변액보험의 경우 위 '보험가입에 따른 권리·의무에 관한 주요사항'에 '변액보험자산의 운용성과에 따라 납입한 보험료의 원금에 손실이 발생할 수 있으며 그 손실은 보험계약자에게 귀속된다는 사실'이 포함된다고 규정하고 있다}, 보험과 집합투자의 성격을 동시에 가지고 있다.

② 변액보험은 일반계정과 특별계정을 구분하고 있는데, 특별계정에 속하는 자산은 일반계정이나 다른 특별계정에 편입될 수 없고(구 보험업법 시행령 제53조 제4항 제3호), 변액보험 특별계정의 운용수익에서 운용보수 및 수수료를 차감한 수익은 보험계약자의 몫으로 처리되어야 하고(구 보험업법 시행령 제54조 제2항), 특별계정의 수익·비용은 일반계정의 손익계산서에 표시되지 아니한다{구 보험업감독규정(2009. 1. 19. 금융위원회 고시 제2009-3호로 개정되기 전의 것) 제6-21조 제1호, 제6-23조 제2항}.

③ 구 간접투자자산 운용업법(2007. 8. 3. 법률 제8635호 자본시장과 금융투자업에 관한 법률 부칙 제2조에 의하여 2009. 2. 4. 폐지되기 전의 것, 이하 '구 간접투자법'이라 한다) 및 자본시장법은 변액보험 특별계정을 투자신탁으로 보고 있다. 따라서 변액보험 특별계정의 보험료는 투자신탁의 예탁금(위탁자가 투자자로부터 받은 금원)과 그 성질이 동일·유사하고, 변액보험 특별계정의 운용수익은 투자신탁의 이익금(예탁금 운용이익)과 그 성질이 동일·유사하다. 그런데 교육세법은 '고객예탁금'을 교육세 과세표준인 '금융·보험업자의 수익금액'으로 규정하고 있지 아니하고(예탁금을 예수부채로 계상한다), 이러한 예탁금의 운용이익은 위탁자(자산운용회사, 집합투자업자)가 아닌 투자자에게 귀속되는 것이다. 따라서 예탁금 및 그 운용이익과 실질이 동일·유사한 변액보험 특별계정의 보험료 및 그 운용

이익도 교육세 과세표준인 금융·보험업자의 수익금액으로 보기 어렵다.

④ '변액보험 특별계정에서 발생한 수익을 보험회사의 수익으로 본다'고 규정한 법인세법 제5조 제2항 괄호규정은 교육세법에 준용되지 아니한다.

나. 2심: 서울고등법원 2014. 9. 19. 선고 2013누31648 판결, 원고 패소

2심은 전체적으로 '구 교육세법은 교육세의 과세표준을 금융·보험업자의 수익금액으로 포괄적으로 규정하고 있는데, 변액보험 특별계정의 ① 보험료는 금융、보험업자가 수입한 '보험료'에 해당하고(구 교육세법 제5조 제3항), 변액보험 특별계정의 ② 운용수익금액은 '기타 영업수익 및 영업외수익'에 해당하고(구 교육세법 시행령 제4조 제1항 제8호), 이들을 교육세 과세표준에서 제외하는 항목에 별도로 규정하지 않았으므로, 이 사건 수익금액은 교육세의 과세표준에 포함된다'고 판시하였고, 원고의 제1, 2, 3 각 주장을 다음과 같은 이유로 모두 배척하면서 1심 판결을 파기하고 원고 청구를 기각하였다.

1) 원고의 제1주장에 대한 판단

2심은 이 사건 수익금액의 귀속주체는 보험계약자가 아니라 원고라고 봄이 타당하고 제1주장은 이유 없다고 판단하였다. 그 근거를 요약하면,

① 원고의 보험료수익과 기타의 영업수익은 손익계산서상 영업수익에 포함되고(구 기업회계기준서 제24호), 원고의 보험약관에는 '특별계정 적립금을 기준으로 (생존)연금을 지급'하도록 규정한다. 즉, 이 사건 수익금액은 원고의 영업수익에 해당하고, 다만, 원고는 일정한 조건이 성취되는 경우 보험계약자에게 (생존)연금을 지급할 의무를 부담한다. 보험금지급 사유가 현실적으로 발생하여 대상자에게 지급되지 않는 이상,

이 사건 수익금액은 일단 원고에게 귀속한다고 보아야 한다.

② 실질과세원칙은 원고가 단순한 명의자인 경우에 적용되나, 원고는 이 사건 수익금액의 귀속자이므로, 실질과세원칙이 적용되지 아니한다.

③ 구 보험업법상 특별계정의 운용에 관한 규정은 보험지급 사유가 발생하여 원고가 보험계약자에게 특별계정의 운용수익을 '보험금으로 지급할 때' 그 운용수익을 보험금에 포함할 의무를 부과하는 규정이다. 이를 근거로 특별계정의 운용수익이 곧바로 보험계약자에게 귀속한다고 보기 어렵다.

④ 신탁법상의 부동산 신탁에 있어 대내외적으로 소유권이 수탁자에게 완전히 이전된다.[3] 따라서 법인세법(제5조), 소득세법(제2조)과 달리 교육세법에서 별도로 신탁자를 납세의무자로 간주하는 규정을 두고 있지 않은 이상, 신탁법의 일반 법리에 따라 수탁자인 원고가 이 사건 수익금액의 귀속자이다.

2) 원고의 제2주장에 대한 판단

2심은 다음과 같은 근거로 이 사건은 보험업자와 집합투자업자가 유사한 경우에 해당한다고 보기 어렵다고 판단하였다.

자본시장법의 관련 규정에 따르면 보험업자가 집합투자업에 관한 금융투자업인가를 받은 자는 인가받은 범위에서 투자신탁의 설정·해지 및 투자신탁재산의 운용업무를 영위하는 경우에 한하여 특별계정을 투자신탁으로 보고 있는바, 이는 보험업과 집합투자업이 구별됨을 전제로, 다만 보험업자가 집합투자업을 영위하는 경우에는 집합투자업의 성격을 인정하여 특별계정을 투자신탁으로 간주하는 것으로 해석함이 타당하다.

또한 교육세 납세의무는 납세의무자가 법률상 어떠한 지위에 있다는 점에 근거하여 성립한다기보다는 납세의무자가 어떠한 영업을 통하

3) 대법원 2003. 8. 19. 선고 2001다47467 판결 등.

여 수익금액을 얻었는지 여부에 따라 결정되므로(대법원 2012. 11. 29. 선고 2010두10013 판결[4] 참조), 설령 원고가 집합투자업에 관한 금융투

---

4) 판시사항은 다음과 같다.
(이상 생략)
1. 신용카드 수익에 관한 상고이유 주장들에 대하여
가. 원심은, 그 채용증거들에 의하여 은행법에 의한 금융·보험업자인 원고는 겸영하고 있던 신용카드사업 부분에서 발생한 이 사건 신용카드 수익을 교육세 과세표준에 포함하여 2003년 제4기분 내지 2006년 제1기분 교육세를 각 법정신고기간 내에 신고·납부한 후에 이 사건 신용카드 수익을 교육세 과세표준에 포함되지 않는 것으로 보아 감액경정청구를 한 사실, 피고는 이 사건 신용카드 수익이 교육세 과세표준이 되는 '금융·보험업자의 수익금액'에 해당한다는 이유로 감액경정을 거부하는 이 사건 처분을 한 사실을 인정하였다.
원심은 이어서, 구 교육세법(2008. 12. 26. 법률 제9262호로 개정되기 전의 것, 이하 같다) 제3조 제1호 및 그 별표에 의하면 신용카드업자는 교육세 납세의무자로 규정되어 있지 아니하므로 신용카드업에서 발생한 수익금액은 교육세 과세표준에 포함되지 아니하는데, 이 사건 신용카드 수익은 원고가 신용카드업을 영위하여 얻은 수익금액으로서 은행업 수익금액과 달리 교육세 과세표준에 속한다고 볼 수 없다는 주장에 대하여, 다음과 같은 취지의 사정들을 참작하면 이 사건 신용카드 수익은 교육세 과세대상 수익에 해당하지 않는다고 보아야 하고, 따라서 피고가 이 사건 신용카드 수익이 교육세 과세표준이 되는 금융기관의 수익금액에 해당한다는 이유로 원고의 감액경정청구를 거부한 이 사건 처분은 위법하다고 판단하였다. ① 구 교육세법 제3조, 제5조 제1항 및 구 교육세법 시행령(2007. 2. 28. 대통령령 제19898호로 개정되기 전의 것, 이하 같다) 제4조 제1항, 제2항의 취지에 비추어 보면, 교육세 납세의무는 납세의무자가 법률상 어떠한 지위에 있다는 점에 근거하여 성립한다기보다는 납세의무자가 어떠한 영업을 통하여 수익금액을 얻었는지 여부에 따라 결정된다고 봄이 상당하다. ② 원고는 은행업을 영위하는 은행으로서의 지위와 별도로 신용카드업을 영위하는 신용카드업자로서의 지위도 함께 가진다고 보는 것이 타당하고, 이 사건 신용카드 수익은 원고가 신용카드업자로서 영위한 신용카드업에서 발생한 수익으로서 금융기관이 영위하는 은행업무나 이에 부속하여 이루어지는 업무에서 발생하는 수익으로 볼 수 없다. ③ 은행이 아닌 신용카드업자의 수익금액은 교육세의 과세대상이 아닌데, 은행이 신용카드업을 겸영하게 되었다는 이유로 은행의 신용카드업무 관련 수익에 대하여 교육세를 과세한다면 조세공평에 반한다.
나. 관련 법령과 기록에 비추어 살펴보면, 원심의 위와 같은 판단은 정당한 것으로 수긍이 되고, 거기에 상고이유로 주장하는 바와 같이 조세법률주의를 위반하고 실질과세의 원칙이나 조세평등주의에 관한 법리를 오해하는 등으로 판결에 영향을

자업인가를 받은 후 집합투자업을 영위한다고 하더라도, 원고가 보험업을 통하여 수익금액을 얻은 부분은 보험업자로서 교육세 납세의무를 부담한다고 보아야 한다.

설령, 보험업자와 집합투자업자가 유사한 경우에 해당한다고 보더라도, 아래 사정을 고려하면 법령의 해석만으로 이 사건 수익금액이 교육세법 과세표준에서 제외된다고 보기도 어렵다.

① 이 사건 수익금액은 교육세 과세표준에 해당한다.

② 교육세법 시행령은 교육세 과세표준에 산입하지 아니하는 수익금액을 열거적으로 규정하고 있는바(제4조 제2항), 이 사건 수익금액이 이에 해당한다고 볼 명확한 근거가 없다.

③ 이 사건 수익금액을 교육세 과세표준에서 제외한다고 규정하고 있지 않는데도, 단지 보험업자와 집합투자업자가 유사하다는 이유만으로 교육세 과세표준에서 제외된다고 본다면, 이는 법령에 존재하지 않는 과세표준의 예외를 해석을 통하여 새롭게 창설하는 것으로 허용될 수 없다.

3) 원고의 제3주장에 대한 판단

2심은 다음과 같은 근거로 이 사건 처분은 응능부담의 원칙에 위반되거나 납세자의 재산권을 침해하지 아니한다고 판단하였다.

변액보험 특별계정에서 운용이익이 발생하는 경우 운용이익 중 일부를 책임준비금에 계상하게 되므로 책임준비금이 증가하게 된다. 따라서 특별계정에 적립되는 보험료는 일정한 반면 공제되는 책임준비금이 증가하므로 교육세의 과세표준이 감소하는 것처럼 보인다. 그러나 교육세의 과세표준에는 특별계정에 적립되는 보험료뿐만 아니라 특별계정의 운용이익도 포함하고 있다. 따라서 운용이익이 발생하는 경우 교육세 과세표준에 포함되는 운용이익의 증가분이 교육세 과세표준에서 공제되

미친 위법은 없다.(이하 생략)

는 책임준비금의 증가분보다 크므로(책임준비금은 운용이익 중 일부를 적립하기 때문임), 교육세의 과세표준은 전체적으로 증가하게 되어 응능부담의 원칙에 반한다고 볼 수 없다.

운용손실이 발생하는 경우에도 책임준비금의 감소폭보다 운용손실의 감소폭이 크기 때문에 전체적으로 교육세의 과세표준이 감소하게 되어 응능부담의 원칙에 반하지 아니한다.

다. 대법원

대법원 판결은 전체적으로 2심 판결의 논리를 그대로 이어 가면서 다음과 같이 판시하면서 상고를 기각하였다.

① 구 교육세법 제5조 제1항 제1호, 제3항, 구 교육세법 시행령 제4조 제1항, 제2항의 문언 내용과 취지 및 체계 등에 비추어 보면, 순자산을 증가시키는 거래로 인하여 발생하는 수익금액으로서 '구 교육세법 제5조 제3항, 구 교육세법 시행령 제4조 제1항 각 호에 해당하는 금융·보험업자의 수익금액'은 '구 교육세법 시행령 제4조 제2항 각 호에서 교육세 과세표준에 산입하지 아니하도록 규정한 수익금액'에 해당하지 않는 이상 원칙적으로 교육세 과세표준에 산입되어야 한다.

이러한 법리에 비추어 살펴보면, 보험금이 자산운용의 성과에 따라 변동하는 변액보험의 특별계정에 예치되는 보험료와 보험료를 운용하여 발생한 수익은 구 교육세법 제5조 제3항이 규정한 보험업자가 수입한 '보험료'와 구 교육세법 시행령 제4조 제1항 제8호가 규정한 '기타 영업수익 및 영업 외 수익'에 해당할 뿐 구 교육세법 시행령 제4조 제2항 각 호가 규정한 수익금액에는 해당하지 아니하므로, 보험업자의 교육세 과세표준에 산입되어야 한다.

② 구 간접투자법 제135조 제1항, 자본시장법 제251조 제1항은 변액보험의 특별계정을 집합투자기구의 하나인 투자신탁으로 보도록 규정하고 있으나, 이는 투자자 보호와 함께 동일한 성격의 금융투자상품에

대한 통일적 규제 등을 위하여 마련된 것일 뿐이므로 그로써 바로 과세상의 취급까지 결정되는 것은 아니다. 오히려 변액보험 특별계정의 보험료나 보험료를 운용하여 발생한 수익도 특별한 사정이 없는 한 일반보험과 마찬가지로 보험계약에서 정하는 바에 따라 보험계약자에 대한 해약환급금이나 보험수익자에 대한 보험금 등으로 지급될 때 비로소 이들에게 귀속된다고 보아야 하는 점, 법인세법 제5조 제2항이 구 간접투자법 등의 적용을 받는 법인의 신탁재산에 귀속되는 수입과 지출을 법인에 귀속되는 수입과 지출로 보지 아니하도록 하는 특례를 규정하면서도 변액보험의 특별계정에 귀속되는 수입과 지출은 특례대상에서 제외하여 법인에 귀속되는 것으로 규정하고 있는 점, 구 교육세법이나 구 교육세법 시행령에서도 변액보험의 특별계정에 속하는 수익금액을 교육세의 과세표준에서 제외하는 별도의 규정을 두고 있지 아니한 점 등에 비추어 보면, 구 간접투자법 제135조 제1항 등의 규정이 있다는 사정만으로 변액보험 특별계정에 예치되는 보험료와 보험료를 운용하여 발생한 수익을 교육세의 과세표준에서 제외할 수는 없다.

Ⅲ. 대상판결의 검토

이 사건의 주요 쟁점은 이 사건 수익금액의 실질 귀속자가 보험업자인지 아니면 보험계약자인지 여부이다. 왜냐 하면 이 사건 수익금액의 실질 귀속자가 보험업자여야만 보험업자가 교육세 납세의무를 부담하기 때문이다. 아래에서는 교육세법에 관한 일반적인 사항을 살펴보고, 변액보험의 특성을 살펴본 다음 이 사건 수익금액의 실질 귀속자가 누구인지를 살펴보도록 하겠다.

1. 교육세에 관한 일반적 논의

가. 의의

교육세는 교육의 질적 향상을 도모하기 위하여 필요한 교육재정의 확충에 소요되는 재원을 확보하는 것을 목적으로 하는 목적세로서, 기초교육에 소요되는 비용의 상당한 부분을 교육목적세로 충당하는 주요 국가의 입법례를 찾기 어렵다는 점에서 우리나라의 교육세는 입법론적 측면에서 주목을 끈다[5].

교육세는 1982. 1. 1.부터 한시법으로 시행되었는데 임시세의 성격을 띠고 있었다가 1991. 1. 1.자로 방위세법이 폐지됨과 동시에 방위세의 과세대상이 교육세의 과세대상으로 전환되어 현재는 영구세가 되었다.

교육세에는 ① 다른 조세를 과세표준으로 하여 부과되는 부가세적인 것으로는 개별소비세(과거 특별소비세), 교통·환경·에너지세(과거 교통세), 주세액을 과세표준으로 하여 부과되는 것이 있고, ② 독립세적인 것으로는 금융·보험업자를 납세의무자로 하여 그 수익금액을 과세표준으로 하여 부과되는 것이 있다.

나. 교육세의 입법 경위

교육세법을 제정할 당시 정부는 당초 분리 과세되는 이자·배당소득에 대한 소득세 납세의무자와 주세의 납세의무자, 제조담배의 제조자, 서울·부산 등 6대 도시에 있는 재산(주택 및 주거용 토지는 재산세액의 30%, 기타 재산은 재산세액의 50%)에 대한 재산세 납세의무자에게 교육세(지방교육세)를 부과하는 것으로 제안하였는데, 국회 심의과정에서 재산소유자에 대한 과세는 일반 국민에게 부담을 준다는 이유로 재산세에 부가되는 지방교육세에 관한 규정을 없애고 이를 금융·보업업자에게 교육세

---

5) 이용호·박용일·전형준(주 1), 193.

를 부과하는 규정을 삽입하게 되었다. 금융·보험용역은 부가가치세를 면제받으므로 교육세를 내는 것이 타당하다는 이유에서였다[6].

교육세법은 1990. 12. 31. 전부 개정되었는데, 원천분리 과세되는 이자·배당소득을 교육세 과세대상에서 제외하였고, 특별소비세와 균등할 주민세, 등록세, 마권세, 재산세, 종합토지세·자동차세를 교육세 과세대상으로 추가하고 그 세율을 10%에서 30%로 변경하였다. 그러다가 교육세법은 2000. 12. 29. 등록세, 경주·마권세, 주민세, 재산세, 종합토지세, 자동차세, 담배소비세의 납세의무자를 납세의무를 면제해 주었고, 2001년 지방교육세의 신설을 통해 지방세를 기초로 산출되는 교육세는 대부분 지방교육세의 과세대상으로 하는 개정이 이루어졌다.

다. 납세의무자

1) 교육세법 규정

제3조(납세의무자)

다음 각 호의 어느 하나에 해당하는 자는 이 법에 따라 교육세를 납부할 의무를 진다.

1. 국내에서 금융업 · 보험업을 경영하는 자 중 별표에 규정하는 자(이하 "금융 · 보험업자"라 한다)
2. 「개별소비세법」에 따른 개별소비세(「개별소비세법」 제1조 제2항 제4호 가목 · 나목 · 마목 · 사목 · 자목 및 같은 항 제6호의 물품에 대한 것은 제외한다. 이하 같다)의 납세의무자
3. 「교통 · 에너지 · 환경세법」에 따른 교통 · 에너지 · 환경세의 납세의무자
4. 「주세법」에 따른 주세(주정, 탁주, 약주에 대한 것은 제외한다. 이하 같다)의 납세의무자

6) 이용호·박용일·전형준(주 1), 200.

2) 해석

교육세법에서 정하는 교육세 납세의무자로는 일정한 금융·보험업자, 개별소비세법에 따른 개별소비세 납세의무자, 교통·에너지·환경세법에 따른 교통·에너지·환경세 납세의무자, 주세법에 따른 주세 납세의무자가 있다. 그리고 현재 교육세법 별표에 따라 교육세 납세의무를 부담하는 금융·보험업자는 아래와 같다.

금융 · 보험업자(제3조 제1호 관련)

호별	금융·보험업자
1	「은행법」에 따라 인가를 받아 설립된 은행
2	「한국산업은행법」에 따라 설립된 한국산업은행
3	「중소기업은행법」에 따라 설립된 중소기업은행
4	「자본시장과 금융투자업에 관한 법률」에 따른 종합금융회사
5	「상호저축은행법」에 따른 상호저축은행
6	「보험업법」에 따른 보험회사(대통령령으로 정하는 외국보험회사를 포함한다)
7	「농업협동조합법」에 따른 농협은행
8	「수산업협동조합법」에 따른 수산업협동조합중앙회(신용사업의 수익에 한정한다)
9	「자본시장과 금융투자업에 관한 법률」에 따른 집합투자업자
10	「자본시장과 금융투자업에 관한 법률」에 따른 신탁업자
11	「외국환거래법」에 따른 환전영업자
12	「자본시장과 금융투자업에 관한 법률」에 따른 투자매매업자 및 투자중개업자
13	「여신전문금융업법」에 따른 여신전문금융회사
14	「한국수출입은행법」에 따른 한국수출입은행
15	대통령령으로 정하는 금전대부업자

2008. 12. 26. 교육세법 개정 전에는 증권거래법에 의한 증권회사와 여신전문금융업법에 의한 신용카드업자 등이 교육세 납세의무로 열거되지 아니하여 교육세 납세의무가 없었으나, 2008. 12. 26. 교육세법이 개정됨으로써 '자본시장법에 따른 투자매매업자 및 투자중개업자, 여신전문금융업법에 따른 여신전문금융회사, 한국수출입은행법에 따른 한국수출입은행' 등이 납세의무자로 추가됨에 따라 현재는 신용카드회사도 교육세 납세의무자가 되었다.

라. 과세표준

1) 교육세법 규정

제4조(비과세)

금융 · 보험업자가 하는 공익신탁법에 따른 공익신탁의 신탁재산에서 발생하는 수익금액에 대하여는 교육세를 부과하지 아니한다.

제5조(과세표준과 세율)

① 교육세는 다음 각 호의 과세표준에 해당 세율을 곱하여 계산한 금액을 그 세액으로 한다. 다만, 제1호의 경우에 「한국은행법」에 따른 한국은행과의 환매조건부외화자금매각거래(이하 "스와프거래"라 한다)와 관련하여 발생하는 수익금액에 대한 교육세액은 대통령령으로 정하는 바에 따라 스와프거래와 관련하여 발생하는 수익금액에서 그와 관련된 모든 비용을 공제한 금액을 초과하지 못한다.

호별	과세표준	세율
1	금융·보험업자의 수익금액	1천분의 5
2	「개별소비세법」에 따라 납부하여야 할 개별소비세액	100분의 30. 다만, 「개별소비세법」 제1조제2항제4호다목·라목·바목 및 아목의 물품인 경우에는 100분의 15로 한다.
3	「교통·에너지·환경세법」에 따라 납부하여야 할 교통·에너지·환경세액	100분의 15

4	「주세법」에 따라 납부하여야 할 주세액	100분의 10. 다만, 주세의 세율이 100분의 7일 초과하는 주류에 대하여는 100분의 30으로 한다.

② 제1항 각 호에 따른 세율은 교육투자재원의 조달 또는 해당 물품의 수급상 필요한 경우 그 세율의 100분의 30의 범위에서 대통령령으로 조정할 수 있다.
③ 제1항 제1호의 과세표준이 되는 수익금액이란 금융 · 보험업자가 수입한 이자, 배당금, 수수료, 보증료, 유가증권의 매각익 · 상환익(유가증권의 매각 또는 상환에 따라 지급받은 금액에서 「법인세법」 제41조에 따라 계산한 취득가액을 차감한 금액을 말한다), 보험료(책임준비금 및 비상위험준비금으로 적립되는 금액과 재보험료를 공제한다), 그 밖에 대통령령으로 정하는 금액을 말하며, 그 계산에 관하여는 대통령령으로 정한다.
④ 제1항 제1호의 과세표준이 되는 수익금액은 제8조에 따른 각 과세기간분의 수익금액의 총액에 따른다.

2) 해석

금융 · 보험업자는 그 수익금액을 과세표준으로 하여 0.5%의 세율을 곱한 세액을 교육세로 납부하고, 개별소비세, 교통·환경·에너지세, 주세의 납세의무자 등은 납부하여야 할 각 해당 본세를 과세표준으로 하여 일정한 세율을 곱한 금액을 교육세로 납부한다.

한편, 금융·보험업자에 대한 교육세는 금융·보험용역이 부가가치세를 면제받는 점을 감안하여 부가가치세에 대한 대체적인 거래세로 보는 것이 대체적이다. 따라서 금융·보험업자의 경우 교육세는 외형적인 매출이 과세 표준이 된다고 봄이 상당하고, 교육세법도 총액 개념인 '수익금액'을 과세표준으로 하고 있다.

그런데, 이와 달리 교육세법이 금융·보험업자의 수익금액에 0.5%의 세율을 일괄적으로 부과하도록 교육세법이 규정하고 있다고 하여 금융·보험업자의 수익금액에 대한 교육세를 거래세로 보아서는 아니된다는 견해[7])가 있다. 이 견해는 금융·보험용역은 부가가치세를 면제받기 때문에 이에 대체하여 교육세를 납부하도록 한 것은 '세수'의 관점일 뿐 위 교육세가 '세목'으로서 부가가치세를 대체하였다는 것이 아니며, 금융·보험업자에 대한 교육세를 거래세로 보아야 할 이론적·법률적 근거가 없다고 주장한다. 생각건대, 거래세는 '제품의 판매, 용역의 제공 등 각종 재화나 용역의 거래에 대해 과세되는 조세'를 의미하는데, 금융·보험업자의 수익금액 중 교육세 과세표준에 해당하는 부분을 나열하고 있는 교육세법 시행령 제4조 제1항 중에는 거래세로 볼 수 있는 경우(예컨대 유가증권의 매각익)와 거래세로 볼 수 없는 경우(예컨대 통화선도등평가손익)로 나눌 수 있어서 금융·보험업자의 수익금액에 대한 교육세를 반드시 거래세로 보기에는 무리가 있다고 생각된다.

한편, 교육세법은 금융·보험업자에 대한 과세표준을 수익금액으로 규정하면서도 이에 관한 일반적인 정의 규정을 두지 않고 있고, 교육세법 시행령에서는 과세표준이 되는 수익금액에 포함되는 것을 제4조 제1항에서 규정하고 있고, 제4조 제2항에서는 수익금액에서 제외되는 것을 규정하고 있다.

마. 신고·납부절차

우선, 금융·보험업자의 경우 종래에는 각 분기별로 과세표준과 세액을 신고·납부하여야 하였는데, 교육세법이 2015. 12. 29. 개정되면서 과세기간이 납세의무자가 법인인 경우에는 법인세법 제6조에 따른 사업연도, 납세의무자가 개인인 경우에는 소득세법 제5조에 따른 과세기간으로 개정되었다(교육세법 제8조 제1항, 개정 전에는 과세기간을 1년에 4번, 분기별로 할 것을 규정하고 있었다). 금융·보험업자를 제외한 나머지 납세의

7) 이영한·강남규, "파생금융상품의 과세에 관한 연구 -파생상품거래세와 파생결합증권 과세를 중심으로-", 한국세무학회 학술대회 발표논문집 Vol.2010, No.10(2010), 405-406.

무자는 당해 본세에 관한 세법 규정에 의하여 과세표준과 세액을 신고·납부하는 때에 그 신고서에 본세와 교육세액을 같이 적고 합계액을 기재하여 교육세를 신고·납부한다.

2. 변액보험에 관한 일반적 논의

가. 변액보험의 의의와 상품구조

보험업법상 보험상품은 생명보험상품과 손해보험상품, 제3보험상품 등으로 구성된다(제2조 제1항).

변액보험이란 '보험금이 자산운용성과에 따라 변동하는 보험계약'이다. 즉 변액보험은 '계약자가 납입한 보험료의 일부로 펀드를 조성하고, 그 펀드의 운용실적에 따라 계약자에게 투자수익을 배분함으로써 보험기간중에 보험금액, 해지환급금이 변동하는 보험'을 말한다.[8] 이와 같이 변액보험은 '보험계약자가 납입하는 보험료 가운데 사업비와 위험보험료를 제외한 적립보험료를 따로 분리해 주식·공채·채권 등 수익성이 높은 유가증권에 투자한 뒤, 운용 실적에 따라 투자 성과를 계약자에게 나누어 주는 실적 배당형 보험 상품'이라 할 수 있다. 변액보험은 우리나라에서 2001. 7. 최초로 판매된 이후에 꾸준히 성장하고 있고 현재 변액연금보험(Variable Annuity), 변액유니버셜보험(Variable Universal Life Insurance), 변액종신보험(Variable Life Insurance), 변액CI보험 등이 판매되고 있다.[9]

나. 변액보험의 특징

변액보험은 일반보험상품과 다르게 다음을 특징으로 한다,[10]

---

8) 생명보험협회, 변액보험의 이해와 판매(2014), 149, 198.
9) 심태섭·구자은·장연호(주 2), 73-74.
10) 생명보험협회(주 8), 149-150 및 심태섭·구자은·장연호(주 2), 75-76 참조.

1) 투자실적에 따른 보험금과 해지환급금 등의 변동

변액보험의 주된 특징은 투자실적에 의해 보험금과 해지환급금이 변동된다는 것이다. 이는 변액보험의 구조가 금융투자회사의 투자상품(수익증권)과 유사하여 특별계정 펀드의 운용실적이 좋을 경우는 사망보험금과 환급금이 증가하지만 투자실적이 나쁠 경우는 환급금이 원금에도 미치지 못할 수 있기 때문이다. 변액보험은 안정보다는 수익을 중시하여 운용하고, 투자위험을 계약자가 부담하기 때문에 계약자의 자산에 비례한 공평한 투자손익을 배분하기 위하여 다른 보험계약과 분리하여 특별계정에서 운용한다. 또한 예금자보험법도 적용받지 않는다.

2) 최저사망보험금 등의 보장

변액보험과 같이 보험금이 변동하는 상품의 운용실적이 나쁘면 계약자는 사망 등 보험사고에 대비한 위험보장을 기대하기 어렵게 된다. 따라서 변액보험은 이러한 것을 막기 위하여 일정수준 이상의 사망보험금과 연금재원을 보장하도록 설계한다.

현재 보장성 변액보험(변액종신보험, 변액유니버설보험 보장형)은 피보험자 사망시의 사망보험금이 계약 당시 설정한 기본사망보험금보다 낮

일반상품과 변액보험의 비교[11)]

구분	일반보험상품	변액상품
보험금	보험가입금액(보험금 확정 또는 공시이율 연동)	투자실적에 따라 변동(최정사망 보험금, 최저연금적립금을 보증)
예금자보호	적용됨	적용되지 않은
투자위험 부담	회사가 부담	계약자가 부담
자산운용	일반계정	특별계정
적용이율	예정이율(공시이율)	실적배당 수익률

11) 생명보험협회(주 8), 199-200.

을 경우 기본사망보험금을 지급하도록 설계하고 있으며, 저축성변액보험(변액연금보험, 변액유니버설보험적립형)의 경우에는 사망보험금을 기납입보험료와 비교하여 더 큰 금액을 지급되어 있다. 변액보험을 중간에 해지하면 해지환급금은 최저보증이 이루어지지 않아 원금 손실 위험이 있다[12].

다. 이중적 성격

변액보험은 생명보험과 투자상품의 성격을 함께 지니므로 보험업법과 자본시장법도 적용된다.

라. 변액보험의 상품구조

변액보험의 상품구조는 크게 ① 기본보험계약(보험료 산출의 기초가 되는 계약, 최저보증금액 산정의 기초가 됨), ② 변동보험계약(특별계정의 운용실적에 따라 추가로 계산되는 계약, 추가보험료의 부담 없음), ③ 선택특약(일반계정에서 운용, 예정이율로 보험료 산출)으로 구성된다.

보험업 관계 법령에 의하면, 변액보험은 특별계정(그 준비금에 상당하는 자산의 전부 또는 일부를 그 밖의 자산과 구별하여 이용하기 위한 계정)을 설정하여 운영하도록 규정하고 있다(보험업법 제108조 제1항 제3호, 시행령 제53조 제4항, 보험업감독규정 제5－6조 등).

마. 투자신탁 의제 규정의 존재

구 간접투자법 및 자본시장법 관련 규정에 의하면, 보험업법에 의한 보험회사도 일정한 요건(자산운용회사의 허가, 집합투자업에 관한 금융투자업인가 등)을 갖추어 변액보험 특별계정에 한하여 투자신탁의 설정·해지, 투자신탁재산의 운용업무를 할 수 있도록 규정한다(구 간접투자법 제

---

12) 생명보험협회(주 8), 198－199.

135조 제1항, 자본시장법 제251조 제1항). 이때 '변액보험 특별계정은 투자신탁으로 본다'고 규정하고 있다.

바. 보험과 투자신탁의 과세상 취급

변액보험이 과세상 어떻게 취급되는지는 저축성보험과 보장성보험이 다르다.

저축성보험의 경우 원칙적으로 보험차익(보험금에서 납입한 보험료의 누계액을 뺀 금액)은 이자소득으로 보아 과세하나, 보험계약을 10년 이상 유지할 때에는 과세에서 제외되고, 10년 미만으로 유지할 때에는 기타 금융소득과 합산하여 2천만 원(종전에는 4천만 원)을 넘으면 종합합산 과세되고 2천만 원 이하이면 분리과세된다(소득세법 제14조 제3항 제6호, 소득세법 시행령 제25조 제1항).

반면 보장성보험의 경우에는 연말정산시 일정한 범위 내에서 소득공제의 대상이 되고, 보험금 수령시에는 소득세가 과세되지 아니한다.

특히 변액보험과 관련하여 종신보험의 수령보험금은 상속재산에 포함되고, 금융재산공제의 혜택을 받을 수 있다. 아울러 보험료를 대납한 경우에는 증여세가 과세될 수 있다. 그밖에 연금보험의 경우에는 중도 해지시에는 기타소득으로 과세하고 연금 수령시에는 연금소득으로 종합하여 합산 과세된다(조세특례제한법 제86조의2 제4항).

투자신탁에 따른 예탁금의 운용수익에 대하여는 수탁자인 집합투자기구의 소득을 구성하지 아니하고(회계계정상 예탁금은 '예수부채'로 계상됨), 수익자에게 귀속된다. 즉, 집합투자기구로부터 받은 소득에 대하여는 그 수익자가 법인인 경우에는 법인세가 부과되고, 거주자인 경우에는 배당소득에 대한 소득세가 과세된다(소득세법 제17조 제1항 제5호).

3. 대상판결의 검토

가. 변액보험의 특별계정에 적립된 보험료와 그 운용수익(이 사건 수익금액)이 교육세 과세표준에 포함되는 보험업자의 수익금액인지 여부

위와 같은 보험료와 운용수익이 교육세 과세표준에 포함되는지, 즉 보험료 등이 실질적으로 보험업자에게 귀속되는지 아니면 보험계약자에게 귀속되는지에 관하여는 다음과 같은 견해의 대립이 있다.

1) 과세표준에 포함되지 않는다는 견해(1심 판결)

이 사건의 1심 판결이 취한 견해인데, 주된 근거는 다음과 같다.

① 변액보험의 특별계정에 적립된 보험료와 그 운용수익은 보험계약자에게 실질적으로 귀속된 수익에 해당하므로, 보험업자의 교육세 과세표준에 산입되어서는 아니 된다는 견해이다.

② 기업회계기준서에서는 '수익'에 관하여 '기업에 귀속되는 경제적 효입의 유입만을 의미한다'고 정의한다. 자본시장법 등에서는 변액보험 특별계정의 보험료와 그 운용수익을 투자신탁으로 의제하고 있다. 그에 따라 투자신탁의 성질을 가지는 것으로서 그 투자실적에 따른 손익이 수익자(내지 신탁자)인 보험계약자에게 귀속되는 것이 분명한 이 사건 수익금액은 보험계약자의 수익일 뿐, 이를 보험업자의 수익이라 할 수 없다.

③ 교육세법은 교육세의 과세표준을 '금융、보험업자의 수익금액'으로 규정하고 있는바, 이는 '금융·보험업자의 순자산을 증가시키는 거래로 인하여 발생하는 수익금액만을 의미한다'고 해석하여야 한다. 따라서 보험계약자의 수익으로 귀속되는 이 사건 수익금액은 보험업자인 원고의 수익으로 볼 수 없다.

④ 이 사건 보험수익은 형식상 보험료로서 특별계정에 적립되지만, 그 실질은 엄연히 투자금의 성격을 가지고 있음을 부인할 수 없다. 아울러 그 투자실적에 따른 운용수익은 형식적으로 보험금으로 지급될 뿐, 그 실질은 투자수익금의 반환이다. 결국 보험료로 납부되었거나 보험금으로 지급되는 사정 또는 그 지급시기가 보험계약에 의해서 정해진다는 사정만으로는 이 사건 보험수익이 보험업자인 원고에게 귀속되었다고 평가할 수 없다.

⑤ 이 사건 수익금액은 투자신탁에 기한 신탁소득의 실질을 가지므로, 수익자인 보험계약자에게 귀속된다고 봄이 자연스럽다. 실질과세의 원칙상 그 소득, 수익의 귀속이 사실상 보험계약자에게 귀속되는 경우로 보아야 한다.

2) 과세표준에 포함된다는 견해(2심 판결)

이 사건의 2심이 취한 견해인데, 주된 근거는 다음과 같다.

① 교육세법은 교육세의 과세표준을 '금융·보험업자의 수익금액'으로 포괄적으로 규정하면서, '보험업자의 보험료' 및 '기타 영업수익 및 영업외수익'을 명시하고 있다. 이 사건 수익금액은 이에 해당함이 분명하다.

즉, 교육세의 과세표준인 '수익금액'이란 '순이익(이익-비용)'이 아니라 '매출액'을 의미하는바, 이 사건 수익금액은 이에 해당함이 분명하다. 변액상품의 특별계정에 예치된 보험료의 운용수익이 발생하는 경우 보험금이 증액되는바, 이는 곧 보험계약자가 보험료를 추가로 납부하는 성격을 가지는 것으로 볼 수도 있다. 즉, 보험계약자가 보험료 운용수익을 실제로 지급받은 다음 이를 다시 보험료로 납부하는 것과 실질적으로 차이가 없다. 결국 운용실적에 따라 보험료의 인출과 납부가 반복되는 것에 불과하고, 일반 보험료의 납부와 달리 볼 수 없다.

② 이 사건 수익금액은 일단 보험업자인 원고에게 귀속되었다가

장래에 보험금(또는 해약환급금) 지급사유가 발생하여 보험계약자(또는 수익자)에게 지급되었을 때, 비로소 보험계약자에게 귀속되는 것으로 봄이 타당하다. 변액보험에 투자신탁적인 요소가 포함되어 있더라도 어디까지나 보험상품으로 보아야 하므로, 변액보험 특별계정에 적립된 금원의 반환은 보험금의 지급일 뿐, 투자금의 반환으로 볼 수 없다.

③ 보험법상 특별계정은 투자위험 부담관계의 명확화, 보험금의 지급보장, 세제적격 상품의 구분 등 다양한 목적을 위하여 설정되는바, 보험료가 단지 특별계정으로 관리된다는 사정만으로 일반계정의 보험료와 그 법적 성격이 달라진다고 볼 수 없다.

④ 또한 보험법상 특별계정이 자본시장법 등에서 '투자신탁'으로 의제된다고 하여 세제상으로도 투자신탁과 동일하게 취급되어야 한다고 볼 수 없다. 즉, 변액보험은 기본적으로 보험상품이나 투자신탁적 요소를 가지고 있으므로, 자본시장법상의 규율을 받는 것에 불과하다.

3) 검토

우선, 이 사건 수익금액은 전형적인 투자신탁에 따른 수익과는 일부 성격을 달리하고 있는 점을 주목할 필요가 있다. 우선 변액보험의 특별계정과 관련하여 이것은 우선 보험이기 때문에 보험계약에 기한 보험료가 납부된 후 보험사고의 발생 등 보험계약상의 보험금 지급요건을 충족한 경우에 비로소 보험금으로 반환되며, 최저보장금액의 한도 내에서는 보험실적이 악화되어 손실이 발생하더라도 최저보장금액을 받을 수 있게 된다. 따라서 변액보험의 특별계정은 최저보장 등이 없고 손실이 나면 바로 그 손실이 투자자에게 돌아가는 투자신탁과 달리 볼 여지가 있다. 그러므로 과세상 취급을 투자신탁과 같이 반드시 같게 할 필요도 없고 같이 하는 것도 성질상 타당하지 않다. 변액보험에 투자신탁적인 요소가 포함되어 있더라도 어디까지나 보험상품으로 보아야 하므로, 변액보험 특별계정에 적립된 금원의 반환은 보험금의 지급일 뿐, 투자금의 반환으로 볼 수 없다. 따라서 이 부분 2심 판결과 대상판결의 판단은 옳다.

나. 대상판결이 신탁재산의 과세에 관한 법리를 오해하였는지 여부

변액보험 특별계정은 자본시장법에 의하여 투자신탁으로 간주되므로 신탁법상 신탁에 관한 법리가 적용되어서, 현행 세법상 신탁재산에 대한 과세원칙인 수익자에 대한 과세로 보아야 할지 아니면 투자신탁과 과세상 취급을 달리할 필요가 있는지 살펴볼 필요가 있다.

이 부분과 관련한 쟁점은 '신탁재산이나 신탁소득에 대한 과세상 취급'에 관한 법리에 관한 것이다. 2심 판결이 적절하게 설시하였듯이, 신탁재산 등에 대한 과세상 취급은 원칙적으로 민사적 권리관계에 따라야 하고, 이와 달리 취급하기 위해서는 별도의 법령상 근거가 필요하다고 봄이 타당하다고 생각된다. 즉, 신탁의 경우 대내외적으로 소유권이 수탁자에 완전히 이전되므로, 수탁자를 권리자로 보아야 하고, 따라서 신탁재산 등의 권리자를 '위탁자나 수익자'로 보기 위해서는 별도의 법령상 근거가 필요하다고 할 것이다. 그런데, 교육세법의 경우 법인세법이나 소득세법과 달리 신탁재산이나 신탁소득에 대한 권리자를 '위탁자나 수익자'로 보는 규정을 별도로 두고 있지 아니하므로, 이 사건 수익금액에 관한 권리는 민사법리에 따라 수탁자인 원고에게 귀속된다고 봄이 상당하다.

따라서 이 부분과 관련하여서 대상판결은 적법하다고 생각된다.

최근 대상판결이 선고된 이후 변액보험의 특별계정과 투자신탁을 다양한 측면에서 비교·검토한 연구결과[13]가 있는데 위 연구결과를 주목할 필요가 있다. 위 연구에 의하면, 변액보험의 특별계정과 투자신탁 간

---

13) 심태섭·구자은·장연호(주 2), 78-92 참조.

에는 다음과 같은 많은 차이가 있다. ① 경제적 측면에서 변액보험은 최저보증기능을 통하여 원본을 보증한는 보험상품이고, 변액보험의 투자기능은 그 자체가 목적이라기 보다는, 보험의 본래 기능인 위험보장을 효과적으로 확보하기 위한 수단에 불과하다. ② 법적 측면에서 변액보험은 실적배당형 상품의 성격을 고려하고 변액보험의 계약자를 충실히 보호하기 위해 자본시장법상 투자신탁으로 보아 자본시장법을 적용받고 있지만, 기본적으로 보험계약으로서 계약의 성립, 보험료 납입 및 보험금 지급 등 일반적인 사항은 상법 보험편 및 보험업법 등 보험 관련 법령이 적용된다. ③ 회계 측면에서 변액보험 특별계정은 보험회사 일반계정에 특별계정자산 및 특별계정부채가 계상되지만, 투자신탁은 자산운용회사 재무제표에 아무런 회계처리가 반영되지 않는다. ④ 세무 측면에서는 변액보험 특별계정이 법률 및 제도적인 면에서 보험업을 근본으로 하므로 보험관련 세제가 적용되며, 만약 투자신탁과 같이 과세한다 하여도 수익자가 특정되지 않으므로 현재와 같이 보험업자의 수익으로 소득이 귀속된다. ⑤ 조세회피방지 목적에서는 변액보험수익을 보험업자의 수익으로 보는 현재의 보험업 및 보험 상품 세무처리방식이 개인수익자에게 세금을 부과하는 투자신탁 과세 방식보다 우월하고, 이중과세 방지 관점에서도 투자신탁 과세체계를 차용하는 것보다 합리적으로 보인다.

다. 대상판결이 집합투자업자와 보험업자를 차별적으로 취급하여 조세평등주의를 위반한 것인지 여부

대법원 2010두10013 판결은, '은행법에 의한 금융·보험업자인 원고가 겸영하고 있던 신용카드사업 부분에서 발생한 신용카드 수익이 교육세 과세표준에 포함되지 않는다'고 판단하면서, '은행이 아닌 신용카드업자의 수익금액은 교육세의 과세대상이 아닌데, 은행이 신용카드업을 겸영하게 되었다는 이유로 은행의 신용카드업무 관련 수익에 대하여 교육세를 과세한다면 조세공평에 반한다'고 판시하였다.

원고는, 투자신탁의 예탁금과 그 운용수익을 교육세의 과세표준에 포함하지 아니하면서, 변액보험 특별계정의 보험료와 그 운용수익을 교육세의 과세표준에 포함하는 것은 동일한 성격의 투자신탁을 달리 취급하는 것으로 과세형평에 반한다고 주장하고, 피고는, 투자신탁의 예탁금과 그 운용수익은 교육세법상 열거된 수익금액에 포함되어 있지 아니하고, 그에 따라 교육세의 과세표준에 포함되지 아니한 것에 불과하다고 반박한다.

생각건대, 이는 앞서 본 바와 같이 변액보험의 특별계정과 고객예탁금의 신탁계정의 법적 실질이 완전히 동일하다고 볼 수도 없으므로 이를 과세상 달리 취급하였다고 하여 과세공평의 원칙에 어긋난다고 보기는 어렵다. 따라서 이 부분 대상판결은 조세평등주의 원칙의 관점에서도 타당하다.

라. 대상판결이 응능부담의 원칙을 오해한 위법을 저질렀는지 여부

원고는 이 사건 수익금액을 과세표준에 해당한다고 보면 응능부담의 원칙에 위반한다고 주장하지만, 위 주장은, 운용손실이 발생한 경우를 전제로 한 주장이고 이 사건은 변액보험 특별계정의 보험료와 그 운용이익이 교육세의 과세표준에 산입된 사안 즉, 운용이익이 발생한 경우이므로 대상판결에는 이 부분과 관련된 측면에서도 타당하다.

마. 교육세법에 관한 일반론적인 비판에서 접근할 경우의 대상판결에 관하여

현행 교육세법에 대해서는 다음과 같은 문제점이 있다. 이런 측면에서 대상판결을 바라볼 필요도 있다.

1) 목적세라는 관점에서

교육세는 조세수입의 용도가 특정되어 있는 목적세이다. 목적세는 정부서비스의 편익이 미치는 범위가 특정계층이나 특정지역에 한정될 때 그 서비스의 수혜자로부터 징수하는 수익자부담방식에 의한 강제적 부과금 성격이 강한 세목이다. 따라서 목적세는 수익과 부담의 관계가 명확해야 하는데, 교육세는 지출 용도는 구체적이지만 세입과 세출의 연계가 취약하고 수익자부담의 원칙이 전혀 존재하지 않는다.[14)]

2) 수익금액 자체가 과세표준인 것과 관련하여

또한 금융·보험업자의 교육세 과세표준은 결산 후의 소득이 아니고 수익금액 자체로 보고 있어서 세부담이 크다. 현행 교육세법은 결손 여부와 관련 없이 수익금액이 증가하면 그에 비례하여 교육세를 납부하여야 한다. 금융기관의 금융자산은 그 외형이 늘어난다고 해도 그에 비례해서 소득이 반드시 늘어나는 것은 아니다. 금융기관은 손실이 나더라도 거액의 교육세를 순소득과 관계없이 수익금액에 대해서 무조건 0.5%를 내고 있다[15)].

3) 금융·보험업자에 대하여 부가가치세를 면제함으로 인한 대체 세목의 성격과 관련하여

당초 교육세법 제정시 정부 최종안에는 금융·보험업자의 수익금액은 교육세 과세대상에서 제외되었다가 교육세를 재산세에 부가하여 과세토록 되어 있었다가 국회의 심의 과정에서 재산소유자에 대한 교육세 과세는 일반 국민에게 부담을 준다는 이유로 삭제된 대신 금융·보험업자는 부가가치세를 면제받기 때문에 이를 대체하여 교육세를 내는 것이 타당하다는 이유로 추가되었다는 점은 앞서 본 바와 같다. 그러나, 원래

14) 이용호 · 박용일 · 전형준(주 1), 199.

15) 이용호 · 박용일 · 전형준(주 1), 199, 정재현, "교육세 납세의무와 과세표준의 문제점과 개선방안 −금융·보험업을 중심으로−", 조세연구 제13권 제1호, 한국조세연구포럼(2003), 200.

금융·보험용역에 대하여 부가가치세를 면제하는 것은 위 용역이 부가가치 생산요소인 임금, 임차료, 이자, 이윤 중 하나인 이자에 해당하기 때문에 면제하는 것이지 금융기관에 혜택을 주기 위함은 아니다. 또한 부가가치세는 사업자가 부담하는 것이 아니고 최종소비자가 부담하는 세금이다. 따라서 금융·보험용역에 대한 부가가치세 면제를 이유로 교육세를 부과하는 것은 잘못이다[16].

4) 소결

현행 교육세법은 위와 같은 문제점을 가지고 있으므로 수익금액의 범위를 확장하는 해석을 하는 것은 타당하지 않다. 앞서 본 바와 같이 대상 판결 이전의 최근 대법원 판결은 교육세 납세의무를 축소하는 듯한 인상을 주었으나, 대상 판결에서는 변액보험 특별계정은 금융·보험업자의 수익금액에 해당한다고 판결하여 위와 같은 흐름과는 상반되는 듯이 보인다.

또한 대상판결은 '순자산을 증가시키는 거래로 인하여 발생하는 교육세법 제5조 제3항, 교육세법 시행령 제4조 제1항에 해당하는 금융·보험업자의 수익금액은 교육세법 시행령 제4조 제2항 각 호에서 교육세 과세표준에 산입하지 아니하도록 규정한 수익금액에 해당하지 않는 이상 원칙적으로 교육세 과세표준에 산입되어야 한다'는 점을 밝힌 측면에서 중요하다고 생각된다. 즉, 대상판결에 의하면, 교육세법 시행령 제4조 제2항의 예외조항에 해당하지 않으면 원칙대로 교육세법 시행령 제4조 제1항에 의하여 교육세 과세표준에 포함되게 된다고 보는 것이다. 물론 순자산을 증가시키는 거래로 인한 수익금액일 경우에 한하는 것은 당연하다. 따라서 교육세법 시행령 제4조 제1항 제8호에는 '기타 영업수익 및 영업외수익'을 포함하고 있으므로 이에 대한 해석도 중요하다.

16) 이용호·박용일·전형준(주 1), 200-203.

Ⅳ. 글을 마치며

대법원은 대상 판결에서 변액보험의 특별계정의 보험료 및 운용수익금액은 원칙적으로 보험업자에게 귀속되고 관계 법령에서 변액보험의 특별계정을 집합투자기구의 하나인 투자신탁으로 보도록 규정하고 있으나, 이는 투자자 보호와 함께 동일한 성격의 금융투자상품에 대한 통일적 규제 등을 위하여 마련된 것일 뿐이므로 그로써 바로 과세상의 취급까지 결정되는 것은 아니므로 이는 교육세 과세표준에 포함된다고 보았다.

교육세는 목적세임에도 과세대상에 금융·보험업자를 납세의무자로 규정하여 금융·보험업자가 교육세와 직접적인 관련이 있는지 불분명하여 수익자부담원칙이 존재하지 않는다는 점에서 비판[17]을 받고 있다. 이러한 비판으로 대표적인 목적세인 교육세의 위헌 논란까지 불거지고 있다. 대상 판결은 결론에 있어서는 타당하지만, 위와 같은 교육세에 대한 비판론적인 관점에서는 그 수익금액의 범위를 해석함에 있어서는 조심스러운 접근이 필요하다.

17) 정재현(주 15), 190.

참고문헌

이용호·박용일·전형준, "금융산업에 대한 교육세 부과 개선방안에 대한 연구", 세무학 연구 제23권 제3호(2006)

심태섭·구자은·장연호, "보험회사 특별계정의 성격에 대한 검토 – 변액보험을 중심으로–", 세무학연구, 제32권 제2호, 한국세무학회(2015)

이영한·강남규, "파생금융상품의 과세에 관한 연구 –파생상품거래세와 파생결합증권 과세를 중심으로–", 한국세무학회 학술대회 발표논문집 Vol. 2010, No. 10(2010)

생명보험협회, 변액보험의 이해와 판매(2014)

정재현, "교육세 납세의무와 과세표준의 문제점과 개선방안 – 금융·보험업을 중심으로–", 조세연구 제13권 제1집, 한국조세연구포럼(2013)

국문초록

교육세는 1982년 학교교육의 정상화를 기하는데 필요한 재원을 확보하기 위하여 신설되었고 1986년까지 5년간 한시적인 목적세로 운영하도록 하되 그 세수는 교육기반의 확충을 위한 학교시설과 교원처우개선에 우선적으로 충당하도록 제정되었으나 5년을 지나 현재까지도 폐지되지 않고 있다. 신설 당시 교육세는 과세주체가 중앙정부인 국세로서 부가세였으며 한시적인 성격을 가진 임시세였고 사용 목적은 학교시설과 교원처우개선의 두 영역으로 국한되어 있었다. 그러나 최근 본래의 목적에서 벗어난 과세원칙이 현재 국세청과 금융·보험업자의 교육세와 관련된 논쟁이 되고 있다. 대법원은 최근 변액보험의 특별계정이 금융보험업자의 수익금액인지 여부와 관련된 의미 있는 판결을 선고하였다(이하 '대상판결'이라 한다).

우선, 대상판결은 순자산을 증가시키는 거래로 인하여 발생하는 수익금액으로서 교육세법 시행령 제4조 제1항에 해당하는 금융, 보험업자의 수익금액은 위 시행령 제4조 제2항에 해당하지 않는 이상 교육세 과세표준에 산입되어야 한다고 판시하였다. 대상판결은 금융, 보험업자의 수익금액의 범위를 명확히 하였다는 점에서 의미가 있다. 다음으로 대상판결은 변액보험의 특별계정과 관련된 보험료와 운용수익이 실질적으로 보험업자에게 귀속된다고 보았다. 보험계약에 기한 보험료가 납부된 후 보험사고의 발생 등 보험계약상의 보험금 지급요건을 충족한 경우에 비로소 보험금으로 반환되며, 최저보장금액의 한도 내에서는 보험실적이 악화되어 손실이 발생하더라도 최저보장금액을 받을 수 있게 된다는 측면에서 대상판결은 타당하다.

다음으로, 대상판결은 관련법에 의하면 변액보험 특별계정은 투자신탁으로 간주되지만 조세법적으로도 투자신탁과 동일하게 취급할 필요는 없다고 보았다. 신탁재산에 대한 과세상 취급은 원칙적으로 민사적 권리관계에 따라야 하고, 이와 달리 취급하기 위해서는 별도의 법령상 근거가 필요하다는 측면에서 타당하다.

교육세는 목적세임에도 과세대상에 금융·보험업자를 납세의무자로 규정하여 금융·보험업자가 교육세와 직접적인 관련이 있는지 불분명하여 수익자부담원칙이 존재하지 않는다는 점에서 비판을 받고 있다. 이러한 비판으로 대표적인 목적세인 교육세의 위헌 논란까지 불거지고 있다. 대상 판결은 결론에 있어서는 타당하지만, 위와 같은 교육세에 대한 비판론적인 관점에서는 그 수익금액의 범위를 해석함에 있어서는 조심스러운 접근이 필요하다.

주제어: 교육세, 수익금액, 금융·보험업자, 변액보험, 특별계정, 투자신탁

Abstract

Whether insurance fees and operating profits in special account of the variable life insurance are actually considered as a profit according to the Educational Tax Law

－Focusing on the Supreme Court Decision 2014Du13140 Delivered on February 12, 2015－

KIM, SE－HYUN*

Educational tax had been established in 1982 in the form of earmarked tax for five years to obtain finances required to stabilize the educational system especially to improve the rights for teachers and the conditions of school facilities. The educational tax that was meant to be valid only for five years, however, still remains today. When the educational tax was first introduced, it was considered a national tax as well as a surtax that was meant to be a contingency tax, in which purpose of the usage was limited within the realm of improving school facilities and rights for teachers. Nonetheless, a policy on educational tax which had lost its initial purpose has recently become an issue between National Tax Service and finance, insurance company. The Supreme Court recently has ruled decision related to whether special account of variable life insurance are to be included and acknowledged as the revenue of the finance, insurance company('decision' below).

The decision first acknowledged this revenue is a transaction that increases net assets, and any revenues of financial and insurance

* Judge of Seoul Administrative Court

companies that are categorized by the Section 4 Clause 1 of the Educational Tax Law that are also excluded from Section 4 Clause 2 of the Educational Tax Law are to be taxed according to the rates of the Educational Tax Law. This decision is significant in that it clearly defines the boundaries of the revenues of financial and insurance companies. The decision also concluded that the insurances fees and operation revenues related to special account of variable life insurance were to be acknowledged as activities of the insurance companies. When the insurance product payout conditions are fulfilled such as an event of an accident covered by insurance after the term insurance payment has been paid during the insurance contract duration etc., in this case insurance payouts are made, and even when losses occur due to underperforming insurance products within the limits of the minimum guaranteed amounts, this decision is appropriate because it supports the payment of the minimum guaranteed amounts.

Next, the decision concluded that while special account of variable life insurance were considered an investment trust according to related laws, the decision also viewed that special account of variable life insurance were not required to be treated according to the identical taxation laws of investment trust. The handling of taxation of investment trust, as a rule, must follow the civil laws pertaining to the trust, and this decision is appropriate in that it is necessary for additional legal basis in order to handle these cases differently.

Criticism lies in the fact that a finance, insurance company is held responsible for the educational tax even though there exists no clear guideline as to whether the finance, insurance company has the responsibility to pay the educational tax. Because such criticism has resulted in a controversy over unconstitutionality about the educational tax, which is one of a major earmarked tax. Although the decision is valid in terms of the conclusion, critics may argue that a careful approach is needed for the analysis of profits range.

Keyword: educational taxes, profits, finance and insurance company, variable life insurance, separate account, investment trust

투 고 일: 2016. 11. 21
심 사 일: 2016. 12. 9
게재확정일: 2016. 12. 15

外國判例 및 外國法制 硏究

最近(2015/2016) 美國 行政判例의 動向 및 分析 研究*

金聲培**

Ⅰ. 서론

미국 연방 대법원의 2015년 가을회기(2015 term of the Supreme Court)는 2015.10.5. 시작하여 2016.10.1. 종료되었다. 통상 미국 연방대법원은 연간 70~80건을 처리하였는데 이번 회기에는 81개의 사건[1]을 처리하였다.[2] 2015년 회기동안 미국 연방대법원이 처리한 주요한 사건

* 본 논문은 2016년 12월 15일 개최된 한국행정판례연구회·사법정책연구원 공동학술대회에서 발표한 본인의 논문을 수정한 논문임을 밝힙니다.

** 국민대학교 법과대학 교수

1) 2013년 재판기에는 75건의 사건을 처리하였고 2014년 재판기에는 74건의 사건을 처리하였다. 참고 김성배, 최근(2013-2014) 미국 행정판례의 동향 및 분석 연구, 행정판례연구 XIX-2, 2014, 한국행정판례연구회, 230면 및 김성배, 최근(2014/2015) 미국 행정판례의 동향 및 분석 연구, 행정판례연구 XX-2, 2015, 한국행정판례연구회, 257면 참조

들은 사형제도, 선거구획정, 노동조합 미가입자에 의한 회비납부(labor union “agency shop” fees), 피임약 등에 대한 공적보험적용, 대학입학에서 인종고려, 낙태, 이민쟁점 등이 있었다. 또한 경제관련 언론사인 Forbes는 2015년 가을회기동안 대법원이 결정한 경제관련한 주요한 10개 사건을 발표하였는데, 주요 쟁점으로는 적극적 차별(affirmative action), 집단소송(Class action), 중재제도(arbitation), 외국회사의 소송가능성 등을 선정하기도 하였다.[3] 2015년 회기 중 미국 연방 대법원의 가장 큰 변화는 중요한 사건이라기보다는 그동안 보수적 입장에서 많은 주요한 판결문을 작성하고 설득력 있는 반대입장을 활발하게 개진 하던 Scalia 대법관이 사망한 것이다. 1936년생인 Antonin Scalia 대법관은 1986.9.26. 로날드 레이건(Ronald Reagan) 대통령이 대법관으로 임명한 이후 2016.2.13. 사망하기까지 약30년 동안 대법관으로 활동하였다. Scalia 대법관은 대법관들 중 보수파에 속하면서 헌법해석과 법적용에 있어서 헌법조문과 원문에 충실한 해석을 중요시하는 학자적인 판사로 분류되었었다. Scalia 대법관이 사망할 당시의 대통령은 민주당소속의 오바마 대통령이었기 때문에 헌법상 오바마 대통령이 공석이 된 대법관을 지명할 권한을 가지고 있지만 공화당이 다수를 구성하는 여소야대인 양원과 오바마 대통령의 임기가 얼마 남지 않았다는 정치적 상황으로 인하여 아직까지 공석이 된 Scalia의 후임 대법관을 임명하지 않고 있다. 물론 퇴임 전에 오바마 대통령이 공석인 대법관을 지명하고 상원의 동의를 얻을 수도 있겠지만 현실적으로는 차기 대통령이 지명권을 행사할 가능성이 높다. 얼마 전까지만 해도, 미국의 대선판도가 혼전양상이었기에 다음 대통령이 민주당후부인 비교적 진보적인 힐러리 후보 혹은

---

2) 참고 미국 연방대법원 사이트
https://www.supremecourt.gov/opinions/slipopinion/15

3) http://www.forbes.com/pictures/gihj45kmh/top-10-supreme-court-cas/#1f20d0b154dd

공화당소속의 극우성향의 트럼프가 되느냐에 따라서 대법관 임명권행사의 향방이 결정되기 때문에 평소보다도 더욱 국민적인 관심이 대법원에 집중되었고 전문가들도 더 엄밀하게 대법원의 판결을 분석하는 경향이 나타나기도 하였다.4) 하지만 미국 대선은 극우파 혹은 이단아로 불리는 경제인 출신 트럼프의 승리로 막을 내렸다. 트럼프는 불법이민자문제, 기후변화문제, 등에서 미국우선주의를 외치면서 극우성향을 보이고 현재 상원과 하원을 공화당이 장악하고 있으므로 보수성향의 대법관을 임명할 것으로 예상된다. 통상 중요한 미국의 선례들이 5대4의 사건이 많은데, Scalia 대법관이 사망함으로써 3명의 상시 보수파와 4명의 상시 진보파가 남았다는 진단이 존재한다. 통상적으로 보수파로 분류되는 대법관은 Roberts 대법원장, Thomas 대법관, Alito 대법관이며, 진보파로 분류되는 대법관은 Ginsburg 대법관, Breyer 대법관, Sotomayer 대법관 그리고 Kagan 대법관이다. Kennedy 대법관은 통상적으로 중도파로 분류되지만 동성결혼과 같은 사회적 이슈에 있어서는 진보적 의견을 내고 있다.5) 미국의 대선결과는 미국의 경제와 정치, 사회적 이슈에 큰 영향을 미칠 뿐만 아니라 세계 정치와 경제 그리고 사회적 이슈에 큰 영향을 미칠 것으로 보인다. 아래에서는 2015년 회기에 미국 대법원이 처리한 행정법분야의 사건들을 ① 국가의 책임범위와 공무수행자의 책임문제, ② 공무원에 대한 불이익처분과 그 구제, ③ 행정작용에 대한 법원의 간여, ④ 행정입법6)과 법률의 해석문제7)로 구분하여 살펴보고자 한다.

---

4) The Washington Post, "These are the key cases facing the Supreme Court after Scalia's death," accessed February 14, 2016.

5) InsideGov.com, "Compare Supreme Court Justices," accessed February 16, 2016

6) 미국 행정절차법상의 행정입법의 종류와 그 최근의 문제에 관한 상세한 논의는 김성배, 미국에서의 행정입법의 분류와 비법규적 행정규칙에 대한 통제문제, 법학논총 제28권 제3호, 국민대학교 법학연구소, 2016, 503면 이하 참조

7) 국내판례와 법률해석의 도식화 및 법률해석에 대한 상세한 논의는 김성배, 자살한 군인에 대한 국가의 책임, 행정판례연구 XVIII-1, 한국행정판례연구회, 2013, 231면 이하 참조

Ⅱ. 국가의 책임범위와 공무수행자의 책임문제

1. 국가배상소송제한사항과 공무원개인책임문제 (Simmons v. Himmelreich[8])

1) 사건개요

본 사건은 연방교도소에 수감중인 재소자가 교도관들을 상대로 손해배상소송을 제기한 사건이다. 상고인은 교도관이 주의의무를 위반하여 태만하였기에 다른 재소자들이 자신을 폭행하는 것을 막지 못했다고 주장하면서, 국가를 상대로 한 손해배상소송이 각하되자, 교도관개인을 상대로 손해배상소송을 제기한 사건이다.

2) 사건의 경과

오하이오주 연방 북부지방법원(United States District Court for the Northern District of Ohio)은 연방불법행위사건법(Federal Tort Claims Act: FTCA)[9]상의 제소제한규정(judgment bar provision)을 이유로 교도관에게 유리한 약식판결을 하였으며[10], 이에 원고는 항소하였고 제6연방고등법원(United States Court of Appeals for the Sixth Circuit)은 원심판단을 파기하고 환송하였다.[11] 이에 교도관이 상소를 하였고 대법원은 심리하기로 결정하였다.

3) 주문

본 판결은 Sotomayor대법관이 판결문을 작성하였다. 연방불법행위사건법의 제소제한규정은 재량권행사와 관련된 사건에는 적용되지 않는

8) 136 S.Ct. 1843 (2016)
9) 우리나라의 국가배상법에 해당하는 미국의 법률이다.
10) 2013 WL 3787619
11) 766 F.3d 576

다고 판단하면서, 연방고등법원사건 중 본 판결과 배치되는 판결[12]들을 파기하였다.

연방 대법원은 제소제한규정은 연방불법행위법의 적용제외조항에 해당하여 각하된 사건에는 적용되지 않는다고 판단하였다.

4) 쟁점법률

연방불법행위사건법상의 적용제외규정은 "본 장(171장)의 규정은 재량기능이나 재량적 의무를 행사하거나 수행을 기초로 제기되는 어떤 소송에도 적용되지 않는…"다고 규정[13]하고 있다. 연방불법행위사건법상의 제소금지조항은 연방불법행위사건법에 근거한 판결이 있으면, 장래에 공무원 개인에 대한 다른 모든 소송을 금지하고 있었다.

5) 사실관계

본 사건은 Himmelreich라는 연방재소자(이하 H)가 제기한 두 가지 소송으로 시작되었다. 먼저 H는 동료재소자로부터 심하게 구타당한 것은 교도관이 과실로 업무를 적정하게 수행하지 않아서 발생한 사건이라고 주장하면서 먼저 연방정부를 상대로 국가배상소송을 제기하였다. 이에 연방정부는 첫 번째 사건을 연방정부의 공무원이 초래한 특정한 불법행위에 대해서 연방정부를 상대로 손해배상을 구할 수 있도록 허용한 연방불법행위사건법상의 소송[14]으로 취급하였다. 그런데 연방 불법행위사건법상의 적용제외조항은 일정한 유형의 소송에 대해서는 본법 1346(b)조가 적용되지 않는다고 규정하고 있었다. 적용제외규정을 근거로 연방정부는 재소자를 어떤 감방에 배치할 것인지는 교도행정기관의 재량사항이며, 재량권의 행사와 수행과 관련된 모든 소송은 적용제외규

12) Pesnell v. Arsenault, 543 F.3d 1038, Williams v. Fleming, 597 F.3d 820.
13) § 2680(a).
14) 28 U.S.C. § 1346(b)

정이 적용된다고 주장하면서 본 소송을 각하되어야 한다고 주장하였다. 정부측이 각하를 주장하고 있었지만 법원이 이에 대해서 검토하고 있던 중, H는 두 번째 소송을 제기하였다. 두 번째 소송은 교도행정기관에 근무하고 있던 교도관 개인을 상대로 헌법상 보장된 손해배상소송을 제기한 것이다. 교도관 개인을 상대로 한 소송에서 원고는 교도관이 업무수행에 과실이 있었기에 자신이 다른 재소자로부터 폭행을 당했다고 주장하면서 손해배상을 청구하였다. 교도관 개인을 상대로 한 소송은 일반적 불법행위소송이므로 연방불법행위사건법과는 관계없는 소송이다. 연방지방법원이 첫 번째 소송을 각하하자, 교도관인 피고는 H의 두 번째 소송인 본 소송은 연방불법행위사건법의 제소금지조항 때문에 금지된 소송이라고 주장하였다. 연방불법행위사건법상의 제소금지조항은 연방불법행위사건법에 근거한 판결이 있으면, 장래에 공무원 개인에 대한 다른 모든 소송을 금지하고 있었다.

6) 대법원의 판결이유

연방불법행위사건법은 명시적으로 일정한 종류의 사건에는 적용되지 않는 적용제외규정을 두고 있으며, H의 첫 번째 소송은 여기에 해당한다고 대법원은 판단하였다. 만약 연방정부의 주장처럼 연방불법행위사건법 제171장의 제소제한규정이 적용제외규정에 해당하는 사건에도 적용된다고 하면, H의 첫 번째 소송으로 인하여, H는 동일한 사실관계를 바탕으로 해서는 장래에 어떤 소송도 제기하지 못하게 된다. 그러나 H는 제소제한규정은 적용제외규정에 해당하는 본인의 첫 번째 사건에는 적용되지 않기에 자신은 두 번째 소송인 공무원 개인을 상대로 소송할 수 있다고 주장하였다.

연방대법원은 H의 주장이 이유 있다고 판단하였다. 연방불법행위사건법상의 적용제외규정은 "본 장(171장)의 규정은 재량기능이나 재량적 의무를 행사하거나 수행을 기초로 제기되는 어떤 소송에도 적용되지 않는…"다고 규정[15]하고 있다. 연방불법행위사건법의 제소제한규정은 제171장에 규정되어 있다. 그래서 제외규정의 법조문에 대한 문언해석은 H의 첫 번째 소송과 같은 사건에는 제소제한규정이 적용되지 않는다고 해석된다. 그래서 제소제한규정은 H의 첫 번째 소송에 적용되지 않기에 교도관 개인을 상대로 한 H의 두 번째 소송은 금지되는 것이 아니라고 대법원은 판단하였다. 대법원은 연방불법행위사건법의 평범한 문언해석을 대처해야할 만한 특별한 다른 사정이나 이유가 존재하지 않기에 적용제외조항이나 제소제한규정을 문언해석하여 적용하여야 한다고 판단한 것이다.[16]

연방대법원은 피상고인의 주장과 달리 United States v. Smith 사건을[17] 선례로 적용한다고 하여도 다른 결론이 도출되지는 않는다고 판단하였다. 연방불법행위사건법 제171장의 배타적인 구제조항[18]은 연방불법행위사건법에 의해 연방정부를 상대로 소송을 제기할 수 있는 경우에는 개인 공무원을 상대로 소송을 제기하지 못하도록 규정하고 있는데, Smith 사건은 이탈리아에 있는 병원에서 일어난 진료중 상해에 대해서 소송을 제기한 사건인데, 연방불법행위사건법 제2680조(k)는 "외국에서 일어난 소인"을 원인으로 하는 소송을 제171장을 적용하지 않는 적용제외의 하나로 열거하고 있어서[19] 연방정부는 예외규정의 문언해석상 당해 소송은 금지된다고 주장한 사건이기에 본 사건과는 관련이 없다고 연방 대법원은 판단하였다. Smith사건에서 연방대법원은 예외조항에서 규정한 "적용하지 않는다."는 표현도 언급한 적이 없으며, 또한 쟁점이 되고 있는 배타적구제조항(the exclusive remedies provision)은 1988년에 연방공무원책임개혁및불법행위보상법(the Federal Employee Liability

15) § 2680(a).
16) P. 1847
17) 499 U.S. 160, 111 S.Ct. 1180, 113 L.Ed.2d 134
18) § 2679(b)(1)
19) § 2680(k)

Reform and Tort Compensation Act of 1988)이 제정되면서 개정된 조문이고, 동법에 의해서 연방 공무원 개인에 대한 소송은 적용제외와 예외가 있지만 연방불법행위사건법상의 소송으로 변경되는 체계를 가지고 있었다고 Smith사건에서 대법원은 판단하였다.[20] Smith사건에서 대법원이 설시하였듯이 적용제외와 예외가 있다는 사실을 염두에 두면, 연방공무원책임개혁법은 일정한 사건을 예외를 하려는 의도를 가지고 있었다고 판단됨으로 Smith사건을 적용한다고 하더라도 제소제한규정의 문언해석상 Smith사건과 같은 동일한 결론을 요구하는 것은 아니라고 대법원은 판단하였다.[21]

제171장의 모든 규정이 예외조항에 해당하는 소송에 모두 적용되지 않는다는 연방정부의 주장은 매우 위험한 주장이라고 대법원은 판단하였다. 정부의 주장처럼 제171장의 모든 규정에 예외조항에 해당하는 소송에 모두 적용되지 않는다면, 제소제한규정의 존재의미가 있는지가 의심될 것으로 보았다. 또한 연방정부의 주장을 본 대법원이 받아 들였다고 하면, 관련된 이전의 사건에서 다른 결론을 도출했을 것이지만 Smith사건에서 보듯이 이런 해석을 받아들이지 않았다고 대법원은 판단하였다. 만약 1심법원에서 H의 소송에서 교도관에게 과실이 있었던 것이 아니라고 판단하여 H의 첫 번째 소송을 기각(dismissing)하였다고 하면, 제소제한규정 때문에 H가 교도관을 상대로 하는 두 번째 소송을 할 수 없다고 해석하였다면 일응 합리적인 해석일 수는 있다. 그러나 연방불법행위사건법상의 소송을 예외조항에 해당한다고 각하한 사건이라면, 이런 각하판단은 단순히 미국 연방정부가 당해 사건에 책임이 없다는 것을 나타내는 것뿐이지, 공무원인 개인도 책임이 없다는 것을 의미하는 것은 아니라고 대법원은 판단하였다.[22]

---

20) 499 U.S., at 166, 111 S.Ct. 1180(인용 §2679(d)(4);

21) 136 S. Ct. 1843, 1844-45, 195 L. Ed. 2d 106 (2016)

22) 136 S. Ct. 1843, 1845, 195 L. Ed. 2d 106 (2016)

7) 소결과 시사점

미국의 경우에는 국가배상소송을 유형을 제한하고 있을 뿐만 아니라, 국가배상이 인정되는 경우에는 공무원[23] 개인에게 소송을 제기하지 못하는 규정을 1988년 신설하여 연방공무원의 개인책임을 입법적으로 해결하고 있다. 국가배상소송에서 제외되는 유형 중에는 공무원의 정당한 재량권행사의 경우가 존재한다. 물론 재량권이 일탈·남용하여 위법의 정도에 이르게 되면 미국에서도 소송은 가능하다.[24] 하지만 재량의 행사에 해당하면 일반적으로 소송제한유형에 해당하므로 국가배상보다는 공무원의 고의 과실이 있다면, 일반불법행위소송으로서 공무원개인에 대한 소송이 미국에서는 가능한 것으로 이번 판례는 정리하고 있다. 국가배상에서 국가와 공무원개인의 책임분배문제에 대해서 단순히 이론이나 포괄적인 원칙으로 해결하지 않고, 구체적인 법률의 개정과 사안에 따라서 실용적으로 해결하려는 미국의 실용적·사안별 해결태도를 볼 수 있는 사건이었으며, 법률규정의 해석원칙에서 문언해석의 원칙과 선례와 본 사건의 유사점과 구별점을 실용적 차원에서 접근한 판례이었다.

---

23) 미국의 공직수행자의 개념이 우리의 공무원개념에 완전히 일치하는 것은 아니다. 미국 공무원제도의 개관과 최근의 논의에 대한 자세한 사항은 김성배, 미국 공무원관계법의 역사와 최근 논의, 공법연구 제44집 제2호, 한국공법학회, 2015, 315면 이하 참조

24) 미국 연방 공무원의 개인책임(연방불법행위청구소송과 헌법적 손해배상청구소송)에 관한 자세한 논의는 정하명, 미국연방공무원개인의 손해배상책임에 관한 최근 판결례, 공법학연구 제12권 제2호, 한국비교공법학회, 2011, 343면 이하 참조

2. 현행법을 위반한 공무수행사인의 책임과 정부면책특권 (Sheriff v. Gillie사건[25])

1) 사건개요

오하이오주 법무부장관이 개인 변호사들을 특별보조인(special counsel)으로 임명하여 오하이오주에 채무가 있는 사람들의 채무를 추심하는 업무를 계약을 통해서 위탁하였다. 그런데 특별보조인으로 임명된 변호사들이 오하이오주 법무부 공식 편지를 사용해서 채무자에게 채무변제를 독촉하는 내용의 편지를 보냈는데, 이에 대해서 채무자들은 연방공정채무추심실시법(Fair Debt Collection Practices Act: FDCPA 이하 공정채무추심법)상 거짓되고, 왜곡되거나, 오해의 소지가 있는 표시를 할 수 없는데 개인 변호사들이 오하이주 법무부의 공식 편지를 사용하여 채권추심을 하려고 한 것은 연방법 위반이라고 채무자가 개인 변호사들과 변호사사무실을 상대로 잠재적인 단체소송을 제기한 사건이다.

2) 사건의 경과

오하이주 연방남부지방법원은 피고인의 약식재판요청을 받아들여서 특별보조관은 주의 공무원이며 또한 그들이 법무부장관의 편지를 사용한 것을 거짓되거나 오해를 불러일으키는 행위가 아니라고 판단하면서 원고패소판결[26]을 하였고, 원고들은 항소하였으며 제6 연방고등법원은 원심을 파기하고 독립계약자(independent contractors)인 특별보조관은 공정채권추심법상의 주공무원제외조항이 적용되는 경우가 아니라고 판단하였다. 제6 연방고등법원은 원심을 파기환송하면서 1심법원에게 법무부장관 명의의 편지지를 사용하는 것이 채무자로 하여금 채권을 추심하는 사람이 법무부장관이었다고 믿게 했는지를 심사하라고 하였다.[27] 이에 대해

---

25) 136 S.Ct. 1594 (2016)

26) 37 F.Supp.3d 928

서 피항소인들이 연방대법원에 상고하자 대법원이 상고심을 진행하기로 결정하였다. 대법원은2016.3.29. 구두변론을 종결하고 2016.5.16. 최종 판결을 선고한다.

3) 대법원의 주문

본 판결은 대법관 전원일치의 판결이었으며 Ginsburg 대법관이 판결문을 작성하였다.

편지지 상단에 오하오주 법무부장관이 표시된 편지지(letterhead)를 이용한 것은 거짓 혹은 오해의 소지가 있는 표시를 사용하지 못하도록 한 공정채권추심법을 위반한 것이 아니라고 판단하였다. 또한, 오하이오주 법무부장관명의 편지지를 사용한 것은 주가 그런 표시가 된 편지지를 사용하도록 허가하였고, 승인한 소통방식이므로 거짓된 표시를 금지하고 있는 공정채권추심법을 위반한 것이 아니라고 판단하였으며, 법무부장관명이 기재된 편지지를 사용한 것은 진짜 명의인(true name) 이외에는 사용할 수 없도록 한 공정채권추심법을 위반한 것이 아니라고 판단하였다. 마지막으로 주정부에게 채무가 있는 경우 채무를 추심하는 것은 오하이오주의 주권적 기능이고 이런 주권적 기능의 수행에 연방법인 공정채무추심법이 간섭하는 방식으로는 그 조항을 해석해야할 아무런 이유가 없다고 판단하였다.

4) 쟁점법률

공정채권추심법은 채권추심남용사례를 근절하기 위해서 제정된 연방법률이다.[28] 본 사건과 연관된 조문은 채권추심과 연관된 경우, 거짓된, 사기적인, 또는 오해를 촉발하는 표현을 사용하지 못하도록 한 것이다.[29] 채권추심자(debt collectors)를 규정하면서 "자신의 직무를 수행(the

---

27) 785 F.3d 1091

28) 15 U.S.C. § 1692(a)–(d)

performance of his official duties)하면서 채권을 추심하는 주의 공무원(any officer)"은 동법상의 채권추심자에서 제외하고 있다.[30] 오하이오주법은 주의 행정기관이나 주가 설립한 기관(instrumentalities)에 변제할 채무가 변제기일이 지나면 법무부장관(Attorney General)에게 당해 채권추심 또는 양도할 권한을 부여하고 있었다.

5) 사실관계

주에 대한 채무를 독촉하고 추심할 권한을 수행하면서, 법무부장관은 개인 변호사를 특별보조관("special counsel")이라는 명칭의 독립계약자(independent contractors)로 임명(appoints)하여 법무부장관을 대신하여 채권추심업무를 수행하도록 하였다. 법무부장관은 특별보조관에게 채무자와 연락할 때는 법무부장관으로 표시된 편지지를 사용하도록 하였다. 상고인인 Mark Sheriff와 Eric Jones은 2012년 특별보조관으로 임명된 개인 변호사들 중에 한명이다. 법무부장관의 업무지시에 따라 Sheriff가 소속된 로펌과 Jones 변호사는 각각 피상고인인 Hazel Meadows와 Pamela Gillie에게 법무부장관공식 편지를 사용하여 채무독촉장을 보냈다. 그 채무독촉편지의 서명란에는 서명한 개인변호사의 이름과 주소가 표시되어 있었으며, 주 법무부장관의 외부(outside) 또는 특별(special) 보조관(counsel)이라고 표시되어 있었다. 각 편지에는 발신자가 채권추심자이며 주가 설립한 기관에 대한 채무를 독촉하고 추심하려는 목적이 표시되어 있었다.

이에 대하여 Meadows씨와 Gillie씨는 잠재적 집단소송을 연방지방법원에 제기하면서, 피고들이 법무부장관의 공식편지지를 사용함으로써 현혹하고 오해를 불러일으키는 방식으로 채권을 추심하고자 하였기에 이는 공정채권추심법을 위반하였다고 주장하였다. 본 소송에서 오하이

29) § 1692e
30) § 1692a(6)(C).

오주 법무부장관은 소송참가(intervened)를 하여 특별보조관이 법무부장관의 공식편지지를 사용한 것은 거짓 또는 오해를 불러일으키는 행위가 아니며, 또한 특별보조관은 주의 공무원으로 보아야 되기에 공정채권추심법이 적용되지 않는다고 주장하면서 확인판결(declaratory judgment)을 구하였다.

6) 대법원의 판결이유

이에 대하여 대법원은 가사(arguendo) 특별보조관이 공정채권추심법상의 주공무원에 해당하지 않는다고 하여도, 상고인이 법무부장관명의의 편지지를 사용한 것은 공정채권추심법 § 1692e조를 위반한 것이 아니라고 판단하였다. 특별보조관이 법무부장관 명의의 편지를 사용한 것은 법무부장관의 지시에 의한 것이며, "거짓 또는 오해의 소지가 있는 표시("false ... or misleading representation)"를 일반적으로 금지하고 있는 § 1692e조를 위반한 것이 아니라고 판단한 것이다. 법무부장관명의의 편지지는 법률관계의 본인(the principal)인 오하이오주 법무부장관을 나타내고 있으며, 서명란에서 법무부장관이 외부조력자(outside counsel)로 채용한 대리인(the agent)인 개인 변호사를 표시하고 있다고 대법원은 판단하였다. 대법원은 특별보조관과 법무부장관의 법률관계의 특징도 판결에 많은 영향을 주었다고 하였다. 특별보조관은 주정부채권추심업무을 담당하던 법무부장관을 대신하여 법률서비스를 제공하였으며, 특별보조관이 보낸 편지를 보고 법무부장관실에서 보낸 편지로 알았다는 채무자의 주장은 정확하지 않다고 대법원은 판단하였다.

특별보조관이 법무부장관명의 편지지를 사용한 것은 주정부에 의해 허가되고, 지시되거나 승인된 통신수단을 사용한 것으로 거짓의 표시금지규정[31]을 준수한 것으로 판단하였다. 법무부장관은 특별보조관에

31) § 1692e(9)

게 자신명의의 편지지를 사용하도록 요구하였고 특별보조관은 법무부장관명의 편지를 사용함에 있어서 잘 못된 인상을 주지도 않았다고 판단하였다. 또한 특별보조관이 법무부장관의 요청에 따라 법무부장관의 대리인(as the Attorney General's agents)으로써 채권추심업무를 담당하면서 법무부장관명의의 편지지를 사용하였지만 가짜명의를 사용하지도 않았기 때문에 공정채권추심법 § 1692e(14)조를 위반하지도 않았다고 대법원은 판단하였다. 또한 대법원은 연방법원이 주법상의 자신의 의무인 주채권추심업무를 수행하는 방식을 결정한 법무부장관의 직무집행방법에 간섭할 어떤 근거나 이유를 공정채권추심법에서 찾을 수 없었다고 보았다. 대법원은 제6연방고등법원은 법무부장관명의 편지지를 사용함으로써 소비자의 혼란가능성과 위협을 느낄 수 있는 가능성을 제기하지만, 제시된 증거와 설명만으로는 그런 위험성이 충분히 증명되거나 설명되지 않았다고 판단하였기에 제6연방고등법원의 판결[32]을 파기하고 환송하였다.

7) 소결과 시사점

행정권의 행사를 행정기관과 공무원조직에만 의존하지 않고 다양한 방식으로 행정기능을 수행하며, 작은 정부를 구성하고 정부기능을 외부 사조직에 위탁하거나 이전하는 여러 가지 행정형식이 변화하고 있는데, 본 판결은 전형적인 행정처분에 해당하는 조세채무나 공법상 계약관계에서 발생하는 채무관계, 국고행정에 해당하는 채무관계를 구별하지 않고 주법이 다양한 공공기관의 채권회수를 위하여 그 채무추심을 법무부장관에게 위임하고 있었는데, 그 채무추심사무를 민간영역에 위탁하여 수행한 경우, 행정사무수행인을 주공무원으로 볼 수 있는지, 주정부의 면책특권이 행정사무수행인에게도 적용될 수 있는지가 하급심에

32) 785 F.3d 1091

서 쟁점이 된 사건이었다. 연방대법원은 적극적으로 행정사무수행인이 주의 면책특권을 향유할 수 있는지 판단하지는 않았지만, 주정부의 업무지시의 범위를 지켰다고 하면 공정채권추심법을 위반하지 않은 것으로 판단하고 있어서 간접적으로는 주정부의 합법적인 업무지시의 범위 속에서 행정사무를 수행하는 사인은 공무원으로 의제하는 효과가 미치는 판결을 하고 있다. 우리의 경우에는 공무수탁사인과 행정보조인 등의 논의가 있었으나[33] 소위 김영란법으로 지칭되는 「부정청탁 및 금품등 수수의 금지에 관한 법률」에서 공무수행사인(제11조)이라는 개념을 도입해서 기존의 공무수탁사인을 포함하여 기존에 법률규정에 의해 공무원으로 의제되던 각종 위원회에 소속 민간위원 등을 포괄하는 개념으로 사용하고 있다. 결국 국가의 책임범위와 제한이라는 관점에서 보면, 특정한 개념징표에 초점을 맞추는 것보다 국가의 지시나 통제권이 미치는지 여부, 국가의 지시여부 등 개별 사건에서 증거로 수집된 상황에 맞추어 국가배상이나 책임의 범위와 효력을 논하는 실용적 접근법도 의미가 있다고 사료된다.

3. 군모병을 위한 문자전송과 현행법을 위반한 계약업체의 책임(Campbell-Ewald Co. v. Gomez[34])

1) 사건의 개요

본 사건은 광고회사가 전화소비자보호법(the Telephone Consumer Protection Act: 이하 TCPA)을 위반하여 하청업체에게 소비자의 휴대폰에 동의하지 않은 문자메세지를 전송하도록 지시하거나 허용하였다는 이유

33) 공무수탁사인과 행정보조인을 엄격히 구별하고 구체적 사례를 제시하는 견해로는 정하중, 행정법개론 제8판, 법문사, 64면 이하 참조

34) 136 S.Ct. 663 (2016)

로 소비자가 광고회사를 상대로 잠재적인 집단소송(putative class action)을 제기한 사건이다.

2) 소송의 경과

캘리포니아 중부 연방지방법원(The United States District Court for the Central District of California)은 제안된 증거확보를 통해서 집단소송을 거부하고 Yearsley v. W.A. Ross Constr. Co사건을[35] 인용하면서 약식재판을 신청한 C사의 입장을 받아들였다. 지방법원은 C사는 계약자로서 미국 해군을 위해 활동하였으며 그로 인해 C사는 TCPA소송의 주권면책(sovereign immunity from)을 누리는 해군의 지위를 향유한다고 판단하였다. 이에 대하여 소비자가 항소하였고 제9연방고등법원은 지방법원의 판결을 파기하였다. 고등법원은 Gomez사건은 소송가능(remained live)하지만 C사는 Yearsley 판결이나 다른 선례를 보더라도 파생적 주권면책("derivative sovereign immunity")을 누릴 수는 없다고 판단하였다. 이에 광고회사가 상고하자 대법원은 상고심을 진행하기로 결정하였다.

3) 주문

Ginsburg 대법관이 판결문을 작성하였다.

소비자가 배상제안을 거부하였다고 하여도 소비자의 제소는 소의 이익이 상실되는 것은 아니라고 판단하면서 이와 대치되는 연방고등법원의 판결[36]을 파기하였으며, 광고회사는 정부가 향유하는 TCPA상의 책임면책과 소송면책특권을 누리지 못한다고 판단하였다.

---

35) 309 U.S. 18, 60 S.Ct. 413, 84 L.Ed. 554

36) Warren v. Sessoms & Rogers, P.A., 676 F.3d 365, O'Brien v. Ed Donnelly Enterprises, Inc., 575 F.3d 567, Weiss v. Regal Collections, 385 F.3d 337

4) 사실관계

미국 해군은 Campbell-Ewald Company(이하 C회사)와 계약을 체결하여 미디어를 활용한 군모병캠페인을 진행하기로 하였다. 본 계약에는 청년(young adults)에게 문자메세지를 전송하는 것이 포함되어 있었다. 하지만 문자전송은 반드시 해군근무 등 특정 주제의 문자정보수신에 동의한 사람을 대상으로 진행하기로 하였다. C회사의 하청업체인 Mindmatics LLC(이하 M회사)는 휴대폰사용자 중 동의한 18세에서 24세의 휴대번호의 목록을 작성한 다음 해군의 모병문자를 10만명이 넘는 수령자에게 보냈다. 그런데 자신은 문자수신동의를 하지 않았다고 주장하는 40세의 Jose Gomez(이하 G씨)도 해군모병문자를 전송받았으며 40세는 해군의 당초 모집광고대상 연령층에도 속하지 않는 연령이었다. G씨는 C사가 수신자의 명시적 사전동의 없이는 휴대폰에 자동전화시스템을 이용하여 문자메세지를 전송하는 것을 금지하는 TCPA[37]를 위반하였다고 주장하면서 전국적인 집단소송을 제기하였다. G씨는 고의적인 TCPA위반에 대하여 3배의 법정손해를 청구하고 수신동의하지 않은 문자전송을 금지하는 이행명령을 청구하였다. G씨가 단체소송의 증명서를 제출해야 하는 기일이전에 C사는 G씨의 개인적 손해부분에 대해 합의하기를 제안하였고 연방민사소송규칙에 따른 손해배상[38]을 제안하였다. 하지만 G씨는 C사의 제안을 거절하였고 연방민사소송규칙 68에 규정된 14일이라는 만료기간이 지나도록 했다. 그 기간이 지나자 C사는 연방민사소송규칙 12(b)(1)에 따라 사건성(lack of subject-matter jurisdiction)이 없다 소각하를 요청하였다. C사는 자신이 한 손해배상제안과 합의제안은 G씨에게 완전한 보상을 제공하고 있으므로 G씨의 개인적인 소인은 소의 이익이 없어졌다고(mooted) 주장하였다. 그리고 C사는 G씨가 자신의 개인적 소

37) 47 U.S.C. § 227(b)(1)(A)(iii)

38) Federal Rule of Civil Procedure 68

송이 소의 이익을 상실하기 전에 집단소송증명을 하지 못했으므로 잠재적인 집단소송도 소의 이익이 상실되었다고 주장하였다.

5) 대법원의 판결이유

본 판결은 Ginsburg 대법관이 판결문을 작성하고 이에 Kennedy 대법관, Breyer 대법관, Sotomayor 대법관, Kagan 대법관이 동조했으며 Thomas 대법관은 결론에 대한 별개의견을 개진하였고 Roberts 대법원장이 반대의견을 제시하였으며 동 반대의견에 Scalia 대법관, Alito 대법관이 동조하였으며 Alito 대법관은 또 다른 반대의견을 제시하였다.

(1) 사건성의 존재여부

합의의 제안이나 판결합의의 제안이 수락되지 않았다고 해서 원고의 사건이 소의 이익(moot)이 사라지는 것은 아니므로 지방법원은 이런 경우에도 G의 소제기를 심리할 적절한 사법관할을 가지고 있다고 대법원은 판단하였다. 그 이유로 대법원은 아래와 같이 설시하였다. 헌법 제III편(Article III)의 사건성("cases")과 분쟁성("controversies")이라는 사법심사의 기준은 모든 심리과정에서 실질적 분쟁성이 존재해야 하는 것을 의미하며, 단순히 소를 제기한 시점에만 존재해야 하는 것은 아니라는 선례를 인용하였다.[39] 그런데 당사자들이 아무리 사소한 것이라도 소송의 결과에 있어서 구체적 법적 이익(a concrete interest)이 존재한다면 사건은 소의 이익을 상실하지 않는다(not become moot)는 점을 대법원은 강조하였다.[40]

G씨가 G의 개인적 소청구를 충족시켜 주겠다는 C사의 제안을 거부하여도 G씨의 소제기는 영향받지 않는다고 대법원은 판단하였다. 계약법의 기본원칙상, C사의 합의안 제시(settlement bid)와 민사소송규칙

39) Arizonans for Official English v. Arizona, 520 U.S. 43, 67, 117 S.Ct. 1055, 137 L.Ed.2d 170

40) Chafin v. Chafin, 568 U.S. ——, ——, 133 S.Ct. 1017, 185 L.Ed.2d 1

Rule 68의 판결합의 제안은 한번 거절되면, 더 이상 그 청약의 효력은 없다는 점을 대법원 지적하였다. 합의제안 등의 효력이 상실된 이상 양 당사자들은 모두 소송의 결과를 장담할 수 없기에 당사자들은 불리한 입장에 있게 되며 소송이 처음 제기된 상태와 같은 법적 지위에 있게 된다는 점을 대법원은 지적하였다. 대법원은 C사의 주장과 달리 Rule 68이나 19세기 철도세부과사건이었던 California v. San Pablo & Tulare R. Co.사건[41]등 다른 선례들도[42] 합의안거부로서 사건의 소의 이익이 상실된다는 주장을 뒷받침하지 않는다고 판단하였다.

(2) 정부계약자의 정부면책특권의 향유여부

C사가 연방정부와 계약관계에 있다는 사실만으로 TCPA위반에 대한 정부의 면책특권을 동일하게 향유할 지위를 부여하는 것은 아니라고 대법원은 판단하였다. 연방정부와 연방 행정기관과 달리, 연방정부와 계약관계에 있는 자(federal contractors 이하 연방계약자)는 절대적 면책특권을 향유하지 않는다고 대법원은 설시하였다. 정부의 지시를 단순히 이행하는 연방계약자는 그 지시의 이행으로 발생한 손해에 대한 책임을 면제받을 수도 있지만[43], 연방계약자가 부여된 "권한"을 초과하거나 권한이 합법적으로 부여된 것이 아닌 경우에는 파생적 면책("derivative immunity")도 누리지 못한다는 선례를 대법원은 인용하였다.[44] 약식판결의 재판기록에는 해군이 C사에게 TCPA가 규정하고 있듯이 광고수신을 동의한 개인에게만 문자메세지를 전송하도록 권한을 부여하고 있었다는 사실이 적시되어 있다는 점을 대법원은 지적하였다. 연방계약자가 연방법과 연방정부의 명시적인 업무지시를 위반하였다면, 연방계약자는 소송에서 연방정부가 향유하는 면책특권을 향유할 수 없다고 대법원은 판

41) 149 U.S. 308, 13 S.Ct. 876, 37 L.Ed. 747

42) Little v. Bowers, 134 U.S. 547, 10 S.Ct. 620, 33 L.Ed. 1016, San Mateo County v. Southern Pacific R. Co., 116 U.S. 138, 6 S.Ct. 317, 29 L.Ed. 589

43) 참조 Yearsley, 309 U.S., at 20-21, 60 S.Ct. 413

44) Id., at 21, 60 S.Ct. 413.

단한 것이다.[45] 대법원은 고등법원의 판결[46]을 지지하면서 나머지 부분 쟁점은 고등법원에서 결정하도록 환송하였다.

6) 소결과 시사점

본 사건에서 대법원은 2가지 쟁점에 대해서 판단하였다. 법정손해배상금액을 배상하기로 제안한 경우, 그 제안을 수락하지 않았다면 더 이상 사건성이 존재하지 않아서 법원이 동 분쟁을 다룰 관할권이 없어지는지에 대해서는 대법원은 법정손해배상금액의 배상제안을 수락하지 않았다고 해도, 사건성이 없어지는 것은 아니라고 판단하였다. 우리의 행정재판이나 국가배상소송에서는 익숙하지 않은 개념이지만, 법원의 분쟁해결은 분쟁성이나 사건성이 있다는 전제하에서 시작되므로, 우리의 경우에도 사건성의 존재와 광의의 소의 이익의 존재여부는 중요한 문제가 될 것이다. 미국의 논의는 그동안 소개가 많지 않았지만, 광의의 소의 이익은 소를 제기한 시점뿐만 아니라 심리의 전과정에서 존재하여야 하며, 아무리 사소한 것이라도 소송의 결과로서 얻어지는 구체적 법적 이익이 존재하면 사건성이 존재하는 것으로 대법원은 판단하였다. 우리의 경우에는 원고적격 등 요건심리의 경우 사실심 변론종결시까지 갖추면 되는 것으로 해석하고 있는데 이에 대해서는 면밀한 비교법적 검토가 필요할 것으로 생각된다. 두 번째 쟁점은 계약관계로 공무를 수행한 사인의 면책범위에 대해서 미국은 이론적으로 유형을 구분하는 것이 아니라, 연방정부의 명시적 지시사항을 위반하였다면 정부가 향유하는 면책특권을 향유할 수 없다는 간단한 원칙을 선언하고 있다는 점도 실용적 측면에서 생각해 볼만 하다.

---

45) Pp. 672 - 674.

46) 768 F.3d 871,

4. 재소자의 행정구제신청과 행정소송전치요건 (Ross v. Blake[47])

1) 사건의 개요

메릴랜드주 교도소에 수감되어 있던 재소자가 교도관이 과도한 폭력을 행사하였다고 교도관을 상대로 § 1983 소송(헌법상 기본권을 침해한 것에 대한 민사소송)을 제기하였다. 교도관은 재소자가 재소자소송개혁법(the Prison Litigation Reform Act: PLRA)에 따른 행정적 구제를 다 거치지 않았다는 이유로 소각하요청을 하였다.

2) 소송경과

메릴랜드주 연방지방법원은 R교도관의 주장을 받아들여서 소각하의 약식판결을 하였으며, 이에 재소자는 항소하였으며 제4 연방고등법원은 1심판결을 파기하였다. 연방고등법원은 특별한 경우("special circumstances") 필요적 행정구제전치주의의 예외를 인정할 수 있다고 판단하였다. 특히 재소자가 비록 착오로 그가 필수적인 행정절차를 모두 거쳤다고 합리적으로 믿었던 경우에는 그러한 특별한 경우에 해당한다고 판단하였다. 이에 대해 원고가 상고하자 대법원은 상고심을 하기로 결정하였으며 2016.3.29. 구두변론을 종결하고 2016.6.6. 최종판결을 선고하였다.

3) 주문

다수의견은 Kagan 대법관이 작성하였는데, 재소자소송개혁법이 소송을 제기하기 전에 모든 행정적 구제수단을 거치도록 하였는데, 법원이 이를 거치지 않은 재소자에 대해서 특별한 사정이 있더라도 예외를

47) 136 S.Ct. 1850 (2016)

인정할 수 없다고 판단하면서 본 판결과 배치되는 기존의 연방고등법원 판결인 Giano v. Goord 판결을[48] 폐기하였다. 대법원은 본 사건을 고등법원으로 돌려보내면서 본 사건에서 재소자가 행정적 불만처리절차(grievance process)를 실제로 이용할 수 있었는지를 판단하도록 하였다.

4) 사실관계

James Madigan(이하 M교도관)과 Michael Ross(이하 R교도관)라는 교도관은 피상고인인 Shaidon Blake(이하 B씨)라는 메릴랜드주 교도소에 수감된 재소자를 당 교도소의 별도의 독방으로 이동할 업무를 수행하고 있었다. 재소자를 이동시키는 중, M교도관이 재소자의 얼굴을 몇 차례 심하게 폭행하였다. 재소자인 B씨는 본 사실을 교정국 직원에게 보고하였고, 교정국 직원은 본 사건을 메릴랜드주 교도소관리체계중 하나인 내부심사국(Internal Investigative Unit: IIU)으로 이첩하였다. 내부심사국은 주법에 의해서 공무원의 비위나 잘못을 조사할 책임과 권한을 가지고 있었는데 당해 사건을 조사한 후 M교도관의 행위가 위법하다는 보고서를 작성하였다. B씨는 곧바로 두 교도관을 과도한 폭행과 보호조치를 취지하지 않았다는 혐의로 연방법[49]에 근거하여 소송을 제기하였다. 재판에서 배심원들은 M교도관은 손해배상 책임이 있다고 판단하였다. 그런데 R교도관은 재소자소송개혁법(the Prison Litigation Reform Act of 1995: PLRA)이 행정구제를 거치도록 하였다[50]고 이의를 제기하면서 재소자는 교도소의 환경과 운영에 대한 소송을 제기하기 전에 가능한 모든 행정적 구제수단을 거쳐야만 한다고 주장하면서 R교도관은 B씨가 재소자소송개혁법이 제시한 행정적 구제수단을 거치지 않고 곧바로 소송을 제기했다고 소각하를 요청하다. 그런데 B씨는 내부심사국의 조사

48) 380 F.3d 670
49) 42 U.S.C. § 1983
50) § 1997e(a)

가 행정구제절차를 대처할 수 있는 절차라고 주장하였다.

5) 쟁점법률

재소자소송개혁법은 "이용가능한 행정구제수단(available administrative remedies)들을 모두 마친 후가 아니면 어떤 소송도 제기될 수 없다"고 매우 명확하게 규정하고 있다.[51)]

6) 연방대법원의 판단

제4연방고등법원은 재소자소송개혁법의 조문에 규정되지 않은 특별한 예외를 인정하였는데 이는 재소자소송개혁법의 입법연혁이나 문구에 배치된다고 대법원은 판단하였다.

행정구제가 반드시 이용가능 하여야 한다는 것은 중요한 판단요소이지만 이를 접어두고, 먼저 법문구에 의하면 재소자는 행정구제를 먼저 이용해야 한다. 재소자에게 행정구제이용여부의 선택권이 있는 것이 아니라, 반드시 먼저 행정구제제도를 이용해야 한다는 것은 비록 특별한 사정이 있다고 하더라도 법률규정에 예외를 법원이 창설할 수는 없다고 대법원은 판단하였다. 즉, 행정구제전치와 관련된 사건을 판단함에 있어서 법원의 역할은 의회가 마련한 예외에 해당하는지를 판단하는 것이라고 대법원은 설시하였다. 대법원은 선례를 인용하면서 재소자소송개혁법처럼 필수적인 행정구제전치제도를 규정한 법률에서는 판사의 재량권(judicial discretion)은 없다고 판단하였다.[52)] 재소자소송개협법의 법률규정과 달리 해석하려는 하급법원의 판단을 대법원은 계속 파기해왔다는 점도 선례를 인용하여 강조하였다.[53)]

---

51) § 1997e(a).

52) 예 McNeil v. United States, 508 U.S. 106, 113 S.Ct. 1980, 124 L.Ed.2d 21

53) 참조 선례 Booth v. Churner, 532 U.S. 731, 121 S.Ct. 1819, 149 L.Ed.2d 958; Porter v. Nussle, 534 U.S. 516, 122 S.Ct. 983, 152 L.Ed.2d 12; Woodford v. Ngo, 548 U.S. 81, 126 S.Ct. 2378, 165 L.Ed.2d 368.

또한 대법원은 재소자소송개혁법의 입법연혁을 살펴보면, 행정구제를 의무적으로 먼저 마쳐야 하는 것이 더욱 강조된다고 판단하였다. 이전에는 행정구제절차가 평상적이고 신속하고 효과적이며, 행정구제절차는 연방의 최소기준을 충족해야 하며 행정구제를 거쳐야 한다는 것이 정의적 관점에서 적절한 것이여야 한다는 조건이 규정되어 있었는데 이를 삭제하면서 재소자소송개혁법은 재량적 행정구제체계를 대처하면서 입법되었다는 점[54]을 지적하였다.

고등법원의 예외이론을 받아들이고 또한 이를 폭넓게 적용하게 되면 법원은 모든 사건에서 행정구제를 거치지 않았을 경우, 예외에 해당하는지를 심사해야 하기에 필수적인 행정구제전치요청이 법원의 재량판단사항이 된다고 대법원은 보았다. 만약 재소자가 행정절차전치제도에 대해서 오해한 것에 정당한 이유가 있다고 판단되는 사건에만 예외를 한정한다고 하면, 법개정에서 삭제된 평범한("plain") 행정구제절차의 요건을 법원이 재도입하는 것이 된다고 판단하였다. 선례를 인용하면서[55] 입법부가 법의 개정한 경우, 법원은 법개정이 상당한 효과와 진정한 변화를 의도했다고 반드시 추정해야 한다고 대법원은 보았다. 그런데 연방고등법원은 법개정이 있었음에도 법개정이 없었던 것과 같은 해석을 하는 오류를 범했다고 판단한 잘못이 있다고 대법원 보았다.[56]

B씨는 가사 행정구제전치가 필수적이라고 하더라도, 자신에게는 재소자의 행정적 구제신청절차가 사실상 이용가능하지 않았다고 주장했다. 이에 대해서 대법원은 B씨소송은 앞의 판단에도 불구하고 아직까지는 유효할 수도 있다고 보았다. 재소자소송개혁법의 법문은 이용가능한 행정구제를 재소자가 반드시 먼저 이용하라고 규정[57]하고 있어서, B씨에게 이용 가능한 행정구제수단이 있었는지가 쟁점이 된다고 대법원은

54) 참고 Nussle, 534 U.S., at 523, 122 S.Ct. 983
55) Stone v. INS, 514 U.S. 386, 397, 115 S.Ct. 1537, 131 L.Ed.2d 465
56) Pp. 1857 - 1859.
57) § 1997e(a)

보았다. 그래서 선례에 따르면 재소자는 모든 행정구제절차가 아니라, 단지 자신이 불만을 제기한 사건에 대한 적절한 시정조치 또는 구제조치가 이루어질 수 있는 행정구제절차를 거칠 것을 요구받고 있는 것이다.[58]

대법원은 본 사건과 관련하여 행정구제로서 교과서에서 설명되고 있지만 구제를 받을 수 없는 3가지 경우가 있다고 보았다. ① 먼저 예를 들면 침해된 재소자에 대한 구제를 계속적으로 교도관이 거부하거나 이용하게 할 수 없는 경우와 같이 행정절차가 막다른 결론으로 치닫는 경우는 행정절차는 이용불가능한 것으로 보았다. ② 둘째, 예를 들면, 구제제도가 존재하기는 하지만, 일반적인 재소자는 그 구제절차를 이용할 가능성이 존재하지 않는 경우와 같이 행정구제나 시스템이 너무나 불투명해서 이용할 수 없는 경우에는 이용가능한 구제절차가 존재하는 것이 아니라고 대법원은 보았다. ③ 셋째, 교도관이나 감독관들이 협박, 허위진술, 음모 등을 통해서 재소자가 행정구제절차를 통해서 구제받는 것을 방해하고 있는 경우에는 이용가능한 행정구제가 존재하는 않는다고 대법원은 보았다.[59]

대법원은 본 사건을 위에서 언급한 이용가능한 행정구제절차가 있었는지를 판단하는 기준에 대입했을 때, 과연 B씨에게 이용가능한 행정구제절차가 존재했는지 의문이 제기된다고 보았다. R교도관은 B씨가 교도소장에게 이의를 제기하는 것으로 시작하는 메릴랜드주 행정구제절차(Administrative Remedy Procedure: ARP)를 통한 행정구제절차를 거치지 않았다는 주장을 하였다. 이런 과정은 메릴랜드주 교도소의 수감자가 제기하는 불만을 처리하는 표준적인 방법이지만 메릴랜드주는 이런 표준절차와는 별도로 내부심사국으로 하여금 제기된 교도관의 직권남용등을 조사하도록 하는 제도를 두고 있었으며, 본 사건에서는 내부심사국이

58) Booth, 532 U.S., at 738, 121 S.Ct. 1819.
59) Pp. 1858 - 1860.

당해 사건을 조사하였다는 사실을 대법원은 지적하였다. B씨는 하급심에서 내부심사국이 조사절차에 착수하면, 재소자는 메릴랜드주 행정구제절차를 통한 구제절차를 밟을 수가 없다고 주장하였다. 또한 상고인과 피상고인 모두 이에 대한 부가적인 증거를 제출하였는데, 양측이 제출한 증거를 좀더 면밀히 살펴볼 필요가 있지만, 대법원은 대체로 증거들은 B씨의 주장을 뒷받침하고 있다고 보았다. B씨가 제출한 자료에 의하면, 메릴랜드주 교도소장은 만약에 내부심사국의 조사가 진행중인 경우에는 행정구제절차진행이 절차적으로 부적절하다는 이유로 구제신청을 받아들이지 않는 많은 사례들이 존재하였다. 게다가 메릴랜드주 법무부장관명의 자료에 의하면 이러한 관행을 이미 법무부도 알고 있었다는 것을 알 수 있었다. 또한 R교도관이 제출한 자료에도 이러한 사실을 인정하고 있었다. 또한 R교도관은 내무심사국이 조사를 하고 있는 동안, 행정구제절차가 받아들여진 사례의 예를 하나도 들고 있지 못하였다. 대법원은 이런 이유로, 파기환송을 담당하는 제4연방고등법원은 주어진 모든 자료를 철저하게 심사하여 B씨가 거치지 않은 행정구제가 대법원이 판결이유에서 제시한 원칙을 대비하여 실제로 이용가능한 행정구제였는지를 판단하도록 하였다.

7) 소결과 시사점

본 판결에서 연방대법원은 사실 연방고등법원의 판결의 결론에는 동의를 하는 것으로 보인다. 하지만, 연방고등법원의 판례를 파기한 진정한 이유는 당해 사건의 결론이 아니라 판결에 이르게 된 이유였는데, 연방 대법원은 판사들이 명확한 법률문헌, 입법의도, 개정취지를 면밀히 검토하지 않고 법문에는 없는 추가적 예외적 사유를 판사가 창설하는 위험성을 알고 있었기 때문이다. 판사의 역할은 법을 제정하는 것이 아니라 법문을 충실히 해석하고 법문의 문언해석, 그리고 입법의도를 감안한 목적론적 해석 등을 통해서 문제를 치밀하게 고민하고 해결해야 하지, 판사가 당해 사건의 구체적 타당성을 도모하기 위해서 손쉽게 법문에 추가적 문구를 재판재량으로 삽입할 수는 없다는 판결이다.

Ⅲ. 공무원에 대한 불이익처분과 그 구제

1. 사실관계오인과 정치참여를 이유로 한 불이익처분 (Heffernan v. City of Paterson[60])

1) 사건의 배경

뉴저지주 Paterson시에 근무하는 경찰관인 Heffernan(이하 H경찰관)은 미국 수정헌법 제1조상의 표현·결사의 자유를 행사하였다는 이유로 강등되었다면서 시, 지장, 경찰서장, 경찰인사행정관리자(police administrator)를 상대로 § 1983소송(헌법상 기본권을 침해한 것에 대한 민사소송)을 제기하였다.

2) 사건의 경과

뉴저지주 연방지방법원은 약식판결을 신청한 양측의 신청을 모두 거부하였다. 배심원재판에서 배심원이 수정헌법의 결사의 자유를 침해당했다는 이유로 경찰관의 손해배상청구를 인용하는 평결을 하였지만, 연방지방법원 판사는 이익충돌로 인하여 기피·회피대상이었다고 판단하여 소급적으로 재판을 재배당하고 새로운 소송절차를 진행하였다. 이에 따라 새로운 판사가 재판을 진행하였고 H경찰관이 어떠한 수정헌법 제1조가 보장하는 행동을 한 적이 없기에 헌법상 보장된 기본권이 침해되지 않았다고 판단하였기에 수정헌법 제1조의 언론의 자유쟁점에 대하

60) N.J., 136 S.Ct. 1412 (2016)

여는 피고가 신청한 약식재판신청을 인용하였지만, 경찰관은 이에 대해 즉시항고 하였다. 제3연방고등법원은 약식재판결정을 파기하고 환송하였다. 파기환송심에서 지방법원은 피고에게 유리한 약식재판에 들어 갔지만 원고인 경찰관이 항소하였다. 제3연방고등법원은 원심을 지지하면서 헌법상기본권침해로 민사소송을 제기한 H경찰관의 소송은 임명권자가 인식하고 있었던 것에 의해 시작될 수 있는 것이 아니라 임명권자의 침익적 조치가 언론의 자유의 행사 등 헌법상 권리행사가 실제 있었기에 행해진 경우에만 가능하다고 판단하였다. 제3연방고등법원은 항소를 기각하고 원심을 확정했지만 경찰관이 이에 불복하고 상고를 제기하였고 대법원은 상고심을 하기로 결정한 사건이다.

3) 주문

판결문은 Breyer 대법관이 작성했는데, 경찰관의 상관이 경찰관이 시장선거운동에 가담하였다고 오해하였다고 해서, 본 소송을 제기할 수 없는 것은 아니라고 판단하면서 원심을 파기하고 환송하였다. Thomas 대법관은 별개의견을 제시하였고 Alito 대법관이 별개의견에 동조하였다.

4) 사실관계

H경찰관은 뉴저지주 Paterson시 경찰서에 근무하는 경찰관이다. 경찰서장과 H경찰관의 상관은 모두 현재의 Paterson시장이 임명한 경찰관이었으며, 현 시장은 H경찰관가족의 오랜 친구인 Lawrence Spagnola(이하 Spagnol)를 상대로 재선을 위한 선거를 치루고 있었다. 하지만 H경찰관은 Spagnol의 선거운동에 아무런 관련이 없었다. 하지만 병상에 누워있는 어머니의 부탁으로, H경찰관은 Spagnola지지표시판을 마당에 설치하기 위해서 선거운동사무소를 방문해서 지지표시판을 받아다 주기로 했다. 다른 경찰관이 지켜보는 중 H경찰관은 Spagnola선거사무실에서 선거운동원과 대화하면서 Spagnola 지지표시판을 손에 들고 있었다. 이

런 사실은 빠르게 경찰들 사이에서 퍼져 나갔다. 그런 일이 있은 다음날, H경찰관의 상관은 Spagnola선거운동에 명백히 간여(overt involvement)한 것에 대한 처벌로서 H경찰관을 형사직에서 순찰경찰로 강등하였다. H경찰관은 헌법상 기본권을 침해한 것을 이유로 민사소송[61]을 제기하면서, 경찰서장과 그의 상관 및 시 등 피고들은 헌법적으로 보장된 행위에 그가 가담한 것으로 오해하였기에 그를 강등했다고 주장하였고 피고들이 헌법이 보장하고 있는 권리를 박탈한 것이라고 주장하였다.

5) 대법원의 판결이유

고용주가 헌법상 보장되는 정치활동에 피고용자가 참여하는 것을 차단하기 위하여 피고용자를 강등시킬 경우, 본 사건과 마찬가지로 고용주의 행위가 피고용자의 행위에 대한 오해에서 비롯된 경우에도 강등된 피고용자는 수정헌법 제1조와 § 1983에 근거하여 위법한 조치에 대하여 소송을 제기할 수 있다고 대법원은 판단하였다. 임용권자나 처분권자가 사실을 오해한 것이 법적으로 중대한 차이가 발생하는지 여부에 대한 쟁점을 해결하기 위해서 우선 대법원은 H경찰관의 상관이 H경찰관이 가담하였다고 오해한 행동이 처분권자들이 헌법적으로 금지할 수 없거나 처벌할 수 없는 행위라고 가정하였다. 그런데 § 1983조는 본 조

61) 42 U.S.C.A. § 1983(Civil action for deprivation of rights) "Every person who, under color of any statute, ordinance, regulation, custom, or usage, of any State or Territory or the District of Columbia, subjects, or causes to be subjected, any citizen of the United States or other person within the jurisdiction thereof to the deprivation of any rights, privileges, or immunities secured by the Constitution and laws, shall be liable to the party injured in an action at law, suit in equity, or other proper proceeding for redress, except that in any action brought against a judicial officer for an act or omission taken in such officer's judicial capacity, injunctive relief shall not be granted unless a declaratory decree was violated or declaratory relief was unavailable. For the purposes of this section, any Act of Congress applicable exclusively to the District of Columbia shall be considered to be a statute of the District of Columbia."

문상의 보호되는 권리가 1차적으로 근로자의 실제 행위에 초점을 맞춘 것인지 아니면 고용주의 동기에 초점을 맞춘 것인지는 언급하고 있지 않았으며 대부분의 선례들은 본 의문은 직접 쟁점으로 다루어지지 않았다.62) 그런데 선례 중 Waters v. Churchill사건은63) 임용권자가 불이익 처분을 하면서 피고용자가 보호되는 언론의 자유에 가담한 것이 아니라고 오해한 것에 기초한 사건이었다. 당해 사건에서 대법원은 합리적으로 볼 때 임용권자가 인식하였던 사실 등 임용권자의 동기 등은 임용권자의 수정헌법위반 여부를 결정할 때 중요한 요소라고 판단하면서 당해 사건에서는 임용권자가 수정헌법 제1조를 위반하지 않았다고 판단하였다. 선례에 비추어 본 사건은 임용권자가 H경찰관이 헌법상 보장되는 표현의 자유를 실행하였다고 오인하고 H경찰관을 강등한 경우이므로 임용권자의 동기는 지금 사건에서도 중요한 판단요소라고 대법원은 보았다. 이런 경우에 민사적 책임을 져야 하는지 판단하는 법적 판단기준(rule of law)은 수정헌법 제1조 조문으로 회귀하게 되는데, 수정헌법 제1조는 정부의 활동에 초점을 맞추고 있다고 대법원은 보았다. 이런 경우에 헌법적 침해(보장되는 표현의 자유나 결사의 자유에 참가하지 못하도록 하는 것)는 고용주가 사실관계에 대한 오해에서 비롯했는지 아닌지와 관계없이 동일하다는 점을 대법원은 강조하였다. 또한 고용주의 사실관계 오해 여부와 상관없이 책임을 부과하는 것을 법원칙으로 한다고 해도 근로자가 부적절한 고용주의 의도를 증명할 입증책임을 지게 됨으로서 고용주에게 중대한 추가적인 비용을 초래시키는 것은 아니라는 점도 대법원은 지적하였다.

62) Connick v. Myers, 461 U.S. 138, 103 S.Ct. 1684, 75 L.Ed.2d 708, Garcetti v. Ceballos, 547 U.S. 410, 126 S.Ct. 1951, 164 L.Ed.2d 689, 그리고 Pickering v. Board of Ed. of Township High School Dist. 205, Will Cty., 391 U.S. 563, 88 S.Ct. 1731, 20 L.Ed.2d 811사건이 있었지만 모든 사건이 실제 일어난 행위를 기반하고 있지 사실을 오해하지는 않았다.

63) 511 U.S. 661, 114 S.Ct. 1878, 128 L.Ed.2d 686

대법원은 본 사건의 쟁점을 해결하기 위해서, H경찰관의 임용권자가 부적절한 동기에서 그를 강등했다고 가정하였지만, 먼저 하급심에서 임용권자가 중립적 정책으로서 모든 정치적 선거운동에 경찰관이 명백하게 가담하는 것을 금지할 수 정책을 마련할 수 있는지, 그런 정책이 있다면 헌법적 기준에 부합하는지를 판단해야 한다고 하면서 원심[64]을 파기하고 환송하였다.

6) 소결과 시사점

본 사건은 공무원의 정치적 중립을 헌법상 요구하지 않고, 우리에 비하여 정치적 기본권이 보다 폭넓게 인정되는 미국적 상황을 기반하고 있지만, 단체장이 부당하게 공무원을 압박하여 선거에 개입하거나 선거에 영향을 주는 정치적 보복은 우리나라에도 허용되지 않아야 할 것이다. 미국의 경우 입법적으로 기본권을 침해하는 개인이나 단체에 대해서 민사소송이 허용되고 있으며, 헌법상의 기본권을 국가나 행정기관이 침해하게 되면, 침해행위를 한 개인이나 단체를 상대로 손해배상소송이 가능하다. 하지만, 본 사건에서 대법원은 실제로 헌법상의 기본권을 실현하는 행위가 없었고 보장되는 권리를 행사하는 사실도 없었지만 당해 사실관계를 오인하고 정치적 참여를 하였다는 이유로 공무원을 징계하거나 불이익처분을 하였다면, 당해 행정청은 배상책임을 질 수 있다는 판결을 하였다. 하지만, 본 사건에서 대법원은 경찰공무원의 과도한 정치참여의 위험성을 인식하고 있었기에 경찰공무원에 대한 일률적 일반적 정치참여제한이 가능한지[65]와 그 정도를 먼저 하급심이 심리하도록 사건을 파기·환송하였다. 우리의 경우에도 입법적으로 일률적으로 공

---

64) 777 F.3d 147

65) 미국에서 공무원의 표현의 자유와 제한에 대한 일반적 논의는 최희경, 미국헌법상 공무원 표현의 보호와 제한에 대한 심사기준, 홍익법학 제14권 제3호, 홍익대학교 법학연구소, 2013, 148면 이하 참조

무원의 정치참여를 금지할 것이 아니라 보다 완화된 입법조치가 필요하며, 정치적 보복으로 인한 공무원의 공직수행이 위축되지 않도록 하는 적극적 보호장치도 마련할 필요가 존재한다고 생각한다.

2. 공무원이 제기한 차별항의와 구조적 퇴사합의의 효력 (Green v. Brennan[66])

1) 사건개요

우체국공무원이었던 흑인이 자신이 고용차별소송을 제기한 후 체신청이 민권법(Title VII)을 위반하여 보복조치를 단행하였다고 주장하면서 체신청장(Postmaster General)을 상대로 소송을 제기하였다.

2) 소송경과

G씨는 결국 연방지방법원에 소송을 제기하게 된다. 그런데 G씨가 차별되었다고 주장되는 일이 발생한 날로부터 45일 이내에 평등고용기회위원회에 보고하지 않았다는 이유로 그의 소송은 각하된다. 콜로라도주 연방지방법원은 남아 있는 소송에서 체신청장에게 유리한 약식판결을 하였고 원고는 항소하였으며, 제10 연방고등법원은 45일간의 제한기한 제한은 G씨가 합의안에 서명한 12월 16일날 시작된다고 판단하였다. 제10 고등법원은 원심을 지지하였지만 항소인이 상고하였고 대법원은 상고심을 하기로 결정하였다.

3) 주문

Sotomayor 대법관은 민법권상의 구조적 사퇴(constructive discharge)를 주장하는 연방공무원은 45일내에 당해 행정기관에 배치된 평등고용

---

66) 136 S.Ct. 1769 (2016)

위원회에 보고 하여야 하는데, 그 기산점은 공무원이 사퇴한 이후에 시작된다고 하면서 이와 배치되는 고등법원판례들[67]을 파기하였다.

대법원은 본 사건에서 45일 제한기간은 공무원이 체신청에 사임의 의사표시를 통지한 시점부터 시작한다고 판단하면서 고등법원판결을 파기하고 환송하였다.

4) 쟁점법률

1964년 민권법 Title VII[68]은 고용주가 인종, 피부색, 종교, 성별, 출신국가, 고용주에 대한 반대에 대한 보복, 혹은 차별에 대한 구제를 신청 등을 이유로 차별하는 것을 금지하고 있다. 연방공무원(federal civil servant)이 Title VII을 이유로 그의 임용권자(his employer)를 상대로 소송을 제기하기 전에, 반드시 차별받은 상황이 발생한 날로부터 45일안에 당해 행정기관내의 평등고용기회위원에게 최초 보고가 이루어져야 한다.[69]

5) 사실관계 등

Marvin Green(이하 G씨)은 자신의 승진이 거부된 것은 자신이 흑인이었기 때문이라면서 연방체신청(the United States Postal Service: 이하 체신청)에 항의하였다. 그러자 G씨의 상관은 고의적으로 우편배송을 늦추었다는 범죄혐의를 제시하였다. 2009년 12월 16일 체신청은 G씨를 형사고발하지 않지만 G씨는 은퇴하거나 임금이 많이 삭감되는 외곽지를 담당하는 직책을 수용하던지 하겠다는 합의를 체신청과 G씨는 하게 된다. 합의에 따라 G씨는 은퇴하기로 하고 2010년 3월 31일 효력이 발생

67) Mayers v. Laborers' Health and Safety Fund of North America, 478 F.3d 364, Davidson v. Indiana-American Water Works, 953 F.2d 1058,
68) 78 Stat. 253, 42 U.S.C. § 2000e et seq.
69) 29 CFR § 1614.105(a)(1) (2015).

하는 사직서를 2월 9일 제출하게 된다.

2010년 3월 22일(사임의 의사표시를 한 날로부터 41일이 경과하고 합의서에 서명한지 96일이 지난 날), G씨는 1964년 민권법 Title VII을 위반한 차별이나 보복을 주장하면서 소송을 제기하는 전제조건[70]인 위법적인 구조적 사퇴(constructive discharge)를 평등고용기회위원회에 보고하게 된다.

6) 대법원의 판결이유

Sotomayor 대법관이 판결문을 작성하였다. 만약 공무원이 차별적인 이유로 해고되었다고 주장하면, 퇴사를 포함하여 차별적이었다고 주장하는 문제가 발생한지 45일 이내라는 기한제한은 공무원이 해고된 이후에 기산된다고 대법원은 판단하였다.

본 사건에 적용되는 행정입법의 문언 자체는 불분명하지 않다고 대법원은 보았다. 기한제한은 일반적으로 원고가 완전하고 현존하는 소인을 가지고 있을 때 시작된다는 기한제한에 관한 일반적 기준[71]을 대법원은 적용하였다. 일반기준을 적용하면, 제한기간안에는 근로자가 사임하는 것을 포함된다는 것을 지지하는 3가지 이유가 존재한다고 대법원은 판단하였다.

구조적 퇴사소송은 ① 통상의 근로자는 사임을 강요받고 있다는 것을 느낄 수 있는 차별적 조치가 있어야 하고, ② 실제 사임이 있어야 하는 등 2개의 기본적 요소[72]로 이루어져 있기 때문에 사임(resignation)은 구조적 퇴사소송에서 완전하고 현존하는 소인의 한 부분을 형성하게 된다고 대법원 판단하였다. 해당 근로자가 사임하기 전까지는 당해 근로자는 구조적 사퇴에 대한 완전하고 현존하는 소인("complete and

70) 29 CFR § 1614.105(a)(1).

71) Graham County Soil & Water Conservation Dist. v. United States ex rel. Wilson, 545 U.S. 409, 418, 125 S.Ct. 2444, 162 L.Ed.2d 390.

72) Pennsylvania State Police v. Suders, 542 U.S. 129, 148, 124 S.Ct. 2342, 159 L.Ed.2d 204.

present cause of action")을 가지지 못한다고 대법원은 보았다. 일반적 기준에 따르면, 근로자는 완전하고 현존하는 소인을 가지고 있는 경우에만 제한기간이 시작된다고 대법원 설시하고 있다. 이런 점에서 구조적 퇴사소송은 근로자가 해고된 이후에만 소송이 가능한 일반적인 불법해고소송과 다르지 않다고 대법원은 보았다.

둘째, 법문이 제한기간을 설정함으로써 제소기간기산에 관한 일반적 기존에 대한 예외를 규정할 수 있지만, 민권법 Title VII이나 관련 행정입법의 어디에도 그런 예외를 규정하고 있지 않고 있다고 대법원은 보았다. 반대로 차별적이라고 주장하는 문제를 해석하면서 그 소송의 기반을 형성하는 주장까지 포함하는 것으로 해석하는 것이 자연스럽고 이런 해석은 일반적 기준이 적용된다는 것을 확인하고 있다고 대법원은 보았다.

셋째, 본 사건에서 실질적인 면을 고려하여도 일반적 기준을 적용하는 것이 타당하다고 대법원은 보았다. 즉 원고가 실제 소송을 제기할 수 있는 상태가 되기 전에 제한기간의 기산을 시작하면 제한기간을 둔 취지를 몰각하고 민권법 Title VII의 구제를 무력화시킬 수 있다고 대법원은 보았다. 제한기간이 그렇게 일찍 기산하게 되어서 일반인이 민권법상의 보호요청을 시작하기 어렵게 만들지 말아야 한다는 점을 선례를 인용하면서[73] 대법원은 지적하였다. 관련 행정입법의 어디에도 근로자가 고용주의 차별적 조치에 대해서 2단계 절차를 거쳐서 소송을 제기하라는 점이 나와 있지 않으며, 근로자는 사임한 후에 구조적 사태를 주장하면서 소송을 제기할 수 밖에 없다고 대법원은 보았다. 사임 전에 차별적 조치에 대한 소송을 제기하도록 요구한다면 당해 근로자가 즉시 사임하지 않을 수도 있다는 점을 간과하게 된다고 대법원은 지적하고 있다.

73) Delaware State College v. Ricks, 449 U.S. 250, 262, n. 16, 101 S.Ct. 498, 66 L.Ed.2d 431

대법원은 체신청이 제기한 제소기간기산에 관한 일반원칙이 적용되지 않는다는 주장은 배척하였다. Suders판결의 원칙은 법적 구제에 있어서만 구조적 사퇴는 공식적인 해고가 동일하다는 입장을 취하는 것이 아니라 구조적인 사퇴는 다른 차별적 조치와 구별되는 소송이라는 점을 지적하고 있다[74]고 대법원은 보았다. 대법원은 본 사건에서 G씨의 사임도 체신청의 차별적인 조치로 인하여 피할 수 없었던 결과로 보았다.[75] 결론적으로 대법원은 초기에 평등고용위원회를 통하여 화해를 촉진하려는 목표가 있지만 이런 절차가 있다고 해서 구조적 퇴사(constructive discharge)와 실질적 해고(actual discharge)를 기한제한 기산면에서 구별해야 할 이유는 되지 않는다고 대법원은 보았다.[76]

본 사건에서 특이한 점은 구조적 해고소송과 그리고 기한제한의 기산은 근로자가 그의 사임의 의사표시를 한 때 시작하는 것이지 사임의 효과가 발생하는 날 시작하는 것은 아니라고 대법원은 판단하였다는 점이다. 그래서 대법원은 고등법원의 판결[77]을 파기하고 환송하면서 제10연방고등법원이 G씨가 사임의 의사표시를 했는지를 결정하도록 하였다.

7) 소결과 시사점

공무원에 대한 차별적인 불이익처분에 대한 사전절차로서 평등고용기회위원에게 일정한 기간내에 통지하도록 하는 일종의 제소 전 장치를 입법적으로 마련하고 있는 미국의 제도하에서 일방적인 불이익한 조치가 아닌 형식적으로는 협의나 자발적 선택에 의한 사직이라고 하더라도 실질은 권고사직이나 퇴임압박에 의해 사직한 경우에는 일방적인 불이익조치와 동일한 실질을 지니게 된다. 본 사건에서 대법원은 구조적 퇴사소송에 있어서 근로자가 사임의 압박을 느껴야 하며, 그로 인한 사

74) 542 U.S., at 149, 124 S.Ct. 2342.
75) Ricks, 449 U.S. 250, 101 S.Ct. 498, 66 L.Ed.2d 431
76) Pp. 1781 - 1782
77) 760 F.3d 1135

임이 있어야 한다고 보아서, 공무원에 대한 차별적 조치에 대한 구제절차의 사전절차의 기산점은 사임의 의사표시를 한 날짜가 된다는 판결을 하였다. 아마도, 현실적으로 공무원의 신분을 상실하는 날부터 기산하게 되면, 공무원신분을 상실하고 난 후에만 소송이 가능하게 되므로, 해석적으로 사임의 의사표시를 하였지만 아직 법적으로 공무원의 신분을 유지하고 있는 날부터 소송이 가능하도록 한 것이라고 보여 진다. 사임의 법적인 효력이 발생한 날을 기산점으로 삼은 것이 아니라 사임의 의사표시를 한 날을 기준으로 이런 논의를 진행하는 것에 대한 비교법적 연구가 필요하다고 생각된다.

Ⅳ. 행정작용에 대한 법원의 개입

1. 일련의 행정절차와 재판대상이 되는 행정처분의 종국성 (U.S. Army Corps of Engineers v. Hawkes Co., Inc.[78])

1) 사건개요

토탄[79]채굴(Peat mining)회사 및 본회사와 연관된 토지소유자들이 미국 공병대(Army Corps of Engineers)[80]를 상대로 채광작업을 하려고 하는 토지가 청정수질법(Clean Water Act)상 연방정부관리수역("waters of the United States")이라고 결정한 공병대의 결정을 취소해달라는 소송을 제기한 사건이다.

---

78) 136 S.Ct. 1807 (2016)

79) 토탄(土炭): 땅속에 묻힌 시간이 오래되지 아니하여 완전히 탄화하지 못한 석탄

80) 미국 공병대는 군대이지만 실질적으로 하는 일은 우리나라 국토부와 유사한 업무를 하는 부분이 존재한다. 미국 공병대는 미국 건국초기에 연방 토지를 측정하고 연방 토지를 관리하던 업무와 주요 기간시설과 대형 공사를 담당하였던 역사적 배경이 있다.

2) 소송의 경과

변경된 관할확인결정은 종국적인 행정처분(final agency action)이 아니기 때문에 재판을 통해서 적절한 구제방법을 제공[81]할 수 없기 때문에 법원의 재판대상이 아니라고 미네소타주 연방지방법원은 소각하판결(motion to dismiss)을 해야 한다는 공병대의 요청을 받아들여서 소각하판결을 하였으며 원고가 항소하자, 제8연방고등법원은 1심을 파기하였고 공병대는 상고하였으며, 상고에 대해서 연방대법원이 상고심을 진행하기로 결정한 사건이다.

3) 주문

본 사건은 2016.3.30. 구두변론이 종결되고 2016.5.31.에 최종판결이 나온 사건이다. 판결문은 Roberts대법관이 작성하고, Kenndy대법관은 별개의견을 작성하였다. 이 별개의견에 Thomas대법관과 Alito대법관이 동조하였고, Kagan대법관도 별개의견을 작성하였으며, Ginsburg대법관은 일부에 대해서 별개의견과 판결에 대한 별개의견을 작성하였다.

Roberts대법관이 작성한 주문은 다음과 같다.

연방정부가 관리하는 수역에 해당한다는 공병대의 판단은 의사결정과정의 완성이며, 공병대의 결정은 직접적 의미있는 법적 결과(appreciable legal consequences)를 가져온다고 대법원은 판단하였다. 연방정부가 관리하는 수역에 허가없이 배출하여서 구체적인 행정처분을 받게 되면 그때 소송을 할 수 있다는 것은 행정절차법(Administrative Procedure Act: APA)[82]이 규정한 사법심사에 대한 적절한 대안이 되지 못

---

81) 참고 5 U.S.C. § 704

82) 미국은 우리와 달리, 행정절차법에서 사법심사가능성과 범위등을 규정하고 있어서, 미국의 행정절차법은 행정절차법과 행정쟁송법으로 이루어졌다고 평가할 수 있다.

한다고 판단하였다. 또한 대법원은 배출허가를 신청하고 배출허가가 거부되거나 불리한 처분이 나온 후에 행정구제를 시작하는 것은 적절한 대안이 되지 않는다고 판단하였다.

4) 사실관계

청정수질법(CWA)은 연방정부의 관할권이 미치는 수역에 오염물질을 배출하는 경우를 규제하고 있다.[83] 만약 토지가 연방정부의 관할권이 미치는 수역을 포함하는 경우, 오염물질을 배출하고자 하는 토지소유자는 미국 공병대의 배출허가를 받아야 하고, 배출허가를 받지 않고 배출할 경우 심각한 형사책임과 민사책임을 질 수도 있다.[84] 그런데, 배출허가를 받기 위해서 배출허가 신청을 하는 사람들은 그 절차가 힘들고, 비용이 과다하게 소요되고, 오래 걸린다는 현실에 직면하게 된다. 연방정부의 관할권이 미치는 수역이 존재하는지 여부를 단번에 결정하는 것은 매우 힘들다. 본 사건과 관련하여 공병대는 '연방정부의 관할권이 미치는 수역'의 의미를 모든 습지(wetlands)를 포함하는 것으로 보고 있으며, 주간통상이나 외국과의 교역에 영향을 미칠 수 있는 수역의 이용, 질저하, 파괴로 정의하고 있다.[85] 연방관리수역의 해당여부를 결정하는 것은 어려운 결정이므로, 공병대는 특정의 토지가 연방관리수역을 포함하고 있는지여부를 한정하여 독립된 관할결정("jurisdictional determination": JD)을 특정의 토지소유자가 청구하는 것을 허용하고 있다.[86] 관할결정(JD)의 법적 성질은 연방관리수역이 포함되어 있을 수도 있다는 자문적 성질의 예비결정일 수도 있고, 연방관리수역이 존재 혹은 부존재를 종국적으로 확인("approved")하는 것일 수도 있다. 종국적으로 확인된 관할결정은 종국적인 행정처분으로서 행정적으로 이의제기의 대상이 되

83) 33 U.S.C. §§ 1311(a),1362(7),(12).
84) §§ 1319(c), (d),
85) 33 CFR § 328.3(a)(3)
86) § 331.2.

며[87] 5년동안 환경청과 공병대를 구속하는 효력을 가지게 된다.[88]

피상고인인 회사들은 토탄채굴을 하는 회사이며, 문제된 토지에서 토탄채굴을 하기 위해서 공병대에게 회사가 소유한 토지내에 위치한 습지에 배출허가를 신청하였다. 배출허가절차와 관련하여, 공병대는 당해 토지에 위치한 습지가 북쪽으로 약 120마일 정도 떨어진 Red강(the Red River)과 중대한 관련성("significant nexus")이 있으므로 당해 토지는 연방정부의 관할수역("waters of the United States")을 포함하고 있다고 관할확인결정(approved JD)을 하였다. 행정적인 구제절차를 모두 마친 후, 피상고인은 행정절차법에 근거하여 확인적 관할확인결정에 대해서 다투기 위해서 연방지방법원에 소송을 제기하였다.

5) 대법원의 판단이유

공병대의 관할확인결정은 행정절차법에 의해 사법심사가 가능한 종국적인 행정처분이라고 대법원은 판단하였다.[89]

대법원은 행정절차법상 종국적인 행정처분이 되기 위해서는 두 가지 조건을 만족해야 한다고 보았다. ① 먼저 당해 행정조치가 행정청의 의사결정과정의 성취(consummation)로 여겨질 수 있어야 하며, ② 둘째, 행정조치로 인해서 권리나 의무가 결정되어지고 그 행정조치로 인해서 법적인 관계나 결과가 변화될 수 있어야 한다는 선례에서 제시된 원칙을 인용하였다.[90]

관할확인결정은 특정한 토지가 연방관리수역을 포함하고 있는지 여부에 대한 공병대의 의결결정과정의 성취로서 여겨질 수 있음이 분명하기에 관할확인결정은 Bennett판결의 첫 번째 원칙을 쉽게 충족하고

87) §§ 320.1(a)(6),331.2

88) 33 CFR pt. 331, App. C; 참조 EPA, Memorandum of Agreement: Exemptions Under Section 404(F) of the Clean Water Act § VI-A.

89) Pp. 1813 - 1816.

90) Bennett v. Spear, 520 U.S. 154, 177-178, 117 S.Ct. 1154, 137 L.Ed.2d 281.

있다고 대법원은 판단하였다.

관할확인결정은 토지의 물리적 특성과 가설적 특징을 고려하여 공병대가 포괄적인 사실확정을 한 후에 내리는 결정이며[91] 통상적으로 관할확인결정의 효력은 5년동안 지속한다는 점도 대법원은 지적하고 있어서 두 번째 원칙도 만족시킨다고 대법원은 판단하였다.[92] 또한 공병대는 관할확인결정을 종국적인 행정처분으로 설명하고 있다[93]고 대법원은 지적하였다. 관할확인결정의 결정적 성질로 인하여 직접적이고 의미있는 법적 결과(direct and appreciable legal consequences)를 가져오기 때문에 Bennett판결의 두 번째 원칙도 충족하는 것으로 대법원은 판단하였다.[94] 당해 토지가 연방관할권이 미치는 수역을 포함하고 있지 않다고 하는 소극적인 관할확인결정("negative" JD)이 있으면, 정부가 청정수질법을 위반하였다고 토지소유자의 자유를 침해하거나 과태료 등 민사적 징벌을 부과하지 못하는 안전장치로서 5년 동안 작용한다.[95] 만약 연방수역에 해당하지 않는다는 확인결정이 있으면 민사적 혹은 형사적 제재수단을 발하지 못하는 것 자체가 법적 효과(a legal consequence)가 있다고 대법원은 판단하였다. 적극적인 관할확인결정이 있는 경우에 토지소유자가 소극적인 관할확인결정이 있는 경우 누리게 되는 5년간의 안전장치를 누리지 못하기 때문에 적극적 관할확인결정도 법적 효과가 있다고 대법원은 판단하였다. 이런 결론은 오랫동안 대법원이 유지하고 있었던 종국성을 판단함에 있어서 차용했던 실용적 접근법을 적용한 결과[96]이기도 하다고 대법원은 보았다.

미국 행정절차법상 종국적인 행정청의 작용은 법원에 의한 사법심

91) 참조 U.S. Army Corps of Engineers, Jurisdictional Determination Form Instructional Guidebook 47-60,
92) 참조 33 CFR pt. 331, App. C.
93) 참조 33 CFR pt. 331, App. C.
94) 520 U.S., at 178, 117 S.Ct. 1154.
95) 참조 33 U.S.C. §§ 1319,1365(a).
96) Abbott Laboratories v. Gardner, 387 U.S. 136, 149, 87 S.Ct. 1507, 18 L.Ed.2d 681.

사 이외에는 적절한 대안이 없는 경우에만 사법심사가 가능하다. 그런데, 공병단은 피상고인의 경우 두 가지 대안이 있었다고 주장하고 있었다. 먼저 당해 회사들은 배출허가를 득하지 않고 채굴행위를 한 후, 정부가 행정강제수단을 취하면 그 때 허가가 필요 없다고 다툴 수 있으며, 아니면 회사들은 배출허가절차를 마치고 의회가 입법적으로 의도한 사법심사를 청구할 수도 있다고 공병단은 주장하였다. 이에 대해 대법원은 두가지 대안은 적절한 대안이 아니라고 판단하였다. Abbott판결을 인용하면서[97] 당사자는 중대한 형사적·민사적 책임을 지게 될 수도 있는 상황에서 행정강제조치를 기다릴 필요 없이 종국적인 행정조치(final agency action)에 대해서 소송을 제기할 수 있다고 대법원은 보았다. 배출허가절차는 고비용이 소모되고 매우 시간이 걸리는 절차이며 또한 관할확인결정의 종국성 여부를 판단함에 있어서 관련되지 않는다고 대법원은 판단하였다. 게다가 청정수질법이 독립된 관할결정(standalone jurisdictional determinations)에 대한 근거를 두고 있지 않아서 청정대기법 규정은 관할결정의 사법심사가능성을 결정하는 아무런 근거도 제공하지 않는다고 대법원은 보았다.[98] 대법원은 Abbott판결을 인용하면서[99] 단순히 허가결정에 대해서 사법심사가 가능하다는 것만으로는 관할확인결정과 같은 다른 행정청의 조치는 사법심사에서 제외되는 의미라고 해석할 수는 없다고 대법원은 판단하였다.[100]

6) 소결과 시사점

연속된 일련의 행정행위나 원래 입법에는 존재하지 않았지만 사인의 편의를 위하여 중간확인적 절차를 신설한 경우, 어떤 단계에서 행정

97) Abbott, 387 U.S., at 153, 87 S.Ct. 1507
98) Sackett v. EPA, 566 U.S. ―, ―, 132 S.Ct. 1367, 1373, 182 L.Ed.2d 367
99) Abbott, 387 U.S., at 141, 87 S.Ct. 1507.
100) U.S. Army Corps of Engineers v. Hawkes Co., 136 S. Ct. 1807, 1810-11, 195 L. Ed. 2d 77 (2016)

소송을 허용해야 할지는 사인의 소송편의와 분쟁의 조기적 확정면에서 중요하며 또한 재판의 성숙성과 재판자원의 효율적 활용이라는 면에서 균형이 이루어져야 한다. 본 사건에서는 행정소송이 분리되어 있지 않은 미국이지만 검토의 취지나 결론에서 우리나라와 대륙법계국가와 유사한 과정과 결론이 나왔다고 사료된다. 즉 특정의 행정작용이 소송의 대상이 되기 위해서는 행정청의 의사결정과정의 최종적 조치이어야 하며, 그 조치로 인한 권리의무의 변동 등 법적 효과가 존재해야 한다는 것이다. 미국의 경우에는 행정소송의 유형이 독립되어 있지 않으므로, 공권력행사성은 중요한 검토요소가 아니다. 이런 점에서 착안한다면, 행정소송이 독립되어 존재하지만, 형식적 측면에서 행정기관이나 행정작용의 존재만을 검토하고 공권력성을 강조하지 않고 행정소송의 범위를 조심스럽게 확장하는 것도 큰 소송실무상 문제가 발생하지 않을 것 같다. 또한 미국식 논의는 본 사건에서도 실용적 접근을 하고 있지, 특정이론(도그마틱)에 크게 좌우되지 않는다는 점도 보여준다.

2. 퇴역군인을 위한 배려조항의 해석과 소의 이익존재 여부 (Kingdomware Technologies, Inc. v. U.S.[101])

1) 사건개요

퇴역군인이 소유한 소기업이 국가보훈부(Department of Veterans Affairs: VA)가 퇴역군인이 소유한 소기업과의 의무 계약배분을 법적으로 규정한 별도기준(statutory Rule of Two)를 위반하였다고 국가보훈부를 상대로 소송을 제기하면서 금지명령(injunctive relief)과 선언판결을 구하는 사건이다.

101) 136 S.Ct. 1969 (2016)

2) 소송경과

연방보상금법원(The United States Court of Federal Claims)은 정부측 주장을 받아들여서 약식판결을 하였으며 원고가 항소하자 연방사건고등법원(The United States Court of Appeals for the Federal Circuit)은 원심을 지지하자, 항소인은 상고를 제기하였고 대법원은 상고심을 진행하기로 결정하였으며 소의 이익이 없다(issue of mootness)는 쟁점에 대한 서면보충을 요구하였다. 본 사건은 2016.2.22. 구두변론이 종결되었으며 2016.6.16. 최종판결이 나온 사건이다.

3) 주문

Thomas대법관이 판결문을 작성하였다.

재판필요성존재원칙(mootness doctrine)의 예외는 사법심사를 피할 수 있지만 반복의 가능성이 존재하는 분쟁이 있는 경우에 적용되고, 비록 국가보훈부가 퇴역군인소유의 소규모 회사들과 계약할 의무 할당목표를 이미 달성하였다고 또한 연방조달체계(Federal Supply Schedule: FSS)를 준수하여 공급요청을 하였다고 하여도 국가보훈부는 별도기준(Rule of Two)을 준수하지 않아도 되는 것은 아니라고 대법원은 판단하였다.

4) 쟁점법률

2006년 퇴역군인혜택·의료지원·정보기술법(The Veterans Benefits, Health Care, and Information Technology Act of 2006)은 국가보훈부장관에게 복무중 장애를 입은 퇴역군인과 기타의 퇴역군인이 소유한 소규모기업과 계약을 체결할 의무 목표를 설정하도록 의무를 부과하고 있다.[102] 연간 설정된 목표를 달성하기 위해서, 별도기준("Rule of Two")이라고 알

---

102) 38 U.S.C. § 8127(a)

려진 별도로 분리해서 제한입찰하는 규정을 두고 있는데, 이에 의하면 만약 계약담당 공무원이 합리적으로 예상하기에 적어도 퇴역군인이 소유한 소규모회사 2군데 이상이 입찰에 응하고, 계약체결가격이 공정하고 합리적인 가격으로서 미국에 최선의 이익을 가져올 수 있다고 생각하면, 계약담당 공무원은 반드시(shall) 퇴역군인이 소유한 소규모회사로 제한해서 계약을 체결해야 한다는 것이다. 별도기준규정은 일정금액이하의 계약에 관해서는 계약담당은 수의계약(noncompetitive and sole−source contracts)을 할 수도 있다고 규정하고 있다.[103)]

5) 사실관계

2012년 국가보훈부는 4곳의 의료기관에 대해서 응급상황알림서비스를 퇴역군인이 소유하지 않은 회사가 1년 동안 담당하는 계약을 체결하면서 2년간 연장할 수 있다는 조건을 달았다. 국가보훈부는 정부기관이 사전에 협상된 조건하에서 특정한 재화나 용역을 구매할 수 있도록 하는 연방조달체계(the Federal Supply Schedule: FSS)를 통해서 계약을 진행하였다. 본 계약의 시행 1년차, 국가보훈부는 1년 계약을 연장하려고 하였고 계약연장의 효과는 2013년에 끝나게 되었다.

상고인인 Kingdomware Technologies사(이하 KT사)는 군복무중 부상을 입은 퇴역군인이 운영하는 회사인바, 국가보훈부가 별도기준을 적용하지 않고 연방조달체계를 통해서 다수 계약(multiple contracts)을 체결한다고 주장하면서 감사원(the Government Accountability Office: GAO)에 입찰 문제를 제기하였다. 감사원은 국가보훈부의 조치가 위법하지 않다고 결론을 내렸지만 별도기준을 적용하라고 권고하였다. 국가보훈부가 감사원의 권고(nonbinding recommendation)를 따르지 않자, KT사는 확인판결과 이행명령구제를 청구하였다. 연방배상법원은 정부측의 주장을

103) §§ 8127(b),(c).

받아들여서 약식판결을 하였고, 연방사건고등법원은 1심판결을 지지하면서 국가보훈부는 연도별 할당 목표를 달성하기 위해 필요한 경우에만 별도의 기준을 적용할 것이 요구된다고 판단하였다. 이에 대하여 상고인인 상고한 것을 대법원이 상고심을 하기로 결정하였다.

6) 대법원의 판결이유

대법원 본 사건의 쟁점을 심리할 수 있는 사법관할을 가지고 있다고 대법원은 판단하였다. 대법원은 선례를 인용하여[104] 연방법원이 헌법 제3조상의 관할권을 행사하기 위해서는 실질적 분쟁성은 재판의 전 과정에 존재하여야 한다는 원칙을 제시하면서, 본 사건은 쟁점이 된 계약과 관련하여 단기 FSS계약이 다른 계약자와 체결되어서 이미 종료되었기에 어떤 법원도 상고인이 소장에서 요구하는 구제방법을 실행하여 줄 수는 없다는 것이 일반적이지만, Spencer v. Kemna판례를[105] 선례로 인용하면서 분쟁이 반복될 수 있지만 사법심사를 회피할 수 있는 분쟁인지를 검토하여야 한다고 보았다. 그런데 당해 조달계약은 계약이 체결되고 난 후 2년 이내에 종료되지만 정부는 장래에서 KT사에게 별도기준(Rule of Two)을 적용하는 것을 거부할 가능성이 존재한다고 대법원은 판단하였기에 대법원 본 쟁점을 심리할 관할권이 있다고 보았다.

대법원은 쟁점이 된 Section 8127(d)의 계약절차는 기속적 규정이고 모든 행정기관의 계약체결에 적용되어야 한다고 판단하였다.

대법원은 Section 8127(d)조문[106]은 일반경쟁입찰방식으로 계약을

---

104) Already, LLC v. Nike, Inc., 568 U.S. ——, ——, 133 S.Ct. 721, 726, 184 L.Ed.2d 553.

105) 523 U.S. 1, 17, 118 S.Ct. 978, 140 L.Ed.2d 43

106) (b) Use of noncompetitive procedures for certain small contracts.――For purposes of meeting the goals under subsection (a), and in accordance with this section, in entering into a contract with a small business concern owned and controlled by veterans for an amount less than the simplified acquisition threshold (as defined in section 134 of title 41), a contracting officer of the

체결하기 전에 별도기준을 적용하도록 명확하게 규정하고 있다고 보았다. "반드시(Shall)"라는 말은 일반적으로 재량을 나타내는 "-할 수(may)"있다는 것과 달리 기속(requirement)을 나타낸다고 여러 선례들을 인용하였다.[107] 대법원은 §§ 8127(b)와 (c)조에서 "-할 수"있다는 말을 사용한 것에 비추어 보면 Shall은 기속적으로 해석해야 한다는 것을 뒷받침한다고 판단하였다. 어떤 법조문이 Shall과 May를 구별하여 사용한다면, Shall의 필수적인 의무를 일반적으로 의미한다고 대법원은 판단한 것이다.

대법원은 § 8127(d)를 다르게 해석하는 것은 설득력이 떨어진다고 판단하였다. 그 이유로는 먼저 § 8127(d)의 전단(prefatory clause)은 별도기준은 § 8127(a)상의 연간계약목표를 충족하기 위해서 고안된 것임을 밝히고 있지만 전단은 § 8127(d)의 요구가 기속적인지 재량적인지는 규정하고 있지 않고 있다는 점을 지적하였다. 하지만, 동조의 목적을 밝히고 있는 전단부 때문에 운영을 언급하는 후단부의 문언해석(plain meaning)이 달라지는 것은 아니라고 선례를 인용하였다.[108] 둘째, 연방조달계획에 의한 주문(FSS order)은 일반적인 의미에서의 계약이므로 연방조달계획에 의한 주문이라고 하더라도 행정기관이 계약을 체결할 때 적용되는 § 8127(d)의 적용이 배제되는 것은 아니라고 대법원은 판단하였다. 셋째, 별도기준이 일상적인(mundane) 정부조달행정을 저해하게 할 것이라는 주장은 정부조달계획은 간단한 정부조달을 넘어서 본 사건과 같이 복잡한 정보통신기술서비스를 다년간 제공하는 경우로 이미 확장

Department may use procedures other than competitive procedures. 38 U.S.C.A. § 8127 (West)

107) Lexecon Inc. v. Milberg Weiss Bershad Hynes & Lerach, 523 U.S. 26, 35, 118 S.Ct. 956, 140 L.Ed.2d 62, with United States v. Rodgers, 461 U.S. 677, 706, 103 S.Ct. 2132, 76 L.Ed.2d 236.

108) Yazoo & Mississippi Valley R. Co. v. Thomas, 132 U.S. 174, 188, 10 S.Ct. 68, 33 L.Ed. 302.

되어 있기에 현재의 정부구매계획의 실상을 오해한 것이라고 대법원은 판단하였다. 마지막으로 대법원은 § 8127(d)의 의무가 기속적이라는 것은 명확하므로 대법원은 § 8127조의 절차가 연방조달계획상의 구매신청에는 적용되지 않는다고 해석한 행정기관의 해석을 존중해야한다는 주장을 받아들일 수 없다고 Chevron판결을 인용하면서[109] 원심판결을 파기하고 환송하였다.

7) 소결과 시사점

법원은 법적 분쟁이 현재 존재하는 경우, 당사자의 재판청구에 응하여 소극적으로 그 분쟁에 적용되는 법률을 해석하고 적용하여 당해 분쟁을 해결하는 역할을 수행한다. 하지만 경우에 따라서 피상적으로는 분쟁이 존재하지 않거나, 법원이 당해 사건의 당사자가 청구하는 내용을 실현해 줄 수 있는 일반적 수단이 존재하지 않는 경우에도, 예외적으로 당해 사건을 담당할 수 있는 재판관할이 존재한다. 결국 우리나라의 행정사건에서 광의의 소의 이익으로 논의 되는 부분이 행정소송이 독립적으로 존재하지 않는 미국에서도 문제되고 있으며 그 해결방식이나 결론도 유사한 것을 알 수 있다. 본 사건에서 미국 연방대법원은 특정 조항의 목적이나 합리적 해석보다도 문언해석을 우선하여 문언해석에 의해서 해결할 수 있다면 그 문언해석에 의존하여 분쟁을 해결하는 것이 우선이라는 입장을 나타낸 것이며, 재량행위 또는 기속행위로 해석가능하다고 양쪽의 상반된 주장이 존재하는 경우에도, 쟁점이 된 법조문의 문언해석에 의해서 기속행위로 결정이 되면, 이런 경우에는 행정기관에게 일반적으로 폭넓은 재량권을 인정하는 미국의 사법부라도 행정부에게는 법률해석의 재량권은 존재하지 않는다고 판단[110]하여 Chevron판

109) Chevron U.S.A. Inc. v. Natural Resources Defense Council, Inc., 467 U.S. 837, 842-843, 104 S.Ct. 2778, 81 L.Ed.2d 694.

110) 미국의 행정부의 법률해석과 사법부의 심사범위에 관한 자세한 논의는 정하명,

결의 범위를 제한한 판결이다.

Ⅴ. 행정입법과 법률의 해석문제

1. 주를 보호하기 위한 연방법과 연방법에 기초한 법규명령의 해석문제(Sturgeon v. Frost[111])

1) 사건의 배경

연방정부가 설정한 보호구역에 부분적으로 해당하는 주정부 관할 하천에서 수륙양용선을 운항하는 것을 금지하는 행정입법의 적용하는 국립공원관리처의 조치에 대해서 알래스카 주민인 사냥꾼이 국립공원관리처(National Park Service: NPS)의 지역책임자를 상대로 소송을 제기한 사건이다.

2) 소송의 경과

알래스카주정부도 원고측으로 보조참가를 하였다. 알래스카국익적 관심토지보호법(The Alaska National Interest Lands Conservation Act: 이하 ANILCA)의 Section 103(c)을 해석적용하면서, 연방지방법원은 국립공원관리처가 요청한 약식판결을 하였으며[112], S씨가 항소하자 제9연방법원은 관련부분에서 지방법원의 판결을 지지하였다. 제9연방고등법원은 수륙양용선규제는 국립공원안의 모든 수역뿐만 아니라 국립공원관리처의 관할권이 미치는 연방정부가 소유한 모든 토지와 수역에 미치게 됨으

미국 행정법상 행정부의 법률해석에 관한 사법심사의 범위, 공법학연구 제8권 제2호, 비교공법학회, 2007, 426면 이하 참조.

111) 136 S.Ct. 1061 (2016)

112) 2013 WL 5888230

로, 수륙양용선규제가 알래스카내의 보존시스템해당지에만 전적으로 적용되는 것은 아니라고 판단하였다.[113] 그래서 제9 연방고등법원은 국립공원관리처는 내셔널강에서 수륙양용선규제를 집행할 권한을 가지고 있다고 판단하였지만 내셔널강이 ANILCA상의 국유지에 해당하는지는 판단하지 않았다. 이에 대하여 S씨가 상고하였고 대법원은 상고심을 진행하기로 결정하였다.

3) 주문

판결문은 Roberts대법원장이 작성하였는데[114], 알래스카의 보호시스템적용대상(conservation system units)에 속하는 토지에 대해서는 다른 연방관리 대상 보호지역과 다른 취급을 할 수도 있다고 판단하면서 원심을 파기하고 환송하였다.

4) 쟁점법률

연방법은 보존대상지에 해당하는 수역에서 보트를 운항하거나 다른 유사한 행위를 하는 것에 관련된 규제를 마련한 권한을 내무부장관(the Secretary of the Interior)에게 부여하였다.[115] 국립공원관리처의 수륙양용선 규제는 연방법 Section 100751(b)에 따라서 마련된 것이었다. 수륙양용선 이용규제는 알래스카주뿐만 아니라 모든 다른 주에 위치한 보존지역에 적용되는 것이었다. 하지만 ANILCA Section 103(c)은 국립공원관리처의 권한은 알래스카내에 위치한 보존대상지 경계 내에 위치한 토지에 미친다고 규정하고 있었다. Section 103(c)의 첫 번째 부분은 보존구역범위에 해당하는 토지에 대해 규정하고 있는데. 보존시스템대상지경계내에 있는 토지 중 국유토지(public lands)만이 보존시스템대상지

113) 768 F.3d 1066, 1077.
114) 본 판결은 전원일치판결이었다.
115) 54 U.S.C. § 100751(b)

에 포함된 것으로 간주된다고 규정되어 있었다.[116] ANILCA는 토지(land)를 토지, 하천등 물(waters), 및 그에 연관된 이익을 포함하도록 규정하고 있었고, 국유토지(public lands)를 연방정부가 소유권(title)을 가지고 있는 토지를 일정한 예외적 상황을 제외하고는 포함되도록 하고 있었다.[117]

Section 103(c)의 두 번째 부분은 알래스카에 위치한 비국유토지(non-public lands)를 규제할 국립공원처의 권한을 규정하고 있었는데 비국유토지에는 인디언부족소유지(Native Corporation), 주정부소유지, 사유지가 포함되었다. 또한 ANILCA는 1980년 12월2일, 그 이전, 또는 그 후, 주정부, 인디언부족, 혹은 사인에게 소유권이 이전되지 않은 토지는 토지보전대상지내의 국유토지에 해당하는 규제가 적용되도록 규정하고 있었다.[118] Section 103(c)의 세 번째 부분은 기존의 토지가 신규로 보존시스템대상지가 되는 방식을 규정하고 있었다. 만약 주정부, 인디언자치부족, 그 밖의 토지소유자가 자신의 소유한 토지의 소유권을 이전하기를 희망하면, 내무부장관은 그 토지를 관련 법률에 따라 소유권을 취득할 수 있으며, 소유권을 취득한 토지는 보존시스템대상지가 되며 이에 따라 관리될 것이라고 규정하고 있다.

5) 사실관계

연방법인 ANILCA는 알래스카주에 위치한 104백만에이커의 토지를 보존의 목적으로 분류하고 있었다. ANILCA는 보존목적으로 분류된 토지를 보존시스템적용대상(conservation system units)로 분류하고 있었다. 보존시스템적용대상토지에는 알래스카에 위치한 국립공원시스템(National Park System), 국립야생동물보호구역(National Wildlife Refuge System), 국

116) 16 U.S.C. § 3103(c)
117) § 3102.
118) § 3103(c)

립자연경관하천시스템(National Wild and Scenic Rivers Systems), 국립도보여행길(National Trails System), 국립자연환경보존시스템 과 국립산림기념물(National Forest Monument)에 해당하는 모든 지역이 여기에 속한다.119) 연방소유의 국유지뿐만 아니라 1천8백만 에이커를 넘는 주소유 공유지·인디언부족 소유지·사유지 등이 이런 보전시스템 적용대상 토지에 포함되었다.

2007년, Sturgeon(이하 S씨)은 자신의 수륙양용선을 내셔널강(the Nation River)에서 운항하고 있었다. 내셔널강은 국립공원관리처가 관리하는 보존시스템적용대상이 되는 국립보전지역인 유콘찰리강으로 흘러들어가고 있다. 알래스카주법은 수륙양용선의 이용을 허용하고 있었으나 국립공원관리처의 법규명령(regulations)은 허용하지 않고 있었다.120) 국립공원처의 관리관(rangers)은 S씨에게 다가와서 국립공원관리처 규정상 보존구역 내에서는 수륙양용선을 사용할 수 없다는 사실을 알렸다. 이에 대해 S씨는 자신이 수륙양용선을 운항한 지역은 주정부관할의 수역이므로 연방법령인 국립공원관리처의 규정이 적용되지 않는다고 항의하였다. 이에 대해서 관리관은 S씨에게 법위반을 통지하면서 당장 수륙양용선을 보존지역 밖으로 가져갈 것을 명령하였고 S씨는 우선 그 명령에 따라 자신의 수륙양용선을 보존지역외곽으로 즉시 옮겼다. 그 후 S씨는 알래스카소재 연방지방법원에 국립공원관리처를 상대로 소송을 제기하였다. 본 소송에서 S씨는 자신이 수륙양용선을 유콘찰리강 구역 내에서 운항할 수 있도록 허용하는 선언판결과 이행판결(injunctive relief)을 구하였다. 본 소송에 알래스카주는 S씨를 돕기 위해서 보조참가 하였다.

6) 대법원 판결이유

연방대법원은 제9 연방고등법원의 ANILCA Section 103(c)해석은

119) 16 U.S.C. § 3102(4)
120) 36 CFR § 2.17(e)

ANILCA의 문언과 내용에 모두 배치된다고 판단하였다. 대법원이 이와 같이 판단한 이유는 다음과 같다.

대법원은 선례를 인용하면서, 제9 고등법원의 ANILCA Section 103(c)해석은 법률상의 단어는 그 단어가 포함된 맥락을 고려해서 읽어야 하며, 당해 법률전체에서 그 용어가 사용된 경위를 고려해서 읽어야 한다는 법률해석의 기본원칙을 위반하였다고 판단하였다.[121] ANILCA는 반복적으로 알래스카주는 특수하다는 것을 인정하고 있으며, ANILCA 자체에서도 연방이 관리하는 보전구역에 대한 국립공원관리처의 일반적 권한에 대한 알래스카에만 적용되는 다수의 예외를 마련하고 있다는 점을 대법원은 지적하였다. 알래스카에만 적용되는 규정들이 존재한다는 사실은 알래스카에는 통상적인 기준이 아닌 예외가 종종 인정된다는 것을 의미한다고 대법원은 판단하였다. 국립공원관리처는 알래스카이외 지역에도 적용되는 법규명령을 통해서만 알래스카의 비국유지를 규제할 수도 있다고 해석한 것이 연방고등법원이었다. 그런데, 연방고등법원이 법조문을 이해한 것과 같이 법조문을 해석하면 국립공원관리처는 알래스카의 특수성을 인식하지 못한 것이 된다고 대법원은 보았다. 대법원은 ANILCA상 국립공원관리처의 권한 범위에 관계없이, 동법 Section 103(c)이 "온통 뒤죽박죽인(topsy–turvy)" 접근법을 취한 것은 아니라고 판단하였다.

게다가 Section 103(c)이 알래스카내의 보존시스템 대상지 내의 토지를 국유지와 비국유지를 분명히 구별한다는 점을 대법원은 지적하였다. 그런데 고등법원에 따르면, 만약 국립공원관리처가 알래스카에 적용되는 특정한 방식으로 국유지와 비국유지를 구별하기를 원한다면, 알래스카주 이외의 지역에 적용되는 법규명령에 따라 비국유지를 규제해야 한다는 결론에 이른다고 보았다. 가사 알래스카의 비국유지에 대해서도

121) Roberts v. Sea-Land Services, Inc., 566 U.S. ―, ―, 132 S.Ct. 1350, 182 L.Ed.2d 341

국립공원관리처의 규제권한이 미친다고 하더라도, 대법원은 이런 해석은 설득력이 없다고 보았기에 고등법원이 행한 Section 103(c) 해석을 배척하였다.

하지만, 대법원은 위의 판단부분을 제외한 나머지 당사자의 주장은 심리하지 않았다. 특히 내셔널강이 ANILCA상 국유지에 해당하는지는 판단하지 않았다. 또한 내셔널강이 국유지가 아니거나 또한 S씨가 주장하는 것처럼 국유지라도 ANILCA에 의해서 국립공원관리처의 권한이 제한되는 경우, 국립공원관리처가 Section 100751(b)에 따라 S씨가 내셔널강에서 행하는 활동을 규제할 수 있는 권한이 있는지를 판단하지 않았다.

결국, 대법원은 국유지와 비국유지에 대해서 특정한 규제가 적용되는지 판단하기 하려면 국립공원관리처가 ANILCA상 알래스카주 내의 보존시스템대상지구내의 국유지와 비국유지에 대해서 규제권한이 있는지를 판단해야 하지만 이를 하지 않고 본 쟁점은 필요하다면 하급심에서 판단하도록 하면서 원심은 제9 고등법원의 판결을 파기하고 환송하였다.

7) 소결과 시사점

본 판결은 연방정부의 관할권과 주정부의 관할권이 서로 교차하는 지점에서 발생한 사건이다. 우리나라와 달리 연방정부와 주정부가 사안에 따라 독립적이거나 배타적인 관할권을 가지고 있으며, 수직적인 관계가 아니라 독립적 관계가 되는 경우가 많은 미국의 특유의 사건으로 볼 수도 있다. 하지만 지방자치가 발전하게 되면, 지방자치단체의 고유사무 즉 자치사무에 대해서는 국가법령의 적용이 배제가 되거나 국가의 간섭이 배제되는 영역도 존재할 수 있다. 이런 관점에서 보면, 미국의 연방국가와 주정부와 법률관계는 앞으로도 관심을 가지고 살펴보아야 할 영역이라고 생각된다. 이번 사건에서 연방대법원은 다른 사건과 달리 법률의 문언해석에만 의존하는 것이 아니라 법률해석에 있어서 그 문구가 사용된 조문의 구조와 문맥에 배치되지 않게 해석해야 하며, 법 전체를 관통하는 원칙과 입법목적에 비추어서 법률해석을 해야 한다는 입장을 내놓았다. 즉 하급심에서는 문언해석을 통해서 알래스카주뿐만 아니라 다른 주에서도 통용되는 법규명령의 경우, 알래스카주에도 그 효력을 미친다고 했지만, 대법원은 알래스카주의 특수성(주로 편입될 당시 대부분이 연방토지였음), 역사적 변천, 자연환경의 보호필요성과 주민의 이해관계의 조화 등 여러 요소들을 감안하여 판결하였다. 주민의 이해관계가 첨예하고 특수성이 인정될 때는 단순한 문언해석보다는 목적론적 해석을 택하여 주민의 이해관계를 조정하려는 입장을 택한 것으로 해석된다. 또한 주정부가 원고인 사냥꾼을 위해서 원고측에 보조참가하여 실질적으로 소송을 진행하였다는 점도 앞으로 행정청의 원고적격을 인정해야할 실질적 필요성이 제기되는 사건들이 우리나라에서도 다수 발생할 수 있다는 점에서도 시사점이 있다.

2. 연방 법률과 에너지규제위원회의 법규명령의 한계문제 (F.E.R.C. v. Electric Power Supply Ass' n[122])

1) 사건의 배경

전력산업협회(Energy industry associations)는 연방에너지규제위원회(Federal Energy Regulatory Commission: 이하 FERC)의 최종적 행정입법[123]에 대한 재고를 건의하였다. 동 행정입법은 전력사용 피크기간에 전력사용을 줄인 것에 대하여 전력도매시장운영자에게 전기소비자(electricity users) 또는 수요대응제공자(demand response providers)에게 발전소와 동일한 비율로 보상하도록 규정하고 있었다.

122) 136 S.Ct. 760 (2016)
123) Energy Regulatory Commission (FERC), 2011 WL 890975

2) 소송의 경과

DC를 관할하는 연방고등법원은 동 행정입법이 직접적으로 전력소매시장을 규제하고 있기에 FERC는 이런 행정입법을 제정할 법적 권한이 없다고 하면서 동 행정입법은 무효라고 하였다. 또한 행정입법이 채택한 보상계획은 행정절차법에 반하는 자의적이고 독단적인 것이라고 판단하였다. 그래서 DC 연방고등법원은 원심을 파기하고 환송하였지만 대법원은 상고심을 속행하기로 결정하였다.

3) 대법원의 주문

판결문은 Kagan대법관이 작성하였다.

우선 대법원은 연방전력법(Federal Power Act: FPA)이 FERC에게 도매전기료에 직접적으로 영향을 미칠 수 있는 행정입법을 마련할 권한을 부여하였기에 FERC는 이런 행정입법을 제정할 권한이 존재한다고 판단하였다.

소매전기료의 규제는 주정부의 권한인데, 동 행정입법은 FPA를 위반하여 소매전기료를 규제한 것은 아니라고 대법원 판단하였다.

FERC가 발전소와 동일한 요율로 전기사용자에게 보상하라고 도매전력시장운영자에게 요구한 것은 자의적이고 독단적인 조치(arbitrarily or capriciously)로서 재량권을 일탈·남용한 것은 아니라고 대법원은 판단하였다. 다수의견은 고등법원의 판결을 파기하고 환송하였으며, Scalia대법관은 반대의견을 제시하였으며, 이 반대의견에는 Thomas대법관이 동조하였으며, Alito대법관은 심리와 결정에서 어떤 입장을 표명하지도 않았다.

4) 쟁점법률

연방전력법(The Federal Power Act: FPA)은 FERC에게 주간통상의 대

상이 되는 도매전기요금의 규제권한을 부여하였으며 이런 규제권한에는 도매전기요금규제와 도매전기료에 영향을 주는 모든 행정입법과 조치를 포함하고 있었다.[124] 하지만 앞에서 언급된 판매 이외, 예를 들면 전기 소매판매 등은 FERC의 권한이 아니라 오로지 주정부의 규제권한으로 남겨져 있었다.[125]

FERC는 FERC에 근거하여 새로운 행정입법인 Order No. 745을 제정하다.[126] 행정입법 No. 745는 입찰을 받아들이는 것이 실제로 전력소비자의 비용을 절감할 수 있는 경우에 해당하는 순이익검토(net benefits test)를 충족하는 한, 신규전력을 생산하는 발전회사와 마찬가지로 전력을 저감하는 경우에도 시장운영자에게 동일한 가격을 지불하도록 하고 있다. 당 행정입법은 전기를 절약한 경우 향후 소매시장에서 전력을 구매하지 않고 전력소비자가 절약한 저축량을 LMP에서 공제하는 방식의 대안적 보상제도는 수용하지 않고 있었다.

5) 사실관계

주간통상에 해당하는 전력시장이 매우 경쟁이 치열하게 되자, FERC는 공정하고 합리적인 도매시장가격을 보장[127]하기 위하여 전국적인 전력망(the nationwide electricity grid)을 지역적으로 관리할 비영리단체를 창설하는 것을 권장하였다. 도매시장운영자들은 전력망이 전기를 안정적으로 공급하게 하기 위해서 자기가 담당하는 전력망을 관리하고 각각의 운영자들은 경쟁입찰을 통해서 도매가격을 결정한다. 즉 도매시장운영자들은 도매가격에서 전기를 구매하여 개별 소비자에게 전기를 재판매하는 전기회사(utilities)와 다른 전력제공회사(load-serving entities: LSEs)가 제출

124) 16 U.S.C. §§ 824(b), 824d(a), 824e(a).
125) § 824(b).
126) § 35.28(g)(1)(v) (Rule)
127) § 824d(a).

한 수요와 발전업자가 제공하는 발전량과 가격을 맞추는 방식으로 진행되는 전력경매를 통해서 수요와 공급의 균형을 유지하게 된다.

전력을 공급하겠다는 입찰은 가장 낮은 가격부터 높은 가격순으로 정렬되고 모든 전력수요가 충족될 때까지 순서대로 낙찰되게 된다. 모든 전기공급업자는 한계지점가격(the locational marginal price: LMP)으로 불리우는 낙찰된 가격 중 가장 높은 가격을 지불해야 한다.

전력소비가 많은 기간 동안에는, 가장 비효율적으로 운영되는 발전소가 제시한 고비용적인 가격이 도매시장가로 채택되게 되므로 전력가격은 매우 비싸게 된다. 이런 전력피크기간에는 전기료가 급격히 상승할 뿐만 아니라 전기송배전에 과부하가 걸려서 전력망 마비 등 심각한 전기공급에 문제가 발생할 수도 있다. 이런 도전에 직면하게 되자, 도매시장운영자들은 도매수요대응프로그램(wholesale demand response programs)을 마련하였다. 도매수요대응프로그램은 전력피크기간에는 전력사용량을 줄이겠다는 소비자에게 보상을 하는 것이었다. 전력공급을 위한 입찰과 마찬가지로 다수의 전기사용자의 집합체(aggregators) 또는 대형 산업체와 같은 전력소비자에게 전기소비를 줄이겠다는 청약을 받으면, 그 저감청약을 도매시장경매에 입찰로 처리할 수 있게 하는 조치이다. 피크기간에 전력사용을 저감하는 소비자에게 금전을 지불하는 것이 전력을 더 생산하게 하는 것보다 저렴해 질 때가 존재함으로, 수요대응프로그램은 도매전력가격을 낮추고 전력망의 안정성을 높일 수 있다.

도매시장업자들이 처음 이런 프로그램을 도입한 것은 15년 전쯤 되었고 FERC도 도매수요대응프로그램을 허용하였다. 그런데 의회는 수요대응프로그램을 발전시켜서 활용을 촉진할 것을 요구하였고, FERC는 의회의 요구에 부응하기 위해서, 행정입법[128]을 마련하여 주정부가 수요대응프로그램에 참여를 규제하고 있는 경우를 제외하고는 도매시장운

128) Order No. 719

영자에게 전기소비자연합체로부터 수요대응입찰을 받도록 하였다.[129] FERC는 당해 행정입법의 효과가 충분하지 않다고 판단하여 새로운 행정입법인 Order No. 745을 제정하였고 동 행정입법이 현재 재판에서 쟁점이 되는 행정입법이다.[130] 행정입법 No. 745는 입찰을 받아들이는 것이 실제로 전력소비자의 비용을 절감할 수 있는 경우에 해당하는 순이익검토(net benefits test)를 충족하는 한, 신규전력을 생산하는 발전회사와 마찬가지로 전력을 저감하는 경우에도 시장운영자에게 동일한 가격을 지불하도록 하고 있다. 당 행정입법은 전기를 절약한 경우 향후 소매시장에서 전력을 구매하지 않고 전력소비자가 절약한 저축량을 LMP에서 공제하는 방식의 대안적 보상제도는 수용하지 않고 있었다. 동 행정입법을 제정할 당시 FERC가 수요대응입찰에 대해서 도매시장운영자에게 보상하도록 하는 행정입법을 제정할 권한이 없다는 주장이 제기되었지만 무시되었다.

6) 대법원의 판결이유

(1) 행정입법의 권한문제

대법원은 FPA은 FERC에게 도매시장운영자의 수요대응입찰에 대한 보상을 규제할 권한을 부여했다고 판단하였다. 대법원의 분석은 세 부분으로 진행되었다. 먼저 쟁점이 된 관행(수요대응프로그램)은 직접적으로 도매가격에 영향을 미친다고 보았다. 둘째, FERC는 소매가격을 규제한 것은 아니다. 첫 번째와 두 번째 요소를 종합하면 당해 행정입법이 FPA의 조건을 준수하고 있는 것이 된다고 대법원은 판단하였다. 마지막으로 이와 반대의 견해는 FPA의 중요한 목적에 반한다고 대법원은 판단하였다.[131]

---

129) 18 CFR § 35.28(g)(1).
130) § 35.28(g)(1)(v) (Rule)
131) Pp. 773 - 782

① 쟁점이 된 관행은 직접적으로 도매가격에 영향을 미친다. 대법원은 FPA는 도매가격에 영향을 미치는 행정입법과 조치들이 합리적인지 및 정당한지를 검토할 권한과 의무를 FERC에게 부여하고 있다는 점[132]을 지적하였다. 당해 법률규정이 무제한적으로 확대되는 것을 막기 위하여[133], 대법원은 D.C고등법원의 통상적 해석이론을 채택하여 도매가격에 직접적으로 영향을 미치는 행정입법과 조치로 한정하였다.[134] 대법원은 본 사건은 연방고등법원이 제시한 원칙에 비추어 보아도 부합한다고 판단했다. 도매수요대응프로그램은 도매가격을 낮추는 것에 초점을 맞추고 있으며, 문제가 된 행정입법과 행정조치도 어떻게 도매수요대응프로그램을 운영하는지에 대한 것들이라고 대법원은 보았다. 특히, 고비용의 발전비용을 기반으로 한 입찰을 대처하기 위해서는 필수적으로 수요보상프로그램이 필수적이기 때문에 더욱 실무적으로 그렇다고 대법원은 판단하였다.[135]

② 동 행정입법은 FPA § 824(b)를 위반해서 소매전기료를 규제하고 있지 않다고 대법원은 판단하였다. FERC의 행정입법이 전기소매의 양이나 조건에 영향을 준다는 이유만으로 § 824(b)금지조항에 위배되는 것은 아니라고 대법원은 보았다. 도매시장에서 발생하는 거래의 자연적 결과로서 소매수준에서 영향을 미게 된다고 보았으며 필요에 따라서 FERC는 도매거래 문제를 규제할 수 있다고 보았다. 이런 효과가 발생하는 것은 동 행정입법의 법적 결과가 아니라는 점을 대법원은 지적하였다.[136] FERC가 어떤 영향이 소매가에 발생하는지 상관없이 도매시장이

132) §§ 824d(a),824e(a).

133) 예를 들면, New York State Conference of Blue Cross & Blue Shield Plans v. Travelers Ins. Co., 514 U.S. 645, 655, 115 S.Ct. 1671, 131 L.Ed.2d 695

134) California Independent System Operator Corp. v. FERC, 372 F.3d 395, 403

135) Pp. 773 - 775.

136) 예를 들면 Mississippi Power & Light Co. v. Mississippi ex rel. Moore, 487 U.S. 354, 365, 370-373, 108 S.Ct. 2428, 101 L.Ed.2d 322

어떻게 작동해야 하며 그 작동을 향상시키기 위해서 도매시장에서 일어날 것을 규제할 때에는, § 824(b)는 어떤 제한도 부과하고 있지 않다고 대법원 판단하였다. 본 사건에서 쟁점이 된 모든 FERC의 규제계획은 전적으로 도매시장에 관한 것이며 전적으로 도매시장의 운영에 관한 것이라고 대법원은 판단하였다. 동위원회가 수요대응프로그램에 대한 행정입법을 마련하는 정당성은 다른 조치들과 마찬가지로 도매시장을 개선하려는 것[137]이라고 대법원은 판단하였다.[138]

또한 ③ 전기생산공급업자협회(Electric Power Supply Association: EPSA)의 주장은 FPA를 무력화시킬 수 있다고 대법원은 판단하였다. EPSA의 주장은 모든 도매수요대응조치는 FERC의 규제권한을 초과한다고 주장하고 있으며, EPSA의 입장은 주정부도 역시 이런 규제를 할 권한이 없다는 결론에 도달하게 된다는 점을 대법원은 지적하였다. FPA하에서 도매수요대응프로그램은 연방정부와 주정부 등 어떤 기관도 규제하지 못하게 된다며, 수요대응프로그램은 진행되지 못한다는 점도 대법원은 지적하였다. 그렇게 되면, 과도한 전기료를 억제하고 전력의 효율적인 송배전을 확보하려는 FPA의 핵심목표[139]는 좌초된다고 대법원은 판단하였다. FERC의 명확한 설립목표는 도매시장에서의 전기가격을 하락시키고 도매시장의 신뢰성을 향상시키는 것이며 이런 목표를 수행한 법적인 의무가 있으므로 FPA를 해석함에 있어서 명시적인 FERC의 사명과 의무에 반하게 해석해서는 안 된다고 대법원 설시하였다.[140]

137) 다른 예 Oneok, Inc. v. Learjet, Inc., 575 U.S. ―, ―, 135 S.Ct. 1591, 1599, 191 L.Ed.2d 511.

138) Pp. 775 - 780.

139) Pennsylvania Water & Power Co. v. FPC, 343 U.S. 414, 418, 72 S.Ct. 843, 96 L.Ed. 1042; Gulf States Util. Co. v. FPC, 411 U.S. 747, 758, 93 S.Ct. 1870, 36 L.Ed.2d 635.

140) Pp. 779 - 782

2) 재량의 일탈남용에 대한 판단

FERC가 수요대응프로그램을 운영하면서 피크기간에 초과발전을 하는 발전회사에게 지불하는 비용과 동일한 비용을 피크기간 내에 전기를 절약한 소비자에게 지불하도록 한 행정입법은 자의적이고 독단적인 결정이 아니라고 대법원은 판단하였다. 대법원은 Motor Vehicle Mfrs. Assn. of United States, Inc. v. State Farm Mut. Automobile Ins. Co판결[141]에서 확립된 사법심사한정의 원칙에 의하면, 이와 같은 사건을 판단하는 법원의 중요하지만 제한된 역할은 FERC가 합리적인 의사결정을 거쳤는지 확인하는 것이라고 대법원은 설시하였다. 즉 법원은 다른 대안과 비교하고, 선택된 보상공식이 적절한 기록에 의해 지지되는지 확인하며, 최종 결정을 내린 이유들이 이해할 수 있도록 설명되는지를 확인하는 것이라고 대법원은 설시하였다. 본 사건에서 FERC는 소비자에 대한 보상공식을 채택한 상세한 설명을 첨부하고 있고. 다른 견해에 대해서도 상당히 많은 고려를 했으며, FERC는 진지하고 신중하게 쟁점에 대해서 고려했으므로 이런 FERC의 행정입법과정은 재량권일탈남용기준(the arbitrary and capricious standard)을 일탈하지 않은 것으로 대법원은 판단하였다.[142] 이런 이유로 대법원은 연방고등법원의 판결[143]을 파기하고 환송하였다.

7) 소결과 시사점

올 여름 유난히도 무더워서 우리나라의 전력요금체계에 대한 비판들이 많이 제기되었다. 미국의 경우에는 입법적으로 전력피크기간 내에

141) Motor Vehicle Mfrs. Assn. of United States, Inc. v. State Farm Mut. Automobile Ins. Co., 463 U.S. 29, 43, 103 S.Ct. 2856, 77 L.Ed.2d 443

142) Pp. 781 - 784.

143) 753 F.3d 216

전기사용을 자발적으로 감축하는 사용자에게 보상하는 법규명령을 제정하고 있었으며, 발전소의 증설이나 비효율적 발전소의 운영을 선택할 수도 있지만 전기사용의 저감에 대해서 금전적 보상을 하는 입법태도는 우리에게도 시사점이 될 것이며, 전력시장민영화에서 발전부분과 송배전부분을 분리 운영하여 전기생산의 자유시장적 입찰체계를 도입하기 위한 여러 가지 기반마련에 있어서 미국의 입법례는 참고가 될 것이다. 본 사건은 연방과 주정부의 권한이 독립적이고 배타적인 영역에서 일어나 미국 특유의 사건으로도 볼 수 있지만, 시장체계 내에서는 주간통상에 영향을 주는 도매시장과 주정부내의 소매시장을 완전히 분리할 수 없다는 것은 관할권문제뿐만 아니라 시장규제에 대한 입법과 해석론에서도 시사점을 찾을 수 있다. 즉 경제규제의 영역 법해석에 있어서 단순히 기존의 법이론에만 입각한 해석보다는 경제에 미치는 영향을 전반적으로 고려해서 해석할 수밖에 없다는 점이 강조된 판례로 볼 수 있다. 또한 재량권의 남용이 문제된 경우, 미국식 사법심사의 태도는 행정청이 합리적인 의사결정을 거쳤는지 확인하는 것이 사법부의 중요한 역할이라고 사법심사의 범위와 강도를 제한하고 있다. 법원은 행정청이 대안을 검토했는지, 적절한 자료에 의해서 대안과 결정안이 설명되는지, 행정청의 결론이 자료에 의해 설명되는지 등을 검토하는 것이지, 대법원이 자신이 그 자료를 통해서 가장 합리적 결론을 도출하여, 그 결과와 행정청의 결론을 비교교량하는 것은 아니라는 점이다. 행정청의 재량과 사법판단의 균형이 문제되는 사안에서 시사점을 찾을 수 있는 판례로 사료된다.

Ⅵ. 결론

연간 80여건의 사건만을 처리하는 미국 연방대법원과 우리나라의 대법원이나 헌법재판소를 단순히 비교하는 것은 무리가 있다. 하지만, 미국 연방대법원의 판례를 보면 중요한 사건에 대해서 특히 연방고등법원의 판례들이 서로 충돌하거나 배치되는 경우에 연방대법원이 상고심을 진행하여 고등법원이나 하급심판례에 대한 교통정리를 하는 역할을 한다는 것을 알 수 있다. 50개의 법률체계와 사법관할이 있으며, 여기에 연방법률과 연방사법부가 존재하므로 우리와는 이질적인 부분이 분명히 존재하지만 미국의 연방대법원의 행정법관련 판례를 분석하면, 사법부의 역할에 대한 고민과 긴장관계를 읽을 수 있으며, 불문법국가로서 판례법국가로 분류되는 미국이지만 행정법관련사건에서는 성문법령에 대한 치밀하고 철저한 분석을 바탕으로 하고 있다는 것을 알 수 있다. 법원의 역할이 법원이 개입해야 할 분쟁이 존재하는 경우, 당사자의 신청에 의해서 분쟁해결에 나서지만 당해 분쟁에 적용될 법령을 확정하고 그 법령의 의미와 유사하거나 적용될 수 있는 선례법의 존재를 엄밀히 분석하고 유사점과 구별점을 도출하여 적용한다는 점에서 미국 연방대법원의 판례는 시사점이 존재한다. 판례가 발전하기 위해서는 그 바탕이 되는 학계의 역할이 중요하지만 여기에 더하여 당사자들을 조력하는 실무변호사들의 진지한 탐구와 학문적 성과를 이용하려는 자세도 필요할 것이다. 학계의 축적된 자료, 이론적 깊이와 활발한 다양한 논의를 바탕으로 하여, 이를 활용하려는 변호사의 수고와 도전 및 학계에 대한 요청이 있어야 하며, 마지막으로 이런 자료 등이 교과서와 논문뿐만 아니라 변론서 등에 충분히 반영되어서 종국적으로 재판에 활용되어야 할 것이며 재판과정에서도 법령의 조문의 문언적 의미와 문맥, 연혁, 개정과정을 포괄하는 논리적·합리적 해석을 비교·교량하는 태도와 다양한 주장을 활용하는 용기와 숙고가 필요할 것이다. 2015년 미국행정판례를 보면, 구체적 타당성을 도모한다는 이유로 성문법령의 해석을 뛰어 넘는 법원의 재량을 확대하는 것에 제동을 거는 대법원의 판결의 흐름이 있었다. 즉, 사법부는 국민의 대표등이 제정한 법을 해석하고 그 것을 구체적 사례에 적용하는 사명을 가진 국가기관이지, 법령을 창설하는 국가기관은 아니라는 것이다. 즉 주어진 법령의 조문과 문맥에 한정되어야 한다는 법령해석의 평범하지만 어려운 진리를 재확인한 판례들이 다수 존재하였다. 또한 그동안 미국의 행정법이 미국 행정법교과서나 미국식 행정법 분류체계 내에서 국내에 소개될 수밖에 없어서, 우리에 비해 상대적 좁은 행정법영역(오히려 헌법상의 권력분립을 중심으로 편제되고 행정소송을 포함한 행정절차법중심의 논의)에서만 소개되어서 독일이나 일본에 비하여 다양한 행정작용과 그에 대한 사법심사가 덜 소개되었는데, 독일식의 이론으로 정형화는 되어 있지 않지만 미국은 사건성이나 법원의 개입필요성, 소의 성숙성, 지시위반 이라는 다른 각도의 논의를 통해서 처분성, 소의 이익, 공무수탁사인 등의 독일식 이론과 유사한 과정과 결론이 나는 사례들이 존재한다는 것을 알 수 있다. 행정소송법이 독립적으로 존재하지 않고 기본적으로 국가나 주정부도 민간단체와 동일한 소송적 지위를 누리지만 개별 특별법에 의해서 통상의 보통법이론을 수정하고 있는 미국의 경우에도 큰 틀에서는 우리나라와 별반 다르지 않는 결론이 도출되는 것을 알 수 있다. 다만, 미국의 경우에는 도그마틱이라는 것을 구체화하고 순결하게 하여 하나의 적용기준을 도출하려는 시도는 그다지 많지 않으며, 오히려 간단한 원리와 기준을 가지고 그 기준의 적용해야 하는 이유와 적용하지 않아야 하는 이유들의 논쟁을 통해서 구체적 타당성을 찾아가는 실용적 접근법을 주로 사용한다는 점이 특징이다. 독일식사고와 미국식의 사고중 어느 것이 우수하다기보다는 현재의 우리나라 법문화속에서는 조금씩 법해석과 사법부역할의 원칙을 고수하지만 실용적 측면의 접근법을 시도할 필요가 있다고 생각된다.

참고문헌

국내문헌

김성배, 미국에서의 행정입법의 분류와 비법규적 행정규칙에 대한 통제문제, 법학논총 제28권 제3호, 국민대학교 법학연구소, 2016.

김성배, 자살한 군인에 대한 국가의 책임, 행정판례연구 XVIII-1, 한국행정판례연구회, 2013.

김성배, 최근(2013-2014) 미국 행정판례의 동향 및 분석 연구, 행정판례연구 XIX-2, 한국행정판례연구회, 2014.

김성배, 최근(2014/2015) 미국 행정판례의 동향 및 분석 연구, 행정판례연구 XX-2, 한국행정판례연구회, 2015.

김성배, 미국 공무원관계법의 역사와 최근 논의, 공법연구 제44집 제2호, 한국공법학회, 2015.

정하명, 미국연방공무원개인의 손해배상책임에 관한 최근 판결례, 공법학연구 제12권 제2호, 한국비교공법학회, 2011.

정하명, 미국 행정법상 행정부의 법률해석에 관한 사법심사의 범위, 공법학연구 제8권 제2호, 비교공법학회, 2007.

최희경, 미국헌법상 공무원 표현의 보호와 제한에 대한 심사기준, 홍익법학 제14권 제3호, 홍익대학교 법학연구소, 2013.

정하중, 「행정법개론」 제8판, 법문사, 2014.

참고판례

Abbott Laboratories v. Gardner, 387 U.S. 136 (1967).

Already, LLC v. Nike, Inc., 568 U.S (2013).

Arizonans for Official English v. Arizona, 520 U.S. 43 (1997).
Automobile Ins. Co., 463 U.S. 29 (1983).
Bennett v. Spear, 520 U.S. 154 (1997).
Booth v. Churner, 532 U.S. 731 (2001).
California v. San Pablo & Tulare R. Co., 149 U.S. 308 (1893).
California Independent System Operator Corp. v. FERC, 372 F.3d 395 (2004).
Campbell－Ewald Co. v. Gomez 136 S.Ct. 663 (2016).
Chafin v. Chafin, 568 U.S (2013).
Chevron U.S.A. Inc. v. Natural Resources Defense Council, Inc., 467 U.S. 837 (1984).
Connick v. Myers, 461 U.S. 138 (1983).
Davidson v. Indiana-American Water Works, 953 (1992).
Delaware State College v. Ricks, 449 U.S. 250 (1980).
F.E.R.C. v. Electric Power Supply Ass'n 136 S.Ct. 760 (2016).
Garcetti v. Ceballos, 547 U.S. 410 (2006).
Giano v. Goord 380 (2004).
Graham County Soil & Water Conservation Dist. v. United States ex rel. Wilson, 545 U.S. 409 (2005).
Green v. Brennan 136 S.Ct. 1769 (2016).
Gulf States Util. Co. v. FPC, 411 U.S. 747 (1973).
Heffernan v. City of Paterson N.J., 136 S.Ct. 1412 (2016).
Kingdomware Technologies, Inc. v. U.S. 136 S.Ct. 1969 (2016).
Lexecon Inc. v. Milberg Weiss Bershad Hynes & Lerach, 523 U.S. 26 (1998).
Little v. Bowers, 134 U.S. 547 (1890).
Mississippi Power & Light Co. v. Mississippi ex rel. Moore, 487 U.S. 354 (1988).
Mayers v. Laborers' Health and Safety Fund of North America, 478

(2007).
McNeil v. United States, 508 U.S. 106 (1993).
Motor Vehicle Mfrs. Assn. of United States, Inc. v. State Farm Mut., 463 U.S. 29 (1983).
New York State Conference of Blue Cross & Blue Shield Plans v. Travelers Ins. Co., 514 U.S. 645 (1995).
O'Brien v. Ed Donnelly Enterprises, Inc., 575 (2009).
Oneok, Inc. v. Learjet, Inc., 575 U.S (2015).
Pickering v. Board of Ed. of Township High School Dist. 205, Will Cty., 391 (1968).
Pennsylvania State Police v. Suders, 542 U.S. 129 (2004).
Pennsylvania Water & Power Co. v. FPC, 343 U.S. 414 (1952).
Pennell v. Arsenault, 543 F.3d 1038, Williams v. Fleming, 597 (2008).
Porter v. Nussle, 534 U.S. 516 (2002).
Roberts v. Sea-Land Services, Inc., 566 U.S (2012).
Ross v. Blake 136 S.Ct. 1850 (2016).
San Mateo County v. Southern Pacific R. Co., 116 U.S. 138 (1885).
Sheriff v. Gillie 136 S.Ct. 1594 (2016).
Simmons v. Himmelreich 136 S.Ct. 1843 (2016).
Stone v. INS, 514 U.S. 386 (1995).
Sturgeon v. Frost 136 S.Ct. 1061 (2016).
United States v. Rodgers, 461 U.S. 677 (1983).
United States v. Smith 499 U.S. 160 (1991).
U.S. Army Corps of Engineers v. Hawkes Co., Inc. 136 S.Ct. 1807 (2016).
Warren v. Sessoms & Rogers, P.A., 676 (2012).
Waters v. Churchill 511 U.S. 661 (1994).
Weiss v. Regal Collections, 385 (2004).
Woodford v. Ngo, 548 U.S. 81 (2006).

Yazoo & Mississippi Valley R. Co. v. Thomas, 132 U.S. 174 (1889).
Yearsley v. W.A. Ross Constr. Co 309 U.S. 18 (1940).

국문초록

미국 연방 대법원의 2015년 가을회기(2015 term of the Supreme Court)는 2015.10.5. 시작하여 2016.10.1. 종료되었다. 통상 미국 연방대법원은 연간 70~80건을 처리하였는데 이번 회기에는 81개의 사건을 처리하였다. 2015년 회기동안 미국 연방대법원이 처리한 주요한 사건들은 사형제도, 선거구획정, 노동조합 미가입자에 의한 회비납부(labor union "agency shop" fees), 피임약 등에 대한 공적보험적용, 대학입학에서 인종고려, 낙태, 이민쟁점 등이 있었다. 2015년 회기 중 미국 연방 대법원의 가장 큰 변화는 중요한 사건이라기보다는 그 동안 보수적 입장에서 많은 주요한 판결문을 작성하고 설득력 있는 반대입장을 활발하게 개진하던 Scalia 대법관이 사망한 것이다. 미국의 대선결과는 미국의 경제와 정치, 사회적 이슈에 큰 영향을 미칠 뿐만 아니라 세계 정치와 경제 그리고 사회적 이슈에 큰 영향을 미칠 것으로 보인다. 본 논문에서는 2015년 회기에 미국 대법원이 처리한 행정법분야의 사건들을 ① 국가의 책임범위와 공무수행자의 책임문제, ② 공무원에 대한 불이익처분과 그 구제, ③ 행정작용에 대한 법원의 간여, ④ 행정입법과 법률의 해석문제로 구분하여 살펴보았다. 연간 80여건의 사건만을 처리하는 미국 연방대법원과 우리나라의 대법원이나 헌법재판소를 단순히 비교하는 것은 무리가 있다. 하지만, 미국 연방대법원의 판례를 보면 중요한 사건에 대해서 특히 연방고등법원의 판례들이 서로 충돌하거나 배치되는 경우에 연방대법원이 상고심을 진행하여 고등법원이나 하급심판례에 대한 교통정리를 하는 역할을 한다는 것을 알 수 있다. 미국의 연방대법원의 행정법관련 판례를 분석하면, 사법부의 역할에 대한 고민과 긴장관계를 읽을 수 있으며, 불문법국가로서 판례법국가로 분류되는 미국이지만 행정법관련사건에서는 성문법령에 대한 치밀하고 철저한 분석을 바탕으로 하고 있다는 것을 알 수 있다. 법원의 역할이 법원이 개입해야 할 분쟁이 존재하는 경우, 당사자의 신청에 의해서 분쟁해결에 나서지만 당해 분쟁에 적용될 법령을 확정하고 그 법령의 의미와 유사하거나 적용될 수 있는 선례법의 존재를 엄밀히 분석하고 유사점과 구별점을 도출하여 적용한다는 점에서 미국 연방대법원의 판례는 시사점이 존재한다.

주제어: 미국 연방대법원, 미국 판례, 2015년 미국 행정법판례, 스칼리아 대법관, 행정입법통제, 사법심사, 공무원책임, 국가배상

Abstract

Analyses of Important Administrative Cases in 2015 Term of the U.S. Supreme Court

Kim, Sung－Bae*

The 2015 term of the Supreme Court of the United States began October 5, 2015 and concluded October 1, 2016. The United States Supreme Court, in its 2015 to 2016 term, addressed many diverse issues, ranging from abortion and birth control to election issues. This article notes the issues of administrative law cases that were addressed by the United States Supreme Court in its 2015 to 2016 term. In Heffernan v. City of Paterson, Court held that fact that officer's supervisors were mistaken about officer's involvement in mayoral campaign did not bar his suit. Kingdomware Technologies, Inc. v. U.S., Court held that: exception to mootness doctrine, for controversies that are capable of repetition yet evading review, was applicable, and Department is not excused from complying with Rule of Two, even if Department has already met its annual goals for awarding contracts to veteran－owned small businesses, and even if an order is placed through Federal Supply Schedule (FSS). In Simmons v. Himmelreich, Courts held that the FTCA's judgment bar provision does not apply to cases that are based on the performance of a discretionary function. In Sheriff v. Gillie, Court held that use of OAG's letterhead did not offend FDCPA's general prohibition against false or misleading representations;

* Kookmin University College of Law Professor of Law

use of OAG's letterhead did not offend FDCPA's specific prohibition against falsely representing that communication was authorized, issued, or approved by state. In McDonnell v. U.S. Court held that setting up a meeting, talking to another official, or organizing an event or agreeing to do so, without more, does not fit the definition of "official act," for purposes of the federal bribery statute. In Ross v. Blake, Court held that a court may not excuse an inmate's failure to exhaust administrative remedies prior to bringing suit under the PLRA, even to take "special" circumstances into account. In U.S. Army Corps of Engineers v. Hawkes Co., Inc., Court held that determination marked consummation of Corps' decisionmaking process; determination gave rise to direct and appreciable legal consequences; discharging fill without a permit was not an adequate alternative to judicial review under Administrative Procedure Act (APA); and applying for a discharge permit and then seeking review in event of an unfavorable decision was not an adequate alternative. In Green v. Brennan, Court held that the 45-day clock for a federal employee's constructive discharge claim under Title VII begins running only after the employee resigns and the 45-day limitations period started to run when the employee gave the Postal Service notice of his resignation. In Sturgeon v. Frost, Court held that land within conservation system units in Alaska may be treated differently from other federally managed preservation areas across country.

Keywords: Supreme Court, 2015 term of US Supreme Court, Justice Scalia, Judicial Review, Judicial Review on Rulemaking, Administrative Regulation, Tort Claim on State and Official

투 고 일: 2016. 11. 21
심 사 일: 2016. 12. 9
게재확정일: 2016. 12. 15

日本의 最近(2015) 行政判例의 動向 및 分析

咸仁善*

Ⅰ. 일본의 최근(2015) 행정판례의 동향

1. 2015년 사법통계

2016년 12월 현재 공식 집계된 최고재판소의 사법통계에 의하면 2015년도에는 최고재판소의 경우 신수(新受)건수 1,251건, 처리(旣濟)건수 1,271건, 미제(未濟)건수 421건이며, 고등재판소의 경우는 신수건수 3,727건, 처리건수 3,807건, 미제건수 1,504건이고, 지방재판소의 경우는 신수건수 5,113건, 처리건수 4,680건, 미제건수 3,683건이었다[1].

이들 가운데 각급 재판소의 신수건수의 추이만을 살펴보면, 아래표와 같지만, 전년도와 비교할 때, 최고재판소의 경우에는 약각 증가하였지만, 고등재판소의 경우에는 상당수 감소하였으며, 지방재판소는 그와 반대로 증가하였음을 알 수 있다.

* 전남대학교 법학전문대학원 교수

1) http://www.courts.go.jp/app/sihotokei_jp/search (2016.12.12. 방문)

일본 재판소의 최근 10년간(2006-2015) 행정사건 신수(新受) 건수의 추이[2)]

	최고재판소	고등재판소	지방재판소
2015	1,251	3,727	5,113
2014	1,172	4,537	4,498
2013	1,263	4,072	4,524
2012	1,021	3,706	4,783
2011	1,031	3,384	4,382
2010	1,112	3,390	4,173
2009	991	3,334	3,821
2008	1,018	3,222	4,056
2007	932	3,033	4,112
2006	908	3,015	3,927

2. 2015년 일본 행정판례의 동향 개관

2015년(平成 27년)에 판결된 일본 행정판례 가운데에서 중요하다고 생각되는 최고재판소 및 하급심 판결의 동향을 개관하도록 한다[3)].

첫째로, 행정법의 기본원리와 관련하여, 지방세법상의 규정의 해석적용을 잘못하여 조세법률주의에 위반한 위법이 있다고 인정한 최고재판소판결[4)], 홈리스의 도시공원으로부터의 퇴거명령에 수반하여, 그에 부수하는 일체가 허용되는 것이 아니라, 당해 장소로부터 퇴거시킨다고 하는 목적의 범위에서 피퇴거자의 신체에 위험이 적고, 목적 달성에 적절하며, 그 방법을 취하는 것이 긴급하고 불가피한 경우로서 그 태양이 상당한 정도에 그치는 경우에는 상기 행위도 허용되며, 퇴거를 재촉하여 피퇴거자를 퇴거장소로 안내하기 위하여 그 어깨 등에 가볍게 손을

2) http://www.courts.go.jp/app/files/toukei/491/008491.pdf(2016.12.12. 방문)

3) 이하는 2015判例回顧と展望 (行政法), 法律時報 88巻 6号, 2016.5, 26-47쪽; 平成27年度 重要判例解説, ジュリスト1492호, 2016.4, 30-60쪽을 주로 참조하였다.

4) 最判 平成27.7.17., 判例タイムズ 1418号, 86쪽.

걸어서 유도하는 정도의 행위는 퇴거명령에 부수하는 행위로서 허용될 수 있지만, 피퇴거자에 대해 일시적으로든 그 신체의 자유를 제한하는 형태로 들어 올려서 그 의사에 반하여 이동시킨 것은 그 형태에서 상당성의 범위를 일탈하여 국가배상법상의 위법으로 평가되어야 한다고 하는 하급심판결[5]을 들 수 있다.

둘째로, 행정작용과 관련하여서는, 고령자학대방지법에 근거하여 지방자치단체가 실시한 일시보호조치에 대해 피보호자의 동거친족으로부터 국가배상청구가 이루어진 사안에서, 대응조치는 직원의 합리적인 재량에 맡겨져 있고, 현저히 불합리하여 재량의 일탈 또는 남용에 해당한다고 인정되는 경우가 아닌 한, 국가배상법상의 위법이라고는 인정되지 않는다고 하여 청구를 기각한 하급심판결[6]이 있다. 또한 익명조합계약에 근거하여 영업자가 운영하는 항공기의 리스사업에 출자를 한 익명조합원인 망 A가 당해 사업에 대해 발생한 손실 가운데 당해 계약에 근거한 동인에의 손실의 분배로서 계상된 금액을 소득세법에서 규정한 부동산소득에 관련된 손실에 해당하는 것으로써 2003년분부터 2005년분까지 소득세의 각 확정신고를 하였던 바, 관할 세무서장으로부터 상기 금액은 부동산소득과 관련된 손실에 해당하지 않고 손익통산의 대상으로 되지 않는다고 하여, 상기 각 년도분의 소득세에 대해 경정 및 과소신고가산세의 부과결정을 받았기 때문에 A의 소송승계인인 X들이 국가를 상대로 이들 각 처분의 취소소송을 제기하였던 바, 원심은 청구를 기각하였기 때문에 상고한 사안에서, 본건 각 신고 가운데 2003년분 및 2004년분의 각 신고에 대해서는 국세통칙법상의 '정당한 이유'가 있는 것이라고 할 수 있기 때문에 본건 각 부과결정처분 가운데 상기 각 년도분에 관련된 각 처분은 위법하다고 하여 그 부분에 대해 원심판결을 파기한 사례[7]가 있다.

---

5) 東京地判 平成27.3.13., 判例地方自治 401호, 58쪽.
6) 東京地判 平成27.1.16, 判例時報 2271호, 28쪽.

한편, Y(오사카시)의 직원이 가입하는 노동조합인 X가 Y의 시장에 대해 2012년도부터 2014년도의 3회에 걸쳐서 시청의 본청사 내의 일부를 조합의 사무소로 이용하기 위하여 그 목적외 사용허가를 신청하였던 바, 불허가처분을 받았기 때문에 각 처분은 위법하다고 하여 국가배상에 근거하는 손해배상청구를 함과 더불어 각 처분의 취소소송을 제기하였던 바, 그 처분의 위법성을 인정하여 손해배상청구를 일부 인용하고, 취소청구를 인용한 사례[8]가 있다. 또한, Y(지방자치단체)의 직원이었던 X가 무단결근 및 부적절한 사무처리를 한 것을 이유로 하여, Y가 X를 징계면직처분을 한 것에 대해, 무단결근 및 부적절한 사무처리는 정신질환으로 인한 것이었다는 주장을 하였으나, 스스로의 의사에 기하여 무단결근한 것 등을 인정하여 X의 청구를 기각한 사례[9]도 있다. 그리고, 부담금부과처분 취소청구사건에서 지방자치단체의 하수도사업수익자부담금조례에 근거하는 부담금의 부과결정은 동 부담금의 납부의무를 구체적으로 확정하는 행정처분이며, 당해 부과결정에 의해 확정된 부담금의 징수절차상의 한 처분인 압류처분은 당해 부과결정과는 별개 독립의 행정처분이기 때문에, 당해 부과결정이 부존재 또는 무효가 아닌 한, 당해 부과결정의 위법사유를 당해 압류처분의 위법사유로서 주장할 수 없다고 해석하는 것이 상당하다고 하여 원고의 청구를 기각한 사례[10]도 있다.

셋째로, 행정절차, 정보공개 및 개인정보 보호와 관련하여서는, 나고야간이재판소가 "피고인은 2014년 2월 15일 오후 2시 44분 경 보통화물자동차를 운전하고, 도로표지에 의해 일시정지하도록 지정되어 있는 장소에서 교통정리가 행하여지지 않은 교차로에 들어갈 때, 정지위치에서 일시정지하지 않았다."는 사실을 인정한 다음, 피고인을 벌금 7,000

7) 最判 平成27.6.12., 判例タイムズ 1417号, 64쪽.
8) 大阪高判 平成27.6.2., 判例地方自治 399호, 54쪽.
9) 札幌高判 平成27.5.21., 判例地方自治 401호, 35쪽.
10) 大阪地判 平成27.1.15., 判例地方自治 402호, 81쪽.

엔에 처하는 약식명령을 발부하고, 동 약식명령은 2014년 11월 1일에 확정되었지만, 상기 행위는 도로교통법상의 반칙행위에 해당하기 때문에 반칙자인 피고인에 대해서는 도로교통법상의 통고를 하고, 납부기간이 경과한 후가 아니면 공소를 제기할 수 없지만, 피고인에 대해 본건 반칙행위의 고지는 이루어졌지만 통고를 결여한 채 공소를 제기한 사실이 인정되고, 공소제기를 받은 나고야간이재판소는 형사소송법에 의해 공소기각판결을 해야 했음에도 불구하고, 공소사실대로 전기 사실에 대해 유죄를 인정하여 약식명령을 발부한 것으로서 원 약식명령은 법령에 위반하고, 피고인을 위해 불이익한 것이 명백하며 본건 비상상고는 이유가 있기 때문에 형사소송법에 의해 원 약식명령을 파기하여 본건 공소를 기각한 사례[11]가 있다. 그리고, 처분청으로부터 관련법률에 근거하여 영업폐지명령을 받은 X가 당해 명령의 위법을 주장하여 Y(지방자치단체)에 대해 처분취소소송을 제기한 사건에서, 원심은 당해 처분에 앞선 청문절차를 주재한 자가 본건처분에 밀접하게 관계하였고, 주재자로 지명될 자격이 없으므로 행정절차법의 제도취지를 몰각하는 중대한 위법이 있었다고 하여 원고의 청구를 인용한 것에 대해, 항소심은 본건 처분에 이르는 과정에서 당해 안건에 밀접하게 관여한 직원이 청문의 주재자로 되었다 하더라도 행정절차법에는 청문의 심리과정을 기재한 조서의 작성등이 규정되고 또한 청문절차에서는 당사자등을 위한 문서의 열람이나 방어권을 보장하기 위한 고지 청문에 관한 규정이 설정되어 있고, 절차적 공정성을 담보하는 제도가 정비되어 있다고 할 수 있기 때문에 이러한 직원을 주재자로 하여 이루어진 청문절차에 대하여 법의 취지를 몰각한 중대한 위법이 있다고 해석할 수 없다고 하여 원심판결을 취소한 사례[12]가 있다. 또한, A시정보공개조례에 비개시정보로서 규정하는 "법령등에 정하는 바에 의해 공개할 수 없다고 인정되는 정보"

---

11) 最判 平成27.6.8., 刑集 317号, 339쪽.
12) 名古屋高裁金沢支判 平成27.6.24., 判例地方自治 400호, 104쪽.

란 ① 법령등의 규정이 공개하는 것을 명백히 금지하고 있는 경우, ② 법령등의 취지 및 목적으로부터 당연히 공개할 수 없다고 인정되는 경우 등을 말하는 것인바, A시도시계획도로에 대해 주민의 의사를 묻는 주민투표조례는 주민투표가 성립하지 않는 경우는 개표를 하지 않는 내용 및 투표는 비밀투표로 하는 내용을 규정하고 있고, 이를 받아서 투표가 유효한지 여부를 묻지 않고 주민투표 전반에 걸쳐서 투표의 비밀을 확보하고자 하는 前記 주민투표조례 및 그 시행규칙의 규정은 적어도 주민투표가 불성립으로 되어서 개표가 이루어지지 않는 경우에는 원칙적으로 이를 공개하지 않는 것으로 할 것을 그 취지 및 목적으로 한다고 하여야 하며, 각 투표용지에 기록되어 있는 정보는 비개시정보에 해당한다고 하는 하급심판결을 지지하여 상고를 기각한 사례[13]가 있다. 또한, 구치소의 직원이 피수용자의 구 성, 이름 및 사형판결을 받은 형사사건의 범인의 한 사람이라는 사실을 다른 피수용자들에게 누설한 것은 그것이 공익을 도모하는 목적에서 나온 것이 아니며, 각 정보가 공지의 사실로 되었다고 인정할 수 없으며, 그에 의해 그 자의 객관적인 사회적 평가를 저하시키지 않는다고 인정할 수도 없을 때는 위 정보누설행위는 위 피수용자의 명예 내지 정보가 함부로 개시되지 않는다고 하는 법적 보호할 가치있는 이익을 침해하여 국가배상법상 위법한 공권력의 행사에 해당한다고 한 사례[14]가 있다.

넷째로, 행정의 실효성확보수단과 관련하여, X가 자전거도로가 개설되어 있는 도로에서 원동기자전거(이하 '본건차량')를 운전하여 자전거도로를 통행하였기 때문에 벌금 6,000엔에 처한다는 약식명령을 발부되어 확정되었지만, 본건도로는 도로교통법에서 규정하는 자전거도에 해당하지 않고, A현 공안위원회의 의사결정에 의해 자전거전용이라는 도로표지가 부착되어 자전거만이 통행할 수 있는 자전거전용통행로이며,

---

13) 最判 平成27.9.29., LEX/DB 25541744.
14) 名古屋高判 平成27.2.5., 判例時報 2253号, 3쪽.

X가 본건차량을 운전해서 자전거도를 통행했다고는 할 수 없기 때문에 전기 약식명령의 인정사실은 죄로 되지 않는 것이었다고 하지 않을 수 없다고 하여, 원 약식명령은 법령에 위반하고, X를 위하여 불이익한 것이 명백하기 때문에 원약식명령을 파기하여 피고인에게 무죄를 선고한 사례[15]가 있다. 또한, Y(오사카시)가 운영하는 병원의 직원(간호부)이었던 X가 Y에 대해 병원국장이 문신의 유무 등에 대한 조사에서 X가 회답하지 않은 것이 직무명령 위반에 해당한다고 하여 지방공무원법 및 관련 조례에 근거하여 X에 대해 한 징계처분으로서의 계고처분에 대하여 동 조사는 위헌·위법한 조사이기 때문에 직무명령 및 동 처분도 위법하다고 하여 처분의 취소 등을 청구한 사안에서, 원심이 취소청구를 인용하였으나, 동 처분은 적법하다고 하여 원심판결을 취소한 사례[16]가 있다.

다섯째로, 국가배상과 관련하여서는, 민법상의 부부동씨제와 재혼금지기간과 관련하여 제기된 국가배상청구사건에서 같은 일자의 최고재판소 대법정판결 2건[17]이 주목된다. 그리고, 산업폐기물의 최종처분장의 주변지역에서 거주하는 피상고인들은 동 최종처분장을 관리하는 회사의 실질적 경영자, 산업폐기물의 처분을 위탁한 업자 기타 관계자를 피신청인으로 하여 공해분쟁처리법에 근거하는 공해조정의 신청을 하고, 피상고인들이 동 신청을 받아서 설치된 도쿠시마현(徳島県)공해분쟁조정위원회가 그 재량권의 범위를 일탈하여 위법하게 피신청인의 호출절차를 하였으며, 조정을 중단하는 등의 조치를 했다고 주장하여 상고인에 대해 국가배상법에 근거하여 손해배상을 청구하였던 사안에서, 본건 위원회가 피신청인들에 대해 본건 기재가 있는 기일통지서를 송부하고, 제1회 조정기일에 본건 조정을 중단한 조치는 그 재량권의 범위를

15) 最判 平成27.4.20., LEX/DB 25447282.

16) 大阪高判 平成27.10.15., LEX/DB 25541532.

17) 最高裁大法廷 平成27年12月16日 平成26年(オ)第1023号, 平成26年(オ)第1079号, 이에 대해서는 주요행정판례 5와 6 참조.

일탈한 것이라고 할 수 없다고 한 사례[18]가 있다. 또한, X가 공립보육원을 설치하여 운영하는 Y(지방자치단체)에 대해 동 보육원에서 보육을 받았던 X의 자가 2011년 3월 11일에 발생한 동일본대진재 후의 쓰나미에 의해 사망한 것에 대해 보육위탁계약의 채무불이행(주위적 청구), 동 계약의 부수의무인 안전배려의무 위반(예비적 청구1) 또는 국가배상법상의 과실(예비적 청구 2)가 있다고 주장하여 Y에 대해 손해배상을 청구한 사안에서, 총무과장이 피난하라는 지시를 해야할 의무를 게을리 한 점, 보육사들이 원아들을 피난시켜야 할 의무를 해태한 점, 보육사들이 피난할 때 적절한 방법으로 피난해야 할 의무를 해태한 점, 원장이 피난에 즈음하여 적절한 지시를 해야 할 의무를 해태한 점 등을 이유로 하는 채무불이행 및 국가배상책임은 모두 인정할 수 없다고 하여 청구를 기각한 사례[19] 등이 있다.

여섯째로, 행정쟁송과 관련하여서는, A시장이 도시계획법에 의한 개발허가를 한 것에 대하여 개발구역의 주변에 거주하는 주민들이 Y(A시)를 상대로 개발허가의 취소를 청구한 사안에서 개발허가와 관련된 개발행위에 관한 공사가 완료하여, 검사필증이 교부된 후에도 본건 허가의 취소를 청구할 소의 이익은 상실되지 않는다고 판단한 사례[20]가 있다. 본건에서는 소 제기 전에 본건 개발허가와 관련된 개발행위에 관한 공사가 완료되어, 소제기 다음날에는 당해 공사가 본건 개발허가의 내용에 적합하다는 내용의 검사필증이 교부되었기 때문에, 소의 이익이 존속하는지 여부가 쟁점이 되었다. 제1심은 개발행위에 관한 공사가 완료되어 검사필증이 교부된 후에는 개발허가가 가지는 본래의 효과는 이미 소멸하고 있고, 달리 그 취소를 구할 법률상의 이익을 기초지울 이유도 존재하지 않기 때문에 소의 이익이 없어 부적법하다고 각하한 데 대

18) 最判 平成27.3.5., 判例タイムズ 1415号, 73쪽.
19) 仙台高判 平成27.3.20., 判例時報 2256号, 30쪽.
20) 最判 平成27.12.14., 判例時報 2288号, 15쪽.

하여, 원심은 시가화조정구역 가운데 개발허가를 받은 개발구역에서 도시계획법 소정의 건축제한이 해제되어, 당해 개발허가와 관련된 예정건축물 등의 건축물의 신축 등이 가능하게 되는 것은 개발허가의 법적 효과이며, 이러한 법적 효과는 당해 개발허가와 관련된 개발행위에 관한 공사가 완료하여, 검사필증의 교부가 이루어진 후에도 남아 있다고 한 다음, 본건 소에서도 소의 이익이 인정된다고 하여, 1심판결을 취소하였다. 상고심인 최고재판소는 시가화조정구역 중 개발허가를 받은 개발구역 이외의 구역에서는 도시계획법에 의해 원칙적으로 지사 등의 허가를 받지 않는 한 건축물의 건축 등이 제한되는데 대하여, 개발허가를 받은 개발구역에서는 동법에 의해 개발행위에 관한 공사가 완료되어 검사필증이 교부되고 공사완료공고가 이루어진 후는 당해 개발허가와 관련된 예정건축물 등 이외의 건축물의 건축 등이 원칙적으로 제한되지만, 예정건축물 등의 건축 등에 대하여는 이것이 가능하게 된다. 그렇다면, 시가화조정구역에서는 개발허가가 이루어져, 그 효력을 전제로 하는 검사필증이 교부되어서 공사완료공고가 이루어짐에 의해 예정건축물 등의 건축 등이 가능하게 된다고 하는 법적 효과가 생기게 되는 것이라고 할 수 있다. 따라서, 시가화조정구역 내에 있는 토지를 개발구역으로 하는 개발행위 나아가서는 당해 개발행위와 관련되는 예정 건축물 등의 건축 등이 제되어야 한다고 하여 개발허가의 취소를 청구하는 자는 당해 개발행위에 관한 공사가 완료되어, 당해 공사의 검사필증이 교부된 후에서도 당해 개발허가의 취소에 의해 그 효력을 전제로 하는 예정건축물 등의 건축 등이 가능하게 된다고 하는 법적 효과를 배제할 수 있다. 이상에 의하면, 시가화조정구역 내에 있는 토지를 개발구역으로 하여 개발허가를 받은 개발행위에 관한 공사가 완료되어, 당해 공사의 검사필증이 교부된 후에도 당해 개발허가의 취소를 청구할 소의 이익은 소멸되지 않는다고 하여, 상고를 기각하였다[21].

그리고, 아츠기기지(厚木基地) 주변에서 거주하는 X들이 동 기지에 이착륙하는 항공기가 발하는 소음에 의해 신체적 피해 및 정신적 피해를 받고 있다고 주장하여, Y(국가)에 대해 주위적으로 아츠기기지에서의 자위대기 및 미군기의 일정한 태양에 의한 운행의 금지를 청구하고, 예비적으로 음량규제 등을 청구하였던 바, 원심은 미군기금지소송을 각하하고, 미군기에 관한 예비적 청구 중 인격권에 근거하는 방해배제청구권으로서의 금지청구 등의 급부청구를 기각하고, 확인청구와 관련된 소를 모두 각하하고, 동 기지에서의 자위대기의 운행 중 야간에 행하여지는 것은 이를 금지할 필요성이 높다고 하여 자위대기 금지청구를 일부 인용한 사례[22]가 있다. 그리고, 일반승용여객자동차운송사업자가 관할 행정청에게 신고한 운임이 관련법률에 근거하여 동 행정청이 지정하는 운임의 범위 내에 있지 않다는 것을 이유로 하여, 동 법에 근거하는 운임변경명령, 수송시설의 사용정지 또는 사업허가의 취소의 가구제(가금지)를 청구한 사안에서, 그 본안사건으로서 제기된 금지소송이 행정사건소송법 소정의 "그 손해를 피하기 위하여 달리 적당한 방법이 있을 때"에 해당하지 않는다고 하여, 그 청구를 인용한 사례[23]가 있다. 또한, 당사자소송과 관련하여서는, 일본 국적을 가지는 부와 필립핀 국적을 가지는 모 사이에 적출자로서 필립핀에서 출생하여 필립핀 국적을 취득한 X가 출생 후 3개월 이내에 부모등에 의해 일본 국적을 유보하는 의사표시가 이루어지지 않고, 국적법 규정에 의해 그 출생시부터 일본국적을 가지지 않은 것으로 되었기 때문에 출생에 의해 일본국적의 이중국적으로 되는 자로 국외에서 출생한 것에 대해 상기의 국적유보의 요건 등을 정하는 동조의 규정이 상기 자 가운데 일본에서 출생한 자 등과의 구별에서 헌법 14조 1항 등에 위반하여 무효라고 주장하여, Y(국가)에 대해 일본국적을 가지는 것의 확인 청구한 사안의 상고심에서 국적법 규정은

21) 判例タイムズ 1422号, 2016.5., 61-62쪽.
22) 東京高判 平成27.7.30, 判例時報 2277호, 13쪽.
23) 大阪高判 平成27.1.7., 判例時報 2254号, 36쪽.

헌법 14조 1항에 위반하는 것이 아니라고 한 원심의 판단을 긍정하여 상고를 기각한 사례[24]가 있다.

Ⅱ. 주요 행정판례의 분석

1. 영업정지처분취소청구사건[25]

〈사실관계〉

X(상고인)는 관할 행정청(홋카이도하코다테방면공안위원회)으로부터 복수의 영업소에 대해 풍속영업허가를 받고서 파칭코점을 운영하는 주식회사이다. 관할 행정청은 X에 대해 2012년 10월 24일자로 「풍속영업등의규제및업무의적정화등에관한법률」(이하 '풍영법')에 근거하여, 영업소의 하나에 대해 기간을 동 년 11월 2일부터 동 년 12월 11일까지 40일간으로 정하여 영업정지처분(이하 '본건처분')을 하였다.

풍영법상의 영업정지명령등에 대해, 관할 행정청은 행정절차법 12조 1항에 근거하는 처분의 양정등에 관한 처분기준으로서 「풍속영업등의규제및업무의적정화등에관한법률에근거하는영업정지명령등의양정등의기준에관한규정」(이하 '본건규정')을 정하여, 이를 공표하고 있다. 본건규정은 풍속영업자에 대해 영업정지명령을 하는 경우의 정지기간에 대하여 각 처분사유별로 그 양정에서의 상한 및 하한 그리고 표준으로 되는 기간을 정한 다음, 과거 3년 이내에 영업정지명령을 받은 풍속영업자에 대해 영업정지명령을 하는 경우의 상기 양정의 가중에 대해 상기의 상한 및 하한에 각각 과거 3년 이내에 영업정지명령을 받은 회수의

24) 最判 平成27.3.10., 判例時報 2257号, 24쪽.
25) 最判 平成27.3.3., 民集69巻2号, 143쪽.

2배의 수를 곱한 기간을 그 상한 및 하한으로 하는 규정을 두고 있다.

본건은 풍속영업을 하는 X가 관할 행정청으로부터 본건처분을 받았기 때문에, 관할 행정청이 소속하는 Y(홋카이도)를 상대로 하여 동 처분은 위법하다고 주장하여 그 취소를 청구한 사안으로서, 본건처분의 효과가 기간의 경과에 의해 소멸된 후에도 여전히 동 처분의 취소에 의해 회복될 법률상의 이익이 있는지 여부가 다투어졌다.

〈하급심 판결 요지〉 : 각하

풍영법은 공안위원회가 어떠한 내용의 영업정지를 명할 것인지를 그 재량에 맡기고 있고, 법령에서 과거에 영업정지처분을 받은 것을 이유로 처분의 가중 등의 불이익한 취급을 할 수 있는 것을 정한 규정은 존재하지 않는바, 본건규정은 법령의 성질을 가지는 것이 아니고, 장래의 처분 시에 과거에 본건처분을 받은 것이 본건규정에 의해 재량권의 행사에 있어서의 고려요소로 된다고 하더라도 그러한 취급은 본건처분의 법적 효과에 의한 것이라고는 할 수 없다. 그렇다면, X는 처분의 효과가 기간의 경과에 의해 소멸된 후에도 여전히 처분의 취소에 의해 회복할 법률상의 이익을 가지는 자(행정사건소송법 9조 1항)에는 해당하지 않기 때문에, 본건 소는 부적법하다.

〈최고재판소 판결 요지〉 : 파기환송

행정절차법의 규정과 취지 등에 비추면, 동법 12조 1항에 근거하여 규정되어 공개되어 있는 처분기준은 단지 행정청의 행정 운영상의 편의를 위하는 것에 그치지 않고, 불이익처분과 관계되는 판단과정의 공정과 투명성을 확보하여, 그 상대방의 권리이익의 보호에 이바지하기 위해 규정되어 공개되는 것이라고 하여야 한다. 그러므로, 행정청이 동 항의 규정에 의해 정하여 공개하고 있는 처분기준에서 선행처분을 받은 것을 이유로 하여 후행처분에 관련되는 양정을 가중하는 취지의 불이익한 취급의 규정이 있는 경우에 당해 행정청이 후행처분에 대해 당해 처분기준의 규정과 다른 취급을 한다면, 재량권의 행사에 있어서의 공정하고 평등한 취급의 요청과 기준의 내용에 관련되는 상대방의 신뢰의 보호 등의 관점에서 당해 처분기준의 규정과 다른 취급을 하는 것을 상당하다고 인정할 특단의 사정이 없는 한, 그러한 취급은 재량권의 범위의 일탈 또는 그 남용에 해당하는 것으로 해석되고, 이러한 의미에서 당해 행정청의 후행처분에서의 재량권은 당해 처분에 따라서 행사될 것이 기속되어 있고, 선행처분을 받은 자가 후행처분의 대상으로 될 때는 상기 특단의 사정이 없는 한 당해 처분기준의 규정에 의해 소정의 양정의 가중이 되는 것이라고 할 수 있다.

이상으로부터, 행정절차법 12조 1항의 규정에 의해 정하여져 공개되어 있는 처분기준에서 선행처분을 받은 것을 이유로 하여 후행처분에 관련된 양정을 가중하는 취지의 불이익한 취급의 규정이 있는 경우에는 상기 선행처분에 해당하는 처분을 받은 자는 장래에 상기 후행처분에 해당하는 처분의 대상으로 될 수 있을 때는 상기 선행처분에 해당하는 처분의 효과가 기간의 경과에 의해 소멸된 후에도 당해 처분기준의 규정에 의해 상기의 불이익한 취급을 받을 기간 내는 여전히 당해 처분의 취소에 의해 회복되는 법률상의 이익을 가지는 것이라고 해석하는 것이 상당하다.

〈본 판결의 해설〉

본 판결은 하급심이 처분기준에 관한 본건규정이 이를테면 법규성이 없는 행정규칙에 해당하기 때문에 X는 본건처분의 효과가 기간의 경과에 의해 소멸된 후에도 여전히 처분의 취소에 의해 회복할 법률상의 이익을 가지는 자(행정사건소송법 9조 1항)에는 해당하지 않는다고 하여,

각하판결을 내린데 반하여, 최고재판소는 "처분기준에서 선행처분을 받은 것을 이유로 하여 후행처분에 관련되는 양정을 가중하는 취지의 불이익한 취급의 규정이 있는 경우에 당해 행정청이 후행처분에 대해 당해 처분기준의 규정과 다른 취급을 한다면, 재량권의 행사에 있어서의 공정하고 평등한 취급의 요청과 기준의 내용에 관련되는 상대방의 신뢰의 보호 등의 관점에서 당해 처분기준의 규정과 다른 취급을 하는 것을 상당하다고 인정할 특단의 사정이 없는 한, 그러한 취급은 재량권의 범위의 일탈 또는 그 남용에 해당하는 것으로 해석되고, 이러한 의미에서 당해 행정청의 후행 처분에서의 재량권은 당해 처분에 따라서 행사될 것이 기속되어 있(다)"고 하여, 본건규정에 대해 기속성을 인정하고 있다. 즉, 최고재판소는 본건규정이 법규명령으로서의 성질을 가진다는 이유에 근거하는 것이 아니라, 본건규정에 대해 "재량권의 행사에 있어서의 공정하고 평등한 취급의 요청과 기준의 내용에 관련되는 상대방의 신뢰의 보호 등의 관점"에서 본건규정의 기속성을 인정하고 있는 것이다.

이처럼, 일본 행정사건소송법 9조 1항 괄호의 "처분 또는 재결의 효과가 기간의 경과 기타의 이유에 의해 소멸된 후에도 여전히 처분 또는 재결의 취소에 의해 회복될 법률상의 이익을 가지는 자를 포함한다." 고 규정한 경우에 있어서의 처분의 부수적 효과가 잔존하여 소의 이익이 인정되는지 여부와 관련하여, 최고재판소는 ① 명예, 감정, 신용 등의 훼손은 처분이 가져오는 사실상의 효과에 지나지 않고, 이러한 사실상의 효과의 제거를 도모하는 경우, ② 처분을 받은 것을 이유로 하는 불이익 취급을 인정한 법령의 규정이 없고, 처분을 받은 것이 情狀으로서 사실상 고려될 가능성이 있는데 그치는 경우에는 소의 이익이 인정되지 않으나, ③ 처분을 받은 것을 장래의 처분의 가중사유로 하는 등의 불이익 취급을 인정하는 법령의 규정이 있는 경우에는 처분의 취소에 의해 회복될 법률상의 이익이 있다고 하는 입장이었다고 할 수 있다[26]. 본 판례는 ③의 입장에 따라서 판단이 내려진 것으로 볼 수 있다.

한편, 본 판결은 최고재판소가 최초로 행정절차법 12조 1항에 의해 규정되어 공표되어 있는 처분기준의 규정을 근거로 하여 동 조항 괄호의 처분의 효과가 기간의 경과에 의해 소멸된 후에도 소의 이익을 긍정한 것으로서 중요한 의미를 가진다고 평가된다[27].

2. 일반질병의료비 지급신청 각하처분 취소등 청구사건[28]

〈사실관계〉

본건은 히로시마시에 투하된 원자폭탄에 피폭되어 「원자폭탄피폭자에대한원호에관한법률」(이하 '피폭자원호법')에 근거하여 피폭자건강수첩의 교부를 받은 피폭자들 3명에 대해 그 거주국인 대한민국에서 받은 의료에 관해 피폭자원호법 18조 1항에서 규정한 일반질병의료비의 지급신청이 이루어졌는데, 오사카부(府)지사에 의해 재외피폭자에 대해 동항의 규정을 적용할 수 없다는 이유로 각각 각하처분이 내려졌기 때문에, 상기의 피폭자 또는 그 상속인인 원고들이 일본국 및 오사카부를 상대로 본건 각하처분의 취소소송과 국가배상청구소송을 제기한 사안이다.

〈하급심판결〉: 각하처분 취소, 국가배상청구 기각

제1심 및 원심은 일반질병의료비 지급신청에 대한 각하처분은 위법하다고 하여 취소하였으나, 각하처분 등이 국가배상법상 위법하다고는 할 수 없다고 하여 국가배상청구를 기각하였다.

---

26) 市原義孝, 時の判例, ジュリスト1486号, 2015.11., 64쪽.
27) 市原義孝, 위의 글, 65쪽.
28) 最判 平成27.9.8., 民集69巻6号, 1607쪽.

〈최고재 판결 요지〉: 상고기각

피폭자원호법은 원자폭탄의 방사능에 기인하는 건강피해의 특이성 및 중대성을 감안하여, 피폭자가 처한 특별한 건강상태에 착목하여 이를 구제한다는 목적으로부터 피폭자의 원호에 대해 규정한 것으로서, 일본국내에 거주지 또는 현재지를 가지는 자인지 여부를 구별하지 않고, 동 법에 의한 원호의 대상으로 하고 있다. 그 때문에, 일본국내에 거주지 및 현재지를 가지고 있지 않는 자라고 할지라도 동 법 1조 각 호에서 규정하는 사유의 하나에 해당하여 피폭자건강수첩의 교부를 받음으로써 피폭자에 해당하는 것으로 되는 바, 일반질병의료비의 지급에 대하여 규정하는 동법 18조 1항은 그 지급대상자로서 피폭자로 규정함에 그치고, 피폭자가 일본국내에 거주지 혹은 현재지를 가지거나 또는 일본국내에서 의료를 받은 것을 그 지급요건으로 규정하고 있지 않다. 또한, 동 항은 동 법 19조 1항의 규정에 의해 도도부현지사가 지정하는 의료기관 이외의 자로부터 피폭자가 의료를 받은 경우의 일반질병의료비의 지급을 규정하는바, 동 법 18조 1항에서 말하는 일반질병의료기관 이외의 자에 대해 일본국내에서 의료를 행하는 자로 한정하는 내용의 규정은 없다. 그리고, 재외피폭자가 의료를 받기 위하여 일본에 오는 것에는 상당한 곤란을 수반하는 것이 통상이라고 생각되어지는바, 재외피폭자가 일본국외에서 의료를 받은 경우에 일반질병의료비의 지급을 일체 받을 수 없다고 한다면, 피폭자가 처해 있는 특별한 건강상태에 착목하여 이를 구제하기 위하여 피폭자의 원호에 대해 규정한 동 법의 취지에 반하는 것으로 된다고 하지 않을 수 없다.

한편, 피폭자원호법 18조 1항은 일반질병의료비가 지급되는 경우에 대하여, 피폭자가 일반질병의료기관으로부터 의료를 받은 경우를 원칙으로 하고, 일반질병의료기관 이외의 자로부터 의료를 받은 경우에 대해서는 긴급 기타 불가피한 이유에 의해 일반질병의료기관 이외의 자로부터 의료를 받은 것을 그 지급요건으로 규정하고 있는 바, 피폭자의 거주지 또는 현재지의 부근에서 일반질병의료기관이 없기 때문에 근린에 소재하는 일반질병의료기관 이외의 자로부터 의료를 받은 것으로 된 경우에는 상기의 요건이 충족되는 것으로 해석하여, 재외피폭자가 일본국외에서 의료를 받은 경우에도 이와 마찬가지로 해석할 수 있다고 하여야 할 것이다.

이상에 의하면, 피폭자원호법 18조 1항의 규정은 재외피폭자가 일본국외에서 의료를 받은 경우에도 적용되는 것으로 해석하는 것이 상당하다. 따라서, 재외피폭자가 일본국외에서 의료를 받은 경우에 대해 동항 소정의 요건에 해당하는지 여부에 대하여 판단하지 않고, 동 항의 규정을 적용할 여지가 없다는 것을 이유로 하여 이루어진 본건 각하처분은 위법하다.

〈본 판결의 해설〉

해외에서 거주하는 재외피폭자에 대한 피폭자원호법 등의 적용과 관련하여서는 여러 단계의 발전과정을 거친 것이라고 할 수 있다. 즉, 첫째로, 일본국내에 거주지를 가지지 않는 자에게는 동 법의 적용을 부정하는 단계, 둘째로, 일본국내에 거주지를 가지지 않는 경우에도 현재지를 가지는 경우에는 적용대상이 된다는 단계, 셋째로, 일본국내에 거주지를 가질 필요성이 없을 뿐만 아니라 현재지도 가질 필요가 없다고 하는 단계가 그것이다[29].

본 판결의 논거를 다시 정리하여 보면, 다음과 같다고 할 수 있을 것이다. 즉, ①피폭자원호법 18조 1항은 그 지급대상자로서 '피폭자'로 규정하고 있는데 그치며, 피폭자가 일본국내에 거주지 혹은 현재지를 가질 것 또는 일본국내에서 의료를 받은 것을 그 지급요건의 규정하고

29) 清水知恵子, 時の判例, ジュリスト1491号, 2016.4, 95쪽.

있지 않다는 점, ②동 조항의 "일반질병의료기관 이외의 자"에 대해 일본국내에서 의료를 행하는 자에 한정하는 취지의 규정은 없다는 점, ③재외피폭자가 의료를 받기 위하여 일본으로 오는 것에는 상당한 곤란을 수반하는 것이 통상이라고 생각되는바, 재외피폭자가 일본국외에서 의료를 받은 경우에 일반질병의료비의 지급을 일체 받을 수 없다고 한다면, 동법이 원자폭탄의 방사능에 기인하는 건강피해의 특이성 및 중대성을 감안하여 피폭자가 놓여있는 특별한 건강상태에 착목하여 이를 구제한다고 하는 목적으로부터 피폭자의 원호에 대해 규정한 취지에 반하게 된다는 점 등을 들 수 있을 것이다.[30]

한편, 본 판결은 재외피폭자에 대한 피폭자원호법의 적용에 관한 최후의 주요과제라고 말하여진 동법 18조 1항의 규정의 적용과 관련하여 최고재판소로서 최초로 판단을 나타낸 것으로 관련소송에 대해 영향을 미칠 것으로 평가된다[31].

3. 간접강제결정에 대한 집행항고기각결정에 대한 허가항고사건[32]

(1) 사건의 배경[33]

이사하야만(諫早湾) 간척사업(이하 '본건사업')은 나가사키현(長崎県) 이사하야만에 약 7km의 방조제를 축조하여, 간척지 등을 만들어서 농지의 조성과 방재기능의 강화를 목적으로 하는 토지개량법에 근거한 국영토지개량사업이다. 1986년에 사업계획이 결정되어, 1999년에 방조제가 완성되고, 2008년에는 사업이 완료되어 간척지에서 영농이 개시되었다.

30) 清水知恵子, 위의 글, 96쪽.
31) 清水知恵子, 위의 글, 97쪽.
32) ①사건 : 平成27.1.22. 平成26年(許)第17号, 判例タイムズ1410号, 55쪽 ; ②사건 : 平成27.1.22. 平成26年(許)第26号, 判例タイムズ1410号, 58쪽.
33) ジュ31492号, 53쪽.

본 결정 2건은 방조제에 설치된 배수문의 개방(이하 '개문')에 관해 상반되는 사법판단을 둘러싼 것이다. 본건사업을 둘러싸고는 주민과 자연보호단체 등이 관련되어 다수의 소송이 제기되어 있지만, 이하에서는 본 결정에 직접 관련되는 어업자 및 농업자들에 의한 재판에 대해서만 살펴보도록 한다.

(2) ①사건(개문을 청구하는 어업자에 의한 것)

〈사건의 개요〉

이사하야만 및 그 근방에서 어업을 하는 상대방들은 항고인(국가)에 대해 본건 각 배수문의 개방을 청구한 소송에서 2010년 12월 21일부터 3년을 경과하는 날까지 방재상 불가피한 경우를 제외하고, 본건 각 배수문을 개방하여, 이후 5년간에 걸쳐서 그 개방을 계속할 것을 항고인에게 명하는 확정판결[34](이하 '본건 확정판결')을 얻었다.

한편, 나가사키(長崎)지방재판소는 2013년 11월 12일 이사하야만의 간척지에서 농업을 하거나 어업을 하는 자 등의 신청에 기하여 항고인에 대해 본건 각 배수문을 개방해서는 안된다는 것을 명하는 가처분결정[35](이하 '별건 가처분결정')을 하였다.

상대방들은 2013년 12월 24일 사가(佐賀)지방재판소에 대해 본건 확정판결에 근거하여, 방재상 부득이한 경우를 제외하고, 본건 각 배수문을 개방하여, 이후 5년간에 걸쳐서 그 개방을 계속할 것을 항고인에 대해 명함과 함께, 그 의무를 이행하지 않을 때는 항고인이 상대방들에 대해 일정한 금액을 지불하도록 명하는 간접강제결정을 구하는 신청을 하였다.

이에 대해, 항고인은 별건 가처분결정에 의해 본건 각 배수문을 개

34) 佐賀地判 平成20.6.27., 判例時報2014号, 3쪽 ; 福岡高判 平成22.12.6., 判例タイムズ 1342号, 80쪽

35) 長崎地決 平成25.11.12. LEX/DB 25502355.

방해서는 안 되는 내용의 의무를 진다고 했기 때문에, 본건 각 배수문의 개방이라는 본건 확정판결에 근거하는 채무를 이행함에 당하여, 채무자인 항고인의 의사로는 배제할 수 없는 사실상의 장해가 있고, 항고인의 의사만으로 이를 이행할 수 없기 때문에, 간접강제결정은 허용되지 않는다고 주장하고 있다.

〈원심의 결정 요지〉

원심은 본건 확정판결에 근거하는 채무는 채무자인 항고인이 자기의 의사만으로 이행할 수 있는 채무라고 하여, 항고인에 대해 제1심 결정의 송달을 받은 날의 익일부터 2개월 이내에 방재상 불가피한 경우를 제외하고, 본건 각 배수문을 개방하여 이후 5년간에 걸쳐서 그 개방을 계속할 것을 명령함과 함께, 2개월의 기간 내에 그 의무를 이행하지 않을 때는 상대방들 각자에 대해 상기 기간 경과의 익일부터 이행종료까지 1일에 1만엔의 비율로 금전을 지불하도록 명령하는 간접강제결정을 하여야 한다고 하였다.

〈최고재의 결정 요지〉

본건 확정판결에 근거하여 항고인이 부담하는 채무의 내용은 방재상 불가피한 경우를 제외하고 일정기간 본건 각 배수문을 개방하는 것뿐이기 때문에, 그 자체 성질상 항고인의 의사만으로 이행할 수 있는 것이다. 이것은 항고인이 별건 가처분결정에 의해 본건 각 배수문을 개방해서는 안된다는 내용의 의무를 부담한 것에 의해 좌우되는 것이 아니다. 민사소송에서는 당사자의 주장 입증에 근거하여 재판소의 판단이 이루어지고, 그 효력은 당사자에만 미치는 것이 원칙으로서 권리자인 당사자를 달리하여 별개로 심리된 확정판결과 가처분결정이 있는 경우에 그 판단이 구구하게 갈리는 것은 제도상 있을 수 있기 때문에 동일한 자가 가처분결정에 근거하여 확정판결에 의해 명하여진 행위를 해서는 안된다는 내용의 의무를 부담하는 것도 또한 있을 수 있다. 본건 확정판결에 의해 본건 각 배수문을 개방해야 할 의무를 부담한 항고인이 별건 가처분결정에 의해 본건 각 배수문을 개방해서는 안되는 내용의 의무를 부담하였다고 하더라도 간접강제의 신청의 허부를 판단하는 집행재판소로서는 이들 각 재판에서의 실체적인 판단의 당부를 심리해야 하는 입장에 있는 것이 아니고, 본건 확정판결에 근거하여 간접강제결정을 청구하는 신청이 이루어져 민사집행법상 그 요건이 충족되고 있는 이상, 동 결정을 발해야 하는 것이다.

이상에 의하면, 항고인이 별건 가처분결정에 의해 본건 각 배수문을 개방해서는 안된다는 내용의 의무를 부담하였다고 하는 사정이 있더라도, 집행재판소는 본건 확정판결에 근거하여 항고인에 대해 간접강제결정을 할 수 있다.

(3) ②사건(不開門을 청구하는 농업자 · 어업자에 의한 것)

〈사건의 개요〉

이사하야만 간척지에서 농업을 하거나 또는 이사하야만 내에서 어업을 하는 상대방들은 2013년 11월 12일 본건 방조제의 내측에 있는 조정지(調整池)로부터 이사하야만 해역으로의 배수를 하는 경우를 제외하고, 본건 각 배수문을 개방해서는 안된다는 내용을 항고인(국가)에게 명하는 가처분결정(이하 '본건 가처분결정')을 얻었다.

한편, 이사하야만 및 그 근방에서 어업을 하는 자들은 항고인에 대해 본건 각 배수문의 개방을 청구한 소송에서 2010년 12월 21일부터 3년을 경과하는 날까지 방재상 불가피한 경우를 제외하고, 본건 각 배수문을 개방하여, 이후 5년간에 걸쳐서 그 개방을 계속할 것을 항고인에게 명하는 확정판결(이하 '별건 확정판결')을 얻었다.

상대방들은 2014년 2월 4일 나가사키지방재판소에 대해 본건 가처분결정에 근거하여, 본건 각 배수문을 개방해서는 안 된다는 취지를 항고인에 대해 명령함과 함께, 그 의무를 이행하지 않을 때는 항고인이 상대방들에 대해 일정한 금전을 지불하도록 명하는 간접강제결정을 청구하는 신청을 하였다.

이에 대해, 항고인은 별건 확정판결에 의해 본건 각 배수문을 개방해야 할 의무를 부담하고 있기 때문에, 본건 각 배수문을 개방해서는 안 된다고 하는 본건 가처분결정에 근거하는 채무를 이행함에 당하여, 채무자인 항고인의 의사로는 배제할 수 없는 사실상의 장해가 있고, 항고인의 의사만으로 이를 이행할 수 없기 때문에, 간접강제결정은 허용되지 않는다고 주장하고 있다.

〈원심의 결정 요지〉

원심은 본건 가처분결정에 근거하는 채무는 채무자인 항고인이 자기의 의사만으로 이행할 수 있는 채무라고 하여, 항고인에 대해 본건 각 배수문을 개방해서는 안 된다는 것을 명령함과 함께, 그 의무를 이행하지 않을 때는 상대방들에 대해 1일에 49만엔의 비율로 지불할 것을 명하는 간접강제결정을 하여야 한다고 하였다.

〈최고재의 결정 요지〉

① 사건의 결정에서 '본건 확정판결'이 '본건 가처분결정'으로, '별건 가처분결정'이 '별건 확정판결'로 바뀔 뿐으로 그 내용은 동일하다.

(4) 본 결정들의 해설

간접강제란 채무자가 채무의 이행을 하지 않는 경우에는 일정액의 금전을 지불해야 한다는 것을 미리 명하는 간접강제결정을 하는 것으로, 채무자에 대해 채무의 이행을 심리적으로 강제하고, 장래의 채무의 이행을 확보하고자 하는 것이라고 할 수 있다. 따라서, 그 대상으로 되는 채무는 그 성질상 채무자가 자기의 의사만으로 이행할 수 있는 것이어야 한다고 하는 것이 일본의 학설·판례의 입장이라고 할 수 있다[36].

본 사안에서 국가는 배수문의 개방에 관하여 상기 확정판결에 의하여 개방하여야 할 의무와 상기 가처분결정에 의하여 개방해서는 안 될 의무라고 하는 실질적으로 상반되는 2개의 의무를 부담하고 있기 때문에 어느 것도 국가의 의사만으로 이를 이행할 수 없기 때문에 간접강제결정은 허용되지 않는다고 주장하였다.

이에 대해, ①, ②사건의 원심들은 상기 확정판결에 기한 채무도 가처분결정에 기한 채무도 채무자인 국가가 자기의 의사만으로 이행할 수 있는 채무라고 하여, 모두 간접강제결정을 해야 하는 것이라고 했다. 이에 대해, 국가가 허가항고를 신청하였던 바, ① 사건의 결정은 첫째로, 배수문의 개방이라고 하는 채무의 내용은 그 성질상 채무자의 의사만으로 결정할 수 있는 점, 둘째로, 민사소송에서 집행재판소는 당사자의 주장입증에 근거하여 판단하고, 재판의 효력은 당사자밖에 미치지 않는 것이 원칙인 점, 셋째로, 당사자를 달리 하여 별개로 심리된 확정판결과 가처분결정이 있는 경우에 판단이 여러 가지로 나뉘는 것은 제도상 있을 수 있는 점, 넷째로, 간접강제의 신청의 허부를 판단하는 집행재판소는 각 재판에서의 실체적인 판단의 당부를 심리해야 할 입장에는 있지 않다는 점 등을 들어 국가의 허가항고를 기각하였다. ② 사건의 결정도 마찬가지로 기각하였다.[37]

본 결정들은 권리자인 당사자를 달리하는 별개의 재판에 의해 채무자가 배수문을 개방할 의무와 배수문의 개방을 해서는 안 될 의무를 동

36) 判例タイムズ1410号, 2015.5, 55쪽.
37) 高橋 滋, 行政法判例の動き, ジュリスト1492号, 2016.4, 35쪽.

시에 부담하고 있는 상황에서 각각의 재판에 근거하는 간접강제결정을 할 수 있다고 최고재판소가 판단한 사례로서 실무상 의의를 가진다고 평가된다[38].

4. 시영주택 명도청구사건[39]

〈사실관계〉

효고현 니시노미야시(兵庫県西宮市)(X)는 2005년 8월 니시노미야시 영주택조례(이하 '본건조례')에 근거하여 시영주택 중에서 X가 소유하는 시영주택(이하 '본건주택')의 입주자로서 Y1으로 결정하였다. X는 2007년 12월 본건조례를 개정하여 "폭력단원인 것이 판명되었을 때"(이하 '본건규정')를 입주자에 대해 시영주택의 명도청구를 할 수 있는 사유로 추가하였다.

X는 2010년 8월 Y1에 대해 그 양친인 Y2 및 Y3을 본건주택에 동거시키는 것을 승인하였다. 그 때, Y1 및 Y2는 "명의인 또는 동거자가 폭력단원인 것이 판명되었을 때는 곧바로 주택을 명도하겠습니다."라고 기재한 서약서를 X에게 제출하였다. 또한, 본건조례에 의하면, 시영주택의 입주자 또는 동거자만이 당해 시영주택의 주차장을 사용할 수 있고, 입주자 또는 동거자가 아니게 되면 이를 명도하여야 하는바, X는 동년 9월 Y2에 대해 본건주택의 동거자인 것을 전제로 본건주택의 주차장(이하 '본건주차장')의 사용을 허가하였다.

Y1은 2010년 10월 당시 폭력단조직에 소속하는 폭력단원이었다. X는 동 월 경찰로부터 연락을 받고 Y1이 폭력단원인 사실을 알게 되었다. 그리하여, X는 동 월 Y1에 대해 본건규정에 근거하여 동년 11월 30일까지 본건주택을 명도할 것을 청구함과 함께, Y2에 대해서도 본건주

38) 判例タイムズ1410号, 2015.5, 57쪽.
39) 平成27年3月27日, 判例タイムズ1414号, 131쪽.

차장의 명도를 청구하였다. 그런데, Y1은 종전부터 별도의 건물을 임차하여 거주하고 있고, 본건주택에는 실제로 거주하지 않고, 양친인 Y2 및 Y3만이 본건주택에 거주하고 있다.

본건은 X가 Y1이 폭력단원인 것을 이유로 Y1에 대해서는 본건규정에 근거하는 본건주택의 명도를 청구하고, Y2 및 Y3에 대해서는 소유권에 근거하는 본건주택의 명도를 청구함과 함께 Y2에 대해서는 본건주차장의 명도를 청구한 사안이다.

〈하급심 판결〉: 제1심-청구 인용, 항소심-항소 기각

이에 대해, 상고인들(Y1, Y2, Y3)은 ① 본건규정은 합리적인 이유 없이 폭력단원을 불리하게 취급하는 것이기 때문에 헌법 14조 1항[40]에 위반한다는 점, ② 본건규정은 필요한 한도를 넘어서 거주의 자유를 제한하는 것이기 때문에 헌법 22조 1항[41]에 위반한다는 점, ③ Y1은 근린주민에게 위험을 미칠 인물이 아니며, Y2 및 Y3는 각각 신체에 장해를 가지고 있기 때문에 본건주택 및 본건주차장의 사용의 종료에 본건규정을 적용하는 것은 헌법 14조 1항 또는 22조 1항에 위반한다는 점을 주장하여 상고하였다.

〈최고재 판결 요지〉: 상고기각

지방공공단체는 주택이 국민의 건강하고 문화적인 생활에 불가결한 기반인 것을 감안하여, 저소득자, 재해민 기타 주택의 확보에 특히 배려를 요하는 자의 거주의 안정의 확보를 도모할 것을 취지로 하여, 주택의 공급 기타 주생활의 안정의 확보 및 향상의 촉진에 관한 시책을

40) 일본국헌법 제14조 제1항 모든 국민은 법 아래에서 평등하며, 인종, 신조, 성별, 사회적 신분 또는 가문에 의해 정치적, 경제적 또는 사회적 관계에서 차별되지 않는다.

41) 일본국헌법 제22조 제1항 누구라도 공공의 복지에 반하지 않는 한, 거주, 이전 및 직업선택의 자유를 가진다.

책정하여 실시하는 것으로서 지방공공단체가 주택을 공급하는 경우에 당해 주택에 입주시키거나 또는 입주를 계속시킬 자를 어떠한 자로 할 것인가에 대해서는 그 성질상 지방공공단체에게 일정한 재량이 있다고 하여야 한다.

그리고, 폭력단원은 집단적으로 또는 상습적으로 폭력적 불법행위 등을 행하는 것을 조장할 우려가 있는 단체의 구성원으로 정의되어 있는 바, 이러한 폭력단원이 시영주택에 계속하여 입주하는 경우에는 당해 시영주택의 다른 입주자 등의 생활의 평온을 해칠 우려를 부정할 수 없다. 다른 한편으로, 폭력단원은 스스로의 의사에 의해 폭력단을 탈퇴하고, 그럼으로써 폭력단원이 아니게 되는 것이 가능하며, 또한, 폭력단원이 시영주택의 명도를 하지 않을 수 없다고 하더라도, 그것은 당해 시영주택에는 거주할 수 없게 된다고 하는 것에 지나지 않고, 당해 시영주택 이외에서의 거주에 대해서까지 제한을 받는 것은 아니다.

이상의 점을 고려하면, 본건규정은 폭력단원에 대해서 합리적인 이유없는 차별을 하는 것이라고 할 수 없다. 따라서, 헌법 14조 1항에 위반하지 않는다.

또한, 본건규정에 의해 제한되는 이익은 결국 사회복지적 관점에서 공급되는 시영주택에 폭력단원이 입주하거나 또는 계속하여 거주하는 이익에 지나지 않고, 상기의 제 점에 비추어 보면, 본건규정에 의한 거주의 제한은 공공의 복지에 의한 필요하고 합리적인 것임이 명백하다. 따라서, 본건규정은 헌법 22조 1항에 위반하지 않는다.

〈본 판결의 해설〉

지방자치단체의 조례로서 공영주택에서의 폭력단의 입주를 배제하는 규정(이하 '폭배규정')은 2004년 히로시마현(広島県)과 히로시마시(広島市)가 조례로 공영주택의 입주자격에 대하여 "폭력단이 아닐 것"이라는 규정을 최초로 두었으며, 그 후, 2007년의 국토교통성 주택국장에 의한 도도부현지사등에 대한 「공영주택에서의 폭력단배제에 대하여」라는 서면에 의한 지시를 받아서, 유사한 규정이 다수의 지자체의 조례에 설정되게 되었다. 본건은 이러한 공영주택조례에서의 폭배규정의 합헌성에 대하여 최고재판소가 최초로 그 판단을 나타낸 사례라고 할 수 있다.[42]

이러한 폭배규정의 헌법적합성을 둘러싸고는 폭배규정이 단지 폭력적 행위 등을 규제할 뿐만 아니라 상거래나 공영주택으로부터의 배제라고 하는 일상생활면에서의 폭넓은 배제를 포함하는 것이기 때문에 헌법상 문제가 있다는 입장과 폭력단원에 대한 이러한 규제는 헌법상 허용된다고 하는 입장이 공존한다[43].

생각건대, 본건규정의 헌법상의 문제와 관련하여서는 본 판례도 지적하고 있는 바와 같이, ① 공영주택의 입주자 결정과 관련하여서는 그 성질상 지방자치단체의 일정한 재량이 인정된다고 보아야 하는 점, ② 폭력단원은 집단적으로 또는 상습적으로 폭력적 불법행위 등을 조장할 우려가 있다는 점, ③ 폭력단원이 공영주택에 계속하여 입주하는 경우에는 당해 공영주택의 다른 입주자의 생활의 평온이 해칠 우려가 있다는 점, ④ 폭력단원은 스스로의 의사에 의해 폭력단원을 탈퇴하여 폭력단원이 안될 수 있다는 점, ⑤ 본건규정은 공영주택에의 거주를 부정할 뿐, 공영주택 이외의 거주에 대해서까지 제한하고 있지는 않다는 점 등에 비추어보면, 판례의 입장은 수긍할 수 있다고 하여야 할 것이다.

---

42) 門田 孝, 暴力団であることを理由とした市営住宅の明渡請求の合憲性, 新・判例解説 Watch11, 12쪽.

43) 判例タイムズ1414号, 134-135쪽.

5. 부부별성소송 대법정판결[44)]

〈사실관계〉

원고들 5명은 혼인전의 씨(氏)를 통칭으로서 사용하고 있는 자이거나 또는 씨의 선택을 하지 않고 제출한 혼인신고가 수리 거부된 자들이다. 이들은 부부가 혼인시에 정하는 바에 따라서 부(夫) 또는 처의 씨를 칭한다고 규정하는 민법 750조의 규정(이하 '본건규정')이 헌법 13조, 14조 1항, 24조 1항 및 2항, 「여자에 대한 모든 형태의 차별의 철폐에 관한 조약」(이하 '여자차별철폐조약') 등에 위반한다고 주장하여, 본건규정을 개폐하는 입법조치를 취하지 않은 입법부작위의 위법을 이유로 하여 국가에 대해 국가배상법 1조 1항에 근거하여 각각 정신적 손해배상금(150만엔 또는 100만엔)의 지불을 청구한 사안이다.

〈하급심 판결〉: 청구기각

제1심, 항소심 모두 본건규정이 헌법과 여자차별철폐조약에 반하는 것이라고는 인정할 수 없고, 본건 입법부작위가 국가배상법 1조 1항의 적용상 위법의 평가를 받는다고는 해석되지 않는다고 하여 원고들의 청구를 기각하였다.

〈최고재판소 판결 요지〉: 상고기각

1. 본건규정이 헌법상의 권리로서 보장되는 인격권의 한 내용인 「씨의 변경을 강제되지 않을 자유」를 부당하게 침해하여 헌법 13조[45)]

---

44) 平成27年12月16日 大法廷判決 平成26年(オ)第1023号 損害賠償請求事件, 判例タイムズ 1421号, 84쪽.

45) 일본국헌법 제13조 모든 국민은 개인으로서 존중된다. 생명, 자유 및 행복추구에 대한 국민의 권리에 대해서는 공공의 복지에 반하지 않는 한, 입법 그밖의 국정상에서 최대의 존중을 필요로 한다.

에 위반하는지 여부

씨명은 사회적으로 보면 개인을 타인으로부터 식별하여 특정하는 기능을 가지는 것이지만, 동시에, 그 개인으로부터 보면, 사람이 개인으로서 존중되는 기초이며 그 개인의 인격의 상징으로서 인격권의 한 내용을 구성하는 것이라고 하여야 한다.

그러나, 씨는 혼인 및 가족에 관한 법제도의 일부로서 법률이 그 구체적 내용을 규율하고 있는 것이기 때문에, 씨에 관한 인격권의 내용도 헌법상 일의적으로 파악될 수 있는 것이 아니고, 헌법의 취지를 토대로 하여 규정되는 법제도에 의해 비로소 구체적으로 파악될 수 있는 것이다. 따라서, 구체적인 법제도를 벗어나서 씨가 변경되는 것 자체를 파악하여 곧바로 인격권을 침해하고, 위헌인지 여부를 논하는 것은 상당하지 않다.

그래서, 민법에서의 씨에 관한 규정을 일람하면, 사람은 출생시에 적출인 자에 대해서는 부모의 씨를 적출이 아닌 자에 대해서는 모의 씨를 칭하는 것에 의해 씨를 취득하고(민법 790조), 혼인시에 부부의 일방은 타방의 씨를 칭하는 것에 의해 씨가 변경되고(본건규정), 이혼이나 혼인의 취소 시에 혼인에 의해 씨가 변경된 자는 혼인전의 씨로 복귀한다고 규정되어 있다. 이들 규정은 씨의 성질에 관해 씨에 이름(명)과 마찬가지로 개인의 호칭으로서의 의의가 있지만, 이름과는 분리된 존재로서 부부 및 그 사이의 미혼의 자 등이 동일한 씨로 칭하는 것에 의해 사회의 구성요소인 가족의 호칭으로서의 의의가 있다고 하는 이해를 나타내고 있는 것이라고 할 수 있다. 그리고, 가족은 사회의 자연적이고 기초적인 집단 단위이기 때문에, 이러한 개인의 호칭의 일부인 씨를 그 개인이 속하는 집단을 상기시키는 것으로서 하나로 정하는 것에도 합리성이 있다고 할 수 있다.

본건에서 문제가 되고 있는 것은 혼인이라는 신분관계의 변동을 스스로의 의사로 선택하는 것에 수반하여 부부의 일방이 씨를 변경한다고 하는 장면으로서 스스로의 의사와 관계없이 씨를 변경하는 것이 강제된다는 것은 아니다. 씨는 개인의 호칭으로서의 의의가 있고, 이름(명)과 어울려 사회적으로 개인을 타인과 식별하여 특정하는 기능을 가지는 것으로부터 하면, 스스로의 의사에만 의해 자유롭게 정하거나 변경하는 것을 인정하는 것은 본래의 성질에 부합하지 않는 것이며, 일정한 통일된 기준에 따라서 정하여지거나 또는 변경된다고 하는 것이 부자연스런 취급이라고는 할 수 없는 바, 씨에 이름과 분리된 존재로서 사회의 구성요소인 가족의 호칭으로서의 의의가 있는 것으로부터 한다면, 씨가 친자관계 등 일정한 신분관계를 반영하고, 혼인을 포함한 신분관계의 변동에 수반하여 변경되는 것이 있을 수 있는 것은 그 성질상 예정되어 있다고 할 수 있다.

이상과 같은 현행 법제도 아래에서의 씨의 성질 등을 감안하면, 혼인 시에 「씨의 변경을 강제되지 않을 자유」가 헌법상의 권리로서 보장되는 인격권의 한 내용이라고는 할 수 없고, 본건규정은 헌법 13조에 위반하는 것이 아니다.

2. 본건규정이 96% 이상의 부부에서 부(夫)의 씨를 선택한다고 하는 성차별을 발생시키고, 대부분 여성에게만 불이익을 부담시키는 효과를 가지는 규정이기 때문에 헌법 14조 1항에 위반하는지 여부

본건규정은 부부가 夫 또는 처의 씨를 칭하는 것으로 하고 있어서, 부부가 어느 쪽 씨를 칭하는가를 부부가 되려는 자 간의 협의에 맡기고 있는 것으로서, 그 문언상 성별에 근거하는 법적인 차별적 취급을 규정하고 있는 것이 아니라, 본건규정이 규정하는 부부동씨제 그 자체에 남녀 간의 형식적인 불평등이 존재하는 것은 아니다. 우리나라에서 부부가 되려는 자 사이의 개별 협의의 결과로써 부의 씨를 선택하는 부부가 압도적 다수를 점하는 것이 인정된다고 하더라도 그것이 본건규정 자체로부터 생긴 결과라고는 할 수 없다. 따라서, 본건규정은 헌법 14조 1항

에 위반하는 것이 아니다.

3. 본건규정이 부부가 되려는 자의 일방이 씨를 변경하는 것을 혼인신고의 요건으로 하는 것은 실질적으로 혼인의 자유를 침해하는 것이며, 또한 국회의 입법재량을 고려한다 하더라도 본건규정이 개인의 존엄을 침해하는 것으로써 헌법 24조[46]에 위반하는지 여부

혼인에 수반하여 부부가 동일 씨를 칭하는 부부동씨제는 구 민법이 시행된 1898년에 우리나라의 법제도로서 채용되어 우리나라의 사회에 정착된 것이다. 씨는 가족의 호칭으로서의 의의가 있는바, 현행 민법 하에서도 가족은 사회의 자연적이고 기초적인 집단단위로 파악되고, 그 호칭을 하나로 정하는 것에는 합리성이 인정된다.

그리고, 부부가 동일 씨를 칭하는 것은 가족이라는 하나의 집단을 구성하는 일원인 것을 대외적으로 공시하고, 식별하는 기능을 가지고 있다. 특히 혼인의 중요한 효과로서 부부간의 자가 부부의 공동친권에 복종하는 적출자로 되는 것이 있는 바, 적출자임을 나타내기 위하여 자가 양친 쌍방과 동 씨인 체계를 확보하는 것에도 일정한 의의가 있다고 생각된다. 또한, 가족을 구성하는 개인이 동일 씨를 칭하는 것에 의해 가족이라는 하나의 집단을 구성하는 일원인 것을 실감하는 것에 의의를 발견하는 견해도 이해할 수 있는 바이다. 나아가, 부부동씨제 아래에서는 자의 입장으로서 어느 쪽의 부모 모두 동등하게 씨를 같이 하는 것에 의한 이익을 향수하기 쉽다고 할 수 있다. 덧붙여서 본건규정이 정하는 부부동씨제 그 자체에 남녀 간의 형식적인 불평등이 존재하는 것이

46) 일본국헌법 제24조 제1항 혼인은 양성의 합의만에 근거하여 성립하고, 부부가 동등의 권리를 가지는 것을 기본으로 하여, 상호의 협력에 의해 유지되지 않으면 안된다.
제2항 배우자의 선택, 재산권, 상속, 주거의 선정, 이혼 그리고 혼인 및 가족에 관한 그밖의 사항에 관해서는 법률은 개인의 존업과 양성의 본질적 평등에 입각하여 제정되지 않으면 안된다.

아니라, 부부가 어느 쪽의 씨를 칭하는지는 부부로 되려는 자 사이의 협의에 의한 자유로운 선택에 맡겨지고 있다.

이에 대해, 부부동씨제 하에서는 혼인에 수반하여 부부로 되려는 자의 일방이 반드시 씨를 변경하게 되는 바, 혼인에 의해 씨를 변경하는 자로서는 그에 의해 이른바 아이덴터티의 상실감을 갖는다든지, 혼인전의 씨를 사용하는 가운데에서 형성되어 온 개인의 사회적인 신용, 평가, 명예감정 등을 유지하는 것이 곤란하게 된다든지 하는 불이익을 받는 경우가 있는 것은 부정할 수 없다. 그리고, 씨의 선택에 관해, 부의 씨를 선택하는 부부가 압도적 다수를 차지하고 있는 현상으로부터 한다면, 처로 되는 여성이 상기의 불이익을 받는 경우가 많은 상황이 발생하고 있는 것으로 추인할 수 있다. 나아가서는 부부가 되려는 자의 어느 쪽이 이들 불이익을 받는 것을 피하기 위하여 굳이 혼인을 하지 않는다고 하는 선택을 하는 자가 존재하는 것도 보인다. 그러나, 부부동씨제는 혼인전의 씨를 통칭으로서 사용하는 것까지 허용하지 않는다는 것은 아니고, 근시 혼인전의 씨를 통칭으로서 사용하는 것이 사회적으로 확산되고 있는 바, 상기의 불이익은 이러한 씨의 통칭사용이 확산되는 것에 의해 일정 정도는 완화될 수 있는 것이다.

이상의 점을 종합적으로 고려하면, 본건규정이 채용한 부부동씨제가 부부가 별개의 씨를 칭하는 것을 인정하지 않는 것이라 하더라도 상기와 같은 상황 아래에서 곧바로 개인의 존엄과 양성의 본질적 평등의 요청에 비추어 합리성을 결하는 제도라고는 인정할 수 없다. 따라서, 본건규정은 헌법 24조에 위반하는 것이 아니다.

〈본 판결의 해설〉

본건규정이 채택하고 있는 부부동씨제는 현행민법과 구 민법에서 모두 마찬가지로 채택하고 있는 제도이다. 본건규정과 관련하여서는 종래 주로 법정책적 관점에서 논의가 이루어져왔지만, 헌법문제로서는 본격적인 논의가 이루어지지 않았는데 본 판결에서 최초로 본건규정의 헌법적합성이 폭넓게 검토된 사안이라고 할 수 있다.47)

본건 판결에서 주로 문제된 쟁점을 정리하면, ① 헌법 13조와 관련하여 혼인 시에 "씨의 변경을 강제되지 않을 자유"가 인격권의 한 내용이라고 할 수 있는지, ② 헌법 14조 1항과 관련하여 본건규정이 대부분 여성에게만 불이익을 부담시키는 차별적인 효과를 가지는 규정이라고 할 수 있는지, ③ 헌법 24조와 관련하여, 본건규정이 동 조 1항의 취지에 따르지 않는 제약을 과한 것인지, 본건규정이 동 조가 규정하는 입법상이 요청, 지침에 비추어 합리성을 결하는 것인지 라고 할 수 있을 것이다.48)

첫째로, 헌법 13조와 관련하여 살펴보면, 본 판결은 씨에 관한 인격권의 내용도 헌법상 일의적으로 파악되는 것이 아니라 헌법의 취지를 토대로 하여 정하여지는 법제도에서 비로소 구체적으로 파악될 수 있다고 한다. 이러한 관점에서 현행 민법에서의 씨의 성질에 대하여 이름과 마찬가지로 '개인의 호칭으로서의 의의'가 있지만, 이름과는 분리된 존재로서 '사회의 구성요소인 가족의 호칭으로서의 의의'가 있다고 하고 있다. 그런 다음, 씨는 사회적으로 개인을 타인과 식별하고 특정하는 개인의 호칭으로서의 의의가 있기 때문에 스스로의 의사만에 의해 자유로이 정한다든지 변경하는 것을 인정하는 것은 맞지 않는다고 지적한다. 따라서, 본 판결은 혼인시에 '씨의 변경을 강제되지 않을 자유'가 인격권의 한 내용을 구성하는 것이 아니고, 본건규정은 헌법 13조에 위반하는 것이 아니라고 판단하였다.

둘째로, 헌법 14조 1항과 관련하여 살펴보면, 본 판결은 본건규정이 규정하는 부부동씨제 그 자체에 남녀간의 형식적인 불평등이 존재하

47) 畑 佳秀, 時の判例, ジュリスト1490号, 97쪽.
48) 畑 佳秀, 위의 글, 98쪽.

는 것은 아니며, 또한, 부부의 씨의 선택이 부부로 되려는 자 간의 협의에 맡겨져 있는 이상, 부의 씨를 선택하는 부부가 압도적 다수를 차지하는 사실이 본건규정 자체로부터 발생한 결과라고는 할 수 없다고 하고 있다. 이러한 관점에서 본 판결은 본건규정이 헌법 14조 1항을 위반하는 것이 아니라고 판단하였다.

셋째로, 헌법 24조와 관련하여 살펴보면, 본 판결은 헌법 24조의 적합성에 대해 검토하고, ① 부부동씨제가 일본 사회에 정착해온 것인 점, ② 사회의 자연적이고 기초적인 집단단위인 가족의 호칭을 하나로 규정하는 것에 합리성이 인정되는 점, ③ 부부가 동일 씨를 칭하는 것은 가족을 구성하는 일원인 것을 대외적으로 공시하고, 식별하는 기능을 가지고 있으며, 부부 간의 자의 적출자인 것을 나타내는 제도를 확보하는 것에도 일정한 의의가 있는 점, ④ 가족을 구성하는 개인이 부부동씨제에 의해 그 일원인 것을 실감하는 것에 의의를 찾는 견해도 있는 점, ⑤ 부부동씨제 하에서는 자가 어느 쪽 부모와도 씨를 같이 하는 것에 의한 이익을 향수하기 쉬운 점, ⑥ 부부가 어느 쪽 씨를 칭하는가는 부부로 되려는 자 간의 협의에 의한 자유로운 선택에 맡겨져 있는 점, ⑦ 부부동씨제 하에서는 씨를 변경하는 자에게 일정한 불이익이 발생할 수 있는 것을 인정하지만, 혼인 전의 씨의 통칭 사용이 확대됨에 의해 일정 정도 완화될 수 있는 점 등을 지적하여, 본건규정이 헌법 24조에 위반하는 것이 아니라고 판단했다.[49)]

49) 判例タイムズ1421号, 2016.4, 87-88쪽.

6. 재혼금지기간위헌소송 대법정판결50)

〈사실관계〉

본건은 2008년 3월에 전 남편과 이혼하였지만, 여성에 대해 6개월의 재혼금지기간을 규정하는 민법 733조 1항의 규정(이하 '본건규정') 때문에 새로운 남편과의 혼인이 늦어지고, 이로 인해 정신적 손해를 입었다고 주장하는 X(원고, 항소인, 상고인)가 제기한 국가배상청구소송이다. X는 본건규정이 양성의 평등을 규정하는 헌법 14조 1항 및 24조 2항에 반하는 것이며, 본건규정을 개폐하는 입법조치를 취하지 않은 입법부작위는 국가배상법 1조 1항의 적용상 위법의 평가를 받는다고 주장하여, 국가에 대해 정신적 손해 등의 배상금 165만엔과 이에 대한 지연손해금의 지불을 청구한 사안이다.

〈하급심 판결〉: 청구 기각

제1심, 항소심 모두 청구를 기각하였다. 원심판결의 이유는 父性의 추정의 중복을 회피하고, 부자관계를 둘러싼 분쟁의 발생을 미연에 방지한다고 하는 본건규정의 입법목적에는 합리성이 있고, 이를 달성하기 위하여 재혼금지기간을 구체적으로 어느 정도의 기간으로 할 것인가는 상기 목적과 여성의 혼인의 자유와의 조정을 도모하면서 국회에서 결정할 문제이기 때문에 6개월의 금지기간이 곧바로 과잉제약이라고는 할 수 없고, 본건 입법부작위는 국가배상법 1조 1항의 적용상 위법의 평가를 받지 않는다고 하였다.

50) 平成27年12月16日 大法廷判決 平成25年(オ)第1079号 損害賠償請求事件, 判例タイムズ 1421号, 61쪽.

〈최고재 판결 요지〉 : 상고 기각

본건규정의 헌법적합성 여부

본건규정은 여성에 대해서만 前婚의 해소 또는 취소일로부터 6개월의 재혼금지기간을 규정하고 있고, 이에 의해 재혼을 할 때의 요건에 관해 남성과 여성을 구별하고 있기 때문에 이러한 구별을 하는 것이 합리적인 근거에 기하는 것으로 인정할 수 없는 경우에는 본건규정은 헌법에 위반된다고 해석하는 것이 상당하다.

입법의 경위 및 적출친자관계 등에 관한 민법 규정 중에서의 본건규정의 위치로부터 하면, 본건규정의 입법목적은 여성의 재혼 후에 태어난 자에 대해 父性의 추정의 중복을 회피하여 부자관계를 둘러싼 분쟁의 발생을 미연에 방지하는 것에 있다고 해석하는 것이 상당하며, 부자관계가 조기에 명확하게 된다는 것의 중요성을 감안하면, 이러한 입법목적에는 합리성을 인정할 수 있다.

본건규정의 입법목적은 父性의 추정의 중복을 회피함으로써 부자관계를 둘러싼 분쟁의 발생을 미연에 방지하는 것에 있다고 해석되는 바, 민법 772조 2항은 "혼인의 성립일로부터 200일을 경과한 후 또는 혼인의 해소 혹은 취소일로부터 300일 이내에 태어난 자는 혼인 중에 회태한 것으로 추정한다."고 규정하고, 출산시기부터 역산해서 회태시기를 추정하고, 그 결과 혼인 중에 회태한 것으로 추정되는 자에 대해서 동조 1항이 "처가 혼인 중에 회태한 자는 부의 자로 추정한다."고 규정하고 있다. 그렇다면, 여성의 재혼 후에 태어난 자에 대해서는 계산상 100일의 재혼금지기간을 설정함으로써 부성의 추정의 중복이 회피되게 된다. 부부간의 자가 적출자로 되는 것은 혼인에 의한 중요한 효과인 바, 적출자에 대해 출산의 시기를 기점으로 하는 명확하고 획일적인 기준으로부터 부성을 추정하고 부자관계를 조기에 정하여 자의 신분관계의 법적 안정을 도모하는 제도가 설정된 취지를 감안하면, 부성의 추정의 중복을 회피하기 위하여 상기의 100일에 대해서 일률적으로 여성의 재혼을 제약하는 것은 혼인 및 가족에 관한 사항에 대하여 국회에서 인정되는 합리적인 입법재량의 범위를 넘는 것이 아니고, 상기 입법목적과의 관련에서 합리성을 가지는 것이라고 할 수 있다. 따라서, 본건규정 중 100일의 재혼금지기간을 설정하는 부분은 헌법 14조 1항에도 헌법 24조 2항에도 위반하는 것이 아니다.

이에 대해, 본건규정 중 100일 초과부분에 대해서는 민법 772조가 규정하는 부성의 추정의 중복을 회피하기 위하여 필요한 기간이라고 할 수 없다. 구 민법에서 재혼금지기간이 6개월로 규정된 것의 근거로서는, 그 당시는 전문가라도 회태 후 6개월 정도 지나지 않으면 회태의 유무를 확정하기 곤란하고, 부자관계를 확정하기 위한 의료나 과학기술도 미발달상태 하에서 재혼 후에 前夫의 자가 태어날 가능성을 가능한 한 적게 해서 가정의 불화를 피한다는 관점, 재혼 후에 태어난 자의 부자관계가 다투어지는 사태를 줄임으로써 부성의 판정을 잘못하여 혈통에 혼란이 생기는 것을 회피한다는 관점으로부터 재혼금지기간을 엄밀하게 부성의 추정이 중복하는 것을 회피하기 위한 기간으로 한정하지 않고, 일정 기간의 폭을 설정하고자 했던 것이 엿보인다. 또한, 그 후, 의료나 과학기술이 발달한 오늘날에 있어서는 상기와 같은 관점으로부터 재혼금지기간을 엄밀하게 부성의 추정이 중복하는 것을 회피하기 위한 기간으로 한정하지 않고, 일정기간의 폭을 설정하는 것을 정당화하는 것이 곤란하게 되었다고 하지 않을 수 없다. 나아가서, 예전에는 재혼금지기간을 규정하였던 제 외국이 서서히 이를 폐지하는 입법을 하는 경향에 있고, 독일은 1998년 시행의 「친자법 개혁법」에 의해, 프랑스는 2005년 시행의 「이혼에 관한 2004년 5월 26일의 법률」에 의해 재혼금지기간제도를 폐지하기에 이르렀고, 세계적으로는 재혼금지기간을 설정하지 않는 국가가 많아지고 있는 것도 공지의 사실이다.

이상을 종합하면, 본건규정 중 100일 초과부분은 늦어도 상고인이

前婚을 해소한 날부터 100일을 경과한 시점까지는 혼인 및 가족에 관한 사항에 대하여 국회에서 인정되는 합리적인 입법재량의 범위를 넘는 것으로서 그 입법목적과의 관련에서 합리성을 결하는 것으로 되었다고 해석된다. 따라서, 본건규정 중 100일 초과부분이 헌법 24조 2항에서 말하는 양성의 본질적 평등에 입각한 것이 아니게 된 것도 명백하며, 동 부분은 헌법 14조 1항에 위반함과 함께 헌법 24조 2항에도 위반하기에 이르렀다고 하여야 한다.

2. 본건 입법부작위의 국가배상법상의 위법성 유무

국가배상법 1조 1항은 국가 또는 공공단체의 공권력의 행사에 당하는 공무원이 개개 국민에 대해서 부담하는 직무상의 법적 의무에 위반하여 당해 국민에게 손해를 가하였을 때에 국가 또는 공공단체가 이를 배상할 책임을 부담하는 것을 규정하는 것인 바, 국회의원의 입법행위 또는 입법부작위가 동 항의 적용상 위법으로 되는지 여부는 국회의원의 입법과정에서의 행동이 개개 국민에 대해서 지는 직무상의 법적 의무에 위반하였는지 여부의 문제이며, 입법의 내용의 위헌성의 문제와는 구별되어야 한다. 그리고, 상기 행동에 대한 평가는 원칙적으로 국민의 정치적 판단에 맡겨져야 할 사항으로서, 설령 당해 입법의 내용이 헌법의 규정에 위반하는 것이라고 하여도 그 때문에 국회의원의 입법행위 또는 입법부작위가 곧바로 국가배상법 1조 1항의 적용상 위법의 평가를 받는 것은 아니다.

그러나, 법률의 규정이 헌법상 보장되거나 보호되고 있는 권리이익을 합리적인 이유없이 제약하는 것이라고 하여 헌법의 규정에 위반하는 것이 명백함에도 불구하고, 국회가 정당한 이유없이 장기에 걸쳐서 그 개폐등의 입법조치를 해태하는 경우에는 국회의원의 입법과정에서의 행동이 상기 직무상의 법적 의무에 위반한 것으로서, 예외적으로, 그 입법부작위는 국가배상법 1조 1항의 규정의 적용상 위법의 평가를 받는 것이라고 하여야 한다.

이상에서 살펴본 바와 같이, 본건규정 중 100일 초과부분이 헌법에 위반하게 되었지만, 이를 국가배상법 1조 1항의 적용의 관점으로부터 본 경우에는 헌법상 보장되거나 보호되고 있는 권리이익을 합리적인 이유없이 제약하는 것으로서 헌법의 규정에 위반하는 것이 명백함에도 불구하고 국회가 정당한 이유없이 장기에 걸쳐서 개폐 등의 입법조치를 해태했다고 평가할 수 없다. 그러므로, 본건 입법부작위는 국가배상법 1조 1항의 적용상 위법의 평가를 받는 것이 아니라고 하여야 한다.

〈본 판결의 해설〉

먼저, 본건 규정의 입법경위부터 살펴보기로 한다. 민법이 제정되기 이전의 법령(太政官指令)에서는 300일의 재혼금지를 명하여졌지만, 메이지시대의 민법편찬으로 1898년에 공포·시행된 구 민법에서는 6개월로 규정되었다. 현행 민법은 구 민법의 재혼금지기간을 그대로 이어받은 것이라고 할 수 있다.

다음으로, 본건규정의 헌법적합성과 관련한 해석을 둘러싼 판례와 학설의 상황을 살펴보기로 한다[51].

첫째, 판례로서는 본건의 선례로서 본건규정을 개폐하지 않은 입법부작위의 위법성이 다투어진 사건으로서 1995년 7월 12일의 최고재판소판결[52]을 들 수 있다. 동 판결에서는 본건규정의 헌법적합성에 대한 판단이 이루어진 것은 아니지만, 민법 733조의 입법취지가 부성의 추정의 중복을 회피하여 부자관계를 둘러싼 분쟁의 발생을 미연에 방지하는 것에 있다고 해석되는 이상, 국회가 동 조를 개폐하지 않는 것이 곧바로 국가배상법상의 위법으로 되는 것은 아니라고 하여 입법부작위의 위법

51) 加本牧子, 時の判例, ジュリスト1490号, 2016.3., 89쪽 이하.
52) 最判 平成7.12.5. 集民177号, 243쪽.

성을 부정한 바가 있다.

둘째, 학설의 상황으로서는, 본건규정의 헌법적합성과 관련하여, 전부합헌설, 일부위헌설 및 전부위헌설로 분류될 수 있다. 전부합헌설은 남녀 간의 신체적 차이에 의한 구별은 용인된다고 하는 것으로서, 오늘날에는 거의 찾아보기 어렵다. 일부위헌설은 부성의 추정의 중복을 회피한다고 하는 민법의 입법목적에는 합리성이 인정된다고 하더라도 이를 달성하기 위하여 100일 초과부분은 필요하지 않은 제한이라고 하는 주장이다. 전부위헌설은 주로 헌법 14조 1항의 적합성에 대해 성별에 의한 구별에 가장 엄격한 심사기준을 채용해야 한다고 하여, 여성이 회태하지 않는 것이 명백한 경우에도 예외없이 재혼을 6개월 금지 하는 것에 합리성이 없다는 점과 부자관계의 의학적 감정이 가능하게 된 오늘날에는 부성의 추정의 중복을 회피하기 위하여 재혼금지기간을 설정할 필요성이 없다는 점 등을 주장하는 견해이다.

본 판결에서는 본건규정의 입법목적을 "부성의 추정의 중복을 회피함으로써 부 자관계를 둘러싼 분쟁의 발생을 미연에 방지하는 것에 있다"고 해석하고, "부자관계가 조기에 명확하게 되는 것의 중요성을 감안하면, 이러한 입법목적에는 합리성을 인정할 수 있다."고 판시하였다. 그리고, 민법 772조 2항의 회태시기의 추정규정으로부터 부성의 추정의 중복을 회피하기 위해서는 계산상 100일의 재혼금지기간이 필요하며, 이 부분에 대해서는 입법목적과의 관련에서 합리성이 인정된다고 하여, 본건규정 중 100일의 재혼금지기간을 설정하는 부분은 헌법 14조 1항에도 헌법 24조 2항에도 위반하는 것이 아니라고 판단하였다. 그러나, 본건규정이 재혼금지기간으로서 6개월을 규정한 것은 재혼 후에 전부의 자가 태어날 가능성을 가능한 한 적게 하여 가정의 불화를 회피하고, 부성의 판정을 잘못하여 혈통에 혼란이 발생하는 것을 피한다는 등의 애초의 입법이유는 오늘날 의료나 과학기술의 발달로 그 의미가 감소되었고, '혼인을 하는 것에 대한 자유'의 제약을 가능한 한 적게 한다고 하는 요청이 높아지고 있다는 사회상황의 변화 등을 고려하면 본건규정 중 100일 초과부분은 그 합리성을 유지하기가 곤란하게 되었다는 판단하였다. 이러한 판단에 기하여, 본건규정 중 100일 초과부분은 혼인 및 가족에 관한 사항에 대하여 국회에서 인정되는 합리적인 입법재량의 범위를 넘는 것으로서 그 입법목적과의 관련에서 합리성을 결하는 것으로 되었다고 하고, 따라서, 동 부분은 헌법 14조 1항과 24조 2항에 위반하기에 이르렀다고 판시하였다. 이를테면, 양적인 일부위헌판결을 한 셈이라고 할 수 있다. 이러한 최고재판소의 판단은 위의 제 설 가운데에서 일부위헌설에 속한다고 할 것이다.

그러나, 이러한 일부위헌판결에도 불구하고, 국회의원의 입법행위 또는 입법부작위가 국가배상법 1조 1항의 적용상 위법으로 되는지 여부는 국회의원의 입법과정에서의 행동이 개개 국민에 대해서 지는 직무상의 법적 의무에 위반하였는지 여부의 문제이며, 입법의 내용의 위헌성의 문제와는 구별되어야 하고, 상기 행동에 대한 평가는 원칙적으로 국민의 정치적 판단에 맡겨져야 할 사항으로서, 설령 당해 입법의 내용이 헌법의 규정에 위반하는 것이라고 하여도 그 때문에 국회의원의 입법행위 또는 입법부작위가 곧바로 국가배상법 1조 1항의 적용상 위법의 평가를 받는 것은 아니라는 판단을 나타냈다. 이러한 판단으로부터, 본건규정 중 100일 초과부분이 헌법에 위반하게 되었지만, 이를 국가배상법 1조 1항의 적용의 관점으로부터 본 경우에는 헌법상 보장되거나 보호되고 있는 권리이익을 합리적인 이유없이 제약하는 것으로서 헌법의 규정에 위반하는 것이 명백함에도 불구하고 국회가 정당한 이유없이 장기에 걸쳐서 개폐 등의 입법조치를 해태했다고 평가할 수 없다고 하여, 본건규정의 개폐를 하지 않은 입법부작위에 대한 국가배상책임을 부정하였다.

본 판결은 최고재판소가 국민생활에 밀접한 관련을 가지고 종래부터 그 입법의 당부가 지속적으로 논란이 되어온 쟁점에 대해 그 판단을 나타낸 것으로서, 이론상으로도 실무상으로도 매우 중요한 의의를 가지고 있다고 평가할 수 있을 것이다.

Ⅲ. 마치며

이상에서 살펴본 2015년 일본 행정판례의 주목할 만한 특징으로서는 다음과 같이 정리할 수 있을 것이다.

첫째로, 일반질병의료비 지급신청관련사건53)에서 하급심이 일반질병의료비 지급신청에 대한 각하처분은 위법하다고 하여 취소한 것에 대하여, 최고재판소가 이를 지지하여 상고를 기각한 것은 우리나라 국민으로서 히로시마 원폭에 의한 피해를 입은 피폭자들의 주장을 인용한 것으로서 주목된다. 동 판결은 그 해석상 당연한 귀결이라고도 할 수 있지만, 위에서 살펴본 입법경위에서도 알 수 있듯이 현재에 이르기까지에는 여러 단계의 과정을 거쳐 왔음을 감안할 때, 최고재판소가 그러한 전개과정에서 전향적인 입장을 취한 것은 그 의의를 인정할 수 있을 것이다. 일본에서는 히로시마 원폭투하로 인한 자신들의 피해를 은연중에 강조하는 경향이 있는 점을 고려할 때, 다른 사건과 달리 최고재판소로서는 이러한 성격의 사안을 긍정적으로 판단하는 데에 있어서 별 부담을 느끼지 않았을 수도 있었을 것으로 추정된다.

둘째로, 이사하야만 간척사업관련사건54)에서 방조제의 배수문의 개방이라는 공물의 관리와 관련하여 민사법적인 쟁점이 문제된 사안은 국가를 대상으로 두 개의 서로 상반된 재판소의 판단이 어떻게 처리되어야 하는지에 대한 최고재판소의 입장을 나타낸 것으로서 주목할 만하

53) 最判 平成27.9.8., 民集69巻6号, 1607쪽.

54) 平成27.1.22. 平成26年(許)第17号, 判例タイムズ1410号, 55쪽 ; 平成27.1.22. 平成26年(許)第26号, 判例タイムズ1410号, 58쪽.

다. 이에 대해서는 간접강제의 대상으로 되는 채무는 그 성질상 채무자가 자기의 의사만으로 이행할 수 있는 것이어야 한다고 하는 오로지 민사법적 관점에서만 판단하였지만, 방조제를 축조하여 간척지 등을 만들어 농지의 조성과 방재기능의 강화를 목적으로 하여, 토지개량법에 근거한 국영토지개량사업이라는 점에서 다수의 이해관계인이 관련된 복잡한 사안인 점에 비추어 좀더 많은 이해관계를 고려해야 하지 않았을까라고 하는 의문이 남는다.

셋째로, 가족법관련 2건의 최고재판소 대법정판결[55]에서, 최고재판소가 그 판단을 나타낸 것이 주목된다. 적지 않은 일본인들(특히 여성들)이 민법상의 부부동씨제에 대해 비판적인 입장을 가지고 있음을 감안할 때, 이에 대해 합헌 판단을 내린 것은 내세운 다수의 이론적 근거에도 불구하고, 여전히 앞으로 논란의 불씨가 남아 있다고 할 것이다. 그리고, 재혼금지기간에 관한 규정의 헌법적합성 문제와 관련하여서는 100일 초과부분에 대해 위헌판결을 함으로써 사회의 변화에 대응하여 절충적인 입장을 취한 것으로 평가된다.

55) 平成27年12月16日 大法廷判決 平成26年(オ)第1023号 損害賠償請求事件, 判例タイムズ1421号, 84쪽 ; 平成27年12月16日 大法廷判決 平成25年(オ)第1079号 損害賠償請求事件, 判例タイムズ1421号, 61쪽.

참고문헌

市原義孝, 時の判例, ジュリスト1486号, 2015.11.
加本牧子, 時の判例, ジュリスト1490号, 2016.3.
清水知恵子, 時の判例, ジュリスト1491号, 2016.4.
高橋 滋, 行政法判例の動き, ジュリスト1492号, 2016.4.
畑 佳秀, 時の判例, ジュリスト1490号.
門田 孝, 暴力団であることを理由とした市営住宅の明渡請求の合憲性, 新・判例解説Watch11.

2015判例回顧と展望 (行政法), 法律時報 88巻 6号, 2016.5, 26-47쪽.
平成27年度 重要判例解説, ジュリスト1492호, 2016.4, 30-60쪽.

判例タイムズ1422号, 2016.5.
判例タイムズ1410号, 2015.5.
判例タイムズ1410号, 2015.5.
判例タイムズ1414号, 2015.9.
判例タイムズ1421号, 2016.4.

http://www.courts.go.jp/app/sihotokei_jp/search(2016.12.12. 방문)
http://www.courts.go.jp/app/files/toukei/491/008491.pdf(2016.12.12. 방문)

국문초록

본고는 2015년(平成27年) 일본 행정판례를 그 주요 사법통계와 판례의 동향을 살펴보고, 그 중 주요사건을 추출하여 보다 구체적으로 살펴본 것이다. 이러한 검토를 토대로 하여, 2015년 일본 행정판례의 주목할 만한 특징으로서는 다음과 같이 정리할 수 있을 것이다.

첫째로, 일반질병의료비 지급신청관련사건에서 하급심이 일반질병의료비 지급신청에 대한 각하처분은 위법하다고 하여 취소한 것에 대하여, 최고재판소가 이를 지지하여 상고를 기각한 것은 우리나라 국민으로서 히로시마 원폭에 의한 피해를 입은 피폭자들의 주장을 인용한 것으로서 주목된다. 동 판결은 그 해석상 당연한 귀결이라고도 할 수 있지만, 위에서 살펴본 입법경위에서도 알 수 있듯이 현재에 이르기까지에는 여러 단계의 과정을 거쳐 왔음을 감안할 때, 최고재판소가 그러한 전개과정에서 전향적인 입장을 취한 것은 그 의의를 인정할 수 있을 것이다. 일본에서는 히로시마 원폭투하로 인한 자신들의 피해를 은연중에 강조하는 경향이 있는 점을 고려할 때, 다른 사건과 달리 최고재판소로서는 이러한 성격의 사안을 긍정적으로 판단하는 데에 있어서 별 부담을 느끼지 않았을 수도 있었을 것으로 추정된다.

둘째로, 이사하야만 간척사업관련사건에서 방조제의 배수문의 개방이라는 공물의 관리와 관련하여 민사법적인 쟁점이 문제된 사안은 국가를 대상으로 두 개의 서로 상반된 재판소의 판단이 어떻게 처리되어야 하는지에 대한 최고재판소의 입장을 나타낸 것으로서 주목할 만하다. 이에 대해서는 간접강제의 대상으로 되는 채무는 그 성질상 채무자가 자기의 의사만으로 이행할 수 있는 것이어야 한다고 하는 오로지 민사법적 관점에서만 판단하였지만, 방조제를 축조하여 간척지 등을 만들어 농지의 조성과 방재기능의 강화를 목적으로 하여, 토지개량법에 근거한 국영토지개량사업이라는 점에서 다수의 이해관계인이 관련된 복잡한 사안인 점에 비추어 좀 더 많은 이해관계를 고려해야 하지 않았을까 라고 하는 의문이 남는다.

셋째로, 가족법관련 2건의 최고재판소 대법정판결에서, 최고재판소가 그 판단을 나타낸 것이 주목된다. 적지 않은 일본인들(특히 여성들)이 민법상의 부부동씨제에 대해 비판적인 입장을 가지고 있음을 감안할 때, 이에 대해 합헌 판단을 내린 것은 내세운 다수의 이론적 근거에도 불구하고, 여전히 앞으로 논란의 불씨가 남아 있다고 할 것이다. 그리고, 재혼금지기간에 관한 규정의 헌법적합성 문제와 관련하여서는 100일 초과부분에 대해 위헌판결을 함으로써 사회의 변화에 대응하여 절충적인 입장을 취한 것으로 평가된다.

주제어: 일본행정판례, 법률상 이익, 행정재량, 이사하야만, 간접강제결정, 부부별성소송, 재혼금지기간위헌소송

Abstract

The trend and analysis of the recent (2015) Administrative Cases in Japan

Ham, In－Seon*

This paper examines the trends of major judicial statistics and judicial precedents in the cases of Japanese administrative cases in 2015, and extracts major cases among them and analysed them more concretely. Based on these reviews, the notable characteristics of the Japanese administrative cases in 2015 can be summarized as follows;

Firstly, in the case of general medical illness payment, the Supreme Court dismissed the appeal. Although the judgment is a natural consequence of the interpretation, it is clear that the Supreme Court has taken a proactive stance in such a development process, given that it has undergone several stages of its process up to the present. Considering the fact that Japan tends to emphasize the damage caused by the atomic bombing of Hiroshima, the Supreme Court may have not felt the burden of positively judging this issue, unlike other cases .

Secondly, the issue of civil legal issues related to the management of the tribute to the opening of the drainage gate of the seawall in the Isahaya Bay reclamation project case is the case of the Supreme Court on how to treat the judgment of two opposing courts. In this regard, the debt, which is the object of indirect enforcement, was judged only from the viewpoint of civil law that the debtors should be able to

* Professor of Chonnam National University Law School,

carry out their own actions only by their own will. However, there is a question of whether more interests should be considered in view of the fact that many interested parties are involved in complex matters in terms of strengthening the national land improvement project.

Thirdly, it is noted that the Supreme Court ruled the two Supreme Court's rulings on family law. Considering that a considerable number of Japanese (especially women) have a critical position on the marriage law, it is still a matter of controversy despite the rationale behind the constitutional judgment.

keywords: Japanese Administrative Cases, administrative discretion, Isahaya Bay Case, indirect enforcement decision, marriage prohibition period suit

투 고 일: 2016. 11. 21
심 사 일: 2016. 12. 9
게재확정일: 2016. 12. 15

2015年 프랑스 行政判例의 動向 研究

吳丞奎*

Ⅰ. 머리말

프랑스 행정법원의 조직은 상고심[1]을 담당하는 최고행정법원인 꽁세이데따[2](Conseil d'État, 이하 "CE"라 한다)를 정점으로 하여, 항소심을 담당하는 8개의 행정항소법원[3](cour administrative d'appel, 이하 "CAA"라 한다)과 제1심법원격인 42개[4]의 지방행정법원[5](tribunal administratif, 이하 "TA"라 한다)으로 구성되어 있다. 프랑스 행정법원은 일반법원과 분리되어 독자적으로 조직되고 운영된다.[6] 행정법원 관할 사건은 국가, 지방자치단체, 독립행정청, 영조물법인 등 공권력주체로서의 공공단체의

* 법학박사, 중원대학교 법학과 조교수

1) 지방선거에 관한 소송에 대해서는 항소심의 역할을 한다. 특별히 중요한 사건, 예를 들어 국가법령에 대한 소송, 대통령이 임명하는 주요 공무원에 관한 소송, 광역선거와 유럽의회의원선거에 관한 소송에서는 1심의 역할을 한다.
2) 행정재판기관이기도 하지만, 입법의 심사기관 역할도 수행한다.
3) Bordeaux, Douai, Lyon, Marseille, Nancy, Nantes, Paris, Versaille 소재.
4) 본토에 31개, 해외영토에 11개가 있다.
5) 소송 대상인 처분을 행한 행정청의 소재지를 관할하는 법원에서 1심을 처리한다.
6) 법관 역시 별도로 선발한다. 프랑스의 대표적 엘리트코스인 국립행정학교(École nationale d'administration, ENA) 출신 중에서 선발하는 것이 일반적이다. 신분보장(inamobilité)을 통해 독립성을 확보하여 소신껏 일한다.

행정행위(acte de l'administration)의 취소나 변경을 구하는 소송과 공권력의 행사로 인해 피해를 입은 사람에 대한 배상(indemnité)을 청구하는 소송이다.

행정사건의 동향에 관한 기본통계를 살펴보면, 2015년에 프랑스 행정법원은 총 229,035건의 판결을 선고하였다. TA는 188,783건(2014년 대비 0.3% 증가), CAA는 30,540건(2014년 대비 2% 증가), CE는 9,712건(2014년 대비 20.7% 감소)의 소송사건을 처리하였다[7]. 사건접수에서 판결까지 평균 소요기간[8]은 각각 10개월 9일(TA), 10개월 25일(CAA), 6개월 23일(CE)로서 2005년 이후 10년 동안 평균적으로 각각 36.4%, 25%, 38.5%씩 단축되고 있는 중이다.[9] 이 글에서는 2015년도 프랑스 행정판례의 동향을 알아보고, 우리에게 유용한 시사점을 도출해 보고자 한다.

Ⅱ. 주요 판례의 분석

2015년도의 대표적인 행정판례 분야로는 거주·이전의 자유, 근로자의 안전과 건강, 실업보험, 도시계획, 텔레비전, 대통령선거 등을 들 수 있다.

---

7) Conseil d'État, Le Conseil d'État et la justice administrative Bilan d'activité 2015, 2016, p. 3.

8) *Ibid.*

9) 최근 프랑스 행정법원은 행정사건 처리의 효율성 제고를 위해 지속적으로 노력하여 소송에 소요되는 기간을 단축해나가고 있다. 오승규, 최근(2012년) 프랑스 행정판례의 동향 분석 연구, 행정판례연구 제18-2권, 473-474면 참조.

1. 거주 · 이전의 자유(liberté d'aller et venir) 관련 판결[10)]

비상사태 상황(état d'urgence)에서 발하여진 거주지지정(assignations à résidence)이 문제된 사안이다.

가. 사건 개요

2015년 11월 24일자 내무부장관의 명령(arrêté)에 의해 Rennes시 구역 내로 주거를 제한받은 한 여성이 이 명령의 집행을 정지해달라고 요구한 사건이다. 이 여성은 문제의 명령에서 2015년 12월 12일까지 거주지 제한뿐만 아니라 하루에 3회 지정된 시각에 경찰서로 출두할 것과 거주지에서 매일 밤 8시부터 다음 날 아침 6시까지 머물러야 한다는 의무를 부과 받았다. 원고의 급속심리청구(référé liberté)[11)]에 대하여 1심법원은 각하결정[12)]을 하였고 이에 대해 원고는 CE에 항소했다.

나. 판결의 내용

[1] 비상사태에 관한 1955년 4월 3일자 법률(제55-385호) 제1조에 의해 공공질서(ordre public)에 심각한 침해(atteintes graves)를 초래하는 즉각적인 위험(péril imminent)이 발생한 경우와 재난(calamité publique) 상황에서 비상사태(état d'urgence)가 선포될 수 있다. 동법 제2조에 의해 비상사태의 지역적 시행범위가 정해지며 비상사태를 12일 이상 연장하

10) CE, section, 11 decembre 2015, n° 395002.

11) 행정청이 중요한 기본권을 '중대하고 명백하게 위법적으로(de manière grave et manifestement illégale)' 침해하는 경우 권리주체가 행정법원에 기본권보장을 위해 '필요한 모든 조치(toutes mesures nécessaires)'를 취해줄 것을 청구하는 제도로서 수소법원은 48시간 내에 결정을 내려야 한다(행정재판법전 L. 521-2). 이 청구가 기각되면 15일 이내에 CE에 항소할 수 있다. 항소심 역시 48시간 내에 결정을 내려야 한다.

12) ordonnance n° 1505396 du 30 novembre 2015.

는 것은 법률에 의해서만 가능하다.

[2] 2015년 11월 13일의 테러 이후, 그 다음날인 11월 14일에 코르시카를 포함한 프랑스 본토(métropolitain)에 비상사태가 선포[13]되었고, 같은 날 공포된 다른 데크레[14]에서 1955년 4월 3일자 법률 제6조에 규정된 거주지제한 조치가 수도권의 기초자치단체 구역에 시행될 수 있음을 규정하였다. 이 조치는 11월 15일 0시를 기해 본토 전역으로 확대되었다.[15] 그리고 해외영토에도 비상사태가 선포되었다[16].

[3] 위와 같이 선포된 비상사태를 2015년 11월 26일부터 3개월간 연장하는 내용의 2015년 11월 20일자 법률은 1955년 4월 3일자 법률의 일부 조항들을 변경하였는데, 제6조도 그 중 하나이다. 개정된 제6조에 따르면, 내무부장관은 특정지역에서 거주지제한을 명할 수 있고, 그 지역에 거주하는 사람으로서 공공의 안전과 질서에 위협을 줄 수 있는 행동을 하는 것으로 볼 믿을 만한 이유가 있는 사람을 경찰이 거주제한 장소로 데리고 갈 수 있음을 규정하였다. 이러한 사람에 대해서는 내무부장관이 하루 12시간의 범위 내에서 일정 시간대에 거주지에서 머물 것을 명할 수 있다. 내무부장관은 이러한 사람에게 하루 3회 이내에서 경찰기관에 정기적으로 출두할 것과 또한 여권 기타 신분증을 경찰기관에 제출할 것을 명할 수 있다. 그리고 내무부장관은 이러한 사람에게 공공의 안전과 질서에 위협을 줄 수 있는 행동을 하는 것으로 볼 믿을만한 이유가 인정되어 지정된 다른 사람과의 직간접적인 접촉을 금지할 수도 있다.

[4] 원심은 원고의 청구가 행정재판법전 L.521-1조의 급속심리 요건을 충족하지 않는다고 보아 각하결정을 하였으나, 위 비상사태에 따

13) décret délibéré en conseil des ministres n° 2015-1475 du 14 novembre 2015.

14) décret n° 2015-1476.

15) décret n° 2015-1478 du 14 novembre 2015.

16) décret n° 2015-1493 du 18 novembre 2015.

라 취해진 거주지제한조치가 특히 왕래의 자유에 대해 가해지는 효과를 살펴보면, 원고의 처지에 중대하고 현존하는 침해를 가져오고 있기 때문에 급속심리절차의 요건을 충족하고 그에 따라 법원은 최대한 빠른 시간 내에 '권리보호를 위한 임시 · 보전조치(mesure provisoire et conservatoire de sauvegarde)'를 취할 수 있다고 보아야 할 것이므로, 원심은 이러한 법리를 오해한 것이다.

[5] 원고는 2015년 12월 12일까지 거주지를 Rennes시 구역 내로 제한받았을 뿐만 아니라 하루에 3회 지정된 시각에 경찰서로 출두할 것과 거주지에서 매일 밤 8시부터 다음 날 아침 6시까지 머물러야 한다는 의무를 부과 받았고, 지정된 거주 지역 밖으로 나가기 위해서는 Ille－et－Vilaine의 préfet에게 문서로 사전허가를 받아야만 했다.

[6] 이러한 조치들의 정당성을 주장하는 근거로 내무부장관은 '국토에 대한 테러위협의 심각성(gravité de la menace terroriste sur le territoire national)'과 함께 2015년 11월 30일부터 12월 11일까지 Paris와 Bourget에서 개최되는 「기후변화에 대한 유엔회의」의 안전을 보장하기 위한 조치를 취할 필요성을 들고 있다.

[7] 1955년 4월 3일자 법률에 의거한 거주지제한조치는 기본권 중 하나인 왕래의 자유에 대한 침해로서 행정재판법전 L.521－1조의 급속심리 대상이다.

[8] 비상사태에 관한 법률 제6조를 검토해보았을 때, 비상사태 선포로 이끄는 '현존하는 위험과 재난의 성질'과 거주지제한을 정당화하는 '공공의 안전과 질서에 대한 위협' 사이에는 관계가 없다. 따라서 비상사태가 선포되어 있는 동안에 별도로 거주지제한조치 등을 취할 수 있다.

[9] 각 조치들을 취함에 있어 행정청은 '기본권의 존중(respect des libertés)'과 '공공질서의 수호(sauvegarde de l'ordre public)' 사이에 '필요한 조정(conciliation nécessaire)'을 하였기 때문에 기본권에 대한 '중대하고 명백히 위법인 침해(atteinte grave et manifestement illégale)'를 하지 않았

다. 원고의 위험성을 구성하는 위협(menace)에 대해서는 법원이 판단할 문제이다.

[10] 원고는 2015년 5월 1일부터 열릴 예정인 엑스포에서 폭력적인 행동을 할 준비를 한 혐의로 2015년 4월 28일 체포되었다. 이에 관해 피고인 내무부는 관련 문서를 제출하였고 위 사실에 대해 원고 측도 반론하지 않았다. 이렇게 인정된 사실은 본안 판단의 요소가 되었다.

[11] 여러 사실들을 종합한 결과, 2015년 11월 30일부터 12월 11일까지 Paris와 Bourget에서 개최되는「기후변화에 대한 유엔회의」의 안전을 보장하기 위해 원고에 대한 거주지 제한조치는 왕래의 자유에 대한 중대하고 명백히 위법인 침해가 아니다.

[12] 원심을 취소한다. 원고의 청구를 기각한다.

다. 평석

위 판결과 같은 날 다른 판결들[17]에서도 비상사태 선포에 따른 거주지 제한조치의 당부에 관한 판단을 하였다. CE는 비상사태선포의 후속조치의 일환으로서 취해지는 거주지제한에 대해서는 그것이 헌법상 보장되는 기본권인 왕래의 자유를 제한하는 것이므로 급속심리의 대상으로서 권리보호를 위해 집행정지 등 임시조치를 취할 수 있는 범위에 속한다고 보았다. 그러면서 거주지 제한조치에 대한 비례성 심사를 법원이 하는 것이고, 급속심리재판에서 이 조치의 목적이 명백하게 위법한지와 그 방법이 왕래의 자유라는 기본권에 중대하고 명백하게 침해를 가하는지에 대한 판단을 해야 한다는 입장이다. 이에 따르면 법원은 위법성을 제거하기 위한 모든 조치를 취할 수 있다. 이때의 법원은 급속심리를 하는 전제에서는 지방법원과 CE가 된다. 위법성을 제거하기 위한 조치로는 위법한 처분에 대한 집행정지[18]를 우선 고려할 수 있다. 내무

---

17) CE, section, 11 decembre 2015, nos 395009, 395002, 394989, 394990, 394991, 394992, 394993.

부장관이 스스로 거주지 제한명령을 취소한 경우에는 면소판결(non-lieu)을 내릴 수 있다.[19] 해당 명령의 목적에서는 명백한 위법성을 발견할 수 없는 경우에는 그 방법이 비례성의 원칙을 어겨가며 기본권인 왕래의 자유를 침해하였는지를 검증한다. 만약 그렇다면 거주지 제한 방식의 변경을 요구할 수 있다.[20] 예를 들어 명령의 대상이 되는 사람이 일하는 구역의 경찰관서로 정오에 출두하는 방식이 사생활에 대한 침해를 최소화하는 방안으로 생각해볼 수 있다. 이런 식으로 문제된 명령의 목적과 방법을 심사한 결과 위법성을 인정할 수 없다면 관련 청구를 기각[21]할 수밖에 없다.

본 사안에서는 비상사태에 관한 1955년 법률에 비추어 내무부장관이 특정인에 대해 경찰관서 출두나 집안에만 머물러 있을 시간대 제한 등을 수반한 거주지 지정 명령을 내릴 수 있다고 판단했다. 이미 국제행사에서 폭력행위를 하고자 예비·음모를 하던 과정에서 적발된 적이 있는 사람에 대해 프랑스에서 개최되는 국제행사의 안전을 위해 거주지 제한명령을 내린 것은 적법하다고 보았다. 또한 비상사태의 요건과 거주지제한 요건과는 상관관계가 없다고 하였다.

2. 근로자의 건강(santé des travailleurs) 관련 판결

사기업 근로자의 안전에 관한 행정청의 책임이 문제된 사안이다.

18) TA Cergy-Pontoise, juge des referes, 17 decembre 2015, M. L., n° 1510839 ; TA Lille, juge des referes, 22 decembre 2015, M. E., n° 1510268.

19) CE, juge des referes, 15 decembre 2015, M. S., n° 395144 ; CE, juge des referes, 15 decembre 2015, M. K., n° 395138.

20) TA Cergy-Pontoise, juge des referes, 15 decembre 2015, M. G., n° 1510561 ; TA Paris, juge des referes, 26 decembre 2015, M. B., n° 1520961.

21) TA Dijon, 21 decembre 2015, M. O., n° 1503449 ; CE, juge des referes, 23 decembre 2015, M. R., n° 395229 ; TA Lyon, juge des referes, 24 decembre 2015, M. et Mme Y., n° 1510554.

가. 사건 개요

(1) 공사 중 부상[22]

사기업체에 근무하는 근로자가 사용자(ASSOCIATION CENTRE LYRIQUE D'AUVERGNE) 측의 안전의무 및 주의의무 위반으로 인하여 근무 중 사고를 당한 경우에 사용자의 보험회사인 MAIF가 근로자에게 보험금을 지급하고 그 책임에 대하여 보험계약자인 사용자를 대위하였고, 이어서 기초지방자치단체(Commune de Clermont-Ferrand)에게 구상을 청구하였다. 논리는 사용자와 지방자치단체에게 근로자가 입은 산업재해에 대한 공동책임이나 실제로는 지방자치단체가 전부 책임져야 한다는 것이다. MAIF의 주장에 따르면, 기초지방자치단체의 책임은 조명교량시스템이 규정에 부적합한 요소를 다수 갖추고 있음으로 해서 사고의 원인이 된, 공사에 대한 '통상적 관리의 흠결(défaut d'entretien normal)'과 자치단체 소속 공무원이 사용자인 협회에 파견되어 협회가 담당할 사고방지조치를 조정하는 역할을 잘 해야 함에도 이 사건에서는 그 역할을 제대로 수행하지 못한 '공공서비스 조직상 과실(faute dans l'organisation du service public)'에 기초하여 인정되어야 한다는 것이다. 게다가 공무원이 당시 유일하게 공사를 운영할 자격을 보유하고 있었다는 점도 책임의 기초가 되었다. 이러한 논리를 펴면서 근로자에게 지급한 보험금 5천 유로 전부를 지방자치단체에게 청구하였다. 1심[23]과 2심[24]에서는 원고인 보험사가 패소하였다.

(2) 유해물질 노출[25]

200인 이상을 고용하고 있는 조선업체인 SAS CONSTRUCTIONS

---

22) CE, 9 novembre 2015, MAIF et association Centre lyrique d'Auvergne, n° 359548.
23) TA Clermont-Ferrand, 21 juin 2011, n° 0902099.
24) CAA Lyon, 22 Mars 2012, n° 11LY02021.
25) CE, 9 novembre 2015, SAS Constructions metalliques de Normandie, n° 342468.

MECANIQUES DE NORMANDIE가 소속 근로자에게 석면분진(poussières d'amiante)이 노출된 것에 대한 책임을 국가에게 물어 공동배상책임을 청구한 사안이다. 이미 사용자는 1994년부터 근로자에게 배상금을 지불해왔고 이제 국가에도 이것을 분담할 것을 요구한 것이다.

1심[26]과 2심[27]에서는 원고가 패소하였다.

나. 판결요지

(1) 공사 중 부상

행정주체의 책임은 자신의 과실에 의해 성립되며 제3자와 공동으로 성립될 수도 있다. 공동불법행위자인 제3자는 자신의 면책불가인 잘못이 있다 하더라도 행정주체에 대하여 구상권의 형태로 청구권을 행사할 수 있다. 공동불법행위자 각자는 상대방의 과오에 대해서 대항할 수 있다. 사회보장법전(code de la sécurité sociale) L.452－1조 내지 L. 452－4에 의해 부여된 작업장에 대한 안전의무를 결여한 사용자는 면책될 수 없지만, 이것이 공동불법행위자에게 구상을 청구하는 그 또는 그의 보험자의 권리행사에 장애가 되지는 않는다. 즉 부담부분에 기한 책임의 분배를 가능하게 하는 것이다.

따라서 원심판결을 파기환송한다.

(2) 유해물질 노출

앞의 사례에서처럼 CE는 행정주체와 공동불법행위자인 제3자가 피해자에게 배상금을 지급한 경우 비록 자신의 면책불가인 잘못이 있다 하더라도 자신이 주장하는 부담부분에 기초하여 행정주체에 대하여 구상권을 행사할 수 있다. 노동법전(code du travail) L.4121－1조를 적용함에 따라 사용자에게는 근로자의 안전과 건강을 보장해야 할 일반적 의무가 있고, 행정청에게는 특히 직업상 위험물질을 다루거나 접촉하는

26) TA Caen, 10 mars 2009, n° 07－177.
27) CAA NANTES, 17 Juin 2010, n° 09NT01120.

근로자에게 과학적 연구조사를 활용해 발생 가능한 위험을 적극적으로 알리고 필요한 경우 그 취급을 중지시키거나 기타 위험을 제거 또는 저감시킬 수 있는 적정한 조치를 취하는 것을 통해 위험을 방지할 의무가 있다.

1977년부터 프랑스는 석면노출에 의한 위험을 줄이기 위한 조치들을 취해오고 있다. 그 이전에는 국가가 아무런 노력을 하지 않았기 때문에 배상책임을 져야 할 과실을 저지른 것이다. 사용자인 기업 역시 아무런 노력을 하지 않은 것은 마찬가지이기 때문에 역시 과실책임을 져야 한다. 이들은 석면으로 인한 근로자의 질병에 대해 공동으로 배상책임을 부담한다. 책임의 부담부분은 과실의 경중을 기준으로 평가하여 정한다.

1977년 이후에는 석면위험을 저감시키려는 노력을 어떻게 했는지에 따라 책임의 소재와 비율이 달라진다. 원고 기업은 형태는 다르더라도 계속적으로 근로자를 석면에 노출시켜왔는데, 이것이 국가의 직접적인 위험방지의 결여에 원인이 있음을 밝히지는 못하였기 때문에 국가의 전적인 책임으로 돌릴 수는 없다.

원심을 파기하고, 피고는 원고에게 법원이 부담부분으로 판단한 일정 금액을 지급하도록 판결하였다.

다. 평석

노동법규에 의해 사용자(employeur)는 근로자의 안전과 건강을 보장할 의무를 지니고 있다. 근로현장의 안전관리의무 위반과 위험물질에 노출케 한 보건관리의무 위반으로 근로자가 부상을 당하거나 질병에 걸렸을 경우 사용자는 당연히 배상책임을 부담한다. 그 다음에 이러한 결과를 야기한 원인이 국가 등 행정주체의 과실에도 있다면 공동책임을 지게 되는 것이고, 이미 사용자가 지급한 금액에 대하여 구상권의 형태로 분담을 요구할 수 있다. 다만 사용자의 의무위반이 고의적으로

(délibérément) 행해진 것이라면 국가에게 책임을 물을 수는 없다.

3. 실업보험협약(convention d' assurance chômage)의 취소 관련 판결[28)]

가. 사건 개요

프랑스의 실업보험제도는 노동법전에 의해 조직되는데, 시행을 위한 조문의 상당 부분이 노사쌍방대표들(partenaires sociaux) 간의 협상에 의해 결정된다. 이렇게 만들어진 실업보험협약에는 많은 조문이 첨부되고 이 협약은 노동 담당 장관의 승인(agrément)을 얻어야 한다. 2014년 5월 14일에 노사합의로 체결된 실업보험협약을 2014년 6월 25일에 노동부장관이 승인하였는데, 한 노동자단체(Association des amis des intermittents et précaires)가 이 승인처분을 취소해달라는 취지로 행정소송을 제기하였다. 쟁점은 노동자의 직종별로 다르게 기준을 세워 실업수당을 지급하는 것이 부당하다는 것이다.

나. 판결요지

CE는 이 사건 승인처분을 취소하였다.

실업보험에 일종의 '상이한 수당지급체계(mecanisme de differe d'indemnisation)'를 설정하는 것은 보험가입자인 근로자의 정당한 보상을 받을 수급권을 침해하는 것으로서 위법하다. 이 협약은 근로자의 소득에 따라 수당의 지급시기를 늦추고 실업수당의 청구기간 만료 이전에 근로자가 새 일자리를 찾은 겨우 지급액을 제한하고 있다. 물론 실업보험의 주체인 노사는 보험재정의 균형을 위해 노력해야 하나, 지급기준의 차별화를 통해 그것을 달성하려 해서는 안 된다. 이 협약에 따르면

28) CE, 5 octobre 2015, Association des amis des intermittents et precaires et autres, nos 383956, 383957, 383958.

불법적으로 해고된 근로자가 해고로 인해 상실한 근로소득의 보전 이외에 다른 보상을 얻는 기회를 박탈할 우려가 있다. 이 협약은 위법으로 판단되나, 실업보험제도의 계속성을 유지하기 위하여 취소판결의 효력 발생시기를 2016년 3월 1일로 유예한다.

다. 평석

이 사건 협약은 실업보험의 재정균형을 위하여 지급을 줄이고 구직 활동을 촉진하는 방식으로 목적을 달성하려 했던 것으로 보인다. 그 취지는 타당성이 있으나, 근로자의 직종, 개별 상황에 따라 지급기준과 지급시기를 차별화하는 방식으로 사실상 지급을 연기하면서 금액을 낮추는 방식은 성실한 가입자의 재산권을 침해하는 것이고 부당해고를 당한 경우에는 그 침해의 정도가 더 심하다 할 것이고 평등권 침해도 문제될 수 있다. 협약에는 위법하지 않은 부분이 더 많지만 따로 분리하는 것이 불가능하기 때문에 전체를 위법으로 판단하였고 제도의 계속적 운영을 위해 판결의 효력발생시기를 뒤로 미룬 것이다.

4. 도시계획(urbanisme) 관련 판결[29)]

가. 사건 개요와 판결 요지

예전에 대형 백화점 Samaritaine이 있었던 ≪l'ilot Rivoli≫ 지구를 재정비하려는 계획을 승인하는 내용의 건축허가(permis de construire)를 대상으로 한 소송에서, 이것을 위법하다고 본 파리항소법원 판결과는 달리 CE는 지역도시계획(Plan local d'urbanisme) 전체를 고려하고 이 계획이 행정청에게 부여한 판단여지(marge d'appréciation)까지도 검토한 끝에 적법하다고 결정하였다.

29) CE, 19 juin 2015, societe ≪Grands magasins de la Samaritaine-Maison Ernest Cognacq≫ et Ville de Paris, nos 387061, 387768.

나. 평석

건축허가 등을 할 때에는 지역도시계획(Plan local d'urbanisme, PLU)을 고려하여야 한다. PLU는 기초자치단체 단독의 혹은 공동의 도시계획 기본문서이다. PLU에서 정한 지구별로 토지이용을 하게 되고 그에 관한 일반적 규칙을 명시한다. 여기에는 건축과 그에 따라 실시되는 여러 활동들에 관한 내용도 담게 되는데, 이 규정들은 건축허가, 철거허가, 개축허가에 적용된다. 본 사안에서 Paris 지역의 PLU를 검토한 결과 유리로 된 건물의 한 면이 비록 직선이 아니라 구불거리기는 하여도 PLU를 위반한 것이 아니라고 결론지었다.

5. 스포츠 블랙리스트 사건[30)]

가. 사건개요

프랑스에서도 스포츠 경기에서 관중의 난동이 심각한 경우가 많이 있는데, 경기장 폭력을 저지른 사람들 중 행정적 또는 사법적 제재를 받은 사람의 명단, 이른바 블랙리스트(listes noires)을 작성하여 경기장 출입을 제한하는 조치가 취해지고 있었다.[31)] 스포츠경기단체들과 구단들이 문제된 인물들에 대한 정보를 취급하며 주로 이들에게 입장권 판매를 거부하는 식으로 대응해왔다. 2015년에는 내무부가 주도하여 프레페(préfet)가 수도 Paris와 그 인접지역에 특정하여 요주의 인물들에 대한 정보파일을 담은 문건인 일명 'fichier STADE'를 자동적으로 취급하게 하는 것을 허용하는 명령을 발하였는데, 이에 대해 서포터즈 단체들이

30) CE, 13 mai 2015, Association de défense et d'assistance juridique des intérêts des supporters et autres, nos 389816, 389861, 389866, 389899.

31) 2007년의 경기장출입금지국가문건(Fichier nationale des interdits de stade, FNIS)이 시초이다.

집행정지(suspension de l'exécution)를 신청한 사건이다.

나. 판결요지와 평석

CE는 이 문건이 개인식별정보를 담고 있으면서 그의 취급에 기초하여 특별한 조치를 취할 수 있기 때문에 사생활에 대한 '중대하고 즉각적인 침해(atteinte grave et immédiate)'를 줄 수 있기 때문에 사안의 긴급성이 인정되고, 문건의 성격과 목적이 불분명하며, 취급 대상 정보 특히 민감정보(données sensibles)의 범위 역시 불명확하여 본 사건에서의 명령의 적법성이 의심되므로 집행정지신청을 인용하였다. 'fichier STADE' 문건은 개인의 정보를 무차별적으로 수집하면서도 적정성, 관련성, 명확성을 증명하지 못하였고 그 범위가 너무 과도하여 위법성의 소지가 크다는 판단이다.

6. 대통령선거 회계문서 공개 사건[32)]

가. 사건개요

프랑스에서는 공직선거운동 경비의 회계를 국가선거회계정치재정위원회(Commission nationale des comptes de campagnes et des financements politiques, 이하 "CNCCFP"라 한다)가 조사하고 감독한다. 한 기자와 언론사가 2007년 대통령선거 당시 Nicolas Sarkozy 후보의 선거운동회계 관련 문서를 공개할 것을 CNCCFP에 청구했는데 거부당하자 소송을 제기하였다. Paris 지방행정법원은 청구를 인용하여 문서를 공개할 것을 명령[33)]하였고 CNCCFP는 CE에 파기를 청구하였다.

32) CE, 27 mars 2015, Commission nationale des comptes de campagnes et des financements politiques c/Mme C. et société éditrice de Médiapart, n° 382083.

33) TA Paris, 3 juin 2014, société d'édition de Médiapart et Mme C., n° 1216457/6-2.

나. 판결요지와 평석

CE는 「행정문서에 관한 1978년 7월 17일자 법률」을 이 사안에 적용하여 이 법률에 따라 언론이 공직선거회계에 관한 문서를 취득할 수 있는 권리를 가진다고 인정하였다. 그렇다고 해서 모든 문서에 대해 무조건적 접근이 가능한 것은 아니고 이 사건에서 한정적으로 허용한다는 해석을 내린 것이다.[34] 사안별로 해석해야 하는 것이고 문서에 담긴 개인정보나 행위에 관한 기록이 권리침해의 가능성이 있는지 분리공개 가능한지 여부는 법관이 판단할 사항이라고 보았다.[35]

7. 무료 지상파 방송으로의 전환 불허 사건[36]

가. 사건개요

유료 디지털 지상파 텔레비전(télévision numérique terrestre, TNT) 방송사인 La Chaîne Info(LCI)와 Paris Première가 무료 디지털 지상파 방송으로 전환하겠다고 고등시청각위원회(Conseil supérieur de l'audiovisuel, 이하 "CSA"라 한다)에 허가를 요청하였는데, CSA가 방송의 다원주의(pluralisme) 보존, 프로그램의 질(qualité)과 다양성(diversité) 및 방송 영역의 균형(équilibres du secteur audiovisuel)에 대한 침해 위험을 명분으로 내세워 이를 허가하지 않자 소송을 청구한 사건이다.

---

34) Élise Langelier, Les documents relatifs aux comptes de campagnes présidentielle entrent dans le champ du droit d'accès aux documents administratifs, La semaine juridique Edition Générale n° 14, 6 avril 2015, 409.

35) *Ibid.*

36) CE, 17 juin 2015, société en commandite simple La Chaîne Info(LCI), n° 384826 ; CE, 17 juin 2015, société Paris Première n° 385474.

나. 판결요지와 평석

CE는 절차상의 이유로 해당 처분을 취소하였다. 방송의 전환에 따른 영향평가(étude d'impact)가 처분 시에 공표되지 않았기 때문에 처분이 위법하다는 것이다. 또한 CE는 무료방송으로 전환하려는 방송사의 허가신청에 관한 절차는 유럽연합법에 어긋나지 않았고 이에 관한 공익성 충족 여부는 CSA가 독자적으로 판단해야 할 사안이라고 보았다.

Ⅲ. 맺음말

2015년도 역시 프랑스 행정사건은 사건처리의 신속화로 누적 사건이 감소되었고 처리기간의 단축되었다. 이제 지난 몇 년간의 개혁 작업이 정착 단계에 이르렀다고 할 수 있다. 이렇게 확보한 시간을 법령심사에 더 부여할 수 있게 되어 2015년에는 118개의 정부제출법률안(projet de loi), 68개의 법률동위명령(ordonnance), 800개의 명령안(projet de décret)을 심사할 수 있었다. 이 분야의 처리기간도 산정하기 시작했으므로 기간단축을 위한 노력을 할 것으로 예상한다. 국민과 소통하려는 노력도 계속 진행중이다. CE의 홈페이지에서는 그간 의견(avis), 판례(jurisprudence)가 완벽하게는 제공되지 않았기 때문에 불만이 많았는데, 2015년 1월부터 독자적인 시스템을 가동하여 우선 의견부터 완전히 제공될 수 있도록 하고 정부가 법률안을 의회에 제출할 때 의회 사이트에도 자동적으로 게시되게 만들었다. 이제 공론의 장에서 실시간(en temps réel)으로 정보를 접하고 논할 수 있는 기반을 상당히 마련했다고 볼 수 있다. 소송 건수와 시간 조절에서 보태고 싶은 말은 1심 판결에서 종결되는 비율이 전체의 96%에 달한다는 점이다. 말 그대로 신속하고 공정한 재판이 이루어지고 있다는 평가를 받을만하다. 환경이나 도시계획

분야의 소송이 증가하는 것은 시대의 발전과 더불어 당연한 일이다. 또한 기술 발달에 따라 방송통신의 규제와 개인정보보호가 새로운 관심 주제 분야이다.

2015년도의 주요 판례로 꼽히는 분야는 비상사태와 그에 따른 거주·이전의 자유 문제, 근로자의 안전과 건강과 실업보험 등 사회경제적 문제, 도시계획과 같은 부동산 관련 문제, 텔레비전 주파수 배정과 같은 미디어 관련 문제, 대통령선거 자금 관련 문제 등을 들 수 있다.

테러로 인한 비상사태 선포가 뭐니뭐니해도 가장 핫이슈였을 것이다. 좀처럼 발동되지 않을 긴급권이 발동되는 상황에서 새로운 기본권 제한 문제가 부각되어 그에 관한 판결을 볼 수 있는 기회가 된 것은 어떻게 보아야 할까. 사회경제적 문제는 전체 판례에서 그 비중을 계속 높여가고 있다. 이제 행정재판이 담당해야 마땅할 것으로 보이는 분야가 괄목상대해진만큼 우리의 행정재판도 실질적인 독립성과 전문성을 확보할 수 있는 방향으로 전면적 개편을 실시해야 하지 않을까 하는 생각에서 그에 관한 논의를 본격적으로 전개해야 할 단계에 왔다고 생각한다.

참고문헌

오승규, 최근(2012년) 프랑스 행정판례의 동향 분석 연구, 행정판례연구 제18-2권, 2013.

Conseil d'État, Le Conseil d'État et la justice administrative Bilan d'activité 2015, 2016.

Élise Langelier, Les documents relatifs aux comptes de campagnes présidentielle entrent dans le champ du droit d'accès aux documents administratifs, La semaine juridique Edition Générale n° 14, 6 avril 2015, 409.

http://www.conseil-etat.fr/Decisions-Avis-Publications/Decisions/ArianeWeb (판례 검색)

https://www.legifrance.gouv.fr/initRechTexte.do (법령 검색)

국문초록

프랑스의 최고행정법원은 전통적인 자문역할과 행정재판기능을 수행하고 있다. 2015년에도 재판의 효율화를 위한 노력을 계속하여 사건처리기간을 단축하였다. 2015년도의 대표적인 행정판례 분야로는 거주·이전의 자유, 근로자의 안전과 건강, 실업보험, 도시계획, 스포츠, 방송, 대통령선거가 있다.

비상사태 선포에 따른 거주지 제한조치의 당부에 관한 판결에서는 그것이 급속심리의 대상이 되고 기본권보장을 위한 임시조치를 취할 수 있는 범위에 속한다고 보면서도 비상사태의 요건과 거주지제한 요건을 구별하였다. 사기업 근로자의 안전에 관해서도 국가의 책임을 인정한 판례, 실업보험의 재정건전성을 위해 가입자의 수급권을 침해할 수 없다는 판례는 국가의 역할에 대한 법적 고민을 담고 있다. 도시계획과 관련해서는 행정청의 판단여지를 넓게 인정하였고, 스포츠경기장의 안전을 위한 소위 블랙리스트 사건에서는 공익 목적에도 불구하고 개인정보 취급의 요건을 강화하였다. 반면 대통령선거회계문서에 대해서는 알 권리를 보장하는데 더 주력하였다. 프랑스의 사례들에서처럼 행정재판의 범위가 확대되는 것은 피할 수 없는 대세이므로 우리의 행정재판도 실질적인 독립성과 전문성을 확보할 수 있는 방향으로 전면적 개편을 실시해야 할 필요가 있다.

주제어: 행정재판, 비상사태, 책임, 침해, 문서공개

Abstract

Analysis on the trend and some leading cases of french administrative justice in 2015

Seung-Gyu OH*

The Conseil d'Etat, Supreme Administrative Court of France has a traditional advisory role and an administrative trial function. In 2015, it continued efforts for efficiency of trial to shorten the length of the processing period. There are some representative examples of administrative cases in 2015 include freedom of residence and move, employee's safety and health, unemployment insurance, urban planning, sports, broadcasting, and presidential elections. In the decision on the residence restrictions in accordance with the declaration of emergency, it distinguished the requirements of emergency and those of residence restrictions while it is within the scope of being subject to rapid hearing and taking temporary measures to guarantee fundamental rights. The case that recognizes the responsibility of the state for the safety of private enterprise workers and the case that the right of entitlement to subscribers can not be infringed for the financial soundness of unemployment insurance contain legal concerns about the role of the state. In relation with urban planning, was widely accepted the margin of appreciation in decision of the administrative authority. In the so-called blacklist case for the safety of sports arenas, it strengthened the requirements for handling personal information despite the public

* Professor at Jungwon University

interest. On the other hand, It focused more on securing the right to know for Presidential election accounting documents case. As the cases of France, the expansion of the scope of administrative trials is inevitable. Our administrative justice system also needs to be reorganized in a way that secures substantial independence and professionalism

Keywords: justice administrative, état d'urgence, responsabilité, atteinte, communication des documents

투 고 일: 2016. 11. 21
심 사 일: 2016. 12. 9
게재확정일: 2016. 12. 15

最近(2015) 獨逸 行政判例의 動向과 分析*

桂仁國**

Ⅰ. 연구의 목적과 방법

본 연구는 독일 연방행정법원(Bundesverwaltungsgericht) 2015년도 선고 판결의 동향을 개관하고 분석하는 데에 있다. 해당 법원의 동향을 한 해 동안 선고된 몇 개의 판결만으로 속단하는 것은 오판으로 이어질 가능성이 높다. 그러므로 여기에서 동향이라는 것은 본 연구 한편에 의해 조망될 수 있는 것은 아니며 다년간의 연구에 의하여야 할 것이다. 이를 위하여 한국행정판례연구회는 장기적인 안목으로 매년 해외 판례 동향과 분석을 진행하여왔으며 다양한 방식으로 해외 판례 동향을 축적해가고 있다. 본 연구는 그 일환으로 수행되는 것이다.

동향파악을 위해 판례의 선정 역시 중요하다. 해외 판례 동향을 개관하고 분석하는 방법론으로 특정 판결을 중심으로 상세한 전·후방 연

* 본 논문은 2015.12.15. 한국행정판례연구회와 사법정책연구원 공동학술대회 발제문을 수정한 것임.
** 사법정책연구원 연구위원, 법학박사(Dr. jur.)

구를 진행하는 것과, 해당 연도의 여러 판결들을 개괄적으로 소개하는 것은 양자 모두 명백한 장단점을 가지고 있기 때문에 어떤 방법이 더욱 적절한 지에 대해서는 간단히 말하기 힘들다. 다만, 전년도에는 특정 판결을 통해 관련 주제에 대한 독일연방행정법원 판결을 종합적으로 살펴 그 발전과정과 전망을 살펴보는 방식을 취하였기 때문에,[1] 올해에는 다시 종전과 같이 독일연방행정법원의 2016년도 연례 언론 회견 자료(Jahrespressegespräch 2016)에 수록된 독일연방행정법원의 2015년도 주요 판례를 소개하도록 할 것이다. 위 회견자료는 다수의 판례를 매우 간략하게만 소개하고 있기에 이들 중 일부를 재선별하였다. 재선별된 판례의 분석은 회견자료의 문구 대신 연방행정법원의 판결문을 직접 텍스트로 하되, 주요판결요지와 사실관계를 발췌 정리하는 방식으로 소개할 것이다. 이 경우에도 해당 판결에 대해서는 개략적인 내용만을 소개하게 되므로 보다 상세한 배경의 소개나 법리분석 및 판례의 변화양상은 제한적으로 언급될 것이다.

Ⅱ. 독일연방행정법원의 업무수행 현황

1. 개 관

독일 연방행정법원(Bundesverwaltungsgericht)은 연방 차원의 행정법의 해석과 적용에 대하여 결정을 내리고 이와 관련한 판결을 통일적으로 계속 발전시키는 것을 주된 임무로 한다. 독일 연방행정법원은 특히 국적법, 외국인법, 공무원법, 경제행정법, 건축 및 계획행정법, 청소년보호 및 직업양성법, 환경법과 공해방지법, 도로 및 도로교통법, 지방자치

---

1) 계인국, 國家의 宗教的·倫理的 中立性과 倫理科目 編成 要求權, 행정판례연구 XX－2, 369면 이하 참조.

법, 초·중등교육법 및 대학교육법을 관할한다. 일반적인 행정법원 외에 특수행정법원으로는 재정법원(Finanzgericht) 및 사회법원(Sozialgericht)이 있다. 일반법원(민사법원)은 예외적으로 일부 경제행정사안 및 국가책임법을 관할한다. 그 외에도 직무법원이나 특허법원이 있다.

2015년도 독일연방행정법원의 접수사건은 지난 해에 비하여 소폭 증가하였다. 전년도인 2014년의 1,3729건에 비하여 2015년도는 1459건이 접수되었으며 이는 전년 대비 약 6.3%가량의 증가율을 나타내는 것이다. 독일연방행정법원의 접수사건 수는 최근 5년간 지속적으로 감소 추세에 놓여있었으며 최근 5년 기준으로는 2015년 처음으로 증가를 보였다. 한편, 접수사건 1,459건 중 1,412건이 처리되어 연말까지 계류 중인 사건은 733건으로 2014년 1,405건이 처리되어 688건이 계류 중이었던 것보다 증가하였으나, 2014년 접수사건 수의 대폭 감소와 2015년 증가 추세를 감안하여야 할 것이다.

최근 5년간 독일연방행정법원 업무현황

해당연도	접 수	처 리	계 류
2011	1655	1672	745
2012	1502	1461	786
2013	1458	1523	721
2014	1372	1405	688
2015	1459	1412	733

2. 상고절차와 재항고절차에서의 처리기간

상고절차의 기간은 전체적으로 보았을 때는 감소하였다. 2014년도 평균 1년 19일 소요된 반면, 2015년은 평균 11개월 12일이 소요되었다. 반면 판결을 통한 종국절차는 전년도에 비해 거의 달라지지 않았다. 2014년도 평균 13개월 25일에서 2015년도는 13개월 23일이 소요되었다. 최근 5년간 판결에 의한 종국절차기간을 살펴보면 다음 표와 같다.

최근 5년간 판결에 의한 종국절차기간

해당연도	절차기간(판결에 의한 종국절차)	
2011	12개월	22일
2012	13개월	18일
2013	13개월	9일
2014	13개월	25일
2015	13개월	23일

한편, 재항고절차기간은 크게 변화가 없이 전년도 평균 4개월 16일에 비해 3일 줄어든 평균 4개월 13일이 소요되었다. 재항고절차의 49.9%는 접수 후 3개월 이내에, 66.7 %는 6개월 안에 종결되었다.

3. 인프라시설 프로젝트에 대한 시심절차

연방행정법원은 인프라시설 프로젝트에 대한 법적 분쟁에 대해 시심이자 종심으로서 관할하고 있다. 2015년도 소제기 건수는 49건으로 전년도 22건보다 눈에 띄게 증가하였다. 이에 비해 임시적 권리구제절차의 접수는 2건에 불과하여 전년도 12건이나 2013년 9건보다 더욱 감소하였다.

영역별로 보면 국도법에서 17건이 접수되고 6건의 임시적 권리구제가 신청되었으며, 철도법에서 2건이, 수로법에서 1건이 접수되고 또한 임시적 권리구제가 신청되었다. 에너지설비구축법에서 2건과 2건의 임시적 권리구제신청으로 각각 나눠진다.

시설계획법(Fachplanungsgesetzen)에서 연방행정법원의 시심관할에 놓여진 총 146개의 인프라계획을 각각 열거하면, 2015년에 18건의 프로젝트가 행정사건절차의 대상이 되었다. 이는 2011년 7건-2012년 12건

－2013년 10건－2014년 11건에서 명백하게 전년도에 비해 증가한 것으로, 그중 9건이 국도프로젝트로 가장 많았고, 5건이 철도프로젝트, 2건의 수로프로젝트와 2건의 에너지시설프로젝트이다.

특기할 점은 인프라시설 프로젝트에 대한 소송절차기간이 대폭 줄어들었다는 점이다. 2011년 이후 2014년까지는 거의 동일하게 11개월 이상의 기간이 소요되었으나, 2015년 8개월 16일로 대폭 축소되었다.

4. 업무현황

2015년 업무현황을 살펴보면, 상고부(Revisionssenate)의 경우 업무연도의 개시 당시 계류 중인 사건이 622건이며 접수된 사건은 1360건, 종국사건은 1295건이며 업무년도 종료 당시 계류 중인 사건은 685건을 전년도 622건에 비해 상승하였다. 군사부(Wehrdienstsenate)의 경우 2015년 업무년도 개시 당시 계류 중인 사건은 66건이며 접수된 사건은 99건, 종국사건은 1178건이며 업무연도 종료 당시 계류 중인 사건은 48건으로 최근 5년간 가장 적은 수의 사건이 계류 중인 것으로 나타났다.

Ⅲ. 주요 행정판례의 분석

1. 장기거주권한 취득 여부
(BVerwG 1 C 22. 14 - Urteil vom 16. Juli. 2015)

(1) 주요 요지

[1] 거주이전자유법 제5조 제4항에 의한 상실확인은, 유럽연합시민이 5년간 연방의 영토에 계속 거주하지 않았다는 것만으로 바로 정해지는 것은 아니다.

[2] 법 제4a조 제1항에 의한 장기거주권의 발급은, 당사자가 거주기간 중 최소 5년간 유럽연합 지침 2004/38/EG 제7조 제1항 소정의 거주이전자유의 조건이 단절 없이 충족되었음을 조건으로 한다.

(2) 대상 판결의 개요 및 분석

원고는 1935년생 헝가리 국적인으로 2004년 독일에 처음 입국하였다. 피고 행정청은 2012년 5월 14일 거주이전자유법 제2조 제1항에 의한 출입국 및 거주에 대한 권리[2]가 원고에게 부존재하거나 혹은 상실되었음을 법 제5조 제5항[3]에 따라 확인하는 처분을 내렸다. 이에 따라 또한 피고는 이에 의거하여 원고에게 늦어도 1개월 내에 원고는 연방의 영토에서 출국할 것을 명하였고 만약 기한 내에 출국의무를 이행하지 않을 경우 헝가리로 추방할 것임을 알렸다. 비록 원고에게 그의 출입국 및 거주권한을 이끌어낼 수 있는, 거주이전의 자유를 가지는 가족구성원이 있긴 하지만 피고는 여기에서 보호할 가치가 있는 사실상의 관계를 찾을 수 없다고 보았다. 또한 원고가 아직 5년 동안 계속 적법하게 거주하지 않았기 때문에, 피고는 원고가 거주이전자유법 제4a조 소정의 장기거주권을 획득하지 못하였다고 판단하였다. 즉, 원고는 장기거주를 입증하지 못하고 있고 단지 사실상 일시거주를 계속해왔다는 것이다.

원고는 출입국 및 거주에 대한 권리의 부존재 혹은 상실되었음을 확인하는 처분에 대하여 소를 제기하였고 슈투트가르트 행정법원은 원고가 제기한 소를 인용하였다. 이에 피고는 항소하였으나, 만하임 고등행정법원은 피고의 항소를 기각하였다. 원심의 기각이유를 살펴보면, 원고는 2004년 말 이탈리아에서 독일로 입국한 이후 일시적으로 은행업무

2) 거주이전자유법 제2조 제1항: "거주이전의 권한이 있는 유럽연합시민과 그 가족구성원은 이 법이 정하는 바에 따라 출입국 및 거주의 권리를 가진다."

3) 거주이전자유법 제5조 제5항: "유럽연합시민의 장기거주권은 신청에 의하여 지체없이 확인된다. 유럽연합시민이 아닌 장기거주권한 있는 가족구성원은 6개월 이내에 신청하면 장기거주증이 교부된다."

나 여권업무상 헝가리를 방문한 것을 제외하고는 1년에 6개월 이상 독일을 떠난 적이 없으며 그러므로 2009년 말 거주이전자유법 제4a조에 따라 장기거주권을 획득하였다고 주장하고 있다. 또한 법문의 해석상 5년의 기한이 도과하기까지는 상실을 확인한 바가 없었다는 것도 장기거주권의 근거가 된다고 보았다. 무엇보다도 원심은 원고가 장기거주권을 위한 실질적인 조건을 갖추고 있다고 판단하였다.

피고는 상고하였으며 연방행정법원은 이를 받아들였다. 연방행정법원은, 원심이 5년의 기한이 도과하기까지 거주이전자유법 제5조 제4항의 상실확인[4]이 유효하게 내려지지 않은 경우 제4a조 제1항의 장기거주권이 이미 발생하는 것이라고 본 데에 법리오인이 있다고 보았다. 즉, 5년의 기한동안 상실확인이 없었다는 것만으로 바로 장기거주권의 존재를 인정할 수는 없다는 것이다.

연방행정법원은, 원심이 원고가 거주기간 중 최소 5년간 계속 적법하게 거주하였는지의 여부와 실질적인 조건을 충족하였는지에 대하여 충분히 사실관계를 살폈어야 했음에도 불구하고 이를 충분히 살피지 아니하였다고 보았다. 거주이전자유법 제4a조 제1항 1문[5]은 소위 "유럽연합시민지침(Unionsbürgerrichtlinie)"이라고도 불리는 유럽연합지침 2004/38/EG 제4절의 전환규정으로, 5년간 계속 적법하게 거주한 자는 거주이전자유법 제2조 2항이 규정하고 있는 그 외의 조건에도 불구하고 출입국 및 거주의 권리(장기거주권)를 가지게 된다. 그렇다고 5년간 상실확인을 하지 않았다는 것이 곧바로 그 외의 조건에도 불구하고 장기거주권의 존재를

4) 거주이전자유법 제5조 제4항: "법 제2조 제1항 소정의 권리의 전제조건이 5년 이내에 연방에 계속적으로 적법한 거주의 근거가 누락되거나 존재하지 않는 경우 제2조 제1항 소정 권리의 상실을 확인할 수 있으며 유럽연합시민이 아닌 가족구성원의 경우 거주증이 회수될 수 있다. 제4a조 제6항의 경우에도 같다."

5) 거주이전자유법 제4a조 제1항 1문: "유럽연합시민으로 5년간 계속 적법하게 거주한 자는 제2조 2항의 조건과 상관없이 출입국 및 거주에 대한 권리(장기거주권)를 가진다."

인정한다는 것은 아니다. 유럽연합법상 장기거주권의 발생을 위해서는 위 유럽연합지침 제7조 제1항의 거주이전자유의 조건을 최소 5년간 중단없이 충족하여야 함을 전제로 하고 있다.6) 체계적으로 볼 때 거주이전자유법상 실질적인 조건에 대한 "적법한 거주"의 개념을 위해 중요한 것은, 입법자가 법 제11조 제3항의 "이 법이 정하는 바에 따른 적법한 거주의 시기"를 외국인 거주법(Aufenthaltsgesetz)7)상 적법한 거주에 대응시키고 있다는 점이며8) 이는 제정이유서의 내용에도 상응한다. 원심은 유럽연합지침 2004/38/EG 제7조 제1항의 조건이 존재하는 지에 대한 어떠한 사실관계의 확인을 한 바가 없으므로 연방행정법원은 이를 파기환송한 것이다.

2. 더블린 규약-II 관할규정의 법적 성격 (BVerwG 1 C 32.14 - Urteil vom 27. Okt. 2015)

(1) 주요 요지

[1] 독일이 더블린 규약-II에 의한 난민신청 심사에 의한 난민신청 심사에 있어 관할권 없음이라는 결정을 폐지하기 위해서는 취소소송이 적합한 소송유형이다.

[2] 더블린 규약-II에 규정된 기한규정은 난민신청자에게 어떤 주관적 권리의 근거가 되지 않는다.

(2) 배경

유럽연합의 난민정책은 1951년 난민지위협정 등을 바탕으로 하여

6) BVerwG, Urteil vom 31. Mai 2012 – 10 C 8.12

7) 정식명칭은 "독일 연방 내 외국인의 거주, 경제활동 및 통합에 관한 법률"이다. (Gesetz über den Aufenthalt, die Erwerbstätigkeit und die Integration von Ausländern im Bundesgebiet: AufenthG).

8) BT-Drs. 15/420, S. 106

리스본 조약이 기본적인 내용을 정하고 그 외에 이를 구체화하는 각종 지침 및 규약을 통해 시행되고 있다. 그 중 하나인 더블린 규약은 난민의 지위를 보호하기 위하여 난민 신청의 신속한 관할지정과 처리 및 이송을 내용으로 하는 유럽연합법상의 규약(규정: Regulation; Verordnung)이다. 1990년 더블린 컨벤션에서 12개 유럽국가 간에 처음 체결된 이후 2003년 덴마크 이외 모든 유럽연합국가가 더블린 규약-II를 체결하였으며 이후 유럽연합국가 외 4개국이 참여하여 2013년부터 현재까지는 더블린 규약-III이 발효 중에 있다.

더블린 규약-II은 해당 규약의 회원국이 아닌 제3국의 국민 또는 무국적자가 회원국에 난민 신청을 할 경우 그 심사에 대한 관할국가가 어떤 국가인지를 정하는 규약이다(Verordnung (EU) Nr. 343/2003: Dublin-II).[9] 관할을 정하는 기본적인 원칙은, 난민이 처음 입국한 국가에 난민 신청을 하여야 하고 해당 국가는 난민 신청을 심사하고 처리할 관할국가가 된다는 것이다. 이 원칙은 한편으로는 난민 신청에도 불구하고 관할을 서로 미루어 아무 국가도 이에 책임을 지지 않게 되어 난민 지위가 불안정해지는 소위 "난민 공전(refugees in orbit)"현상을 방지한다. 그러나 다른 한편으로는 난민들이 일단 유럽 권역 내로 진입한 이후 원하는 회원국을 선택하기 위해 계속 유럽권역을 떠돌거나 특정 국가로 집중되는 소위 "망명지 쇼핑(asylum shopping)"현상을 방지하는 데에도 목적이 있다.[10]

(3) 대상 판결의 개요 및 분석

파키스탄 난민 가족들은 2013년 독일에 처음 입국하기 전 2012년

---

9) 현재 2013년 7월 19일 체결된 더블린 규약-III(Verordnung (EU) Nr. 604/2013이 발효 중이나 해당 사건은 더블린 규약-III 발효 이전이므로 이하에서 특히 더블린 규약-III이라 표기하지 않는 이상 더블린 규약-II를 의미한다.

10) 자세한 내용은 EU legal framework on asylum and irregular immigration 'on arrival' State of play, (2015. 3), 3면 이하 참조..

11월 스페인에서 3,4일간을 머무르면서 통역인이 없었던 관계로 공항에서 제지를 받았고 마침내 어떤 서류에 서명을 했으며 이 서류가 난민신청서라고 생각하였다고 한다. 본래 이 가족들의 목표는 독일로 가려는 것이었으나 스페인에서 파키스탄으로 돌려보내졌다가 2013년 1월 다시 비행기로 프랑크푸르트 공항에 도착하였다. 피고 행정청은 2013년 12월 4일 더블린 규약-II 제16조 제1항 c호와 관련하여 이들 가족 4인을 모두 스페인으로 재수용요청하였다. 스페인 체류 당시 EURODAC (European Dactyloscopy)에 일부 가족구성원이 지문 등을 날인하지 않았으나 날인을 한 가족들과 함께 여행을 하였으며 가족구성원 일부가 스페인에서 난민신청을 하였기 때문이다. 스페인 내무부는 서신을 통하여 이들 4인 가족 모두의 수용을 허락함을 통보하였다. 이에 따라 피고 행정청은 원고의 난민신청을 불허하였고 스페인으로의 출국을 명하였다. 당시 신청된 난민신청에 의하면 스페인이 난민신청에 대한 관할권을 가지고 있기 때문이다. 그렇다고 더블린 규약-II 제3조 제2항에 의거하여 독일이 개입권(Selbsteintrittsrecht)을 행사할 어떤 예외적인 인도주의적 근거도 발견되지 않는다는 것이다. 이에 원고는 난민신청거부처분과 출국명령처분의 취소를 구하는 소를 제기하였다.

제1심 비스바덴 행정법원은 원고의 소제기를 통하여 집행정지효를 인정한 뒤, 피고의 난민신청 거부와 출국명령이 위법하다고 판시하였다. 제1심 행정법원은 더블린 규약-II 제17조 제1항 2문에 의거하여 난민신청의 처리에 대해 독일의 관할을 인정하였다. 왜냐하면, 스페인에 대한 재수용요청이 3개월의 기간 내에 신청되지 않았는데, 이미 2013년 1월 16일 EURODAC에 정보가 입력되었고 청문을 통해 스페인에서의 난민신청으로 여겨지는 서명이 있었기 때문이다. 문제가 되는 것은 더블린 규약-II 제17조 제1항 1문의 3개월 기간규정인데, 비스바덴 행정법원은 이 기간규정이 난민의 수용절차만을 위해 적용되는 것이 아니라 난민재수용절차에도 적용된다고 보았다.

그러나 항소심 카셀 행정법원은 더블린 규약-II 제17조 제1항 2문의 유추해석상 독일이 난민신청의 처리에 관할이 없다고 보았다. 또한 난민재수용에 대해서는 더블린 규약-II 제20조만이 적용되며 여기에는 제17조와는 달리 기간규정을 두고 있지 않기 때문에 거부처분과 출국명령에 어떠한 법적 흠결이 있는 것은 아니라고 하였다. 원고는 이에 상고하였다.

연방행정법원은 먼저 난민신청거부처분에 대해 의무이행소송이 아닌 취소소송이 적법한 소송유형인지를 판단하였다. 연방행정법원은 원심과 마찬가지로, 더블린 규약-II에 따라 난민신청 심사에 대하여 독일은 관할권이 없다는 결정을 취소하려면 이에 적법한 소의 유형은 취소소송이라고 보았다. 더블린 규약-II은 관할국가의 확정에 대해서는 난민신청의 실질적 심사와 분리된 절차를 예정해두고 있기 때문이다. 그러므로 난민자격을 승인할 것을 구하는 의무이행소송이 아니라 여기에서는 관할권이 없다고 한 결정을 취소하여야 하는 것이다. 나아가 더블린 규약은 만약 다른 국가의 의무가 하자있다고 인정되는 경우라면 더블린 규약 절차상 관할권이 있는 행정청이 난민신청자의 수용 또는 재수용을 요청하기 위하여 하위관할인 다른 회원국을 유보시켜둘 것을 정하고 있다. 그럼에도 불구하고 만약 행정법원이 관할결정의 취소의 사례에서 곧바로 난민신청의 이유에 대한 결정을 한다면, 이는 관할확정을 위한 절차와 난민신청의 실질적 심사가 분리되어있음을 무시하는 것이 된다.[11] 또한 난민신청이 불허된다는 것은 단순한 확인에 지나지 않는 것이 아니라 형성적인 결정이므로 취소소송이 적법한 소송유형이다.

한편, 연방행정법원은 더블린 규약-II 제17조 제1항 2문의 3개월 기간 규정이 단지 수용요청에만 적용되는 것이며 반대로 재수용요청에는 적용되지 않는다는 원심의 판단을 지지하였다. 연방행정법원은 이미

11) VGH Mannheim, Urteil vom 16. April 2014 – A 11 S 1721/13 – InfAuslR 2014, 293 – juris Rn. 18.

더블린 규약-II의 재수용요청에 있어서 기간규정이 없다고 하여 법의 흠결이 있는 것은 아니라고 판시한 바 있다.[12] 또한 원고는 유럽연합기본권헌장 제41조 제1항의 좋은 행정(gute Verwaltung)에 대한 권리로부터 독일이 난민신청을 처리해 줄 것을 요청할 권리를 도출해낼 수 없다. 유럽연합법원의 판결에서 밝힌 바와 같이 이 권리는 유럽연합의 기관이나 시설 등에 대한 것이지 회원국에 대한 권리가 아니기 때문이다.[13]

유럽연합법원의 "Abdullahi" 판결에서 결정한 바와 같이, 위와 같은 상황, 즉 요청된 회원국이 난민신청자의 수용을 승인하고, 난민신청이 심사되지 않고 신청자를 다른 회원국으로 인도하는 결정에 대해서는 당사자는 단지 난민절차 및 난민신청자의 수용조건에 대한 체계적 흠결을, 중요한 이유 및 사실관계를 통해 확인된 이유들을 설시하여, 이 흠결로서 그가 유럽연합기본권헌장 제4조의 의미에서 비인간적이거나 굴욕적인 처우를 당할 실제 위험에 놓여있음을 주장함으로 대처할 수 있을 뿐이다.[14] 그러나 연방행정법원은 이 사건 난민절차에서는 이러한 체계적 흠결이 발생하지 않았다고 보았다. 이 사건에서 난민신청자는 3개월 기간의 도과를 주장할 수 없다. 왜냐하면 더블린 규약에서 (재)수용의 기간규정은 단지 회원국간 효력이 있는 기관규정으로 보아야 하기 때문이다. 이 규정은 신청인에게 특정 회원국에 의한 난민신청 심사를 요청할 권리를 보장하는 것이 아니라 관할 회원국의 신속한 확인에 기여하는 것이다.[15]

본 판결에서 연방행정법원은 난민신청에 대한 관할의 문제와 실질

12) BVerwG, Beschluss vom 15. April 2014 – 10 B 17.14 – juris Rn. 13; Beschluss vom 21. Mai 2014 – 10 B 31.14 – juris Rn. 5.

13) EuGH, Urteil vom 11. Dezember 2014 – C-249/13 [ECLI:EU:C:2014:2431], Boudjlida – Rn. 32 m.w.N.

14) EuGH, Urteil vom 10. Dezember 2013 – C-394/12 [ECLI:EU:C:2013:813], Abdullahi – Rn. 60

15) Hailbronner, Ausländerrecht, § 27a, AsylVfG Rn. 65; Funke-Kaiser, in: GK-AufenthG, § 27a, AsylVfG Rn. 196.1.; *Bergmann*, ZAR 2015, 81 (84).

직인 심사 절차를 분리하고 있으며 이에 따라 관할규정인 3개월 기간 규정으로부터 개인의 권리를 보호하는 성격을 도출해낼 수는 없다고 본 것이다. 그러나 같은 해 2015년 11월 연방행정법원은, 이하에서 보듯이 더블린 규약-II의 관할 규정이 개인보호적 성격을 가지기도 한다고 판시한 바 있다.

3. 더블린 규약-II의 개인보호적 성격 (BVerwG 1 C 4.15 - Urteil vom 16. Nov. 2015)

(1) 주요 요지

[1] 더블린 규약-II 제6조의 비동반 미성년자에 대한 관할규정은 개인에 대한 보호규정인 바, 이 규정이 회원국간의 관계만을 규율하는 것이 아니라 기본권 보호에도 역시 기여하기 때문이다.

[2] 난민법 제27a조에 의한 타 국제 관할로 인하여 허용되지 않는 위법한 난민신청거부처분은 그 불리한 법적 효과로 인하여 난민법 제71a조의 (소극적) 이중신청결정으로 해석될 수 없다.

(2) 대상 판결의 개요 및 분석

원고는 이라크 국적의 1993년생으로 난민신청이 거부되어 벨기에로 출국명령을 받았다. 2008년 불안정한 정세로 인하여 고국을 떠난 원고는 독일과 벨기에 양 측으로부터 난민신청이 거부되었다. 2010년 원고는 벨기에에서 독일로 입국하였으며 난민승인을 신청하였다. 2011년 벨기에의 재수용 요청 승인에 따라 피고 행정청은 2011년 4월 원고의 난민신청을 다른 국가 관할이라는 이유로 불허하였으며 또한 벨기에로 출국명령을 내렸다. 이에 대하여 원고가 소를 제기하였다.

앞의 BVerwG 1 C 32.14 판결과는 달리 이번 사건에서 연방행정법원은 더블린 규약-II 관할규정이 개인보호적인 성격을 가지고 있다고 판단하였다. 본 사건의 원고는 비동반 미성년자인 난민이기 때문이다. 먼저 비동반 미성년자라 함은 더블린 규약-II 제2조 h목에서 정하고 있는 바와 같이, 18세 미만의 미혼인 자로 동행하는 법률상 혹은 관습법상 책임있는 성년자가 없는 자를 말한다. 동반 가족구성원이 없는 미성년자의 경우 더블린 규약-II 제6조 제2항에 의해 난민신청을 받은 회원국이 관할권을 가진다. 이 규정은 앞의 BVerwG 1 C 32.14 판결에서 문제된 관할 회원국의 신속한 확인을 위한 규정과는 달리, 기관처리적인 성격과 미성년자보호를 위한 성격을 모두 가지고 있는 규정이다. 유럽연합법원 판결 역시 미성년자가 다수의 국가에 난민신청을 한 경우, 즉 관할 경합이 있는 경우, 관할은 처음 난민신청을 한 국가가 아니라 미성년자가 난민신청을 하고 체류하고 있는 국가에 관할이 있음을 밝힌 바 있다. 이러한 이유로 연방행정법원은 피고 행정청의 난민신청거부처분과 출국명령을 위법하다고 판단하였다.

4. 연방의회의 학술업무자료에 대한 접근 (BVerwG 7 C 1.14, 2.14 - Urteile vom 25. Juni 2015)

(1) 주요 요지

[1] 독일 연방의회는 학술조사처에 의한 의원의 위임관련된 지원에 대해 정보자유법 제1조 제1항에 따른 정보의무를 진다.

[2] 업무에 대한 의무를 이행하는 중 저작권의 보호를 받는 저작물을 만들어내는 연구원 등은 상사에게 그 이용권을 허가하여 정보자유법상 접근요청권을 허용할 수 있게 한다.

[3] 정보의무를 지는 행정청은 그에게 허용된 저작권 이용권의 행사의 결정에 있어 현행 법률의 목적과 이에서 도출되는 법적 의무를 고려해야만 한다. 행정청에게 귀속되는 저작권의 일반적 우위는 정보자유법 제6조 제1항으로부터 도출되지 않는다.

(2) 대상 판결의 개요 및 분석

연방행정법원은, 연방의회의 행정기관인 연방의회사무처(Bundestagsverwaltung)가 연방의회 학술조사처(Wissenschaftliche Dienste des Deutschen Bundestages: WD)[16)]의 문서에 대한 접근을 신청한 자에게 이를 허용해야만 한다는 것을 2015년 2개의 판결을 통해 밝히고 나아가 정보자유법(Informationsfreiheitsgesetz: IFG)의 범위에 대한 명확한 입장을 표명하였다.

첫 번째 판결에서는, 언론인인 원고가 2011년 6월 21일 정보자유법에 의거하여 독일연방의회에 전 연방의회의원이자 국방장관을 역임한 바 있는 Karl－Theodor zu Guttenberg와 관련된 여러 문건에 대한 접근권을 서면으로 요청하였다. 그러나 2011년 7월 4일 연방의회사무처는 이에 대한 거부처분을 내렸다. 해당 문건은 2003년에서 2005년 사이에 Karl－Theodor zu Guttenberg가 작성하였고 또한 이후 표절로 인하여 독일 사회에 큰 파문을 일으켰던 그의 박사학위논문에도 사용되었다. 제1심 베를린 행정법원은 2012년 9월 14일 판결을 통해, 피고는 원고가 요청한 문건의 사본을 공개할 의무가 있다고 하였다. 행정법원은 독일연방의회는 소구된 직무상의 정보와 관련한 공법상 행정임무를 진다고 보았다. 또한 학술조사처의 보고서가 정보자유법상 공개제외사유인 지식재산권 등에 해당하는 지에 대해서도 이를 인정하지 않았다.

항소심인 브란덴부르크 고등행정법원에서는 원고가 해당 문서에

16) 독일연방의회 학술조사처는 의회의 입법활동에 필요한 현안에 대한 자료와 전문지식의 연구를 위한 의회 내의 기관으로 총 11개 전문부서가 각각의 영역에 따라 현안보고서와 전문보고서를 작성하고 있다. 학술조사처의 연구주제는 연방의회 의원이 의정활동을 위해 요청된 것이나 당면한 문제에만 국한되지 않고, 주제를 직접 발굴하고 조사하기도 하며 현안이 아니더라도 중·장기적인 관점에서 입법활동을 위해 필요한 배경지식과 전문지식을 연구하여 연방의회의 싱크탱크로서의 역할을 수행한다.

대한 정보접근권을 요청할 어떠한 권리도 없다고 보았다. 독일 연방의회 학술조사처 및 외국어 조사처(Sprachendienste)는 문서의 작성 및 번역에 있어 어떤 실질적인 행정임무를 수행하는 것이 아니며, 해당 업무는 결국 연방의회의 의원이 수행하는 의회의 활동영역에 귀속된다고 보았다. 정보자유법 제1조 제1항이 동법의 적용대상이 행정임무를 수행하는 행정청임을 명시적으로 밝히고 있는 반면, 관할 부처의 보고서나 지도원리에서 규정한 바에 의하면 연방의회 학술조사처 및 외국어 조사처 업무의 기능과 연방의회의원이 이를 이용하는 조건은 의회 활동 영역에 속한다고 하고 있다. 의회활동 영역의 특수한 영역이라는 것은 (연방)의회의원 자신에 의한 행위에만 국한되는 것이 아니며, 연방의회행정에 의한 업무가 의회활동과의 충분히 밀접한 관련성이 나타나는 한 이 역시 의회활동 영역에 포함된다는 것이다. 이에 원고는 상고하였다.

연방행정법원은 먼저 정보자유법 제1조 제1항에서 규율하고 있는 적용대상인 연방행정청에 대해 다음과 같이 설시하고 있다: 정보자유법 제1조 제1항은 조직법적(기관법적: organisationsrechtlich) 행정청의 개념이 아니라, 기능적(funktionell) 행정청 개념에 기초하고 있다. 여기에서 행정청이란 공법상 행정임무를 수행하는 독자적인 기관단일체의 의미를 가지는 모든 부서를 말한다. 이는 실질적인 기준에 의해 확정된다. 정보자유법 제1조 제1항 2문이 기타 연방의 기관 등도 적용대상이라는 것은 그저 선언적인 의미인 것이다. 분명한 것은, 조직법적으로 행정청의 성격을 가지지 않는 기관이라도 특정한 행위영역에 관련되는 것은 기능적 의미의 행정청이 될 수 있다는 점이다.

한편 2015년 두 번째 연방의회사무처 정보공개에 관련된 연방행정법원의 판결은, 소위 "UFO 보고서"라고도 불리는 학술연구처 제8부서의 보고서[17]에 대한 것으로, 동 판결에서도 연방행정법원은 기능적 행

17) "Die Suche nach außerirdischem Leben und die Umsetzung der VN-Resolution A/33/426 zur Beobachtung unidentifizierter Flugobjekte und extraterrestrischen

정청의 개념에 따라 정보공개를 인정하였다.

5. 양계장 시설 인근 주민에 대한 사전보호적 조치 (BVerwG 7 C 10.13 - Urteil vom 23. Juli 2015)

(1) 주요 요지

공해방지조치는 이 조치가 공해방지를 위해 실제로 적합하나 경제적 이유에서는 아직 기술 수준에 상응하지 않는 경우, 필수적이고 경제적으로 예견가능한 사전보호적 조치가 되어야 한다.

(2) 대상 판결의 개요 및 분석

원고는 양계장 시설을 설치하고 운영함에 있어 바이오 에어로졸[18] 공해를 줄이기 위한 양계장의 배기시설을 운용할, 부관 없는 공해방지법상 허가를 신청하였다. 해당 시설은 평야와 농지에 위치하며 북서쪽 250m에 인접인 주거지가 있었다. 피고 행정청은 연방정부의 행정규칙인 "대기청정을 위한 기술지침(Technische Anleitung zur Reinhaltung der Luft: TA-Luft)"[19]에 따른 사전보호조치를 부담부로 하는 공해방지법상 허가를 발령하였다. 이 허가는 사전보호적 관점에서 기술수준에 상응하는 조치에 따라 에어로졸 농도를 절감하여야 하여야 하며 반경 500m 이내의 주거지에서 에어로졸로 인한 추가적 오염이 발생하지 않아야 함을 이유로 분진을 약 70% 이상 절감할 수 있는, 독일농업협회가 인증한

Lebensformen" (AKZ: WD 8 - 3000 - 104/2009)

18) 에어로졸이란 대기 중에 부유하는 고체 또는 액체상태 입자로 크기는 0.001㎛에서 1000㎛ 정도이다. 고체형태는 미세먼지, 액체형태로는 안개가 대표적이다. 바이오 에어로졸은 0.02~100㎛ 정도의 크기로서, 세균이나 곰팡이 같은 미생물과 바이러스 등이 고체나 액체 입자에 포함되어 있는 것이다.

19) 본 지침은 공해방지법 집행을 위한 행정규칙으로 연방 공해방지법 제48조에 근거를 두고 있으며 대기오염의 산정이나 각종 시설의 공해방지법상 허가를 위한 일반적인 요구조건 등을 정해두고 있다.

배기시설을 설치할 것을 이른바 수정부담의 형식으로 하여 공해방지법상의 허가를 발령하였다.

원심은 피고 행정청이 부관 없이 허가를 발령할 의무가 있다고 판시하였다. 양계장의 운영으로 바이오 에어로졸이 확산될 리스크에 대한 예방적 위험보호의 차원에서 사전보호조치의 명령은 일단 그 전제조건이 충족되는 것이긴 하다. 그러나 양계장을 통해 오염도가 상승하는 지 등에 대해서는 설명되지 않는다. 원심은 피고 행정청의 처분이 가축시설로부터 발생하는 바이오 에어로졸에 있어 기존오염(Vorbelastung)에 대해서도 추가오염(Zusatzbelastung)에 대해서도 확실하게 예측하지 못하고 또한 주변 오염(배경오염: Hintergrundbelastung)에 상응하는 대기오염은 단지 주거지로부터 어느 정도 거리를 － 여기에서는 500m － 유지할 뿐인, 하자있는 표준화된 산정 및 추론절차에 근거하고 있다고 보았다.

이와 별개로도 원심은 사전보호조치 명령이 비례성을 충족하고 있지 못하다고 보았다. 피고 행정청은 원고에게 예상되는 추가비용과 리스크 감소와의 적절한 관계에 대해 충분히 이유를 제시하지 않고 있다는 것이다. 설득력 있는 논거 없이 원고의 사적 이익이 더 높은 법익인 건강에 대해 후퇴해야 한다고 일반적으로 언급하는 것으로는 충분하지 않다. 여기에서는 소모되는 비용과 편익 사이에 비례성 심사가 이뤄졌어야 했다는 것이다..

연방행정법원은 원심을 파기환송하였다. 먼저, 연방행정법원은 원심의 논거 중 양계장에 배기시설을 설치하는 것이 경제적 측면에서 볼 때 현재 기술수준에 상응하지 않는다는 점은 받아들일 수 없다고 하였다. 공해방지법 제3항 제6조 1문에 의거하여 오염배출(Emission)을 제한하는 조치는 그 조치의 실제적인 적합성이 전체적으로 보장되는 경우 기술수준에 부합할 수 있는 것이다. 여기에서 독일농업협회가 인증한 배기시설이 실제로 적합한 것인지에 대해 원심이 확정한 바가 없고 다만 가처분 결정에서 인증된 배기시설이 바이오 에어로졸 배출을 감소시키는 데에 있어 "모종의 의심"이 표현되었을 뿐이다.

한편 동법 제3항 제6조 2문에 의하면 현재 기술 수준의 확정에 있어서는 가능한 조치의 비용과 편익 간의 비례성 및 사전보호와 예방의 원칙이 고려되어야 한다. 물론 '현재 기술 수준'이라는 것은 일반적인 척도로, 이것만으로 개별적인 사례의 상황에 있어 어떤 역할을 하는 것이 아니다.[20] 이는 비용과 편익 사이의 비례성을 심사함에 있어서도 동일하게 적용되는 것으로 소위 경제적 적합성을 위해 중요한 것은 배출제한적 조치를 위한 경제적 소비가 해당 산업영역의 특정 시설을 운영하는 평균적인 영업자에게 납득할 수 있는 (비례적) 관계[21]에 놓일 것을 기대할 수 있는가이다.

그렇다고 대기 청정을 위한 기술지침의 해당 규정이 바이오 에어로졸에 의한 환경오염에 대해 현재 기술 수준을 넘어서는 사전보호조치를 제외하는 것은 아니다. 이 규정에 의하면 현재 기술 수준에 상응하는 조치에 의해 병원균이나 독성물질의 배출을 줄일 가능성이 평가될 수 있는 것이다. 2002년 대기청정지침의 제정은 바이오에어로졸이 위해한 환경영향을 가져올 수 있으나 아직 기술 수준이 공식화되지는 않았으므로 단지 일반적으로 배기정화를 요청한다는 것을 목적으로 한다. 특히 인접인의 특정 공해상황을 고려하는 개별 사안에서 바이오에어로졸의 배출에 대한 사전보호조치를 명할 가능성은, 현재 기술 수준에 상응하는 조치에 대한 평가명령을 변화시키지 않는다.

20) Jarass, BImSchG, 10. Aufl. 2013, § 3, Rn. 99; Dietlein, in: *Landmann/Rohmer*, Umweltrecht, Band III, § 5, Rn. 150

21) Art. 3 Nr. 10 Buchst. b der Richtlinie 2010/75/EU des Europäischen Parlaments und des Rates vom 24. November 2010 über Industrieemissionen, ABl. L 334 S. 17

6. 공무 이외에 아동음란물을 소지한 경찰공무원의 책임
(BVerwG 2 C 13.14, 15.14, 18.14, 27.14, 28.14, 5.15-7.15, 12.15 - Urteile vom 17. Sep. 2015)

(1) 주요 요지

[1] 공무원의 공무수행 이외의 행위는 이로서 그 직책이 요구하는 신뢰를 훼손할 수 있는 경우에만 징계대상이 된다. 특히 고의로 행한 범죄의 경우 및 공무원의 공식과 의무위반 사이에 관련성이 존재하는 경우를 상정해볼 수 있다. 이를 위한 접점은 신분권적(지위권적: statusrechtlich) 의미의 공직이다(판례변경).

[2] 경찰공무원은 범죄를 방지하고 밝히고 추적해야 한다. 경찰공무원은 공적으로 특수한 신뢰와 보증의 지위를 향유한다. 이러한 공직의 수행을 위해 필요한 신뢰는 경찰공무원 스스로 중대한 범죄를 저지르는 경우에 특히 훼손되는 것이다.

[3] 아동음란 사진이나 동영상의 소지는 잘못의 범위를 생각하면 어떤 등급의 징계조치에 속할 수 있는 것이 아니다. 경찰공무원의 경우 기본지침의 공직관련성을 감안하면 공직으로부터 면직에까지 이른다.

[4] 해당공무원이 저지른 직무위반의 중대성에 이 지침이 상응하는 경우에만 지침의 사용된다. 이를 위해 간접적으로 형사법원 판결에 의한 제재를 원용할 수 있다. 형사법원이 단지 벌금형을 선고하거나 형사절차가 중단된 경우에 신분을 동요시키는 징계조치를 내리려면 특수한 이유제시가 필요하다.

(2) 형법상 아동음란물 소지 등에 대한 죄

독일 형법전은 아동음란물을 소지한 자에 대해서는 2년 이하의 자유형 혹은 벌금형에 처하도록 규정하고 있으며(§ 184b Abs. 4 StGB) 타인에게 아동음란물을 소지하도록 하는 자는 5년 이하의 자유형에 처하도록 정하고 있다(§ 184b Abs. 2 StGB).

(3) 대상 판결의 개요 및 분석

관련 판결에서 경찰공무원인 피고들은 각각 공무행위 이외에 아동음란물을 소지하거나 소지 및 타인에게 소지하도록 하여 각각 9개월의 자유형, 금전부담에 의한 절차중지(§ 153a Abs. 1 StPO), 일수벌금형이 선고되었다. 이후 계속된 징계소송(Disziplinarklage)에서 각각의 경찰공무원들은 면직처분을 받게 되었다.

연방행정법원은 피고의 상고를 모두 기각하였다. 먼저, 공무원의 공무 외 행위에 대한 판단을 살펴보면, 입법자는 공무원에게 다른 시민에 비해 더 많은 사회적 행태를 기대하지 않음이 발견되며 이와 관련된 판례 역시 그러하다.[22] 그러기에 공무가 아닌 사적인 교통범죄에 있어서도 마찬가지로 원칙적으로 징계법적 제재필요를 요하지 않는 것이다.[23] 그러므로 공무 외의 행위는 특별한 조건 하에서만 징계권자에게 징계조치를 할 권한을 주게 되는 것이다. 공무 외의 행위가 공직을 위해 필수적인 신뢰를 훼손하는 지 여부와 정도에 대해서는 각 비위의 방식과 정도에 따라 결정적으로 좌우된다.[24] 그러므로 고의적인 범죄가 특별한 의미를 가지게 되는 것이다.[25]

일단 범죄는, 공무원이 저지른 범죄와 그의 공직에 연결된 의무 사이에 관련성이 존재하는 경우에는 징계조치를 정당화시킨다. 아동음란

22) BT-Drs. 16/7076 S. 117 zum BBG sowie BT-Drs. 16/4027 S. 34 공무원법 관련 판례로는 BVerwG, Urteile vom 30. August 2000 – 1 D 37.99 – BVerwGE 112, 19 (26 f.); vom 27. Juni 2013 – 2 A 2.12 – BVerwGE 147, 127 Rn. 24
23) BVerwG, Urteil vom 30. August 2000 – 1 D 37.99 – BVerwGE 112, 19 (23).
24) BVerfG, Kammerbeschluss vom 19. Februar 2003 – 2 BvR 1413/01 – NVwZ 2003, 1504 Rn. 30
25) BVerwG, Urteile vom 28. Juli 2011 – 2 C 16.10 – BVerwGE 140, 185 Rn. 24.

물의 공무 외적인 소지는 경찰공무원의 직무와의 충분한 관련성을 보여준다. 학생과 교사의 사례[26]와는 달리, 경찰공무원은 아동에 대해 보호 및 후견에 대한 특수한 직무의무가 없긴 하다. 그러나 경찰공무원은 범죄를 방지하고 밝히고 추적해야 하며 그렇기에 공적으로 특수한 신뢰와 보증의 지위를 향유한다.[27] 공무원에게 위임된 신분법적 의미의 공직은 여기에서 연결점이 되는 것이다. 종전의 판례가 공직의 의미를 구체적-기능적 의미에 두었던 것과 달리, 본 재판부는 공무원의 법적 지위를 신분적 공직(Statusamt)로 보았다.[28] 신분적인 지위는 어떤 공무원의 임무영역이 공직에 적합하게 다뤄지는 지와 장래 종사할 수 있게 되는지를 정한다. 공무원의 적합성이나 직무수행능력과 같은 다른 신분법적 결정에서와 마찬가지로, 신분적인 지위는 어떤 특정한 공직으로부터 주어지는 요청에 관련되는 것이 아니다. 공무원이 저지른 의무위반에도 불구하고 공무원관계를 유지할 수 있는가의 문제 역시 "전체로서의" 그의 공직에 관련되어야 하는 것이지 제한된 행위영역의 특수성에 관련되어서는 안 된다.[29] 이렇게 볼 때, 경찰공무원의 공무수행을 위해 절대적인 신뢰관계는, 경찰공무원이 중대한 범죄를 저지르는 경우 훼손되는 것이다. 다만 여기에서 경찰공무원이 그의 구체적인 직무부서에서 이러한 범죄를 조사하는 지 또는 아동이나 청소년을 대면하는 지 여부는 무관하다. 경찰공무원은 그의 신분적 공직으로 인해 특수한 지위를 가지는 것이다.

이에 따라 연방행정법원은 해당 경찰공무원의 면직이 공무원법상

26) BVerwG, Urteil vom 19. August 2010 – 2 C 5.10 – Buchholz 235.2 LDisziplinarG Nr. 12 Rn. 15 ff.; Beschlüsse vom 25. Mai 2012 – 2 B 133.11 – NVwZ-RR 2012, 607 Rn. 17 und vom 19. März 2013 – 2 B 17.12 – juris Rn. 7

27) BVerwG, Urteile vom 8. Mai 2001 – 1 D 20.00 – BVerwGE 114, 212 (219); vom 25. Juli 2013 – 2 C 63.11 – BVerwGE 147, 229, Rn. 20

28) BVerwG, Urteil vom 11. Dezember 2014 – 2 C 51.13 – ZBR 2015, 166 Rn. 28

29) BVerwG, Urteil vom 25. Juli 2013 – 2 C 63.11 – BVerwGE 147, 229 Rn. 19

징계규정에 대한 위법이 있거나 부적절한 징계조치가 아니라고 보았다. 특히 형사소송법상 금전부담에 의한 절차중지의 경우라도 형사소추와 공무원법상의 징계절차가 그 목적을 달리하는 것이므로 공무원법상 면직은 가능하다고 보았다.

7. 그 외의 판결

그 외에 독일 연방행정법원 연례 언론 회견 자료가 소개하고 있는 판결을 간단히 소개해보면, 특정 지역에 설립된 카리타스 수도회 부설 임산부 상담시설에 대한 공적부조거부사건(BVerwG 3 C 1.14 - 4.14 - Urteile vom 25. Jun. 2015), 돈육장 환경영향평가(BVerwG 4 C 4.14 - Urteil vom 18. Jun. 2015), 후견인이 수령하는 보육비의 한도(BVerwG 5 C 21.14 - Urteil vom 21. Okt. 2015), 난독증 학생의 보호(BVerwG 6 C 35.14 - Urteil vom 29 Jul. 2015), 일요휴무법에 대한 규범통제(BVerwG 8 CN 2.14 - Urteil vom 11. Nov. 2015), 지역적 사치세로서 승마세(BVerwG 10 C 13.14 - Urteil vom 16. Jun. 2015) 등이 있다.

Ⅳ. 결어

이상으로 2015년 독일 연방행정법원의 주요 판결들을 간략히 소개해보았다. 본 연구에서 선별하고 소개한 판결만이 주요한 판결이라고 볼 수는 없을 것이나 매년 판례 동향을 축적함으로서 장기적 차원에서 해외 판례에 대한 연구 분석에 기여할 수 있기를 기대해본다.

참고문헌

독일연방행정법원 홈페이지: http://www.bverwg.de
독일현행법령 홈페이지: http://bundesrecht.juris.de

국문초록

본 연구는 2015년도 독일연방행정법원의 업무현황 및 주요 판례를 소개하고 분석함으로 한국과 독일 행정법의 비교법적 연구에 기여하는 것을 목적으로 한다. 선정된 판례는 독일연방행정법원의 2015년도 판례로, 외국인의 장기거주권한, 더블린 규약-II의 관할규정과 그 법적 성격에 대한 상반된 판결, 연방의회의 학술업무자료에 대한 정보공개법상 접근권, 양계장 시설 인근 주민에 대한 사전보호적 조치, 공무 이외에 아동음란물을 소지한 경찰공무원의 징계처분에 대한 판례가 분석되었다.

주제어: 독일연방행정법원, 장기체류권, 더블린 규약-II, 정보공개법, 사전보호조치, 징계처분

Abstract

Analyses of Important Administrative Law Cases in 2015 Term of the German Federal Administrative Court (Bundesverwaltungsgericht)

Kay, Inkook*

This article is devoted to an overview of important cases of the German Federal Administrative Court (Bundesverwaltungsgericht) in 2015. The subjects of this work are based on the Annual Press of the Federal Administrative Court 2015. The cases analysed in this article are:

BVerwG 1 C 22. 14
– Urteil vom 16. Juli. 2015(Daueraufenthaltsrecht)
BVerwG 1 C 32.14
– Urteil vom 27. Okt. 2015(Dublin Verordnung – II)
BVerwG 1 C 4.15
- Urteil vom 16. Nov. 2015(Dublin Verordnung – II)
BVerwG 7 C 1.14, 2.14
- Urteile vom 25. Juni 2015(Zugang zu Ausarbeitungen der Wissenschaftlichen Dienste des Bundestags)
BVerwG 7 C 10.13
- Urteil vom 23. Juli 2015(Vorsorgemaßnahme gegen Bioaerosol Belastung)

* Judicial Policy Research Institute(JPRI), Research Fellow (Dr. jur.)

BVerwG 2 C 13.14, 15.14, 18.14, 27.14, 28.14, 5.15－7.15, 12.15 – Urteile vom 17. Sep. 2015(Besitz kinderpornographischer Dateien und Disziplinarmaßnahme)

Keywords: Bundesverwaltungsgericht, Daueraufenthaltsrecht, Dublin Verordnung－II, Informationsfreiheitsgesetz, Vorsorgemaßnahme, Disziplinarmaßnahme

투 고 일: 2016. 11. 21
심 사 일: 2016. 12. 9
게재확정일: 2016. 12. 15

附　　錄

研究倫理委員會 規程

研究論集 刊行 및 編輯規則

「行政判例研究」 原稿作成要領

歷代 任員 名單

月例 集會 記錄

研究倫理委員會 規程

제1장 총 칙

제 1 조 (목적)

이 규정은 사단법인 한국행정판례연구회(이하 "학회"라 한다) 정관 제26조에 의하여 연구의 진실성을 확보하기 위하여 설치하는 연구윤리위원회(이하 "위원회"라 한다)의 구성 및 운영에 관한 기본적인 사항을 정함을 목적으로 한다.

제 2 조 (적용대상)

이 규정은 학회의 정회원·준회원 및 특별회원(이하 "회원"이라 한다)에 대하여 적용한다.

제 3 조 (적용범위)

연구윤리의 확립 및 연구진실성의 검증과 관련하여 다른 특별한 규정이 없는 한 이 규정에 따른다.

제 4 조 (용어의 정의)

이 규정에서 사용하는 용어의 정의는 다음과 같다.

1. "연구부정행위"는 연구를 제안, 수행, 발표하는 과정에서 연구목적과 무관하게 고의 또는 중대한 과실로 행하여진 위조·변조·표절·부당한 저자표시 등 연구의 진실성을 심각하게 해치는 행위를 말한다.
2. "위조"는 존재하지 않는 자료나 연구결과를 허위로 만들고 이를 기록하거나 보고하는 행위를 말한다.
3. "변조"는 연구와 관련된 자료, 과정, 결과를 사실과 다르게

변경하거나 누락시켜 연구가 진실에 부합하지 않도록 하는 행위를 말한다.

4. "표절"은 타인의 아이디어, 연구 과정 및 연구결과 등을 정당한 승인 또는 적절한 인용표시 없이 연구에 사용하는 행위를 말한다.
5. "부당한 저자 표시"는 연구내용 또는 결과에 대하여 학술적 공헌 또는 기여를 한 자에게 정당한 이유 없이 저자 자격을 부여하지 않거나, 학술적 공헌 또는 기여를 하지 않은 자에게 감사의 표시 또는 예우 등을 이유로 저자 자격을 부여하는 행위를 말한다.

제 2 장 연구윤리위원회의 구성 및 운영

제 5 조 (기능)

위원회는 학회 회원의 연구윤리와 관련된 다음 각 호의 사항을 심의 · 의결한다.

1. 연구윤리 · 진실성 관련 제도의 수립 및 운영 등 연구윤리확립에 관한 사항
2. 연구윤리 · 진실성 관련 규정의 제·개정에 관한 사항
3. 연구부정행위의 예방 · 조사에 관한 사항
4. 제보자 및 피조사자 보호에 관한 사항
5. 연구진실성의 검증·결과처리 및 후속조치에 관한 사항
6. 기타 위원장이 부의하는 사항

제 6 조 (구성)

① 위원회는 위원장과 부위원장 각 1인을 포함하여 7인 이내의 위원으로 구성한다.

② 위원장은 부회장 중에서, 부위원장은 위원 중에서 회장이 지명

한다.

③ 부위원장은 위원장을 보좌하고 위원장의 유고시에 위원장의 직무를 대행한다.

④ 위원은 정회원 중에서 회장이 위촉한다.

⑤ 위원장과 부위원장 및 위원의 임기는 1년으로 하되 연임할 수 있다.

⑥ 위원회의 제반업무를 처리하기 위해 위원장이 위원 중에서 지명하는 간사 1인을 둘 수 있다.

⑦ 위원장은 위원회의 의견을 들어 전문위원을 위촉할 수 있다.

제 7 조 (회의)

① 위원장은 필요한 경우 위원회의 회의를 소집하고 그 의장이 된다.

② 회의는 재적위원 과반수 출석과 출석위원 과반수 찬성으로 의결한다. 단 위임장은 위원회의 성립에 있어 출석으로 인정하되 의결권은 부여하지 않는다.

③ 회의는 비공개를 원칙으로 하되, 필요한 경우에는 위원이 아닌 자를 참석시켜 의견을 진술하게 할 수 있다.

제 3 장 연구진실성의 검증

제 8 조 (연구부정행위의 조사)

① 위원회는 구체적인 제보가 있거나 상당한 의혹이 있는 경우에는 연구부정행위의 존재 여부를 조사하여야 한다.

② 위원회는 조사과정에서 제보자 · 피조사자 · 증인 및 참고인에 대하여 진술을 위한 출석과 자료의 제출을 요구할 수 있다.

③ 위원회는 연구기록이나 증거의 멸실, 파손, 은닉 또는 변조 등을 방지하기 위하여 상당한 조치를 취할 수 있다.

제 9 조 (제보자와 피조사자의 권리 보호)

① 위원회는 어떠한 경우에도 제보자의 신원을 직·간접적으로 노출시켜서는 안 된다. 다만, 제보 내용이 허위인 줄 알았거나 알 수 있었음에도 불구하고 이를 신고한 경우에는 보호 대상에 포함되지 않는다.

② 위원회는 연구부정행위 여부에 대한 검증과정이 종료될 때까지 피조사자의 명예나 권리가 침해되지 않도록 노력하여야 한다.

제10조 (비밀엄수)

① 위원회의 위원은 연구부정행위의 조사, 판정 및 제재조치의 건의 등과 관련한 일체의 사항을 비밀로 하며, 검증과정에 직·간접적으로 참여한 자는 검증과정에서 취득한 정보를 누설하여서는 아니 된다.

② 위원장은 제 1 항에 규정된 사항으로서 합당한 공개의 필요성이 있는 때에는 위원회의 의결을 거쳐 공개할 수 있다. 다만, 제보자 · 조사위원 · 증인 · 참고인 · 자문에 참여한 자의 명단 등 신원과 관련된 정보가 당사자에게 부당한 불이익을 줄 가능성이 있는 때에는 공개하지 아니한다.

제11조 (제척 · 기피 · 회피)

① 위원은 검증사건과 직접적인 이해관계가 있는 때에는 당해 사건의 조사 · 심의 및 의결에 관여하지 못한다. ② 제보자 또는 피조사자는 위원에게 공정성을 기대하기 어려운 사정이 있는 때에는 그 이유를 밝혀 당해 위원의 기피를 신청할 수 있다. 위원회에서 기피신청이 인용된 때에는 기피 신청된 위원은 당해 사건의 조사 · 심의 및 의결에 관여하지 못한다.

③ 위원은 제 1 항 또는 제 2 항의 사유가 있다고 판단하는 때에는 회피하여야 한다.

④ 위원장은 위원이 검증사건과 직접적인 이해관계가 있다고 인정하는 때에는 당해 검증사건과 관련하여 위원의 자격을 정지할 수 있다.

제12조 (의견진술, 이의제기 및 변론기회의 보장)

위원회는 제보자와 피조사자에게 관련 절차를 사전에 알려주어야 하며, 의견진술, 이의제기 및 변론의 기회를 동등하게 보장하여야 한다.

제13조 (판정)

① 위원회는 위원들의 조사와 심의 결과, 제보자와 피조사자의 의견진술, 이의제기 및 변론의 내용을 토대로 검증대상행위의 연구부정행위 해당 여부를 판정한다.

② 위원회가 검증대상행위의 연구부정행위 해당을 확인하는 판정을 하는 경우에는 재적위원 과반수 출석과 출석위원 3분의 2 이상의 찬성으로 한다.

제 4 장 검증에 따른 조치

제14조 (판정에 따른 조치)

① 위원장은 제13조 제1항의 규정에 의한 판정결과를 회장에게 통보하고, 검증대상행위가 연구부정행위에 해당한다고 판정된 경우에는 위원회의 심의를 거쳐 그 판정결과에 따라 필요한 조치를 건의할 수 있다.

② 회장은 제 1 항의 건의가 있는 경우에는 다음 각 호 중 어느 하나의 제재조치를 하거나 이를 병과할 수 있다.

1. 연구부정논문의 게재취소
2. 연구부정논문의 게재취소사실의 공지
3. 회원의 제명절차에의 회부

4. 관계 기관에의 통보

5. 기타 적절한 조치

③ 전항 제 2 호의 공지는 저자명, 논문명, 논문의 수록 권·호수, 취소일자, 취소이유 등이 포함되어야 한다.

④ 회장은 학회의 연구윤리와 관련하여 고의 또는 중대한 과실로 진실과 다른 제보를 하거나 허위의 사실을 유포한 자가 회원인 경우 이를 제명절차에 회부할 수 있다.

제15조 (조사결과 및 제재조치의 통지)

회장은 위원회의 조사결과 및 제재조치에 대하여 제보자 및 피조사자 등에게 지체없이 서면으로 통지한다.

제16조 (재심의)

피조사자 또는 제보자가 판정결과 및 제재조치에 대해 불복할 경우 제15조의 통지를 받은 날부터 20일 이내에 이유를 기재한 서면으로 재심의를 요청할 수 있다.

제17조 (명예회복 등 후속조치)

검증대상행위가 연구부정행위에 해당하지 아니한다고 판정된 경우에는 학회 및 위원회는 피조사자의 명예회복을 위해 노력하여야 하며 적절한 후속조치를 취하여야한다.

제18조 (기록의 보관) ① 학회는 조사와 관련된 기록은 조사 종료 시점을 기준으로 5년간 보관하여야 한다.

부 칙

제 1 조 (시행일) 이 규정은 2007년 11월 29일부터 시행한다.

研究論集 刊行 및 編輯規則

제정: 1999. 08. 20.
제 1 차 개정: 2003. 08. 22.
제 2 차 개정: 2004. 04. 16.
제 3 차 개정: 2005. 03. 18.
전문개정: 2008. 05. 26.
제 5 차 개정: 2009. 12. 18.

제1장 총 칙

제 1 조 (目的)

이 규칙은 사단법인 한국행정판례연구회(이하 "학회"라 한다)의 정관 제27조의 규정에 따라 연구논집(이하 '논집'이라 한다)을 간행 및 편집함에 있어서 필요한 사항을 정함을 목적으로 한다.

제 2 조 (題號)

논집의 제호는 '行政判例硏究'(Studies on Public Administration Cases)라 한다.

제 3 조 (刊行週期)

① 논집은 연 2회 정기적으로 매년 6월 30일, 12월 31일에 간행함을 원칙으로 한다.

② 전항의 정기간행 이외에 필요한 경우는 특별호를 간행할 수 있다.

제 4 조 (刊行形式)

논집의 간행형식은 다음 각 호의 어느 하나에 의한다.

1. 등록된 출판사와의 출판권 설정의 형식
2. 자비출판의 형식

제 5 조 (收錄對象)

① 논집에 수록할 논문은 다음과 같다.

1. 발표논문: 학회의 연구발표회에서 발표하고 제출한 논문으로서 편집위원회의 심사절차를 거쳐 게재확정된 논문
2. 제출논문: 회원 또는 비회원이 논집게재를 위하여 따로 제출한 논문으로서 편집위원회의 심사절차를 거쳐 게재확정된 논문
3. 그 밖에 편집위원회의 심사절차와 간행위원회의 의결을 거쳐 수록하기로 한 논문 등

② 논집에는 부록으로서 다음의 문건을 수록할 수 있다.

1. 학회의 정관, 회칙 및 각종 규칙
2. 학회의 역사 또는 활동상황
3. 학회의 각종 통계

③ 논집에는 간행비용의 조달을 위하여 광고를 게재할 수 있다.

제 6 조 (收錄論文要件)

논집에 수록할 논문은 다음 각호의 요건을 갖춘 것이어야 한다.

1. 행정판례의 평석 또는 연구에 관한 논문일 것
2. 다른 학술지 등에 발표한 일이 없는 논문일 것
3. 이 규정 또는 별도의 공고에 의한 원고작성요령 및 심사기준에 부합하는 학술연구로서의 형식과 품격을 갖춘 논문일 것

제7조 (著作權)

① 논집의 편자는 학회의 명의로 하고, 논집의 개별 논문에는 집필자(저작자)를 명기한다.

② 학회는 논집의 편집저작권을 보유한다.

제2장 刊行委員會와 編輯委員會

제8조 (刊行 및 編輯主管)

① 논집의 간행 및 편집에 관한 업무를 관장하기 위하여 학회에 간 행위원회와 편집위원회를 둔다.

② 간행위원회는 논집의 간행에 관한 중요한 사항을 심의·의결한다.

③ 편집위원회는 간행위원회의 결정에 따라 논집의 편집에 관한 업무를 행한다.

제9조 (刊行委員會의 構成과 職務 등)

① 간행위원회는 편집위원을 포함하여 회장이 위촉하는 적정한 수의 위원으로 구성하고 임기는 1년으로 하되 연임할 수 있다.

② 간행위원회는 위원장, 부위원장 및 간사 각 1인을 둔다.

③ 간행위원장은 위원 중에서 호선하고, 부위원장은 학회의 출판담당 상임이사로 하고, 간사는 위원 중에서 위원장이 위촉한다.

④ 간행위원회는 다음의 사항을 심의·의결한다.

1. 논집의 간행계획에 관한 사항
2. 논집의 특별호의 기획 등에 관한 사항
3. 이 규칙의 개정에 관한 사항
4. 출판권을 설정할 출판사의 선정에 관한 사항
5. 그 밖에 논집의 간행과 관련된 중요한 사항

⑤ 간행위원회는 다음 각 호의 경우에 위원장이 소집하고, 간행위원회는 위원 과반수의 출석과 출석위원 과반수의 찬성으로 의결

한다.

1. 회장 또는 위원장이 필요하다고 판단하는 경우

2. 위원 과반수의 요구가 있는 경우

제10조 (編輯委員會의 構成과 職務 등)

① 편집위원회는 학회의 출판담당 상임이사를 포함하여 회장이 이사회의 승인을 얻어 선임하는 10인 내외의 위원으로 구성하고 임기는 3년으로 한다.

② 편집위원회는 위원장, 부위원장 및 간사 각 1인을 둔다.

③ 편집위원장은 위원 중에서 호선하고, 부위원장은 학회의 출판담당 상임이사로 하고, 간사는 위원 중에서 위원장이 위촉한다.

④ 편집위원회는 다음의 사항을 행한다.

1. 이 규칙에 의하는 외에 논집에 수록할 논문의 원고작성요령 및 심사기준에 관한 세칙의 제정 및 개정

2. 논문심사위원의 위촉

3. 논문심사의 의뢰 및 취합, 종합판정, 수정요청 및 수정후재심사, 논집에의 게재확정 또는 거부 등 논문심사절차의 진행

4. 논집의 편집 및 교정

5. 그 밖에 논집의 편집과 관련된 사항

⑤ 편집위원회는 다음 각 호의 경우에 위원장이 소집하고, 위원 과반수의 출석과 출석위원 과반수의 찬성으로 의결한다.

1. 회장 또는 위원장이 필요하다고 판단하는 경우

2. 위원 과반수의 요구가 있는 경우

제3장 論文의 提出과 審査節次 등

제11조 (論文提出의 基準)

① 논문원고의 분량은 A4용지 20매(200자 원고지 150매) 내외로 한다.

② 논문의 원고는 (주)한글과 컴퓨터의 "문서파일(HWP)"로 작성하고 한글사용을 원칙으로 하되, 필요한 경우 국한문혼용 또는 외국어를 사용할 수 있다.

③ 논문원고의 구성은 다음 각 호의 순서에 의한다.

1. 제목
2. 목차
3. 본문
4. 한글초록·주제어
5. 외국어초록·주제어
6. 참고문헌
7. 부록(필요한 경우)

④ 논문은 제1항 내지 제3항 이외에 편집위원회가 따로 정하는 원고작성요령 또는 심사기준에 관한 세칙을 준수하고, 원고는 편집위원회가 정하여 공고하는 기한 내에 출판간사를 통하여 출판담당 상임이사에게 제출하여야 한다.

제12조 (論文審査節次의 開始)

① 논문접수가 완료되면 출판담당 상임이사는 심사절차에 필요한 서류를 작성하여 편집위원장에게 보고하여야 한다.

② 편집위원장은 전항의 보고를 받으면 편집위원회를 소집하여 논문심사절차를 진행하여야 한다.

第13조 (論文審査委員의 委囑과 審査 依賴 등)

① 편집위원회는 간행위원, 편집위원 기타 해당 분야의 전문가 중에서 심사대상 논문 한 편당 3인의 논문심사위원을 위촉하여 심사를 의뢰한다.

② 제 1 항의 규정에 의하여 위촉되어 심사를 의뢰받는 논문심사위원이 심사대상 논문 또는 그 제출자와 특별한 관계가 명백하게 있어 논문심사의 공정성을 해할 우려가 있는 사람이어서는 안 된다.

第14조 (秘密維持) ① 편집위원장은 논문심사위원의 선정 및 심사의 진행에 관한 사항이 외부로 누설되지 않도록 필요한 조치를 취하여야 한다.

② 편집위원 및 논문심사위원은 논문심사에 관한 사항을 외부로 누설해서는 안 된다.

第15조 (論文審査의 基準) 논문심사위원이 논집에 수록할 논문을 심사함에 있어서는 다음 각 호의 기준을 종합적으로 고려하여 심사의견을 제출하여야 한다.

1. 제 6 조에 정한 수록요건
2. 제11조에 정한 논문제출기준
3. 연구내용의 전문성과 창의성 및 논리적 체계성
4. 연구내용의 근거제시의 적절성 및 객관성

第16조 (論文審査委員別 論文審査의 判定) ① 논문심사위원은 제15조의 논문심사기준에 따라 [별표 1]의 [논문심사서](서식)에 심사의견을 기술하여 제출하여야 한다.

② 논문심사위원은 심사대상 논문에 대하여 다음 각호에 따라 '판정의견'을 제출한다.

1. '게재적합': 논집에의 게재가 적합하다고 판단하는 경우
2. '게재부적합': 논집에의 게재가 부적합하다고 판단하는 경우

3. '수정후게재': 논문내용의 수정·보완 후 논집에의 게재가 적합하다고 판단하는 경우

③ 전항 제 1 호에 의한 '게재적합' 판정의 경우에도 논문심사위원은 수정·보완이 필요한 경미한 사항을 기술할 수 있다.

④ 제 2 항 제 2 호에 의한 '게재부적합' 판정 및 제 3 호에 의한 '수정후게재' 판정의 경우에는 각각 부적합사유와 논문내용의 수정·보완할 점을 구체적으로 명기하여야 한다.

제17조 (編輯委員會의 綜合判定 및 再審査) ① 편집위원회는 논문심사위원 3인의 논문심사서가 접수되면 [별표 2]의 종합판정기준에 의하여 '게재확정', '수정후게재', '수정후재심사' 또는 '불게재'로 종합판정을 하고, 그 결과 및 논문심사위원의 심사의견을 논문제출자에게 통보한다.

② 편집위원회의 종합판정 결과, '수정후재심사'로 판정된 논문에 대하여는 재심사절차를 진행한다. 이때 최초심사에서 '게재적합' 또는 '수정후게재' 판정을 한 심사위원은 교체하지 아니하고, '게재부적합' 판정을 한 논문심사위원은 다른 사람으로 교체하여 심사를 의뢰한다.

③ 전항의 논문을 재심사하는 논문심사위원은 '게재적합' 또는 '게재부적합'으로만 판정하며, 편집위원회는 재심사의 결과 '게재적합'이 둘 이상이면 '게재확정'으로 최종 판정한다.

제18조 (修正要請 등)

① 편집위원장은 제17조의 규정에 의해 '수정후게재/ 또는 '수정후재심사' 판정을 받은 논문에 대하여 수정을 요청하여야 한다.

② 편집위원장은 제17조의 규정에 의해 '게재확정'으로 판정된 논문에 대하여도 편집위원회의 판단에 따라 수정이 필요하다고 인정하는 때에는 내용상 수정을 요청할 수 있다.

③ 편집위원회는 집필자가 전항의 수정요청에 따르지 않거나 재심

사를 위해 고지된 기한 내에 수정된 논문을 제출하지 않을 때에는 처음 제출된 논문을 '불게재'로 최종 판정한다.

제4장 기 타

제19조 (審査謝禮費의 支給) 논문심사위원에게 논집의 간행·편집을 위한 예산의 범위 안에서 심사사례비를 지급할 수 있다.

제20조(輔助要員) 학회는 논집의 간행·편집을 위하여 필요하다고 인정하는 때에는 원고의 편집, 인쇄본의 교정, 부록의 작성 등에 관한 보조요원을 고용할 수 있다.

제21조 (刊行·編輯財源) ① 논집의 간행·편집에 필요한 재원은 다음 각호에 의한다.

1. 출판수입
2. 광고수입
3. 판매수입
4. 논문게재료
5. 외부 지원금
6. 기타 학회의 재원

② 논문 집필자에 대한 원고료는 따로 지급하지 아니한다.

제22조 (論集의 配布) ① 간행된 논집은 회원에게 배포한다.

② 논문의 집필자에게는 전항의 배포본 외에 일정한 부수의 증정본을 교부할 수 있다.

附 則 (1999. 8. 20. 제정)

이 규칙은 1999년 8 월 20일부터 시행한다.

附 則

이 규칙은 2003년 8 월 22일부터 시행한다
.

附 則

이 규칙은 2004년 4 월 17일부터 시행한다.

附 則

이 규칙은 2005년 3 월 19일부터 시행한다.

附 則

이 규칙은 2008년 5 월 26일부터 시행한다.

附 則

이 규칙은 2009년 12월 18일부터 시행한다.

[별표 1 : 논문심사서(서식)]

「行政判例研究」 게재신청논문 심사서

社團法人 韓國行政判例研究會

<table>
<tr><td>게재논집</td><td colspan="2">行政判例研究 제15－2집</td><td>심사일</td><td>2010. . .</td></tr>
<tr><td rowspan="2">심사위원</td><td rowspan="2">소속</td><td rowspan="2"></td><td>직위</td><td></td></tr>
<tr><td>성명</td><td>(인)</td></tr>
<tr><td>게재신청논문
[심사대상논문]</td><td colspan="4"></td></tr>
<tr><td>판정의견</td><td colspan="4">1. 게재적합 (　　　): 논집의 게재가 가능하다고 판단하는 경우
2. 게재부적합 (　　　): 논집의 게재가 불가능하다고 판단하는 경우
3. 수정후게재 (　　　): 논문내용의 수정·보완 후 논집의 게재가 가능하다고 판단하는 경우</td></tr>
<tr><td>심사의견</td><td colspan="4"></td></tr>
<tr><td>심사기준</td><td colspan="4">• 행정판례의 평석 또는 연구에 관한 논문일 것
• 다른 학술지 등에 발표한 일이 없는 논문일 것
• 연구내용의 전문성과 창의성 및 논리적 체계성이 인정되는 논문일 것
• 연구내용의 근거제시가 적절성과 객관성을 갖춘 논문일 것</td></tr>
</table>

※ 심사의견 작성시 유의사항 ※

▷ '게재적합' 판정의 경우에도 수정·보완이 필요한 사항을 기술할 수 있습니다.

▷ '게재부적합' 및 '수정후 게재' 판정의 경우에는 각각 부적합사유와 논문내용의 수정·보완할 점을 구체적으로 명기하여 주십시오.

▷ 표 안의 공간이 부족하면 별지를 이용해 주십시오.

[별표 2: 종합판정기준]

	심사위원의 판정	편집위원회 종합판정
1	○ ○ ○	게재확정
2	○ ○ △	
3	○ △ △	수정후게재
4	△ △ △	
5	○ ○ ×	
6	○ △ ×	수정후재심사
7	△ △ ×	
8	○ × ×	
9	△ × ×	불게재
10	× × ×	

○ = "게재적합" △ = "수정후게재" × = "게재부적합"

「行政判例研究」 原稿作成要領

I. 원고작성기준

1. 원고는 워드프로세서 프로그램인 [한글]로 작성하여 전자우편을 통해 출판간사에게 제출한다.
2. 원고분량은 도표, 사진, 참고문헌 포함하여 200자 원고지 150매 내외로 한다.
3. 원고는 「원고표지 – 제목 – 저자 – 목차(로마자표시와 아라비아숫자까지) – 본문 – 참고문헌 – 국문 초록 – 국문 주제어(5개 내외) – 외국문 초록 – 외국문 주제어(5개 내외)」의 순으로 작성한다.
4. 원고의 표지에는 논문제목, 저자명, 소속기관과 직책, 주소, 전화번호(사무실, 핸드폰)와 e–mail주소를 기재하여야 한다.
5. 외국문 초록(논문제목, 저자명, 소속 및 직위 포함)은 영어를 사용하는 것이 원칙이지만, 논문의 내용에 따라서 독일어, 프랑스어, 중국어, 일본어를 사용할 수도 있다.
6. 논문의 저자가 2인 이상인 경우 주저자(First Author)와 공동저자(Corresponding Author)를 구분하고, 주저자·공동저자의 순서로 표기하여야 한다. 특별한 표시가 없는 경우에는 제일 앞에 기재된 자를 주저자로 본다.
7. 목차는 로마숫자(보기 : Ⅰ, Ⅱ), 아라비아숫자(보기 : 1, 2), 괄호숫자(보기: (1), (2)), 반괄호숫자(보기 : 1), 2), 원숫자(보기 : ①, ②)의 순으로 한다. 그 이후의 목차번호는 논문제출자가 임의로 정하여 사용할 수 있다.

II. 각주작성기준

1. 기본원칙

(1) 본문과 관련한 저술을 소개하거나 부연이 필요한 경우 각주로 처리한다. 각주는 일련번호를 사용하여 작성한다.

(2) 각주의 인명, 서명, 논문명 등은 원어대로 씀을 원칙으로 한다.

(3) 외국 잡지의 경우 처음 인용시 잡지명을 전부 기재하고 그 이후 각 주에서는 약어로 표시한다.

2. 처음 인용할 경우의 각주 표기 방법

(1) 저서: 저자명, 서명, 출판사, 출판년도, 면수.

번역서의 경우 저자명은 본래의 이름으로 표기하고, 저자명과 서명 사이에 옮긴이의 이름을 쓰고 "옮김"을 덧붙인다.

엮은 책의 경우 저자명과 서명 사이에 엮은이의 이름을 쓰고 "엮음"을 덧붙인다. 저자와 엮은이가 같은 경우 엮은이를 생략할 수 있다.

(2) 정기간행물: 저자명, "논문제목", 「잡지명」, 제00권 제00호, 출판연도, 면수.

번역문헌의 경우 저자명과 논문제목 사이에 역자명을 쓰고 "옮김"을 덧붙인다.

(3) 기념논문집: 저자명, "논문제목", 기념논문집명(000선생00기념논문집), 출판사, 출판년도, 면수.

(4) 판결 인용: 다음과 같이 대법원과 헌법재판소의 양식에 준하여 작성한다.

판결 : 대법원 2000. 00. 00. 선고 00두0000 판결.

결정 : 대법원 2000. 00. 00.자 00아0000 결정.

헌법재판소 결정 : 헌법재판소 2000. 00. 00. 선고 00헌가00

결정.

(5) 외국문헌 : 그 나라의 표준표기방식에 의한다.

(6) 외국판결 : 그 나라의 표준표기방식에 의한다.

(7) 신문기사는 기사면수를 따로 밝히지 않는다(신문명 0000. 00. 00.자). 다만, 필요한 경우 글쓴이와 글제목을 밝힐 수 있다.

(8) 인터넷에서의 자료인용은 원칙적으로 다음과 같이 표기한다. 저자 혹은 서버관리주체, 자료명, 해당 URL(검색일자)

(9) 국문 또는 한자로 표기되는 저서나 논문을 인용할 때는 면으로(120면, 120면-122면), 로마자로 표기되는 저서나 논문을 인용할 때는 p.(p. 120, pp. 121-135) 또는 S.(S. 120, S. 121 ff.)로 인용면수를 표기한다.

3. 앞의 각주 혹은 각주에서 제시된 문헌을 다시 인용할 경우 다음과 같이 표기한다. 국내문헌, 외국문헌 모두 같다. 다만, 저자나 문헌 혹은 양자 모두가 여럿인 경우 이에 따르지 않고 각각 필요한 저자명, 문헌명 등을 덧붙여 표기함으로써 구별한다.

(1) 바로 위의 각주가 아닌 앞의 각주의 문헌을 다시 인용할 경우

1) 저서인용: 저자명, 앞의 책, 면수

2) 논문인용: 저자명, 앞의 글, 면수

3) 논문 이외의 글 인용: 저자명, 앞의 글, 면수

(2) 바로 위의 각주에 인용된 문헌을 다시 인용할 경우에는 "위의 책, 면수", "위의 글, 면수"로 표시한다.

(3) 하나의 각주에서 앞서 인용한 문헌을 다시 인용할 경우에는 "같은 책, 면수", "같은 글, 면수"로 표시한다.

4. 기타

(1) 3인 공저까지는 저자명을 모두 표기하되, 저자간의 표시는 "/"

로 구분하고 "/" 이후에는 한 칸을 띄어 쓴다. 4인 이상의 경우 성을 온전히 표기하되, 중간이름은 첫글자만을 표기한다.

(2) 부제의 표기가 필요한 경우 원래 문헌의 표기양식과 관계없이 원칙적으로 콜론으로 연결한다.

(3) 글의 성격상 전거만을 밝히는 각주가 너무 많을 경우 약자를 사용하여 본문에서 그 전거를 밝힐 수 있다.

(4) 여러 문헌의 소개는 세미콜론(;)으로 하고, 재인용의 경우 원전과 재인용출처 사이를 콜론(:)으로 연결한다.

III. 참고문헌작성기준

1. 순서

국문, 외국문헌 순으로 정리하되, 단행본, 논문, 자료의 순으로 정리한다.

2. 국내문헌

(1) 단행본: 저자, 서명, 출판사, 출판연도.

(2) 논문: 저자명, "논문제목", 잡지명 제00권 제00호, 출판연도.

3. 외국문헌

그 나라의 표준적인 인용방법과 순서에 따라 정리한다.

歷代 任員 名單

■ 초대(1984. 10. 29.)

회　　장　金道昶
부 회 장　徐元宇·崔光律(1987. 11. 27.부터)

■ 제 2 대(1988. 12. 9.)

회　　장　金道昶
부 회 장　徐元宇·崔光律
감　　사　李尙圭
상임이사　李鴻薰(총무), 金南辰(연구), 朴鈗炘(출판), 梁承斗(섭외)
이　　사　金東熙, 金斗千, 金英勳, 金元主, 金伊烈, 金鐵容, 石琮顯, 芮鍾德, 李康爀, 李升煥, 趙慶根, 崔松和, 韓昌奎, 黃祐呂

■ 제 3 대(1990. 2. 23.)

회　　장　金道昶
부 회 장　徐元宇·崔光律
감　　사　金鐵容
상임이사　李鴻薰(총무), 黃祐呂(총무), 金南辰(연구), 朴鈗炘(출판), 梁承斗(섭외)
이　　사　金東熙, 金斗千, 金英勳, 金元主, 金伊烈, 石琮顯, 芮鍾德, 李康爀, 李升煥, 李鴻薰
(1991. 1. 25.부터) 趙慶根, 崔松和, 韓昌奎, 黃祐呂

■ 제 4 대(1993. 2. 23.)

회　　장　金道昶
부 회 장　徐元宇·崔光律
감　　사　金鐵容
상임이사　李鴻薰(총무), 金南辰(연구), 朴鈗炘(출판), 梁承斗(섭외)
이　　사　金東熙, 金英勳, 金元主, 朴松圭, 卞在玉, 石琮顯, 孫智烈, 芮鍾德, 李康國, 李康爀, 李京運, 李淳容, 李重光, 李鴻薰, 趙慶根, 趙憲銖, 千柄泰, 崔松和, 韓昌奎, 黃祐呂

■ 제 5 대(1996. 2. 23.)

명예회장　金道昶
고　　문　徐元宇·金鐵容
회　　장　崔光律
부 회 장　金南辰·徐廷友
감　　사　韓昌奎
상임이사　金東熙(총무), 金元主(연구), 李康國(출판), 梁承斗(섭외)
이　　사　金英勳, 朴松圭, 朴鈗炘, 卞在玉, 石琮顯, 李康爀, 李京運, 李淳容, 李升煥, 李重光, 李鴻薰, 趙慶根, 趙憲銖, 千柄泰, 崔松和, 黃祐呂

■ 제 6 대(1999. 2. 19.)

명예회장　金道昶
고　　문　徐元宇, 金鐵容, 金南辰, 徐廷友, 韓昌奎
회　　장　崔光律
부 회 장　梁承斗, 李康國
감　　사　金元主
상임이사　李鴻薰(총무), 金東熙(연구), 崔松和(출판), 金善旭(섭외)

이　　사　金東建, 金英勳, 南勝吉, 朴松圭, 朴鈗炘, 白潤基, 卞海喆, 石琮顯, 李京運, 李光潤, 李升煥, 李重光, 鄭然彧, 趙憲銖, 洪準亨, 黃祐呂

■ 제 7 대(2002. 2. 15.)

명예회장　金道昶
고　　문　金南辰, 金元主, 徐元宇, 徐廷友, 梁承斗, 李康國, 崔光律, 韓昌奎
회　　장　金鐵容
부 회 장　金東建, 崔松和
감　　사　金東熙
상임이사　金善旭(총무), 朴正勳(연구), 李光潤(출판), 李京運(섭외)
이　　사　金英勳, 金海龍, 南勝吉, 朴均省, 朴鈗炘, 白潤基, 卞海喆, 石琮顯, 李東洽, 李範柱, 李重光, 李鴻薰, 鄭夏重, 趙憲銖, 洪準亨, 黃祐呂

■ 제 8 대(2005. 2. 21. / 2008. 2. 20.) *

명예회장　金道昶(2005. 7. 17. 별세)
고　　문　金南辰, 金元主, 徐元宇(2005. 10. 16. 별세), 徐廷友, 梁承斗, 李康國, 崔光律, 韓昌奎, 金鐵容, 金英勳, 朴鈗炘, 金東熙
회　　장　崔松和
부 회 장　李鴻薰, 鄭夏重
감　　사　金東建, 李京運,
상임이사　李光潤(총무), 安哲相(기획), 洪準亨/吳峻根(연구), 金性洙(출판), 徐基錫(섭외)
이　　사　金善旭, 金海龍, 南勝吉, 朴均省, 朴秀赫, 朴正勳, 白潤基, 卞海喆, 石琮顯, 石鎬哲, 蘇淳茂, 柳至泰, 尹炯漢, 李東洽, 李範柱, 李殷祈, 李重光, 趙龍鎬, 趙憲銖, 崔正一, 黃祐呂,

金香基, 裵柄皓, 劉南碩

간　　사 李元雨 / 金鐘甫(총무), 李賢修(연구), 金重權(재무), 宣正源 / 李熙貞(출판), 권은민(섭외)

* 위 '회장', '부회장', '상임이사', '이사'는 2007. 4. 20. 제정된 사단법인 한국행정판례연구회 정관 제13조, 제14조, 제15조의 '이사장 겸 회장', '이사 겸 부회장', '이사 겸 상임이사', '운영이사'임.

■제 9 대(2008. 2. 15. / 2011. 2. 14.)

고　　문 金南辰, 金東熙, 金英勳, 金元主, 金鐵容, 朴鈗炘, 徐廷友, 梁承斗, 李康國, 李鴻薰, 鄭夏重, 崔光律, 韓昌奎

회　　장 崔松和

부 회 장 李京運, 徐基錫

감　　사 金東建, 金善旭

이사 겸 상임이사 慶　健(총무), 安哲相(기획), 朴均省(연구), 韓堅愚(출판), 權純一(섭외/연구)

운영이사 具旭書, 권은민, 金光洙, 金性洙, 金連泰, 金容燮, 金容贊, 金裕煥, 金義煥, 金重權, 金敞祚, 金海龍, 金香基, 金鉉峻, 朴正勳, 朴海植, 裵柄皓, 白潤基, 卞海喆, 石琮顯, 石鎬哲, 成百玹, 蘇淳茂, 申東昇, 辛奉起, 吳峻根, 劉南碩, 俞珍式, 尹炯漢, 李光潤, 李承寧, 李元雨, 李殷祈, 李重光, 鄭鍾錧, 鄭準鉉, 趙龍鎬, 曺海鉉, 趙憲銖, 崔正一, 洪準亨

간　　사 張暻源 · 李殷相·安東寅(총무), 鄭亨植 · 장상균(기획), 金泰昊(기획/연구), 金聖泰·崔善雄·鄭南哲(연구), 李熙貞 · 河明鎬·崔桂暎(출판), 林聖勳(섭외), 박재윤(총무)

■제 10 대(2011. 2. 15./ 2014. 2. 14)

명예회장 金鐵容, 崔光律

고　문　金南辰, 金東建, 金東熙, 金英勳, 金元主, 朴鈗炘, 徐廷友, 梁承斗, 李康國, 李京運, 鄭夏重, 崔松和, 韓昌奎

회　장　李鴻薰

부 회 장　徐基錫, 李光潤

감　사　金善旭, 蘇淳茂

이사 겸 상임이사　金重權(총무), 安哲相(기획), 劉南碩, 金容燮(연구), 金鐘甫(출판), 金敞祚, 金義煥(섭외/연구)

운영이사　姜錫勳, 慶　健, 具旭書, 權純一, 權殷旼, 琴泰煥, 金光洙, 金性洙, 金連泰, 金容燮, 金容贊, 金海龍, 金香基, 金鉉峻, 朴均省, 朴正勳, 朴海植, 裵柄皓, 白潤基, 卞海喆, 石琮顯, 石鎬哲, 宣正源, 成百玹, 申東昇, 辛奉起, 呂相薰, 吳峻根, 俞珍式, 尹炯漢, 李承寧, 李元雨, 李殷祈, 李重光, 李賢修, 李熙貞, 林永浩, 鄭南哲, 鄭鍾錧, 鄭準鉉, 鄭亨植, 趙龍鎬, 曺海鉉, 趙憲銖, 崔正一, 洪準亨, 韓堅愚, 河明鎬

간　사　安東寅, 李羲俊(총무), 蔣尙均(기획), 金泰昊, 朴在胤(연구), 朴玄廷, 姜知恩(출판), 李殷相(섭외)

■제 11 대(2014. 2. 15./ 2017. 2. 14.)

명예회장　金鐵容, 崔光律

고　문　金南辰, 金東建, 金東熙, 金英勳, 金元主, 朴鈗炘, 徐廷友, 梁承斗, 李康國, 李京運, 崔松和, 韓昌奎 李光潤, 徐基錫

회　장　鄭夏重

부 회 장　安哲相, 朴正勳

감　사　蘇淳茂, 白潤基

상임이사　李熙貞(총무), 鄭鎬庚(연구), 李承寧, 康鉉浩(기획) 金義煥, 鄭夏明(섭외), 鄭南哲(출판)

운영이사　姜錫勳, 慶　健, 具旭書, 權殷旼, 琴泰煥, 金光洙, 金國鉉,

金南撤, 金炳圻, 金性洙, 金聖泰, 金秀珍, 金連泰, 金容燮,
金容贊, 金裕煥, 金重權, 金鐘甫, 金敞祚, 金致煥, 金海龍,
金香基, 金鉉峻, 文尚德, 朴均省, 朴海植, 裵柄晧, 卞海喆,
石鎬哲, 宣正源, 宋鎭賢, 成百玹, 申東昇, 辛奉起, 呂相薰,
吳峻根, 兪珍式, 柳哲馨, 尹炯漢, 李東植, 李元雨, 李殷祈,
李重光, 李賢修, 林永浩, 張暻源, 藏尙均, 田聖銖, 田 勳,
鄭鍾錧, 鄭準鉉, 鄭亨植, 趙成奎, 趙龍鎬, 曺海鉉, 趙憲銖,
趙弘植, 朱한길, 崔峰碩, 崔善雄, 崔正一, 洪準亨, 韓堅愚,
河明鎬, 河宗大, 黃彰根

간 사 房東熙, 崔允寧(총무), 崔桂暎, 張承爀(연구), 洪先基(기획)
桂仁國, 李惠診(출판)

月例 集會 記錄

〈2016. 12. 현재〉

순번	연월일	발표자	발 표 제 목
1-1	84.12.11.	金南辰	聽問을 결한 行政處分의 違法性
-2		李鴻薰	都市計劃과 行政拒否處分
2-1	85.2.22.	崔世英	行政規則의 法規性 認定 與否
-2		崔光律	實地讓渡價額을 넘는 讓渡差益의 인정여부
3-1	3.29.	石琮顯	都市計劃決定의 法的 性質
-2		金東建	違法한 旅館建物의 건축과 營業許可의 취소
4-1	4.26.	徐元宇	當然無效의 行政訴訟과 事情判決
-2		黃祐呂	아파트地區내의 土地와 空閑地稅
5-1	5.31.	朴鈗炘	林産物團束에관한法律 제7조에 대한 違法性 認定의 與否
-2		姜求哲	行政訴訟에 있어서의 立證責任의 문제
6-1	6.28.	金鐵容	酒類販賣業 免許處分 撤回의 근거와 撤回權 留保의 한계
-2		盧瑩保	國稅基本法 제42조 소정의 讓渡擔保財産의 의미
7-1	9.27.	金道昶	信賴保護에 관한 行政判例의 최근 동향
-2		金東熙	自動車運輸事業法 제31조 등에 관한 處分要

순번	연월일	발표자	발 표 제 목
			領의 성질
8-1	10.25.	李尙圭	入札參加資格 制限行爲의 법적 성질
-2		李相敦	公有水面埋立에 따른 不動産所有權 國家歸屬의 무효확인
9-1	11.22.	梁承斗	抗告訴訟의 提起要件
-2		韓昌奎	地目變更 拒否의 성질
10	86.1.31.	李相赫	行政訴訟에 있어서의 訴의 利益의 문제
11	2.28	崔松和	運轉免許 缺格者에 대한 면허의 효력
12	3.28	金道昶	憲法上의 違憲審査權의 所在
13	4.25.	趙慶根	美聯邦情報公開法에 대한 약간의 고찰
14	5.30.	張台柱	西獨에 있어서 隣人保護에 관한 判例의 최근 동향
15	6.27.	金斗千	僞裝事業者와 買入稅額 控除
外1	9.30.	藤田宙靖	日本의 最近行政判例 동향
16	10.31.	金英勳	注油所 許可와 瑕疵의 承繼
17	11.28.	芮鍾德	漁業免許의 취소와 裁量權의 濫用
外2	87.3.21.	鹽野宏	日本 行政法學界의 現況
		園部逸夫	새 行政訴訟法 시행 1년을 보고
18	4.25.	金道昶	知的財産權의 문제들
19-1	4.22.	李升煥	商標法에 관한 최근판례의 동향
-2			工場登錄 拒否處分과 소의 이익
20	5.29.	金南辰	執行停止의 요건과 本案理由와의 관계
21	9.25.	崔光律	日本公法學會 總會參觀 등에 관한 보고
22-1	10.30.	金道昶	地方自治權의 강화와 行政權限의 위임에 관한 문제
-2			
23	11.27.	金鐵容	不作爲를 구하는 訴의 가부

순번	연월일	발표자	발 표 제 목
24	88.2.26.	金時秀	租稅賦課處分에 있어서의 當初處分과 更正拒否處分의 법률관계
25-1	3.25.	徐元宇	최근 日本公法學界의 동향
-2		朴鈗炘	平澤港 漁業補償 문제
外3	4.29.	成田頼明	日本 行政法學과 行政判例의 최근 동향
26	5.27.	李尙圭	防衛稅 過誤納 還給拒否處分의 취소
27	6.24.	徐元宇	運輸事業計劃 변경인가처분의 취소
28	8.26.	金完燮	처분후의 事情變更과 소의 이익
29	10.7.	石琮顯	行政處分(訓令)의 법적 성질
30	10.28.	李鴻薰	土地收用裁決處分의 취소
31	11.17.	朴鈗炘	行政計劃의 법적 성질
32	89.1.27.	金東熙	載量行爲에 대한 司法的統制의 한계
33	2.24.	李碩祐	國稅還給申請權의 인정 여부
34	3.24.	朴松圭	國産新技術製品 保護決定處分의 일부취소
35-1	4.28.	金鐵容	독일 行政法學界의 최근동향
-2		千柄泰	제 3 자의 行政審判前置節次 이행 여부
36	5.26.	金善旭	公務員의 團體行動의 違法性
37	6.30.	金元主	租稅行政과 信義誠實의 원칙
38	8.25.	趙憲銖	國稅還給拒否處分의 법적 성질
39	9.29.	鄭準鉉	刑事訴追와 行政處分의 효력
40	10.27.	韓堅愚	行政規則(訓令)의 성질
41	11.24.	金斗千	相續稅法 제32조의2의 違憲 여부
外4	12.27.	小早川光朗	日本 行政法學界의 최근 동향
42	90.1.19.	金鐵容	豫防的 不作爲訴訟의 許容 여부
43	2.23.	李光潤	營造物行爲의 법적 성질
44	3.30.	南勝吉	行政刑罰의 범위

순번	연월일	발표자	발 표 제 목
45	4.27.	黃祐呂	法律의 遡及效
46	5.25.	朴均省	行政訴訟과 訴의 이익
47	6.29.	卞在玉	軍檢察官의 公訴權行使에 관한 憲法訴願
48	8.31.	成樂寅	結社의 自由의 事前制限
49	9.28.	辛奉起	憲法訴願과 辯護士 强制主義
50	10.26.	朴圭河	行政官廳의 權限의 委任·再委任
51	11.30.	朴國洙	行政行爲의 公定力과 國家賠償責任
52	91.1.25.	梁承斗	土地去來許可의 법적 성질
53	2.22.	徐元宇	建築許可 保留의 위법성 문제
外5-1	3.29.	南博方	處分取消訴訟과 裁決取消訴訟
-2		藤田宙靖	日本 土地法制의 현황과 課題
54	4.26.	吳峻根	遺傳子工學的 施設 設置許可와 法律留保
55	5.31.	金南辰	拒否行爲의 行政處分性과 "법률상 이익 있는 자"의 의미
56	6.28.	鄭然彧	無效確認訴訟과 訴의 이익
57	8.30.	金性洙	主觀的公權과 基本權
58	9.27.	金英勳	運轉免許 取消處分의 취소
59	10.25.	石琮顯	基準地價告示地域 내의 收用補償額 算定基準에 관한 판례동향
60	11.29.	朴鈗炘	工事中止處分의 취소
61	92.1.31.	卞海喆	公物에 대한 强制執行
62	2.28.	李康國	違憲法律의 효력－그 遡及效의 범위와 관련하여
63	3.27	金善旭	公勤務에 관한 女性支援指針과 憲法上의 平等原則
64	4.24.	全光錫	不合致決定의 허용 여부
65	5.29.	崔正一	行政規則의 법적성질 및 효력

순번	연월일	발표자	발 표 제 목
66	6.26.	李琦雨	獨逸 Münster 高等行政裁判所 1964.1.8. 판결
67	8.28.	朴鈗炘	地方自治團體의 자주적인 條例制定權과 規律문제
68	9.18.	金元主	讓渡所得稅 등 賦課處分의 취소
69	10.16.	洪準亨	結果除去請求權과 行政介入請求權
70	11.20.	金時秀	土地收用裁決處分의 취소
71	93.1.15.	金海龍	環境技術관계 行政決定에 대한 司法的 統制의 범위
72	2.19.	李重光	租稅法上 不當利得 返還請求權
73	3.19.	高永訓	行政規則에 의한 行政府의 立法行爲外
外6	4.16.	J.Anouil	EC法의 現在와 將來
74	5.21.	柳至泰	行政訴訟에서의 行政行爲 根據變更에 관한 판례분석
75	6.18.	徐元宇	原處分主義와 被告適格
76	8.20.	朴均省	國家의 公務員에 대한 求償權
77	9.17.	金東熙	教員任用義務不履行 違法確認訴訟
78	10.15.	盧永錄	建設業免許 取消處分의 취소
79	94.1.21.	徐廷友	無效確認을 구하는 의미의 租稅取消訴訟과 租稅還給金 消滅時效의 起算點
80	2.18.	洪準亨	判斷餘地의 한계
81	3.18.	裵輔允	憲法訴願 審判請求 却下決定에 대한 헌법소원
82	4.15.	金善旭	舊東獨判事의 獨逸判事任用에 관한 決定과 그 不服에 대한 管轄權
83	5.20.	李京運	學則의 법적 성질
84	6.17.	朴松圭	任用行爲取消處分의 취소
85	8.19.	金鐵容	公務員 個人의 不法行爲責任

순번	연월일	발표자	발 표 제 목
86	9.30.	卞在玉	日本 家永教科書檢定 第一次訴訟 上告審 判決의 評釋
87	10.21.	金香基	無名抗告訴訟의 可否
88	11.18.	李康國	行政行爲의 瑕疵의 治癒
89	95.1.20.	趙憲銖	取消判決의 遡及效
90	2.17.	朴秀赫	獨逸 統一條約과 補償法上의 原狀回復 排除規定의 合憲 여부
外7	3.17.	小高剛	損失補償에 관한 日本 最高裁判所 判決의 분석
91	4.21.	崔松和	行政處分의 理由明示義務에 관한 판례
92	5.19.	崔正一	石油販賣業의 양도와 歸責事由의 승계
93	6.16.	鄭夏重	國家賠償法 제5조에 의한 배상책임의 성격
94	8.18.	吳振煥	無效인 條例에 근거한 行政處分의 효력
95	9.15.	金敞祚	日本 長良川 安八水害 賠償判決
96	10.20.	黃祐呂	非常高等軍法會議 判決의 破棄와 還送法院
97	11.17.	白潤基	地方自治法 제98조 및 제159조에 의한 訴訟
98	96.1.19.	徐元宇	營業停止期間徒過後의 取消訴訟과 訴의 이익
99	2.23.	金海龍	計劃變更 내지 保障請求權의 성립요건
外8	3.19.	鹽野宏	日本 行政法 判例의 近年動向 - 行政訴訟을 중심으로
100	4.19.	金東熙	國家賠償과 公務員에 대한 求償
101	5.17.	梁承斗	教員懲戒와 그 救濟制度
102	6.28.	金容燮	運轉免許取消·停止處分의 法的 性質 및 그 한계
103	8.16.	李京運	轉補發令의 處分性
104	9.20.	盧永錄	申告納稅方式의 租稅와 그 瑕疵의 판단기준
105	10.18.	金敞祚	道路公害와 道路設置·管理者의 賠償責任

순번	연월일	발표자	발 표 제 목
106	11.15.	金裕煥	形式的 拒否處分에 대한 取消訴訟의 審理범위
107	97.1.17.	裵柄皓	北韓國籍住民에 대한 强制退去命令의 적법성
108	2.21.	趙龍鎬	公衆保健醫師 採用契約解止에 대한 爭訟
109	3.21.	金鐵容	行政節次法의 내용
110	4.18.	趙憲銖	建築物臺帳 職權訂正行爲의 처분성
111	5.16.	鄭夏重	交通標識板의 법적성격
112	6.20.	裵輔允	違憲決定과 行政處分의 효력
113	8.22.	吳峻根	聽聞의 실시요건
114	9.19.	金善旭	옴부즈만條例案 再議決 無效確認判決의 문제점
115	10.17.	李光潤	機關訴訟의 성질
116	11.21.	朴正勳	敎授再任用拒否의 처분성
117	98.1.16.	白潤基	當事者訴訟의 대상
118	2.20.	辛奉起	機關訴訟 주문의 형식
119	3.20.	洪準亨	行政法院 出帆의 意義와 행정법원의 課題
120	4.17.	宣正源	오스트리아와 독일의 不作爲訴訟에 관한 고찰
121	5.16.	李東洽	刑事記錄 열람·등사 거부처분
122	6.19.	金東建	環境行政訴訟과 地域住民의 原告適格
123	98.8.21.	金南辰	法規命令과 行政規則의 구별
124	9.18.	金敞祚	河川 管理 責任
125	10.16.	金容燮	行政審判의 裁決에 대한 取消訴訟
126	11.20.	徐廷友	垈地造成事業計劃 승인처분의 재량행위
127	99.1.15.	南勝吉	處分의 기준을 규정한 施行規則(部令)의 성격
128	2.19.	金裕煥	違憲法律에 根據한 行政處分의 效力
129	3.19.	鄭夏重	多段階行政節次에 있어서 事前決定과 部分許可의 意味

순번	연월일	발표자	발표제목
130	4.16.	裵輔允	南北交流協力 등 統一에 관한 법적 문제
131	5.21.	康鉉浩	計劃承認과 司法的 統制
132	6.18.	俞珍式	行政指導와 違法性阻却事由
133	8.20.	朴正勳	侵益的 行政行爲의 公定力과 刑事裁判
134	9.17.	金東熙	建築許可신청서 返戾처분취소
		金南澈	行政審判法 제37조 제2항에 의한 自治權侵害의 가능성
135	10.15.	金炳圻	條例에 대한 再議要求事由와 大法院提訴
		權殷玟	公賣決定·通知의 처분성 및 소송상 문제점
136	11.19.	石鎬哲	羈束力의 범위로서의 처분사유의 동일
		金珉昊	직무와 관련된 不法行爲에 있어 공무원 개인의 책임
137	00.1.21.	尹炯漢	任用缺格과 退職給與
		裵柄皓	還買權소송의 管轄문제
138	2.18.	趙憲銖	個人事業의 法人轉換과 租稅減免
		金連泰	조세행정에 있어서 경정처분의 효력
139	3.17.	俞珍式	自動車運輸事業 면허처분에 있어서 競業, 競願의 범위
		慶 健	情報公開請求權의 憲法的 根據와 그 制限
140	4.21.	朴正勳	拒否處分 取消訴訟에 있어 違法判斷의 基準時와 訴의 利益
		金柄圻	行政訴訟上 執行停止의 要件으로서의 '回復하기 어려운 損害'와 그 立證責任
141	5.19.	洪準亨	不可變力, 信賴保護, 그리고 行政上 二重危險의 禁止
		康鉉浩	建築變更許可와 附款

순번	연월일	발표자	발 표 제 목
142	6.16.	趙龍鎬	寄附金品募集許可의 法的性質
		金容燮	行政上 公表
143	8.18.	朴松圭	盜難당한 自動車에 대한 自動車稅와 免許稅
		權殷玟	廢棄物處理業 許可權者가 한 '不適正通報'의 法的性質
144	9.22.	石鎬哲	公法的 側面에서 본 日照權 保護
145	10.20.	蘇淳茂	後發的 事由에 의한 更正請求權을 條理上 인정할 수 있는지 與否
		金光洙	土地形質變更許可와 信賴保護原則
146	11.17.	朴鈗炘	慣行漁業權
		宣正源	複合民願과 認·許可擬制
147	01.1.19.	崔松和	판례에 있어서 공익
		李光潤	도로가 행정재산이 되기 위한 요건 및 잡종재산에 대한 시효취득
148	2.16.	金鐵容	개발제한 구역의 시정과 손실 보상
		鄭夏重	부관에 대한 행정소송
149	3. 8.	金性洙	독일연방헌재의 폐기물법에 대한 결정과 환경법상 협력의 원칙
		李東植	중소기업에 대한 조세 특례와 종업원의 전출. 파견
150	4.20.	李京運	주택건설사업계획 사전결정의 구속력
		裵輔允	2000년 미국대통령 선거 소송 사건
151	5. 9.	李東洽	위헌법률에 근거한 처분에 대한 집행력 허용여부
		金珉昊	상속세 및 증여세법상 증여의 의미
152	6.15.	李元雨	정부투자기관의 부정당업자 제재조치의 법적

순번	연월일	발표자	발 표 제 목
			성질
		朴榮萬	군사시설보호법상의 협의와 항고소송
153	8.17.	崔正一	법규명령형식의 재량준칙의 법적성질 및 효력
		趙憲銖	유적발굴허가와 행정청의 재량
154	9.21.	金東熙	국가배상법 제 5 조상의 영조물의 설치·관리상 하자의 관념
		金東建	대법원 판례상의 재량행위
155	10.10.	吳峻根	행정절차법 시행이후의 행정절차 관련 주요 행정판례 동향분석
		柳至泰	공물법의 체계에 관한 판례 검토
156	11. 7.	白潤基	행정소송에 있어서 건축주와 인근주민의 이익의 충돌과 그 조화
		徐廷範	국가배상에 있어서 위법성과 과실의 일원화에 관하여
157	02.1.18.	金善旭	독일헌법상의 직업공무원제도와 시간제공무원
		朴正勳	처분사유의 추가·변경 – 제재철회와 공익상 철회
158	2.15.	辛奉起	일본의 기관소송 법제와 판례
		權殷玟	원천징수행위의 처분성과 원천징수의무자의 불복방법
159	3.15.	朴均省	환경영향평가의 하자와 사업계획승인처분의 효력
		金鐘甫	관리처분계획의 처분성과 그 공정력의 범위
160	4.19.	崔光律	농지전용에 관한 위임명령의 한계
		俞珍式	건축법상 일조보호규정의 私法上의 의미
161	5.17.	朴鈗炘	국가배상법 제2조 제1항 단서에 대한 헌법재

순번	연월일	발표자	발 표 제 목
			판소의 한정위헌결정 및 관련 대법원판례에 대한 평석
		宣正源	행정의 공증에 대한 사법적 통제의 의미와 기능의 명확화
162	6.21.	金元主	도로배연에 의한 대기오염과 인과관계
		康鉉浩	재량준칙의 법적 성격
163	7.19.	裵柄皓	회의록과 정보공개법상 비공개대상정보
		慶 健	공문서관리의 잘못과 국가배상책임
164	8.16.	金容燮	거부처분취소판결의 기속력
		金炳圻	보완요구의 '부작위'성과 재결의 기속력
165	9.13.	尹炯漢	기납부 택지초과소유부담금 환급청구권의 성질과 환급가산금의 이자율
		鄭夏明	미국연방대법원의 이른바 임시규제적 수용에 관한 새로운 판결례
166	10.18.	李鴻薰	공용지하사용과 간접손실보상
		金光洙	국가배상소송과 헌법소원심판의 관계
167	11.15.	徐元宇	행정법규위반행위의 사법적 효력
		李康國	조세채무의 성립과 확정
168	12.20.	蘇淳茂	인텔리전트빌딩에 대한 재산세중과시행규칙의 유효성 여부
169	03.1.17.	金敞祚	정보공개제도상의 비공개사유와 본인개시청구
		金聖泰	운전면허수시적성검사와 개인 정보보호
170	2.21.	金東熙	기속재량행위와 관련된 몇 가지 논점 또는 의문점
		曺海鉉	행정처분의 근거 및 이유제시의 정도
171	3.21.	白潤基	불합격처분에 대한 효력정지결정에 대한 고찰

순번	연월일	발표자	발표제목
		宣正源	행정입법에 대한 부수적 통제
172	5.16.	李元雨	한국증권업협회의 협회등록최소결정의 법적 성질
		金容贊	정보공개청구사건에서의 몇 가지 쟁점
173	6.20.	金重權	이른바 "수리를 요하는 신고"의 문제점에 관한 소고
		洪準亨	평생교육시설 설치자 지위승계와 설치자 변경 신청서 반려처분의 적법 여부
174	7.18.	金鐵容	학교법인임원취임승인취소처분과 행정절차법
		金秀珍	성별에 따른 상이한 창업지원금신청기간설정과 국가의 평등보장의무
175	8.22.	鄭夏重	법관의 재판작용에 대한 국가배상책임
		金鐘甫	정비조합(재건축, 재개발조합) 인가의 법적 성격
176	9.19.	金炳圻	수익적 행정행위의 철회의 법적 성질과 철회사유
		朴榮萬	군사시설보호구역설정행위의 법적 성격
177	10. 9	朴正勳	취소판결의 기판력과 기속력
		李東植	구 소득세법 제101조 제2항에 따른 양도소득세부과와 이중과세 문제
178	11.21.	李東洽	최근 행정소송의 주요사례
		慶 健	하천구역으로 편입된 토지에 대한 손실보상
179	12.19.	朴均省	거부처분취소판결의 기속력과 간접강제
180	04.1.16.	李光潤	광역지방자치단체와 기초지방자치단체의 성격
		朴海植	행정소송법상 간접강제결정에 기한 배상금의 성질
181	2.20.	金海龍	행정계획에 대한 사법심사에 있어서 법원의

순번	연월일	발표자	발 표 제 목
			석명권행사 한계와 입증책임
		李賢修	영업양도와 공법상 지위의 승계
182	3.19.	俞珍式	기부채납부관을 둘러싼 법률문제
		鄭泰學	매입세액의 공제와 세금계산서의 작성·교부시기
183	4.16.	柳至泰	행정행위의 취소의 취소
		金致煥	통지의 법적 성질
184	5.21.	鄭準鉉	단순하자 있는 행정명령을 위반한 행위의 가벌성
		權殷玟	압류처분취소소송에서 부과처분의 근거법률이 위헌이라는 주장이 허용되는지 여부
185	6.18.	趙憲銖	사업양도와 제2차 납세의무
		金連泰	과징금 부과처분에 대한 집행정지결정의 효력
186	7.16.	金容燮	보조금 교부결정을 둘러싼 법적 문제
		林聖勳	영내 구타·가혹 행위로 인한 자살에 대한 배상과 보상
187	8.20.	李京運	교수재임용거부처분취소
		曺媛卿	국가공무원법 제69조 위헌제청
188	9.17.	鄭成太	법규명령의 처분성
		金敞祚	원자로 설치허가 무효확인소송
189	04.10.15.	崔正一	법령보충적행정규칙의 법적 성질 및 효력
		李湖暎	독점규제법상 특수관계인에 대한 부당지원행위의 규제
190	11.19.	金香基	재결에 대한 취소소송
		劉南碩	집행정지의 요건으로서 "회복하기 어려운 손해를 예방하기 위한 긴급한 필요"와 그 고려

순번	연월일	발표자	발 표 제 목
			사항으로서의 '승소가능성'
191	12.17.	尹炯漢	사전통지의 대상과 흠결의 효과
192	05.1.31.	鄭鎬慶	행정소송의 협의의 소의 이익과 헌법소원의 보충성
		金重權	국토이용계획변경신청권의 예외적 인정의 문제점에 관한 소고
193	2.18.	宣正源	하자승계론에 몇 가지 쟁점에 관한 검토
		李熙貞	공법상 계약의 해지와 의견청취절차
194	3.18.	安哲相	취소소송 사이의 소의 변경과 새로운 소의 제소기간
		康鉉浩	민간투자법제에 따른 우선협상대상자지정의 법적 제문제
195	4.15.	吳峻根	재량행위의 판단기준과 재량행위 투명화를 위한 법제정비
		李根壽	대집행의 법적 성격
196	5.20.	河宗大	금산법에 기한 계약이전결정 등의 처분과 주주의 원고적격
		金鐘甫	토지형질변경의 법적 성격
197	6.17.	朴海植	제재적 행정처분의 효력기간 경과와 법률상 이익
		李桂洙	공무원의 정치적 자유와 정치운동금지의무
198	8.19.	金容燮	재결의 기속력의 주관적 범위를 둘러싼 논의
		徐正旭	공시지가와 하자의 승계
199	9.16.	金鉉峻	용도지역 지정 · 변경행위의 법적 성질과 그에 대한 사법심사
		趙成奎	직접민주주의와 조례제정권의 한계

순번	연월일	발표자	발 표 제 목
200	10.21.	金光洙	공직선거법과 행정형벌
		崔桂暎	용도폐지된 공공시설에 대한 무상양도신청거부의 처분성
201	11.12.	鄭夏重	행정판례의 발전과 전망
		朴正勳	행정판례의 발전과 전망
		尹炯漢	행정재판제도의 발전과 행정판례
		朴海植	행정재판제도의 발전과 행정판례
202	12.16.	鄭泰容	행정심판청구인적격에 관한 몇 가지 사례
203	06. 1.20	朴均省	행정상 즉시강제의 통제 — 비례원칙, 영장주의, 적법절차의 원칙과 관련하여 —
		權殷玟	기본행위인 영업권 양도계약이 무효라고 주장하는 경우에 행정청이 한 변경신고수리처분에 대한 불복방법 등
204	2.17.	曺海鉉	민주화운동관련자명예회복및보상등에관한법률에 기한 행정소송의 형태
		金重權	사권형성적 행정행위와 그 폐지의 문제점에 관한 소고
205	06.3.17.	朴正勳	불확정개념과 재량 — 법규의 적용에 관한 행정의 우선권
		李相悳	한국지역난방공사 공급규정 변경신고를 산업자원부장관이 수리한 행위의 법적 성질
206	4.21.	俞珍式	공유수면매립법상 사정변경에 의한 매립면허의 취소신청
		林永浩	채석허가기간의 만료와 채석허가취소처분에 대한 소의 이익
207	5.19	嚴基燮	공정거래법상 사업자단체의 부당제한행위의

순번	연월일	발표자	발 표 제 목
			성립요건
		李賢修	납입고지에 의한 변상금부과처분의 취소와 소멸시효의 중단
208	6.16.	金鐘甫	재건축 창립총회의 이중기능
		鄭夏明	미국 연방대법원의 행정입법재량통제
209	8.17.	裵柄皓	개정 하천법 부칙 제2조의 손실보상과 당사자 소송
		金裕煥	공공갈등의 사법적 해결 — 의미와 한계
210	9.15.	金容燮	텔레비전 수신료와 관련된 행정법적 쟁점
		崔桂暎	행정처분과 형벌
211	10.20.	金海龍	처분기간이 경과된 행정처분을 다툴 법률상 이익(행정소송법 제12조 후문 관련)과 제재적
		石鎬哲	처분기준을 정한 부령의 법규성 인정 문제
212	11.17.	宣正源	입헌주의적 지방자치와 조직고권
		李熙貞	주민투표권 침해에 대한 사법심사
213	06.12.8.-		법제처 · 한국행정판례연구회 공동주관 관학협동워크샵
	9.	朴 仁	법령보충적 성격의 행정규칙의 현황과 문제점
		林永浩	법령보충적 성격의 행정규칙에 대한 판례분석
		鄭南哲	법령보충적 성격의 행정규칙의 정비방향과 위임사항의 한계
		金重權	민주적 법치국가에서 의회와 행정의 공관적 법정립에 따른 법제처의 역할에 관한 소고
		金海龍	국토계획 관련법제의 문제점과 개선방안
214	07.1.19.	張暻源	독일 맥주순수령 판결을 통해 본 유럽과 독일의 경제행정법

순번	연월일	발표자	발 표 제 목
		權純一	재정경제부령에 의한 덤핑방지관세부과조치의 처분성 재론-기능적 관점에서-
215	2.23.	鄭準鉉	소위 '공익사업법'상 협의취득의 법적 성질
		裵輔允	구 농어촌정비법 제93조 제1항의 국공유지양증여의 창설환지 등의 문제점
216	3.16.	朴榮萬	법령의 개정과 신뢰보호의 원칙
		金重權	행정입법적 고시의 처분성인정과 관련한 문제점에 관한 소고
217	4.20.	金容贊	국가지정문화재현상변경허가처분의 재량행위성
		李湖暎	합의추정된 가격담합의 과징금산정
218	5.18	金敞祚	공인중개사시험불합격처분 취소소송
		李宣憙	행정청의 고시와 원고적격
219	6.15.	李光潤	제재적 처분기준의 성격과 제재기간 경과후의 소익
		金暎賢	행정소송의 피고적격
220	07.8.17.	金義煥	정보공개법상의 공공기관 및 정보공개청구와 권리남용
		金秀珍	행정서류의 외국으로의 송달
221	9.21.	蘇淳茂	명의신탁 주식에 대한 증여의제에 있어서 조세회피목적의 해석
		慶 健	관계기관과의 협의를 거치지 아니한 조례의 효력
222	10.19.	成百玹	공특법상 '이주대책'과 공급규칙상 '특별공급'과의 관계
		金南澈	건축허가의 법적 성질에 대한 판례의 검토
223	11.16.	金性洙	민간투자사업의 성격과 사업자 선정의 법적

순번	연월일	발표자	발 표 제 목
			과제
224	12.21.	趙憲銖	병역의무 이행과 불이익 처우 금지의 관계
225	08.1.18.	金南辰	국가의 경찰법, 질서법상의 책임
		李殷祈	폐기물관리법제와 폐기물처리조치명령취소처분
		鄭成太	대형국책사업에 대한 사법심사(일명 새만금사건을 중심으로)
226	2.15.	辛奉起	한국 행정판례에 있어서 형량하자론의 도입과 평가
		鄭鍾錧	하천법상의 손실보상
227	3.21.	鄭夏重	사립학교법상의 임시이사의 이사선임권한
		林聖勳	행정입법 부작위에 관한 몇가지 문제점
228	4.18.	金光洙	자치사무에 대한 국가감독의 한계
		金熙喆	토지수용으로 인한 손실보상금 산정
229	5.16.	申東昇	행정행위 하자승계와 선결문제
		趙成奎	과징금의 법적 성질과 부과기준
230	6.20.	姜錫勳	위임입법의 방식 및 해석론에 관한 고찰
		鄭南哲	명확성원칙의 판단기준과 사법심사의 한계
231	8.22.	鄭泰學	조세통칙과 신의성실의 원칙
		李京運	부관으로서의 기한
232	9.19.	朴尚勳	시간강사의 근로자성
		金善旭	지방자치단체장의 소속공무원에 대한 징계권과 직무유기
233	10.17.	趙允熙	정보통신부 장관의 위성망국제등록신청과 항고소송의 대상
		金鉉峻	환경사법 액세스권 보장을 위한 "법률상 이익"의 해석

순번	연월일	발표자	발 표 제 목
234	11.21.	裵輔允	권한쟁의심판의 제3자 소송담당
		李賢修	공물의 성립요건
235	12.19.	金鐵容	행정청의 처분근거·이유제시의무와 처분근거·이유제시의 정도
236	09.1.16.	金炳圻	행정법상 신뢰보호원칙
		劉慶才	원인자부담금
237	2.20.	金聖泰	도로교통법 제58조 위헌확인
		林永浩	공매 통지의 법적 성격
238	3.20.	崔桂暎	위헌결정의 효력과 취소소송의 제소기간
		金尙煥	법규명령에 대한 헌법소원의 적법요건
239	4.17.	朴均省	직무상 의무위반으로 인한 국가배상책임
		金國鉉	사망자의 법규위반으로 인한 제재사유의 승계
240	5.15.	金容燮	택지개발업무처리지침 위반과 영업소 폐쇄
		金炅蘭	개발제한구역의 해제와 원고적격
241	6.19.	朴正勳	무효확인소송의 보충성
		曺海鉉	민주화운동관련자 명예회복 및 보상 등에 관한 법률에 의한 보상금의 지급을 구하는 소송의 형태
242	8.21.	鄭泰容	행정심판 재결 확정력의 의미
		安哲相	지방계약직 공무원의 징계
243	9.18.	金鐘甫	「도시 및 주거환경정비법」상 정비기반시설의 귀속 관계
		徐基錫	국회의 입법행위 또는 입법부작위로 인한 국가배상책임
244	10.16.	河明鎬	법인에 대한 양벌규정의 위헌여부
		趙龍鎬	표준지공시지가 하자의 승계

순번	연월일	발표자	발 표 제 목
245	11.20.	金連泰	한국마사회의 조교사 및 기수의 면허부여 또는 취소의 처분성
		金義煥	행정상 법률관계에 있어서의 소멸시효의 원용과 신의성실의 원칙
246	12.18.	朴鈗炘	주거이전비 보상의 법적 절차, 성격 및 소송법적 쟁점
247	10.1.15	林宰洪	출입국관리법상 난민인정행위의 법적 성격과 난민인정요건
		金泰昊	하자있는 수익적 행정처분의 직권취소
248	2.19	金南澈	국가기관의 지방자치단체에 대한 감독·감사권한
		權殷玟	미국산 쇠고기 수입 고시의 법적 문제
249	3.19	金聲培	수용재결과 헌법상 정교분리원칙
		姜相旭	건축물대장 용도변경신청 거부의 처분성
250	4.16	李宣憙	공정거래법상 시정조치로서 정보교환 금지명령
		金鍾泌	이주대책대상자제외처분 취소소송의 쟁점
251	5.14	鄭夏重	공법상 부당이득반환청구권의 독자성
		魯坰泌	관리처분계획안에 대한 총회결의 무효확인을 다투는 소송방법
252	6.18	金秀珍	합의제 행정기관의 설치에 관한 조례 제정의 허용 여부
		白濟欽	과세처분에 대한 증액경정처분과 행정소송
253	8.20	崔正一	경원자 소송에서의 원고적격과 사정판결제도의 위헌 여부
254	9.17	蔣尙均	승진임용신청에 대한 부작위위법확인소송
		金敞祚	강의전담교원제와 해직처분
		河宗大	행정처분으로서의 통보 및 신고의 수리

순번	연월일	발표자	발 표 제 목
255	10.15	최진수	징발매수재산의 환매권
		朴海植	주민등록전입신고 수리 여부에 대한 심사범위와 대상
256	11.12	金容燮	부당결부금지원칙과 부관
		朴尙勳	공무원에 대한 불이익한 전보인사 조치와 손해배상
257	12.10	金東熙	제재적 재량처분의 기준을 정한 부령
258	11.1.14	成智鏞	위임입법의 한계와 행정입법에 대한 사법심사
		安東寅	법령의 개정과 신뢰보호원칙 — 신뢰보호원칙의 적극적 활용에 대한 관견 —
259	2.18	崔桂暎	민간기업에 의한 수용
		金泰昊	사전환경성검토와 사법심사
260	3.18	金鉉峻	규제권한 불행사에 의한 국가배상책임의 구조와 위법성 판단기준
		朴在胤	지방자치단체 자치감사의 범위와 한계
261	4.15	金重權	민간투자사업의 법적 절차와 처분하자
		徐輔國	행정입법의 부작위에 대한 헌법소원과 행정소송
262	5.20	李熙貞	귀화허가의 법적 성질
		尹仁聖	독점규제 및 공정거래에 관한 법률 제3조의2 제1항 제5호 후단에 규정된 "부당하게 소비자의 이익을 현저히 저해할 우려가 있는 행위"에 관한 소고
263	6.17	朴均省	납골당설치신고 수리거부의 법적 성질 및 적법성 판단
		姜錫勳	재조사결정의 법적 성격과 제소기간의 기산점
264	8.19	金光洙	임시이사의법적 지윈

순번	연월일	발표자	발 표 제 목
		趙允熙	불복절차 도중의 과세처분 취소와 재처분금지
265	9.16	鄭準鉉	개인택시사업면허 양도시 하자의 승계
		김용하	잔여지 수용청구권의 행사방법 및 불복수단
266	10.21	崔峰碩	과징금 부과처분의 재량권 일탈·남용
		朴榮萬	군인공무원관계와 기본권 보장
267	11.11	俞珍式	정보공개법상 비공개사유
		주한길	행정소송법상 집행정지의 요건
268	12.16	琴泰煥	최근 외국 행정판례의 동향 및 분석
		金致煥	미국, 일본, 프랑스, 독일
		田勳	
		李殷相	
		李鴻薰	사회발전과 행정판결
269	12.1.27	裵炳皓	재개발조합설립인가 등에 관한 소송의 방법
		河明鎬	사회보장행정에서 권리의 체계와 구제
270	2.17	朴玄廷	건축법 위반과 이행강제금
		金善娥	출퇴근 재해의 인정범위
271	3.16	金重權	국가배상법상 중과실의 의미
		徐泰煥	행정소송법상 직권심리주의의 의미와 범위
272	4.20	李湖暎	시장지배적사업자의 기술적 보호조치와 공정거래법
		李玩憙	공정거래법상 신고자 감면제도
273	5.18	李東植	세무조사 결정통지의 처분성
		鄭基相	조세소송에서 실의성실원칙
274	6.15	許康茂	생활대책대상자선정거부의 처분성과 신청권의 존부
		朴貞杹	기대권의 법리와 교원재임용거부 및 부당한 근로계약 갱신 거절의 효력
275	8.17	金敞祚	정보공개법상 비공개사유로서 법인 등의 경

순번	연월일	발표자	발 표 제 목
			영 · 영업상 비밀에 관한 사항
		成承桓	경찰권 발동의 한계와 기본권
276	9.21	金宣希	도시정비법상 조합설립인가처분과 변경인가처분
		李相憙	국가와 지방자치단체의 보조금 지원과 지원거부의 처분성
277	10.19	康鉉浩	건축법상 인허가의제의 효과를 수반하는 신고
		尹景雅	결손처분과 그 취소 및 공매통지의 처분성
278	11.16	金容燮	원격평생교육시설 신고 및 그 수리거부
		李義俊	사업시행자의 생활기본시설 설치 의무
279	12.21	琴泰煥	미국, 일본, 프랑스, 독일의 최근 행정판례동향
		金致煥	
		田　勳	
		李殷相	
		崔松和	행정판례의 회고와 전망
280	13.1.18	崔桂暎	행정처분의 위법성과 국가배상책임
		金泰昊	정보공개법상 비공개사유로서 '진행 중인 재판에 관련된 정보'
281	2.15	金致煥	주민소송의 대상
		朴在胤	체육시설을 위한 수용
282	3.15	金聲培	국가유공자요건비해당결정처분
		金東國	해임처분무효
283	4.19	徐輔國	압류등처분무효확인
		崔柄律	자동차운전면허취소처분취소
284	5.24	裵柄皓	국가배상청구권의 소멸시효
		朴海植	감면불인정처분등취소
285	6.21	朴均省	국방·군사시설사업실시계획승인처분무효확인등

순번	연월일	발표자	발 표 제 목
		金慧眞	형의 집행 및 수용자의 처우에 관한 법률 제45조 제1항 위헌확인
286	8.16	兪珍式	여객자동차운수사업법 제14조 등 위헌확인 등
		김필용	증여세부과처분취소
287	9.27	慶建	정보공개청구거부처분취소
		이산해	과징금부과처분취소 · 부당이득환수처분취소
288	10.18	金裕煥	직권면직취소
		許盛旭	관리처분계획무효확인
289	11.15	金炳圻	완충녹지지정의 해제신청거부처분의 취소
		成重卓	조합설립인가처분무효확인
290	12.20	金聲培	미국, 일본, 프랑스, 독일의 최근 행정판례
		金致煥	동향
		吳丞奎	
		桂仁國	
		鄭夏重	행정판례에 있어서 몇 가지 쟁점에 관한 소고
291	14. 1. 17	金相贊	국가공무원 복무규정 제3조 제2항 등 위헌확인
		金容河	사업시행승인처분취소
292	2.21	姜知恩	주택건설사업승인불허가처분 취소 등
		金世鉉	소득금액변동통지와 하자의 승계 판례변경에 따른 신뢰성 보호 문제
293	3.21	金重權	지방자치단체의 구역관할결정의 제 문제에 관한 소고
		李相悳	체납자 출국금지처분의 요건과 재량통제
294	4.18	兪珍式	정보공개거부처분취소
		金惠眞	백두대간보호에관한법률 제7조 제1항 제6호 위헌소원

순번	연월일	발표자	발 표 제 목
295	5.16	安東寅	토지대장의 직권말소 및 기재사항 변경거부의 처분성
		河泰興	증액경정처분의 취소를 구하는 항고소송에서 납세의무자가 다툴 수 있는 불복사유의 범위
296	6.20	金容燮	독립유공자법적용배제결정 – 처분취소소송에 있어 선행처분의 위법성승계
		李承勳	조합설립추진위원회 설립승인 무효 확인
297	8.22	鄭鎬庚	不利益處分原狀回復 등 要求處分取消
		이병희	解任處分取消決定取消
298	9.19	崔峰碩	職務履行命令取消
		文俊弼	還買代金增減
299	10.17	朴均省	行政判例 30年의 回顧와 展望: 행정법총론 I
		金重權	行政判例의 回顧와 展望–행정절차, 정보공개, 행정조사, 행정의 실효성확보의 분야
		洪準亨	行政判例 30年의 回顧와 展望–행정구제법: 한국행정판례의 정체성을 찾아서
300	11.21	康鉉浩	不正當業者制裁處分取消
		李承寧	讓受金
301	12.19	金聲培	美國의 最近 行政判例動向
		吳丞奎	프랑스의 最近 行政判例動向
		桂仁國	獨逸의 最近 行政判例動向
		咸仁善	日本의 最近 行政判例動向
		朴鈗炘	온실가스 배출거래권 제도 도입에 즈음하여
302	15. 1.23	金泰昊	수정명령 취소
		李羲俊	손해배상(기)
303	2.27	朴玄廷	정비사업조합설립과 토지 또는 건축물을 소유

순번	연월일	발표자	발 표 제 목
			한 국가·지방자치단체의 지위
		李義俊	건축허가처분취소
304	3.20	俞珍式	공공감사법의 재심의신청과 행정심판에 관한 제소기간의 특례
		金世鉉	명의신탁과 양도소득세의 납세의무자
305	4.17	朴均省	노동조합설립신고반려처분취소
		金海磨中	국세부과취소
306	5.15	崔峰碩	직무이행명령취소청구
		박준희	지역균형개발 및 지방중소기업 육성에 관한 법률 제16조 제1항 제4호 등 위헌소원
307	6.19	裵柄皓	인신보호법 제2조 제1항 위헌확인
		金東柱	생태자연도등급조정처분무효확인
		裵柄皓	인신보호법 제2조 제1항 위헌확인
		김동주	생태자연도등급조정처분무효확인
308	8.29		牧村 金道昶 박사 10주기 기념 학술대회
309	9.18	崔桂暎	정보비공개결정처분취소
		정지영	부당이득금반환
310	10.16	鄭夏明	예방접종으로 인한 장애인정거부처분취소
		郭相鉉	급여제한및 환수처분취소
311		鄭鎬庚	독립유공자서훈취소결정무효확인등
		김혜성	직위해제처분취소
312		金聲培	최근(2014/2015) 미국 행정판례의 동향 및 분석 연구
		咸仁善	일본의 최근(2014) 행정판례의 동향 및 분석
		吳丞奎	2014년 프랑스 행정판례의 동향 연구
		桂仁國	국가의 종교적·윤리적 중립성과 윤리과목

순번	연월일	발표자	발 표 제 목
			편성 요구권
		金海龍	행정재판과 법치주의 확립
313	16. 1.22	金泰昊	주민소송(부당이득 반환)
		朴淵昱	건축협의취소처분취소
314	2.26	李熙貞	보상금환수처분취소
		李羲俊	변상금부과처분취소
315	3.18	成重卓	영업시간제한등처분취소
		임지영	조정반지정거부처분
316	4.15	裵柄皓	하천공사시행계획취소청구
		李用雨	세무조사결정행정처분취소
317	5.20	金南澈	과징금납부명령등취소청구의소
		李煌熙	홍▽군과 태△군 등 간의 권한쟁의
318	6.11	金重權	환경기술개발사업중단처분취소
		崔瑨修	관리처분계획안에대한총회결의효력정지가처분
		강주영	시설개수명령처분취소
		角松生史	일본 행정소송법개정의 성과와 한계
319	8.19	咸仁善	조례안의결무효확인 <학생인권조례안 사건>
		金世鉉	교육세경정거부처분취소
320	9.23	金容燮	독립유공자서훈취소처분의 취소
		李殷相	주유소운영사업자불선정처분취소
321	10.21	李光潤	부당이득금등
		이승민	형식적 불법과 실질적 불법
322	11.25	俞珍式	학칙개정처분무효확인
		윤진규	부당이득금
			채무부존재확인
323	12.15	李京運	교육판례의 회고와 전망

순번	연월일	발표자	발 표 제 목
		朴均省	사법의 기능과 행정판례
		咸仁善	일본의 최근 행정판례
		金聲培	미국의 최근 행정판례
		桂仁國	독일의 최근 행정판례
		吳丞奎	프랑스의 최근 행정판례

行政判例研究 I~ XXI-2 總目次

行政判例研究 Ⅰ ~ XXI-2 總目次

[第 Ⅰ 卷]

Ⅰ. 行政上立法

Ⅱ. 行政裁量

Ⅲ. 行政行爲의 附款

Ⅳ. 行政行爲의 取消

Ⅴ. 行政節次

VI. 行政計劃

VII. 行政訴訟의 對象

VIII. 行政訴訟에 있어서의 訴의 利益

IX. 行政訴訟의 執行停止

X. 行政權限의 委任

XI. 公務員法

XII. 營造物法

XⅢ. 知的所有權 · 遺傳工學

XⅣ. 租 稅

XⅤ. 違憲審査

[第 Ⅱ 卷]

Ⅰ. 個人的 公權

Ⅱ. 行政上立法

Ⅲ. 行政行爲

Ⅳ. 行政計劃

Ⅴ. 行政上爭訟 一般

Ⅵ. 行政訴訟에 있어서의 訴의 利益

Ⅶ. 行政訴訟의 類型

Ⅷ. 損害塡補

Ⅸ. 公 務 員

[第 Ⅳ 卷]

Ⅰ. 行政行爲

Ⅱ. 行政計劃

Ⅲ. 行政節次

Ⅳ. 行政爭訟 一般

Ⅴ. 行政訴訟의 對象과 權利保護 必要性

Ⅱ. 行政行爲

Ⅲ. 行政計劃

Ⅳ. 行政節次

Ⅴ. 行政訴訟

Ⅵ. 損害塡補

Ⅲ. 行政訴訟

Ⅳ. 給付行政 · 環境行政

Ⅴ. 租　　稅

Ⅵ. 外國判例硏究

[第 Ⅶ 卷]

Ⅰ. 行政行爲

Ⅱ. 行政行爲

Ⅲ. 行政節次

Ⅳ. 行政上 損害塡補

Ⅴ. 行政訴訟

Ⅵ. 建築行政法

Ⅶ. 環境行政法

Ⅷ. 文化行政法

Ⅸ. 外國行政法判例研究

[第 Ⅷ 卷]

Ⅰ. 行政立法

Ⅱ. 行政行爲

Ⅲ. 情報公開

[第 Ⅸ 卷]

Ⅰ. 行政行爲

Ⅱ. 行政節次

Ⅲ. 行政訴訟

Ⅳ. 地方自治法

Ⅴ. 租稅行政法

Ⅵ. 최근 行政訴訟判決의 主要動向

[第 X 卷]

Ⅰ. 行政立法

Ⅱ. 行政行爲

Ⅲ. 行政節次

Ⅳ. 行政上 損害塡補

Ⅴ. 行政訴訟

Ⅵ. 租稅行政法

[第XI卷]

Ⅰ. 韓國行政判例研究會 200회 特輯 紀念論文

Ⅱ. 行政行爲

Ⅲ. 行政의 實效性確保手段

Ⅳ. 行政訴訟

Ⅴ. 地方自治法

Ⅳ. 經濟行政法

Ⅴ. 租稅行政法

[第XIII卷]

Ⅰ. 行政立法

Ⅱ. 行政行爲

Ⅲ. 行政計劃

Ⅳ. 行政節次法

Ⅴ. 行政上 損害塡補

[第 XIV 卷]

Ⅳ. 行政의 實效性確保手段

Ⅴ. 行政上 損害塡補

Ⅵ. 行政訴訟法

Ⅶ. 公物·營造物法

Ⅷ. 外國判例 및 外國法制 研究

[第 ⅩⅣ-2卷]

Ⅰ. 行政法의 基本原理

[第XV-2卷]

[第ⅩⅥ-1卷]

Ⅵ. 租稅行政法

[第 XVI-2卷]

Ⅰ.行政行爲의 瑕疵

Ⅱ. 行政訴訟一般

Ⅲ. 行政訴訟의 類型

Ⅳ. 經濟行政法

Ⅴ. 外國判例 및 外國法制 硏究

[第 XVII -1卷]

Ⅰ. 行政行爲의 附款

Ⅱ. 行政計劃

Ⅲ. 行政의 實效性 確保手段

Ⅳ. 取消訴訟의 對象

Ⅴ. 行政訴訟의 類型

Ⅵ. 地方自治法

Ⅶ. 經濟行政法

[第 XVIII -2卷]

Ⅴ. 損害塡補

Ⅵ. 建築行政法

Ⅶ. 環境行政法

Ⅷ. 外國判例 및 外國法制研究

[第 XIX-1卷]

Ⅰ. 行政行爲의 瑕疵

Ⅱ. 行政節次 및 情報公開

[第ⅩⅩ-2卷]

Ⅰ. 行政法의 基本原理

Ⅱ. 行政節次 및 情報公開

Ⅲ. 行政爭訟一般

Ⅳ. 損害塡補

Ⅴ. 建築行政法

Ⅵ. 憲法裁判

Ⅶ. 外國判例 및 外國法制 研究

[第XXI-1卷]

Ⅰ. 行政行爲의 槪念과 種類

Ⅱ. 損害塡補

Ⅲ. 地方自治法

Ⅳ. 經濟行政法

Ⅴ. 外國判例 및 外國法制研究

Ⅵ. [특별기고] 行政法研究資料

[第XXI-2卷]

主題別 總目次(行政判例研究 Ⅰ~XXI-2)

行政法의 基本原理

個人的 公權

行政立法

行政行爲의 槪念과 種類

行政行爲의 附款

行政行爲의 類型

行政行爲의 效力

行政行爲의 瑕疵

行政行爲의 職權取消·撤回

行政計劃

行政節次 및 情報公開

行政의 實效性確保手段

行政爭訟一般

取消訴訟의 對象

行政訴訟에 있어서의 訴의 利益

行政訴訟의 審理

行政訴訟과 假救濟

行政訴訟의 類型

損害塡補

行政組織法

公務員法

地方自治法

秩序行政法

租稅行政法

建築行政法

土地行政法

教育行政法

文化行政法

勞動行政法

憲法裁判

外國判例 및 外國法制 研究

行政訴訟判決의 主要動向

紀念論文

[特別寄稿] 行政法研究資料

研究判例 總目次
(行政判例研究 Ⅰ ~ ⅩⅩⅠ-2)

〔대 법 원〕

〔서울고등법원〕

〔광주고등법원〕

〔수원지방법원〕

〔서울행정법원〕

〔헌법재판소〕

〔EU판례〕

〔독일판례〕

〔프랑스판례〕

〔미국판례〕

〔일본판례〕

최고재판소 2012.2.9. 제1소법정판결(平23(行ツ) 第177号, 平23(行ツ) 第178号, 平23(行ヒ) 第182号) XVIII-2-412

최고재판소 2012.2.28. 제3소법정판결(平22(行ツ) 392号, 平22(行ヒ) 第416号) XVIII-2-397

최고재판소 2012.4.2. 제2소법정판결(平22(行ヒ) 367号) XVIII-2-397

최고재판소 2012.4.20. 제2소법정판결(平22(行ヒ) 102号) XVIII-2-423

최고재판소 2012.4.23. 제2소법정판결(平22(行ヒ) 136号) XVIII-2-423

동경고등재판소 2010. 2. 18. 판결(平20 (ネ) 2955号) XVI-2-285

동경고등재판소 2011. 7. 25. 판결(平23年 (行コ) 99号) XVII-2-521

동경지방재판소 1974. 7. 16. 제 3 민사부판결 III-27

神戶地法 2000. 1.31. 판결 VII-431

名古屋高裁金澤支部 2003. 1.27. 판결 X-346

岡山地裁 2006.10.15. 결정(判例時報1994号 26면) XIV-2-309

東京地裁 2007. 2.29. 판결(判例時報2013号 61면) XIV-2-308

橫浜地裁 2008. 3.19. 判決(判例時報2020号 29면) XV-2-423

千葉地裁 2008. 8.21. 판결(判例時報2004号 62면) XIV-2-302

동경지방재판소 2010. 4. 16. 판결(平21 (行ウ) 46号) XVI-2-297

동경지방재판소 2010. 1.22 판결(平20 (行ウ) 601号, 617号, 618号, 619号) XVI-2-279

최고재판소 第2小法廷 平成25 (2013). 1. 11. 平成24年(行ヒ) 第279号, 判例時報 2177号, 35면. XIX-2-281

최고재판소 平成25(2013).4.16. 平24(行ヒ)第245号, 122면. XIX-2-281

최고재판소 平成25(2013).7.12. 平成24年(行ヒ) 第156号, 判例タイムズ 1396号, 2014.3, 147면. XIX-2-281

최고재판소 平成25(2013).11.20. 平成25年(行ツ) 第209号, 第210号, 第211号, 判例タイムズ 1396号, 2014.3, 122면. XIX-2-281

최고재판소 第一小法廷 平成25(2013).3.21. 平成22年(行ヒ)第242号, 民集 67巻3号,

行政判例研究 XXI-2

2016년 12월 25일 초판인쇄
2016년 12월 31일 초판발행

편저자 사단법인 한국행정판례연구회
대 표 정 하 중

발행인 안 종 만

발행처 (주)박영사
서울특별시 종로구 새문안로3길 36, 1601
전화 (733) 6771 FAX (736) 4818
등록 1959. 3. 11. 제300-1959-1호(倫)

www.pybook.co.kr e-mail: pys@pybook.co.kr

편저자와 협의하여 인지를 생략함

정 가 45,000원

ISBN 979-11-303-2996-3
ISBN 978-89-6454-600-0(세트)
ISSN 1599-7413 28